T0194824

Ralf Schnell (Hrsg.)

Gegenwartskultur

130 Stichwörter

Verlag J. B. Metzler
Stuttgart · Weimar

Verzeichnis der Autorinnen und Autoren

68er, abkürzende Bezeichnung für die Generation, die Träger der Studentenrevolte der Jahre 1967–69 war. Obwohl die 68er ein internationales Phänomen waren, sollten die politischen und kulturellen Besonderheiten in den jeweiligen Ländern berücksichtigt werden. Während die Proteste in den USA – Studentenunruhen in Berkeley, antirassistische Demonstrationen schwarzer Bürgerrechtler – Ende der 60er Jahre ihren Höhepunkt bereits überschritten hatten, konnte sich im Einflussbereich des Warschauer Pakts allein die Tschechoslowakei während des Prager Frühlings für kurze Zeit aus der Umklammerung durch den Sowjetkommunismus lösen. In der Bundesrepublik, in der eine große Koalition aus CDU und SPD an der Macht war, forderte die APO (‚Außerparlamentarische Opposition') eine konsequentere Auseinandersetzung der Deutschen mit ihrer Nazi-Vergangenheit. In Frankreich und mit Einschränkung auch in Italien, also in jenen Ländern des Westens, in denen einflussreiche Arbeiterparteien existierten, weitete sich die Studentenrevolte zum Generalstreik der Arbeiter und Angestellten aus. Ende Mai 1968, als Präsident de Gaulle überraschend das Land verließ, schien in Paris eine Revolution in greifbare Nähe zu rücken. – Vor dem Hintergrund einer in den 60er Jahren prosperierenden Wirtschaft stellen sich die Ereignisse jedoch als unkoordinierte Kulturrevolte gegen die Werte der Elterngeneration dar. So sind auch die Nachwirkungen der antiautoritären 68er-Bewegung weniger in den flüchtigen politischen, als vielmehr in den langfristigen kulturellen Veränderungen spürbar. In der Geschichtswissenschaft und der »Sozialen Bewegungsforschung« (Gilcher-Holtey) rücken zunehmend die unvorhersehbaren und zufälligen Momente in den Vordergrund. Die Jahreszahl 1968 als Chiffre unterschiedlicher Teilbewegungen und ambivalenter Motive, häufig auch als Synonym für den Mentalitätswandel in den 60er Jahren insges., wird auf diese Weise entmythisiert. Bewertungsversuche, die solche Widersprüche reflektieren, anstatt die Legenden der nostalgischen Erinnerungsliteratur fortzuschreiben, entgehen der ideologischen Einseitigkeit: der Fixierung auf Erfolg oder Misserfolg der Revolte. Paradox ist, dass gerade die utopischen Ansprüche, die mit dem Pragmatismus der Alten Linken, der Oppositionsparteien und Gewerkschaften nicht zu vermitteln waren, die Voraussetzungen für kulturelle Veränderungen schufen. Deshalb sollte nicht übersehen werden, dass es wohl nie zur Herausforderung des *status quo* gekommen wäre, wenn sich die Studenten und ihre Leitfiguren D. Cohn-Bendit und R. Dutschke auf begrenzte, reformorientierte Ziele beschränkt hätten. Ihr Einsatz für Selbstverwirklichung und selbstbestimmtes Sexualverhalten schuf in den Folgejahren ein Klima der Toleranz für die Emanzipation der Frauen und für die Rechte von Homosexuellen. Wie häufig in Revolten und Revolutionen – von 1789 bis 1989 – erkannten freilich die Akteure in dem, was sie auf den Weg brachten, ihre Absichten nicht mehr wieder. Einen Ausspruch B. Brechts aufnehmend, der Kapitalismus verwandle das ihm injizierte Gift in sein eigenes Rauschmittel, könnte man sagen: Die 68er haben dafür gesorgt, dass der kulturelle Liberalismus den wirtschaftlichen Liberalismus eingeholt hat. Sie haben die schon 1967 von G. Debord als »spektakulären Kapitalismus« bezeichnete Medien- und Erlebnisgesellschaft vorbereitet. In Abgrenzung zu den damals wiederbelebten kommunistischen Utopien prägte M. Foucault den Begriff der »Heterotopien« und fasst damit Phänomene wie ↗Globalisierung, Medialisierung und die Überlagerung heterogener Orte und Zeiten zusammen – Tendenzen, die das utopische Projekt der 68er längst eingeholt haben.

Während bereits Pariser Studentengruppen wie die »Wütenden« ihre Slogans vom Dadaismus und Surrealismus entlehnt hatten (»Es ist verboten, zu verbieten«), folgten Künstler und Theatergruppen der situationistischen Parole »l'imagination au pouvoir!« (»Die Phantasie an die Macht!«). Sie setzten sich für eine Verschmelzung von Kunst und Leben außerhalb der bürgerlichen Kulturinstitutionen und für eine Erweiterung und Intensivierung der sinnlichen Wahrnehmung ein. Der Aufstieg des Fernsehens zum dominanten Massenmedium, das der 68er-Bewegung und ihrer Gegenkultur eine beobachtende Öffentlichkeit verschaffte, stürzte in der Bundesrepublik die Literatur und ihren Markt vorübergehend in eine Legitimationskrise. Hinzuweisen ist auf die im Umkreis der Studentenbewegung entstandene Literatur, die Lyrik von E. Fried, F. C. Delius und D. Biga, die Mai-Romane in Frankreich, die Pop-Collagen R. D. Brinkmanns und die Sozialreportagen E. Runges (*Bottroper Protokolle* 1968) bis hin zur literarischen Verarbeitung der enttäuschten Illusionen in den Nach-68er-Romanen: P. Lainés *L irrévolution* (1971), P. Schneiders *Lenz* (1973), U. Timms *Heißer Sommer* (1974), P. P. Zahls *Die Glücklichen* (1979) und M. Houellebecqs *Les particules élémentaires* (1998). Doch fanden seit Anfang der 60er Jahre die produktivsten Experimente im Film und auf dem Theater statt. Die Theatergruppen von P. Brook und J. Grotowski, das »Living Theatre« J. Becks, A. Mnouchkines »Théâtre du Soleil«, H. Nitschs »Orgien-Mysterien-Theater« und nicht zuletzt die spontan gegründeten Amateur- und Straßentheater erprobten ein von A. Artauds Theater der Grausamkeit ausgehendes Körper-Theater, das direkt auf die Nervenzellen der Zuschauer einwirken sollte. In der Bundesrepublik bezogen sich die Regisseure auf Brecht und Piscator und machten im Dokumentartheater politische Hintergründe transparent, etwa die brutale Kriegführung der amerikan. Truppen in Vietnam (P. Weiss' *Vietnam-Diskurs,* 1968). Die Trennung zwischen Schauspielern und Publikum war in den Augen der 68er ein Spiegelbild der Zuschauerdemokratie. Die festgelegten Rollen in der Familie und an der Universität (»Unter den Talaren, der Muff von 1 000 Jahren«, lautete ein berühmtes Transparent) sollten durch Improvisation, Spontaneität und die rituelle Erfahrung des eigenen Körpers aufgehoben werden. Die Ambivalenz der 68er-Formel, Kunst müsse unmittelbar politisch wirksam sein, zeigt sich bei Künstlern wie J.-J. Lebel, der Protestakte gegen die Gesellschaftsordnung schlechthin zur Kunst erklärte, oder J. Immendorff, der auf eine Leinwand den Satz »Hört auf zu malen!« malte. Auch die Filmemacher der Nouvelle Vague, des Neuen Deutschen Films und des New British Cinema nahmen die ↗ intermedialen Experimente dieser Zeit auf. Die Filmproduktion wurde als Modell eines kollektiven Werks herausgestellt, für das kein Autorsubjekt mehr allein verantwortlich zeichnet. Die in den historischen und mentalitätsgeschichtlichen Analysen noch viel zu wenig beachteten Filme von J.-L. Godard, J. Rivette, R. W. Fassbinder, K. Reisz und J. Cassavetes entwerfen schon früh ironische, paradoxe und mehrdeutige Zeit-Bilder. In Godards Filmen *La Chinoise* und *Week-end* erscheinen die jugendlichen Revolteure bereits in der Geburtsstunde der Revolte, im Jahr 1967, widersprüchlich, weil ihnen die Distanz zu den übernommenen Rollen und Vorbildern entgleitet. Auch M. Antonionis Film *Blow up* (1966), vor der Kulisse des *swinging London* gedreht, nimmt die surrealen und karnevalesken Aspekte der 68er-Ereignisse vorweg. Die Verquickung von Kunst und Engagement, ästhetischer und politischer Demonstration, die Medienkombinatorik und die Genremischungen erfordern eine noch zu schreibende integrierte Kultur- und Kunstgeschichte der 60er Jahre, die auch Kleidungsstile, Videokunst, Performance, Rockmusik und die im Free Jazz erreichte Auflösung harmonischer Vorgaben berücksichtigen müsste.

Lit.: M. L. Syring (Hg.), Um 1968: konkrete Utopien in Kunst und Gesellschaft (1990). – I. Gilcher-Holtey (Hg.), 1968 – vom Ereignis zum Gegenstand der Geschichtswissenschaft (1998). – Cahiers du Cinéma, Cinéma 68, numéro hors-série (1998).

M.Lo.

Agitprop (Kurzwort aus ›Agitation‹ und ›Propaganda‹), im 20. Jh. die massenwirksame politische Beeinflussung durch den Einsatz auch künstlerischer Mittel, und zwar in sozialistisch-antikapitalistischer Orientierung. – Die von Lenin maßgeblich entwickelte Verbindung zielte mit der Propaganda mehr auf eine (langfristige) Verbreitung parteioffizieller Anschauungen, mit der Agitation mehr auf eine (kurzfristige) Handlungsanweisung in bestimmten gesellschaftlichen Situationen. A. war in den sozialistischen Staaten kulturpolitisch institutionalisiert (der Begriff selbst wurde dort seit den 60er Jahren weniger gebraucht). Solche Vorgaben bestimmten auch die A.-Bewegung in der Weimarer Republik, zusammen mit Einflüssen aus dem sowjetrussischen Proletkult: Traditionen des sozialdemokratischen Arbeitertheaters und des Laienspiels wurden gebündelt und umfunktioniert zum proletarisch-revolutionären A.-Theater, in Abkehr vom bürgerlichen Kulturbetrieb. Exemplarische Spielszenen wechselten mit statistisch-dokumentarischen Informationen (samt Bild- und Schrifttafeln) und mit chorischen Aufrufen zur unmittelbaren Aktion (samt unterstützender Musik). Die Wirkung war entscheidend durch Mobilität und Variabilität bedingt: durch Aufführungen abseits der etablierten Spielorte und durch Anpassungen der Texte an die jeweils aktuelle Problemlage (einige Namen von A.-Truppen: *Das rote Sprachrohr, Die Trommler – 1. Deutsche Truppe von Arbeiterschauspielern, Kolonne Links, Spieltrupp Südwest*). – Nach der Zerstörung durch den Faschismus wird dieses Modell in den westlichen Ländern während der 60er Jahre wiederaufgenommen, nun aber ausdrücklich gegen alle kulturell und politisch herrschenden Institutionen. Das Straßentheater der antiautoritären Bewegungen erneuert den stark mimisch-gestischen Darstellungsstil voll grotesk-satirischer Übertreibungen und verbindet wieder das belegende Zitat mit dem Appell zur eingreifenden Umsetzung. Theatertruppen solcher Gegenöffentlichkeit sind z.B. in den USA die *San Francisco Mime Troupe* und das *Teatro Campesino*, in der Bundesrepublik Deutschland das *Theaterkollektiv Zentrifuge*, die Kollektive *Rote Rübe* und *Das Rote Signal*. Kunstmittel der A. gehen auch in das zunächst bühnengebundene politische Theater ein (z.B. Peter Weiss, *Gesang vom Lusitanischen Popanz*) und bestimmen zudem, über den Protestsong, einen Teil der Politischen Lyrik der Zeit (z.B. Dieter Süverkrüp, Franz Josef Degenhardt). Bei allen neueren Formen dieser operativen Kunst bleibt aber die Wendung an wirklich anwesende und sich letztlich beteiligende Zuhörer und Zuschauer das entscheidende Kriterium: A. als appellative Demonstration und Aktion.

Lit.: A. v. Bormann, Politische Lyrik in den sechziger Jahren. In: M. Durzak (Hg.), Die deutsche Literatur der Gegenwart (1971). – D. Herms/A. Paul, Politisches Volkstheater der Gegenwart (1981). – B. Büscher, Wirklichkeitstheater, Straßentheater, Freies Theater (1987).

K. H. H.

AIDS (Akronym für engl. Acquired Immune Deficiency Syndrome = erworbenes Immunschwächesyndrom), seit

1982 offizielle Bezeichnung für eine durch Infektion mit HIV (Human Immuno Deficiency Virus) bedingte Verminderung der körperlichen Abwehrfähigkeit gegenüber Krankheitserregern, die sog. opportunistische Krankheiten mit häufig tödlichem Ausgang zur Folge hat. Trotz der Fortschritte in der Entwicklung lebensverlängernder Therapien gilt A. bis heute als unheilbar. – Um die Implikationen von A. für die Kultur der Gegenwart zu erfassen, ist zu berücksichtigen, dass die ›neue‹, als tödlich geltende Krankheit Gegenstand einer interdiskursiven Konstruktion ist und mit Bedeutungen befrachtet wurde, die weit über die ohnehin unsicheren medizinischen Tatsachen hinausgehen. Aufgrund der Unklarheit über Herkunft, Verbreitung, Übertragungsweisen, Krankheitsverlauf und Therapiemöglichkeiten gestaltete sich der Diskurs über A. als Arbeit unterschiedlicher Spezialdisziplinen (Medizin, Biochemie, Immunologie; Politik, Recht, Ethik, Sozialwissenschaften; Kunst etc.) an einer epistemologischen Lücke. Diese Offenheit begünstigte, dass verschiedenste aktuelle Dispositionen auf das Thema übertragen werden und A., häufig als »postmoderne Seuche« bezeichnet, zum Gegenstand zeitdiagnostischer und kulturkritischer Zuschreibungen werden konnte. Als ›Zeichen, das uns etwas sagen will‹, wurde A. mit unterschiedlichen Sinnzuweisungen befrachtet, was Anlass zu der Diagnose einer »epidemic of signification« (P. A. Treichler) bot. Zu den einschlägigen Topoi, auf die sich eine Reihe kultureller Produktionen reflexiv beziehen, gehören: A. als Strafe (Gottes oder säkularisierter Instanzen wie ›natürliche Selbstregulierung‹) für Perversion, falschen und/oder zuviel Sex; als Dekadenzphänomen, das nach der ›Permissivität‹ der 60er und 70er Jahre für einen *backlash* einsteht; als Zivilisationskrankheit, die an ökologische Kosten des technologischen Fortschritts erinnert; als soziale Krankheit, die gesellschaftliche Ungerechtigkeiten ins Organische übersetzt; als *Memento mori*, das insbes. industrialisierte Gesellschaften mit ihrer Todesverdrängung konfrontiert, u. a. – Der Diskurs über A. erweist sich als Schauplatz von Grenzverhandlungen, wo stellvertretend eine Reihe anderer gesellschaftlicher Probleme diskutiert werden. Maßgeblich für die Etablierung einer auch politisch effizienten »Logik des Epidemischen« (L. Singer) ist die Unterscheidung zwischen dem Eigenen und dem identitätsbedrohenden Fremden. Das verdeutlicht die Konzeptualisierung von A. als ›Krankheit der Anderen‹, in der Rede von »Risikogruppen« (in westlichen Gesellschaften v. a. Homosexuelle und Benutzer intravenöser Drogen) sowie in diversen Ursprungshypothesen, die die Herkunft des Virus z. B. in Afrika oder in den biochemischen Waffenlabors des jeweiligen politischen Gegners lokalisieren. Die sexuelle Übertragbarkeit von HIV hat nachhaltige Auswirkungen auf das Verständnis von Sexualität (als ›Grenzerfahrung‹, aber auch als Gegenstand von regulierender Grenzsetzung). Einerseits ist hier die Repathologisierung von Homosexualität und damit die Revision der sexuellen Befreiungsbewegungen unter dem Schlagwort der ›Promiskuität‹ und die Konjunktur des Wertes ›Familie‹ zu beobachten. Andererseits haben Aufklärungs- und Safer-Sex-Kampagnen zu einer Vermehrung der Diskurse über sexuelle Praktiken und deren ›Normalisierung‹ beigetragen (↗ Homosexuellenkultur). – Der Bandbreite der Aspekte, die das Thema berühren, entspricht die Vielfalt der künstlerischen Reaktionen auf die A.-Krise und der Rückgriff auf unterschiedlichste Ausdrucksformen und Genres, so dass von einer spezifischen ›A.-Kunst‹ oder ›A.-Kultur‹, wenngleich häufig als Desiderat formuliert, nicht gesprochen werden kann. Dass A. hinsichtlich der stereotypen Kopplung von Krankheit und

Kunst diverse symbolische Zuschreibungen insbes. der Tuberkulose und der Syphilis beerbt, kommt im Topos ›A. als Künstlerkrankheit‹ zum Ausdruck (S. Sontag). Die Anfälligkeit der Thematik für stigmatisierende, insbes. homophobe und rassistische Projektionen provozierte gerade in den 80er Jahren zu repräsentationskritischen Herangehensweisen, die auf eine Diskurskorrektur abzielen. In der expliziten Reflexion auf traditionelle Vorgaben und symbolische Bestände sowie auf die Kodierung des verwendeten Diskursmaterials zeigt sich häufig der Einfluss differenztheoretischer Befunde und ästhetischer Praktiken der ↗ Postmoderne. Zu den einschlägigen Verfahren gehört dabei die zitierende Aneignung kursierender Stereotypen und Mythologeme, sei es, um deren Konstruktcharakter durch parodistische Übertreibung und Verzerrung auszustellen, sei es, um durch ↗ Collagen bzw. Montagen heterogenen Materials jene Bedeutungskonkurrenz zu exponieren, die A. als ›massenmediales Syndrom‹ kennzeichnet. – Die künstlerische Auseinandersetzung mit A. reicht von professioneller Kunstproduktion bis zu ›laienhafter‹ persönlicher Bewältigung, was häufig als gelungene Umsetzung der von verschiedenen ↗ Avantgarden reklamierten Überschreitung der Kunst-Leben-Grenze gewürdigt wird (A. Schock, F. Wagner), aber auch Ressentiments seitens einer Kunstkritik hervorgerufen hat, die an der Unterscheidung von Hoch- vs. Trivialkultur festhält (T. Krause, F. J. Raddatz). Bes. in den USA haben die sozialen, politischen und kulturellen Implikationen der A.-Krise zu Allianzen zwischen Künstler/-innen und aktivistischen Gruppen (wie ACT UP, Testing the Limits, Gran Fury) geführt. Der pragmatische Einsatz von Strategien z. B. der Werbung, des propagandistischen Plakats und des Aufklärungsfilms spielt für die aktivistischen Interventionen eine zentrale Rolle. Das gilt auch

für Produktionen, die der Tradition von Pop Art verpflichtet sind (General Idea, K. Haring). Andere Arbeiten thematisieren die Krise des Körpers und der sexuellen Identität oder den Verlust von Geliebten und Freunden (R. Faber, A. Serrano, K. Smith, F. Gonzales-Torres). In der Fotografie ist eine Tendenz zum Dokumentarischen, etwa in der sich als authentisch ausweisenden Repräsentation des kranken Körpers, zu beobachten (J. Baldiga, N. Goldin, A. Leibowitz, N. Nixon). – Zumindest in der deutschsprachigen Literatur zum Thema dominieren ego-dokumentarische Genres wie Autobiographien, Krankheitsjournale, Tagebücher, Memoiren, obwohl auch im engeren Sinne fiktionale Texte vorliegen. So greifen verschiedene Anti-Utopien die Debatten um Zwangsmaßnahmen wie Meldepflicht und Quarantänisierung auf, indem sie totalitäre ›Seuchenregime‹ entwerfen und dabei explizit oder implizit einen Konnex zwischen A.-Krise und Holocaust herstellen (F. Breinersdorfer, P. Zingler). Dass in der westlichen Welt männliche Homosexuelle von der A.-Krise in bes. Maße betroffen sind, hat sich auch in der literarischen Auseinandersetzung mit dem Thema niedergeschlagen. Ein Großteil sowohl der fiktionalen wie der nicht-fiktionalen Texte stammt von schwulen Autoren, die in unterschiedlichen Genres ihre subjektiven Erfahrungen verarbeiten, z. B. das Sterben, die Effekte für die eigene Sexualität, aber auch das kollektive Trauma, das A. für die *gay community* bedeutet (D. Feinberg, W. M. Faust, H. Fichte, H. Guibert, D. Meyer, P. Monette, N. Seyfahrt, M. Wirz). – Im Film findet die A.-Thematik bis in die 90er Jahre ausschließlich jenseits von Mainstream-Produktionen statt. Erst 1993 wird mit *Philadelphia* (J. van Demme) die Ignoranz des Hollywood-Kinos gegenüber dem nicht Happy-End-fähigen Thema aufgegeben. Eine Reihe von *low-budget*-Filmen bezieht sich auf die Situation der *gay community*, darunter Dokumentationen über Menschen mit HIV und A. (A. L. Bressan) und Safer-Sex-Pornos (W. Speck). Häufig wird an die Darstellung der eigenen Erkrankung die Kritik an politischen Zuständen und an gesellschaftlicher Ignoranz bzw. Ausgrenzung gekoppelt (D. Jarman). Parodistische Inszenierungen der A.-Hysterie greifen z. T. auf die mit Schwulenkulturen assoziierte Camp-Ästhetik zurück (R. von Praunheim, J. Greyson). – Auch im Theater bezieht sich die Reaktion auf die A.-Krise v. a. auf den Konnex von Homosexualität, Krankheit und Tod. Während die ersten Stücke häufig der Trauerarbeit und dem persönlichen Verlust gelten, formulieren viele der späteren Stücke eine Kritik an der homophoben Gesellschaft (Copi, L. Kramer, T. Kushner). – Die Diversität der jeweiligen Herangehensweisen, Medien und Genres (neben den erwähnten sind hier noch Performances, Comics, Internet-Installationen, elektronische Newsgroups, neue Formen kollektiver Trauerarbeit wie das A.-Quilt oder der Solidaritätsbekundung wie die A.-Schleife u. a. zu nennen) ist nicht der einzige Einwand gegen eine Subsumption der künstlerischen und kulturellen Resonanz auf A. unter das homogenisierende Etikett einer ›A.-Kultur‹. Als Reaktionen auf die A.-Krise können auch Arbeiten gelten, die sich mit den ›sekundären‹ Effekten von A. auseinandersetzen, z. B., wie in E. Jelineks Roman *Lust* (1989), mit den Folgen für die psychosexuelle Gestaltung von Geschlechterverhältnissen. – Die Fortschritte in der Entwicklung lebensverlängernder Therapieformen haben dazu beigetragen, dass A. zunehmend als ›normale‹ Krankheit wahrgenommen wird, während der Schauplatz der ›Katastrophe‹ sich auf nicht-westliche Regionen verschoben hat. War die direkte Auseinandersetzung ohnehin stark den Kulturprogrammen der A.-Hilfen und Schwulen-

verbände vorbehalten, die sich allerdings auch für die Interessen anderer Gruppen öffneten, so trägt die Tendenz einer ›Entdramatisierung‹ der A.-Krise in der westlichen Welt zu einer weiteren Marginalisierung des Themas im öffentlichen Diskurs bei.
Lit.: D. Crimp (Hg.), AIDS. Cultural Analysis/Cultural Activism (1989). – A. G. Düttmann, Uneins mit AIDS: wie über einen Virus nachgedacht und geredet wird (1993). – B. Weingart, Ansteckende Wörter. Repräsentationen von AIDS (2002).
B.We.

Aktionskunst, auch ›Performance‹, Bezeichnung für ästhetische Ausdrucksformen, in denen die Handlungen des Künstlers, nicht dessen Objekte im Mittelpunkt stehen. Sieht man von Vorformen in früheren Jahrhunderten ab, etwa den sog. ›tableaux vivants‹ (›lebende Bilder‹) und den gesellschaftsinhärenten Ritualen und Riten, waren es die gattungsübergreifenden Künste der 10er und 20er Jahre (Dadaismus, Surrealismus, auch Futurismus), die die handlungsorientierte (Ent-)Äußerung des Künstlers als zentrales Darstellungsmittel für sich entdeckten. Teils durch das Wiederaufgreifen dieser Ismen-Künste nach dem Zweiten Weltkrieg, teils autonom nahmen in den 50er und 60er Jahren verschiedene künstlerische Strömungen in Europa, den USA und Japan unabhängig voneinander die Initiative der handelnden Künstlerselbstdarstellung wieder auf und führten sie weiter (Fluxus, Nouveau Réalisme, Pop Art, ↗ Happening, Wiener Aktionismus, Neodadaismus, Gutai, später Body Art). Den Grundstein dieser Neuaneignung bildete die um 1950 entstandene Ausdrucksform des ›Action Painting‹ etwa von J. Pollock, eine improvisierende, spontane »Freisetzung der subjektiven Gestik« (K. Thomas), bei der der Künstler z. B. schnell und unkontrolliert Farbe auf eine Leinwand spritzt oder tropft oder mit zum Malen unüblichen Körperteilen (etwa mit Füßen oder dem ganzen Leib) verteilt. Weitere wichtige Vordenker der A. sind zu Beginn der 50er Jahre v. a. J. Cage und A. Kaprow. Diese Aktionsform hat sich zur ›Prozesskunst‹ weiterentwickelt. D. h., das Kunstwerk entsteht nicht mehr in einem der Öffentlichkeit verschlossenen Atelier, es wird auch nicht mehr als fertiges Resultat präsentiert, sondern entscheidend ist das Demonstrieren des Arbeitsvorgangs vor Publikum. Dabei wird die Trennung zwischen Künstler und Betrachter zumeist beibehalten wie auch bei der ↗ ›Performance‹ (= Aufführung, Darstellung, Leistung), ein engl. Begriff, der den der A. seit den 70er Jahren zunehmend abgelöst hat. – Performances wie überhaupt die meisten Formen der A. stehen formal in der Nähe zum Theater: Mit diesem haben sie zum einen die potentielle Entgrenzung der Ausdrucks- und damit auch der Wahrnehmungs- und Rezeptionsmöglichkeiten gemeinsam, zum anderen den inszenatorischen Gestus der Aktion. Denn obgleich der A. meist ein improvisatorischer, spontan-subjektiver Anspruch innewohnt, liegen den meisten Aktionen zuvor erstellte Konzepte bzw. Absprachen zwischen den Ausführenden zugrunde. Über Einzelheiten der Ausführung wird jedoch oft erst im Moment der Ausübung entschieden. Dabei ist die Anwesenheit eines Publikums nicht zwingend erforderlich. Das prozessuale Darstellungsexperiment, das allen Spielarten der A. eigen ist, führen einige Künstler auch für sich allein aus, teils von der Öffentlichkeit unbemerkt, teils – wie mittlerweile in der Mehrzahl der Performances – vor einem Publikum. – Phänomen wie Begriff der Performance oder A. lassen sich weder auf eine bestimmte Aktionsart festlegen noch auf einen gewissen Zeitraum eingrenzen. Performance meint heute vielmehr jegliche Art der prozessualen Handlung eines von der Tradition herkommenden Bildenden Künstlers, aber z. B. auch eines experimentellen Musikers, der die Nähe zum Visuellen und anderen Sinnesbereichen sucht, und ebenso den Bildenden Künstler, der eine Amalgamierung von Sehen und Hören anstrebt (zuweilen auch von Riechen, Fühlen, Schmecken). Die Verschmelzung von Kunst und Leben spielt von jeher bei der A. eine wichtige Rolle. Doch die für die A. anvisierte Identität einer gleichsam stilbildenden Kunstform ist eher Wunsch geblieben, als dass sie Wirklichkeit geworden wäre. Obgleich manche der Aktionskünstler ihre Arbeit explizit in den Dienst einer aufklärerischen, dezidiert gesellschaftsverändernden Politik gestellt haben, sind sie mit diesen Ideen meist gescheitert (vgl. z. B. die Aktivitäten von J. Beuys). Wichtig an der Performance sind jedoch gerade das Ephemere und das jeweils Einmalige der Ausübung. Trotzdem versuchen die Künstler selbst – und auch die insgesamt geringe Zahl der Rezensenten und Wissenschaftler, die sich mit der Performancekunst auseinandersetzen –, diese per Fotos, Videos, Beschreibungen, Mitschriften etc. zu dokumentieren. Zudem erhalten die bei der Performance benutzten Gegenstände nach Beendigung des Geschehens nicht selten den Status von Sammelobjekten. Sie werden oft signiert und anschließend ebenso gehandhabt und gehandelt wie die sonstigen Objekte des ↗ Kunstmarkts. In den 80er und 90er Jahren hat sich zudem ein Künstlertypus im Performancebereich hervorgetan, der, einem Popstar ähnlich, sich bewusst zur Kultfigur stilisieren lässt. Lebt hierin die individuelle Autorenschaft des Künstlers wie in früheren Formen der A. weiter, so geht damit auch das genaue Gegenteil einher: Der Künstler zeigt sich nicht in seiner Privatheit, als biographisches Subjekt, sondern er ist nur Ausdrucksmedium seiner Ideen. In diesem vielfältigen Spannungsfeld sind die kaum noch zu übersehenden Spielarten

der A. bzw. der Performance angesiedelt. Eine Systematisierung wie auch eine handhabbare Terminologie stehen, zumindest für den Wissenschaftsbetrieb, noch aus.
Lit.: J. Schilling, Aktionskunst. Identität von Kunst und Leben (1978). – E. Jappe, Performance. Ritual. Prozess. Handbuch der Aktionskunst in Europa (1993). – out of actions. Aktionismus, Body Art & Performance 1949–1979 (Ausstellungskatalog, 1998).

St. F.

Akustik Design. Aus den Begriffen Soundscape, Klanglandschaft und Akustik-Ökologie hat der kanadische Komponist R. M. Schafer seine vom Bauhaus beeinflusste futuristische Disziplin A. D. entworfen. Er wollte zeitgenössische Komponisten mit Architekten, Produktdesignern und Ingenieuren zusammenbringen, um den zahllosen Objekten des Alltags ihren Klang zu verleihen: funktionell differenziert, ästhetisch originell, sozialverträglich und v.a. am Nutzer orientiert. Statt ohrenbetäubendem Chaos in der Stadt informative Sirenen, anstelle des stereotypen Telefonsignals aus der Retorte ein musikalisches Crescendo, in Sound, Rhythmus und Hüllkurve individuell einstellbar. Sein wichtigstes Design jedoch gilt den Hörgewohnheiten selbst. Schafers ›Schule des Hörens‹ zielt auf das Training der auditiven Wahrnehmung. Wenn auch nicht mit Hilfe der zeitgenössischen Komponisten, so ist doch in den letzten Jahren der ›Klang der Dinge‹, die hörbare Dimension von Haushaltsgeräten, Autos und elektronischen Spielzeugen stärker ins Bewusstsein geraten, oft allerdings, nachdem die anderen formgebenden Phasen bereits abgeschlossen waren. ›Design ahead, Sound behind‹, spotten interdisziplinäre Designer und stehen einer visuellen Dominanz der Sinne im Entwurfsprozess kritisch gegenüber. Es gibt aber auch Stadtplaner und Architekten, die Klangräume, neue Plätze oder die Signalisation für eine Metrolinie auch mit dem Ohr planen. Der Wirtschaftswissenschaftler und Audio-Designer A. Rudolph aus Köln gestaltet Sparkassen, Messen, Hotels und Museen über auditive Kommunikation. Das Basler Klangatelier ›Corporate Sound‹ inszeniert ganze Unternehmen, Produkte und die Arbeitswelt wie ein Hörspiel oder einen Filmsoundtrack. Innovationen finden sich im audiovisuellen Bereich, vom ›Auditory Display‹ für Computerbildschirme, wo die symbolischen Objekte reale Klänge oder mehrdimensinale Tonfolgen erhalten, bis zur *sound design* genannten Klangpartitur für den großen Publikumsfilm und die Fernsehserie, aber auch in Hörspiel und Akustischer Kunst.

Seit dem Pionierwerk *Apocalypse Now* (1979) von F. F. Coppola sind Klanggestaltungen, *film soundscapes,* unverzichtbar für Action-Streifen und große Filmerzählungen wie *Der englische Patient* des Bild-Cutters und Klangregisseurs Walter Murch. Von der Montage der Geräusche zu dichten akustischen Metaphern bis hinein in die Raumklangmischung für das moderne Surroundkino nimmt der Sound Einfluss auf das erzählerische Zusammenspiel aller Ebenen eines Films. Sound wird dann, wie in dem klassischen Film *Blade Runner*, selbst zur Story und zum unsichtbaren Akteur, der Cineasten ebenso begeistert wie er das Denken von Stadtforschern über unsere zukünftige Umwelt beeinflusst. Tongestaltung erzeugt auf diese Weise eine neue Soundscape, weit vor deren Eintritt in die Wirklichkeit.
Lit.: J. Belton/E. Weiss, Film Sound (1984). – A. Rudolph, Akustik Design (1994). – H. U. Werner, Soundscape Design (1997).

H. U. W.

Alltagskultur. Verschiedene Wissenschaften untersuchen das Phänomen A.: Kulturanthropologie, Ethnologie, Kultur- und Medienwissenschaften, Soziologie und Philosophie. Für die vergleichende Volkskunde des 19. Jh. waren es noch Objekte wie die folgenden, an denen sich die Kultur des Alltags studieren ließ: Kleidung, Schmuck, Werkzeuge, Kriegs- und Jagdgeräte, Fahrzeuge, Landkarten, Wohnungen und Hausgeräte. Für die Hochkultur der Feiertage standen dagegen die Gegenstände der Totenkulte und der religiösen Riten, Denkmäler, Musikinstrumente, Ornamente und Kunstwerke. Heute sind es nicht so sehr Objekte als vielmehr Handlungen, die den Ort der Alltagskultur ausmachen. R. Schwendter zählt exemplarisch u. a. auf: »frühstücken und zur Arbeit fahren, am Arbeitsplatz Kaffee (Bier) trinken und mit Kolleginnen und Kollegen klatschen, [...] Kantinen benutzen, Güter produzieren oder Dienstleistungen verrichten, [...] Kinder zum Kindergarten bringen, Tiefkühlkost auftauen, die Waschmaschine bedienen, den Staubsauger betätigen, [...] fernsehen, das Automobil reparieren, Urlaubsprospekte lesen, Karten spielen, [...] Steuererklärungen abfassen, zum Friseur gehen, den Zahnarzt besuchen, Hunde halten, [...] mit Partnern und Partnerinnen (auch sexuell) kommunizieren, [...] telefonieren und in Lokale gehen, [...] Deosprays, Illustrierte, Video-Recorder, Bankomat-Karten, Personalcomputer oder Sportgeräte konsumieren« (*Tag für Tag. Eine Kultur- und Sittengeschichte des Alltags*, Hamburg 1996, 17 f.).

Im Begriff der A. schwingt heute noch ein wenig von der Spannung mit, die einst zwischen den Konzepten hoher und niederer Kultur bestand. Nicht nur am Feiertag manifestiert sich demnach Kultur, sondern auch in der engen Welt wiederkehrender, routinierter Handlungsvollzüge, die in den Bannkreis des profanen, instrumentellen Handelns eingeschrieben sind. Intendiert war im Begriff der A. die Aufwertung einer Sphäre, in der sich, nach Ansicht von Novalis, F. Engels, E. Bloch u. a., bornierte »Philister« und »Spießbürger« tummeln. Der Bereich des Trivialen und der Langeweile stelle in Wahrheit unabdingbare Rahmenbedingungen gesellschaftlichen Daseins bereit, nämlich Entlastung, Sicherheit und stabile Kommunikationsstrukturen. Das kulturelle Potential des Alltags wurde entdeckt. Das Konzept ›Alltag und Kultur‹ geht auf die phänomenologische Philosophie von E. Husserl zurück, der beide Bereiche als Erster systematisch verbunden hat. Die »Lebenswelt« der Menschen ist ihre Alltagswelt – eine beschränkte und vorgegebene Erfahrungsumwelt, die aber nicht naturgegeben vorgefunden wird, sondern eine »Kulturwelt« ist, die historisch immer wieder neu angeeignet und so, in der Überlieferung, auch stets verändert wird. Die Marxisten A. Heller und H. Lefèbvre widmeten dem Alltagsleben ihre philosophische Aufmerksamkeit, weil es die Sphäre der notwendigen Reproduktionsarbeit der Gattung sei. Die einzelnen Menschen, so Heller, objektivieren sich im Alltag, sie geben sich vielfältige Formen und Lebensstile und schaffen sich je eigene Welten. Und im Alltag kommen die Individuen mit den kulturellen Objektivationen der Gattung in Berührung, also u. a. mit Wissenschaft, Kunst, Religion und Politik. Lefèbvre beschreibt den Verlust von Lebenswelt, die in einer entfalteten kapitalistischen Gesellschaft nicht mehr als gehaltvolles, zusammenhängendes Ganzes erfahren werden könne. Sein Programm ist die Rückgewinnung der Alltagswelt als Lebenswelt, in der Handlungen und Orientierungen auf gemeinsam geteilte Sinnvorstellungen bezogen werden können. Die bedeutendsten Analysen der A. stammen aus den 60er und 70er Jahren. Im Zuge der weltweit expandierenden ↗Massenkultur hatte der Begriff der A. auch eine wissenschaftliche Hochkonjunktur. Bald trat jedoch eine gewisse Ernüchterung ein. Norbert Elias machte 1978 auf die mangelnde Trennschärfe des Begriffs Alltag aufmerksam, der für ganz disparate Bereiche wie Arbeits- und Privatleben oder konsumistischen Massenkonsum verwendet werde.

Für ein heutiges wissenssoziologisches Verständnis des Begriffs A. würde sich anbieten, den Alltagsbegriff von A. Schütz und Th. Luckmann mit Niklas Luhmanns Konzept von Kultur zu verbinden. »Nur in der alltäglichen Lebenswelt kann sich eine gemeinsame kommunikative Umwelt konstituieren«, meinen Schütz und Luckmann. »Die Lebenswelt des Alltags ist folglich die vornehmliche und ausgezeichnete Wirklichkeit des Menschen.« Kultur wird bei Luhmann als das »Gedächtnis sozialer Systeme« aufgefasst, das einen Themenvorrat bereitstellt, der kontinuierliche Kommunikationsprozesse in Gang hält. Demnach wäre A. die spezifische Gedächtnisleistung, mit deren Hilfe sich das Subsystem des lebensweltlichen kommunikativen Alltagshandelns selbst produziert und erhält, indem es die Grenze zwischen sich und seiner Umwelt aufrechterhält, z. B. zu den Bereichen Politik, Religion oder Wissenschaft. A. kann aber auch, ohne Bindung an die Systemtheorie, verstanden werden als Besetzung profaner Arbeits- und Kommunikationsvorgänge mit Sinn und Bedeutung, mit Formen und Stilen, auch mit Genuss und Lust. Darin drückt sich eine Profanisierung der Kultur aus, die nicht wieder rückgängig zu machen ist. Aber bei der endgültigen Entmystifizierung der Kultur könnte auch etwas verloren gehen. Der Maßstab, an dem sich etwa Lefèbvres Ideologiekritik des fremdbestimmten Alltagslebens oder die Kulturindustrie-Analysen der Kritischen Theorie ausrichteten, beruhte auf der Unterscheidung zwischen gelingender Bedürfnisbefriedigung und bloßer Ersatzbefriedi-

gung. Als theoretischer Reflex auf Letztere hat sich inzwischen eine üppig wuchernde »Trendforschungs«-Literatur ausgebildet (z. B. M. Horx' *Mega-Trends für die späten neunziger Jahre*). Eine heutige Theorie der A. hat dagegen die Spannung begrifflich aufrechtzuerhalten, die zwischen authentischer Artikulation sozialer und individueller Bedürfnisse und illusionären oder manipulativen ökonomischen Veranstaltungen besteht, auch wenn die ältere Spannung zwischen den Polen »high« und »low culture« immer mehr zum Anachronismus wird. Das geschieht z. B. in Schwendters (mitunter skurrilen) empirischen Analysen der Integrations- und Anpassungsmechanismen unseres heutigen Alltags.

Lit.: R. Schwendter, Tag für Tag. Eine Kultur- und Sittengeschichte des Alltags (1996). – H. Bausinger, Alltag und Utopie. In: Kaschuba, W. u. a. (Hg.), Alltagskultur im Umbruch (1996). – I.-M. Greverus, Kultur und Alltagswelt (1987).

G.Sch.

Alterität (lat. alter = der eine von beiden; der andere; verschieden, entgegengesetzt). Eine erste wichtige Rolle spielt das Konzept der A. im dialektischen Denken Hegels, für den alle endlichen Dinge dadurch bestimmt sind, dass sie sich auf andere Dinge beziehen, indem sie anders sind als alle anderen. Diese A. alles Endlichen bedeutet gleichzeitig seine dialektische Mobilität: In einem ersten Schritt enthält jedes endliche Dasein in Form seiner A. seine eigene Negation in sich und definiert sich als ein Anderssein. In einem zweiten Schritt aber reflektiert sich das Anderssein als Sein-für-Anderes, was bedeutet, dass sich das Dasein in der A. erhält, die es zu seiner eigenen gemacht hat und die ihm fortan nicht mehr als eine unmittelbare Negation gegenübersteht. Auf diese Weise ist A. immer schon gesetzt als aufgehoben: Am Ende jeder dialektischen Bewegung findet die Aufhebung der A. (die Negation der Negation) statt. So triumphiert am Ende bei Hegel stets die Identität über die A., v. a. in Gestalt des Absoluten Geistes, dem die physische Natur als das »Andere des Geistes« zur Durchgangsstufe auf dem Weg zu seiner Selbstverwirklichung wird. Dasselbe gilt auch für das anthropomorphe Andere, das andere Bewusstsein. Selbstbewusstsein ist nicht die tautologische Identität von Ich = Ich, sondern Rückkehr zu sich selbst aus der Entäußerung in ein Anderssein, Beziehung zu einem anderen Selbstbewusstsein, dessen A. jedoch negiert und aufgehoben wird. Exemplarischer Fall eines solchen Bei-sich-Seins im Anderssein ist für Hegel zunächst die Liebe und später der Kampf. Mit der »Dialektik von Herr und Knecht« beschreibt er das Selbstbewusstsein als Resultat eines Kampfes um Anerkennung, als Resultat der Unterwerfung des anderen Bewusstseins (des bloß genießenden Herrn durch den arbeitenden, d. h. negierenden Knecht). Allerdings ist auch hier der Kampf ein illusorischer, weil die Versöhnung – die Aufhebung der A. in der Identität – immer schon vorausgesetzt ist. Erst vom Aufkommen der ↗Moderne an lässt sich eine kontinuierliche Infragestellung der Identitäten durch Verweis auf unaufhebbare A. beobachten. Als paradigmatisch dafür kann Rimbauds Wort »Ich ist ein anderer« (1871) gelten wie auch generell die Entstehung der modernen Kunst im Namen der Anderen der bürgerlichen Gesellschaft, der sog. Primitiven, der Kinder, der Ausgestoßenen oder der Geisteskranken. Bereits in Symbolismus und Dekadenz, v. a. aber durch Surrealismus und ↗Psychoanalyse erhält der Begriff A. die Dimension des Unbewussten und verliert dadurch z. T. seine Bedeutung als anderes Bewusstsein oder andere Subjektivität.

Im 20. Jh. bestimmt J.-P. Sartre A. als radikal andere Subjektivität (*Das Sein und das Nichts*, 1943). Die Beziehung zum Anderen verläuft über den Blick, wobei der Blick des Anderen ein gefährlicher, böser Blick ist. Am Beispiel der Scham zeigt Sartre das Funktionieren dieser Beziehung auf: Meine Scham ist Anerkennung der Tatsache, dass ich so bin, wie der Andere mich sieht (jenseits aller Ausflüchte vom Typ »ich bin ein anderer«). Dabei ist das Beispiel nicht zufällig gewählt: Für Sartre ist das urspr. Verhältnis zum Anderen der Konflikt. Für den Anderen bin ich bloß Objekt (Gegenstand, Mittel), genauso wie ich den Anderen bloß als Objekt sehen kann (seine Subjektivität bleibt ein purer Verdacht – und zugleich eine drohende Gefahr). Ich kann mich selbst nicht objektivieren, sondern der Andere objektiviert mich durch den Blick auf meinen Körper, der mich beschämt und quält. Sartre vergleicht das »Abfließen meines Universums zum Objekt-Anderen hin« mit einem »Bluterguss in meinem Universum« (bei dem kein Tropfen Blut verloren geht), während der Andere als Subjekt einen unwiederbringlichen Blutverlust bedeutet. Das Sein des Anderen ist die Grenze meiner Freiheit – und umgekehrt. So kann es keine gelingende Beziehung zum Anderen geben, sondern nur Versuche, sich der Freiheit des Anderen zu bemächtigen, ohne ihm diese Freiheit zu nehmen: Projekte der »Niederlage des Anderen«, von der Liebe bis zum Sadismus. Vor diesem Hintergrund ist auch Sartres Bemerkung »Die Hölle sind die anderen« zu verstehen. – Einer solchen Phänomenologie des Anderen widerspricht E. Lévinas (*Totalität und Unendlichkeit*, 1961), für den der Versuch, aus dem Anderen ein Alter Ego zu machen, bedeutet, die unendliche A. des Anderen zu verleugnen, sie im Selben aufzuheben und auszuschalten (worin die Struktur des Krieges bestehe). Eine Grenze findet dieser Versuch in der Begegnung mit dem Anderen als Ereignis, das dem Ich seine Herrschaft als Subjekt entzieht. Das Antlitz des Anderen ist seine Präsenz als Spur, die auf das nie thematisierbare Unendliche jenseits dieses Antlitzes verweist, das die Idee des Anderen im Ich überschreitet. Die Beziehung zum Anderen ist reine Trennung, reine Äußerlichkeit. Daraus folgt für Lévinas eine ethische Rehabilitierung des Ich als Subjekt unendlicher Verantwortung dem Anderen gegenüber.

Für J. Lacan (*Schriften*, 1966) ist der Andere hingegen die Sprache als eine autonome rhetorische Maschine, die ihr eigenes körperlich-materielles, lautliches und grafisches Unbewusstes hat (in Form von Homonymien, Metaphern, Metonymien) – die also ihr eigenes Begehren hat, wodurch das Begehren wie auch das Sprechen des Ich alteriert werden: Mein Begehren ist eine Reaktion auf das Begehren des Anderen. Mein Sprechen bedeutet eine Unterwerfung unter das Gesetz der Sprache. Dies bedeutet zwar keine vollständige Entmachtung des Subjekts durch den Anderen, aber eine Einschränkung seiner Kontrolle über sein eigenes Sprechen und Begehren. Jede sprachliche und libidinöse Kommunikation impliziert ein unüberschaubares Zusammenspiel unbewusster Relationen, das zu ihrer Alteration, zu einer Verschiebung jeder Bedeutung und jeder Intention führt.

Im Kontext der in den USA entstandenen ↗ Kulturwissenschaften werden unter die Kategorie der A. inzwischen alle Formen von Minderheiten subsumiert. Im Namen einer Kritik am Ethno-, Phallo- und Logozentrismus der weißen, männlichen Kultur ist hier die Rede vom ethnisch, sexuell, sozial, historisch, zivilisatorisch, künstlerisch und kulturell Anderen, mithin – in Anlehnung an J. Derrida – vom Anderen im Inneren des Selbst.

Lit.: E. Bronfen, Die Wiederkehr des Anderen (1996). – V. Descombes, Das Selbe und das Andere (1981). – J. Baudrillard, Das Andere selbst (1987). B. K.

Alternative Kultur, bezeichnet die kulturelle Strömung, die seit dem Ende der 60er Jahre aus dem Bewusstsein der Grenzen des Industrialisierungsprozesses bzw. der ›wissenschaftlich-technischen Revolution‹ hervorgegangen ist. Der Sache nach ist die A. K. so alt wie das Industriezeitalter selbst. Das beweist die Vielzahl der theoretischen und praktischen Projekte einer ›Rückkehr zur Natur‹, die sich seit Rousseau insbes. in den Ländern der westlichen Welt verzeichnen lässt. Von diesen Rückkehr-Projekten unterscheidet sich die A. K. zunächst dadurch, dass sie sich weniger durch eine fixierte Zielvorstellung als als durch eine Unterscheidung definiert: Es geht um die Entwicklung einer funktionsfähigen Alternative zur vorgeblich nicht lebensfähigen, ›exterministischen‹ (E. P. Thompson) Industriegesellschaft, doch ist es gerade die heterogene Vielfalt der Veränderungsansätze, die die Einheit der A. n K. gegenüber der hegemonialen (= faktisch vorherrschenden) Kultur der Industriegesellschaft kennzeichnet. In Deutschland verdankte sich die Herausbildung der A. n K. v. a. zwei Faktoren.

(1) Zum einen erschütterte der Bericht des Club of Rome über die »Grenzen des Wachstums« nachhaltig den Glauben an eine unbeschränkte Ausdehnbarkeit der industriellen Lebensweise. Im Unterschied zu den marxistischen Positionen und Parolen der 68er-Revolte betrafen die hieraus resultierenden kulturkritischen Potentiale explizit *beide* politischen Formationen des Industrialismus, die ›kapitalistische‹ ebenso wie die ›sozialistische‹ (eine Perspektive, die A. Gehlen schon Ende der 50er Jahre mit seiner freilich eher resignativen Diagnose einer »kulturellen Kristallisation« des Industrialismus angedeutet hatte). Die Entstehung der A. n K. basierte also zunächst auf einer Verschiebung des politischen Hauptwiderspruchs von der Klassenfrage zur Gattungsfrage, von einer sozialen zu ei-

ner biologischen und ökologischen Problematik. Es steht nun im Interesse der Menschheit insgesamt, ihre Lebensformen der natürlichen Umwelt anzupassen. Als wirkungsmächtigstes Manifest dieser neuen Position darf die Streitschrift gelten, die der DDR-Dissident R. Bahro 1977 in Westdeutschland unter dem Titel *Die Alternative. Zur Kritik des real existierenden Sozialismus* veröffentlichte. Bahro kritisierte dort die Fundierung auch und bes. der sozialistischen Planwirtschaft auf rücksichtsloser Ausbeutung der natürlichen Ressourcen und forderte eine »zweite Kulturrevolution«, durch die der »Gesellschaftskörper in seiner Subjekteigenschaft« die ökonomischen Gesetze zu definieren habe, »und nicht umgekehrt«.

(2) Während Bahro und andere Theoretiker der A.n K. die bestehenden Verhältnisse durch eine aktualisierende Neulektüre der marxistischen Klassiker verändern wollten, waren es zum anderen gerade die offenkundigen Sackgassen der westdeutschen marxistischen ↗ Protest-Bewegung, die die empirische Herausbildung der A.n K. beförderten und definierten. Die dogmatische Erstarrung der ↗ 68er-Bewegung in hierarchisch und zentralistisch organisierten Zirkeln führte innerhalb der real oder imaginär marginalisierten sozialen Sektoren (Frauen, Anstaltsinsassen, Jugendliche, Studenten) zu einer Gegenbewegung, die der ›abstrakten Theorie‹ die ›unmittelbare Erfahrung‹, der ›begrifflichen Reflexion‹ den ›spontanen‹ Ausdruck der Affekte entgegensetzte. Gegenüber der zentralistischen Organisation (bzw. Imagination) der marxistischen Gruppierungen verstand sich die alternative ›Szene‹ als eine Vielzahl dezentraler, lokaler und ›autonomer‹ Projekte (Buchläden, Druckereien, Werkstätten, Landkommunen, Kindertagesstätten, Psycho-Oasen), in denen statt abstrakter Negation der hegemonialen Kultur die positive Organisation einer neuen, ›natürlichen‹ Lebensweise

erprobt werden sollte. Dabei vollzog sich der Rückgriff auf ›Natur als politische Ersatzidentität‹ v. a. im Bereich der Sprache. In mehr oder weniger expliziter Abgrenzung zur zunehmend verarmenden Sprache der marxistischen Gruppierungen (sog. ›Terminologie‹) konstituierte sich die A. K. über einen »Jargon der Unmittelbarkeit«, der die »schlechte Abstraktheit des Intellektuellen mit der schlechten Abstraktheit des konkretionswütigen Projektbauers« bekämpfte (Kraushaar 1978). Tatsächlich gelang es der A.n K. allenfalls kurzfristig und punktuell, mehr zu sein als ein »Ergänzungsteil der herrschenden« (ebd.) oder eine weitere Form der ↗ Subkultur. Eine bemerkenswerte Bereitschaft zur Selbstausbeutung sowie ein tabuisierter und daher um so heftiger auftretender Sozialdarwinismus erscheinen als Antizipationen des heutigen ›Neoliberalismus‹. Das alternative ›Starsystem‹ sowie eine ausgeprägte Affinität zur ›biographischen Mode‹ variieren lediglich Grundmotive der amerikan. Kulturindustrie, wie sie etwa L. Löwenthal schon vor dem Zweiten Weltkrieg beschrieben hatte. Zu den nennenswerten Beiträgen der A.n K. zur ↗ Politischen Kultur der Bundesrepublik gehört zweifellos die Berliner »tageszeitung« (»taz«), die freilich ihre ›alternativen‹ Züge seit Mitte der 80er Jahre nach und nach der wirtschaftlich unvermeidlichen Anpassung an die Milieus von Markt und Meinung opferte.

Die politischen Auswirkungen der A.n K. sind rückblickend einer differenzierten Bilanz zu unterziehen. Einerseits trifft es fraglos zu, dass auf dem ›langen Weg nach Mitte‹ (D. Diederichsen) der größte Teil der urspr. Einsätze und Energien der alternativen Bewegung verschwunden ist. Umgekehrt wäre der Einzug der Umweltparteien in zahlreiche europäische Parlamente ohne die Basis der A.n K. ebensowenig denkbar wie die bisherigen Entwicklungen im Bereich der intelligenten Energienutzung oder das in den reichen Ländern deutlich gewachsene Konsumenten-Bewusstsein. Im Bereich der zeitgenössischen Philosophie und Kulturtheorie verdanken insbes. solche Konzepte, die die Dezentralität, Lokalität und Heterogenität kultureller Prozesse betonen – wie etwa ›bricolage‹ (C. Lévi-Strauss), ›patchwork‹ (J. Lyotard) oder ›rhizom‹ (G. Deleuze/F. Guattari) – ihre rasche Verbreitung nicht zuletzt dem Resonanzboden der A.n K. Wie im Politischen, so ist auch im Theoretischen ein Seitenwechsel dieser Bestände der A.n K. auf die Seite der hegemonialen Kultur zu beobachten: Sie stehen heute für die verstreute Lokalität des Globalisierungsprozesses (engl. Kunstwort: ›glocalization‹).

Lit.: W. Kraushaar, Autonomie oder Ghetto. Kontroversen über die Alternativbewegung (1978). – R. Bahro, Elemente einer neuen Politik. Zum Verhältnis von Ökologie und Sozialismus (1980). – U. Mayer, Zwischen Anpassung und Alternativkultur oder das politische Bewußtsein und Handeln der Studenten (1981).

B. Wa.

Amerikanisierung. Von Beginn an artikuliert die Rede über die A. (auch Amerikanismus, Amerikanisation und, selten, Amerikanität) ambivalente Haltungen gegenüber industriekapitalistischen Verhältnissen und Verhaltensweisen, die man in den USA auszumachen glaubt und auf eigene Wirklichkeiten (kulturkritisch klagend oder optimistisch bejahend) bezieht. Wenn der Bildungsbürger und Naturwissenschaftler E. Dubois-Reymond 1877 von A. spricht, dann bejaht er die Fortschritte der Technik und beklagt die Bedrohung der »europäischen Cultur«. Schon hier zeigt sich, dass der Ausdruck einen großen Begriffsumfang und einen heterogenen Begriffsinhalt aufweist; dass zudem, wie immer noch behauptet, von einem generellen Antiamerikanismus

der deutschen Eliten nicht die Rede sein kann. Vom Kaiserreich bis in unsere Gegenwart hinein erscheinen die USA als Paradigma der industriekapitalistischen Moderne, als fremdes Land, in dem als Vorwegnahme das bereits existiert, was sich im eigenen Land erst andeutet. Insofern sind die jeweiligen Amerikabilder die konkrete Projektion eines abstrakten Bewegungsbegriffs, der allgemeine Zeittendenzen ausdrückt. Die Debatten um den Prozess der A. sind keine deutsche Besonderheit. Bei den europäischen Eliten entsteht mit Blick auf die Neue Welt eine Art Gemeinschaftsgefühl, wie umgekehrt die kulturellen Eliten in den USA die Alte Welt als Einheit wahrnehmen (W. T. Stead, *The Americanization of the World*, 1902). Im Kaiserreich wird die A. noch keineswegs als akute Bedrohung der eigenen Kultur empfunden, wenngleich die Klagen über die »Amerikanisierung der Welt« (E. Bertram) und die »Kulturlosigkeit« (K. Scheffler) zunehmen.

Erst in den 20er Jahren, bes. in der Phase der relativen Stabilisierung, erlangt der Ausdruck eine besondere Aktualität und kommunikative Reichweite. »Amerika ist das neue europäische Schlagwort« (*Vossische Zeitung*, 27. 7. 1925). A. dient nun als Projektion mit einem gewissen Realitätsgehalt und heterogenen programmatischen Intentionen. Die USA glänzen gegenüber den geschwächten europäischen Nationen als unbestrittene Weltmacht mit großen Ressourcen, einem ungebrochenen Optimismus und expansiven massenkulturellen Mustern (Film, Revue, Jazz, Fordismus). Sie erscheinen nun als Sinnbild zukünftiger Möglichkeiten ökonomischer Rationalisierung, konsumistischer Integration, veränderter Mentalitäten und einer egalitären Massenkultur. Was man von der vermeintlich unaufhaltsamen A. zu erwarten hat, erweckt Faszination und Hoffnungen, aber auch Abwehr und Ängste. A. ist kein politischer Kampfbegriff mit einem Rechts-links-Feindbild. Der Bewegungsbegriff verweist auf drei heterogene Entwürfe von unterschiedlicher Dauer. Der erste setzt auf die Chancen einer stabilen, westlich orientierten demokratisierten ↗ Massenkultur. Die Hoffnung auf eine solche A. verblasst mit der Weltwirtschaftskrise und gewinnt wieder nach 1945 an Attraktivität. Der zweite Entwurf setzt auf die Verbindung von moderner Technik, Unterhaltungsindustrie und autoritären Lösungen. Diese Bejahung der A. »ohne demokratische Tradition« zeugt von einer modernisierten Rechten und verweist auf den »reactionary modernism« (J. Herff) des NS-Regimes, das in vielen Bereichen die Vorbildfunktion der USA durchaus anerkennt (H. D. Schäfer 1991). Der dritte Entwurf bleibt zähen kulturkritischen Klagen über Nivellierung, Vermassung, Utilitarismus und Kulturlosigkeit verpflichtet, die in den 70er Jahren allmählich verhallen.

Nach 1945 wachsen Einfluss und Attraktivität der prosperierenden Weltmacht, wie umgekehrt im Gefolge der politischen, ökonomischen und massenkulturellen Westorientierung die Akzeptanz gegenüber dem American Way of Life und seiner Wohlstandsversprechen wächst. Vertraute Stereotypen (Land der unbegrenzten Möglichkeiten, Übermacht amerikan. Technik, Lockerheiten und Bequemlichkeiten des Alltagslebens, Defizite im Bereich der höheren Kultur) bleiben durchaus bestehen. In der bildungsbürgerlichen Publizistik drückt A. die kulturkritische Klage über Technik, Masse und Entfremdung, über zivilisatorische Errungenschaften und kulturelle Defizite der Neuen Welt aus. A. erscheint aber – eingebettet in Wirtschaftswundermentalitäten – zunehmend als Verheißung und nicht als Bedrohung. Von A. wird weiter gesprochen, doch gehen von dem Ausdruck nicht mehr so große diskursive Turbulenzen aus wie in den 20er

Jahren. A. ist ein Stichwort neben anderen, die wie »Konsum-« oder »Freizeitgesellschaft« gesellschaftliche Wandlungsprozesse bezeichnen sollen: »Verwestlichung = Amerikanisierung = Modernisierung« (K. Mehnert 1960). Allerdings rückt der Ausdruck in die Feindkonstellationen des Kalten Krieges ein. In der DDR gilt A. als »Manipulierung der Volksmassen nach dem Vorbild der USA, Import US-amerikan. Massenkultur in großem Umfang« (*Imperialismus und Kultur*, 1975). Es gibt noch unterschiedliche Amerikabilder, aber A. spielt in den heutigen Debatten keine zentrale Rolle mehr. Der Erfolg des Schlagworts ↗ »Globalisierung« zeigt an, dass nicht mehr die Differenzen zwischen der Neuen und Alten Welt, sondern die transnationalen Tendenzen eines siegreichen neoliberalen Kapitalismus diskursleitend sind.

Zwischen einer begriffsgeschichtlichen Analyse, die der Verwendungsgeschichte der A. im »historischen Verlauf« nachgeht, und dem operativen Gebrauch des Ausdrucks in der historischen Forschung wird nicht immer unterschieden. Im Vergleich zum soziologischen Bewegungsbegriff »Modernisierung« ist A. theoretisch defizitär. Wenn in der Forschung von »Amerikanismus« (J. Hermand), »kultureller Amerikanisierung« (H. P. Schwarz) oder »Amerikanisierung der Jugend« (K. Maase) gesprochen wird, dann handelt es sich in der Regel um Versuche, die Orientierung an den USA und insbes. die Übernahme massenkultureller Muster (Rock 'n' Roll, Teenager, ziviler Habitus und »lässig leben«) zu charakterisieren.

Lit.: A. Lüdtke/I. Marßolek/A. v. Saldern (Hg.), Amerikanisierung. Traum und Alptraum im Deutschland des 20. Jh. (1996). – K. Maase, BRAVO Amerika. Erkundungen zur Jugendkultur der Bundesrepublik in den fünfziger Jahren (1992). – A. Schildt, Moderne Zeiten. Freizeit, Massenmedien und

»Zeitgeist« in der Bundesrepublik der 50er Jahre (1995).

G. B.

Antimoderne, Welthaltung, die typische Merkmale der ↗ Moderne ablehnt oder zumindest grundlegend kritisiert. Der Terminus verbreitete sich zu Beginn des 20. Jh. zuerst durch die katholische Kirche. Mit dem sog. Antimodernisteneid wurde von Geistlichen auf Veranlassung von Papst Pius X. seit 1911 verlangt, die christliche Religion von Einflüssen der modernen Welt freizuhalten (bis 1967). Dabei galten v. a. Denkweisen und Ergebnisse der (Natur-)Wissenschaft als gefährlich, soweit sie in Widerspruch zur Schöpfungsgeschichte standen oder die rationale Klärung bzw. die Leugnung von Wundern betrieben. Insbes. sollte verhindert werden, dass die Aussagen der Bibel als Offenbarung Gottes in Zweifel gezogen würden. Während die A. der katholischen Kirche sich primär gegen die Wissenschaft richtete, werden von der A. auf politischer Ebene die Werte und Ideale der Frz. Revolution (Freiheit des Individuums, Gleichheit der Bürger, Demokratie, Menschenrechte) negiert. Auf sozialer Ebene wenden sich Vertreter der A. z. B. gegen die moderne Arbeitsteilung, die Verstädterung, die Auflösung der Großfamilie oder die Emanzipation der Frau. Üblich sind auch Angriffe gegen die Technisierung der Lebenswelt, gegen Kapitalismus und Marktwirtschaft als moderne Formen der Ökonomie oder gegen Elemente moderner Lebensweisen (Tourismus, Sport, Massenmedien etc.). Meist richten sich die Widerstände gegen die moderne Welt insgesamt und nicht nur gegen einzelne Entwicklungen; insofern steht die A. in enger Verwandtschaft zur ↗ Kulturkritik, zumal sie ihren Schwerpunkt i. Allg. eher in der Kritik als im Entwurf alternativer Modelle besitzt. Sofern jedoch Gegenpositionen geltend gemacht werden, erweist sich die A. grundsätz-

lich als vormodern und restaurativ. Die Werte westlicher Demokratien werden dann aus der Perspektive eines ständestaatlichen Weltbilds bzw. eines adelsethischen Wertesystems angegriffen, während der technischen Zivilisation eine Gesellschaft entgegengesetzt wird, die weder Industrie noch Geldwirtschaft kennt und in der ›urspr.‹ Lebensformen dominieren. Häufig orientieren sich Vertreter der A. bei der Formulierung ihrer Ideale am homerischen Griechenland, am Mittelalter oder auch an außereuropäischen Kulturen, deren Leben als ›natürlich‹ und frei von Entfremdung gesehen wird. – Tendenzen der A. sind so alt wie die Moderne selbst und finden sich z. B. schon bei Rousseau oder in der deutschen Romantik. Die schärfste Kritik am modernen Wertesystem stammt von Nietzsche (*Zur Genealogie der Moral*, 1887). Sie wurde zu Beginn des 20. Jh. von zahlreichen Intellektuellen übernommen und führte zur Gründung etlicher ›Kreise‹, ›Zirkel‹ und ›Bünde‹, die sich programmatisch gegen die Moderne wandten und, unterschiedlich streng, ihre eigenen Wertvorstellungen zu verwirklichen suchten. Am bekanntesten wurden der Kosmiker-Kreis (A. Schuler, L. Klages) sowie der Kreis um den Dichter Stefan George. Aber auch die Jugendbewegung der 20er Jahre sowie einige Elemente des Nationalsozialismus lassen sich als Ausprägungen der A. begreifen. Während sich die wichtigen Strömungen der Nachkriegszeit zur Moderne bekennen, ist eine Renaissance antimodernistischer Tendenzen für die 80er Jahre festzustellen, als Natur- und Umweltschutz sowie das ökologische Denken an Verbreitung gewannen. Neben ausdrücklichen Rückbezügen auf Protagonisten der Natur- und Heimatschutzbewegung der letzten Jahrhundertwende (z. B. E. Rudorff, P. Schultze-Naumburg) sind bei einigen Autoren der Ökologiebewegung typische Denkfiguren der A. zu entdecken (z. B. H. P. Padrutt, G. Nenning, G. Altner). So wird die Moderne, mit Verweis auf Philosophen wie M. Heidegger oder G. Anders, pauschal als Irrweg bezeichnet, wobei unterstellt wird, ein Untergang der Menschheit sei nur durch Rückkehr in eine vormoderne Welt zu verhindern. Insgesamt jedoch haben Positionen der A. deutlich an Einfluss verloren, was auch daran liegt, dass ihre Argumentationsmuster keine Erweiterung erfahren haben. Da sie der fortscheitenden Moderne auch nicht angepasst wurden, ist ihnen zunehmend die Plausibilität abhanden gekommen.

Lit.: R. P. Sieferle, Fortschrittsfeinde? Opposition gegen Technik und Industrie von der Romantik bis zur Gegenwart (1984). – S. Breuer, Ästhetischer Fundamentalismus. Stefan George und der deutsche Antimodernismus (1995). – O. Marquard, Futurisierter Antimodernismus. Bemerkungen zur Geschichtsphilosophie der Natur. In: Ders., Glück im Unglück. Philosophische Überlegungen (1995).

W. U.

Anything goes (engl. = alles ist möglich) wird im Allg. als Schlagwort von Kritikern der ↗ Postmoderne verwendet, um dieser Beliebigkeit und Relativismus vorzuhalten. Urspr. taucht die Wendung bei dem Wissenschaftstheoretiker Paul Feyerabend auf (*Wider den Methodenzwang*, 1976). Sie drückt die Auffassung aus, dass es keine überzeitlich gültigen Regeln und Methoden gibt, um Erkenntnisfortschritte zu erzielen. Vielmehr können unbegrenzt viele Wege zum Erfolg führen, und es kann auch verschiedene Maßstäbe dafür geben, was als Erfolg angesehen wird. Entsprechend plädiert Feyerabend für maximale Pluralität in der Aneignung und Interpretation der Welt. Die institutionelle Privilegierung der abendländischen Wissenschaft besitzt für ihn die Nachteile einer Monokultur. Dagegen versucht er zu zeigen, dass viele bedeutende Theorien nur möglich wurden, weil sie im Widerspruch zu den jeweils herrschenden Erkenntnisregeln standen. Feyerabend will die Maxime A. g. jedoch nicht zur Grundlage einer neuen Methode erheben. Für ihn ist damit kein Programm formuliert, sondern es handelt sich eher um den Kapitulationsruf eines Wissenschaftstheoretikers, der die Suche nach einer objektiv, verbindlich und übergreifend besten Erkenntnismethode aufgrund des Reichtums von Erkenntnistraditionen für vergeblich hält. Dies wird von den meisten Kritikern Feyerabends missverstanden, die ihm vorwerfen, Planlosigkeit zum Prinzip zu erheben oder zwischen Wissenschaft, künstlerischen Weltentwürfen und religiösen Kulten nicht zu unterscheiden. Innerhalb kurzer Zeit avancierte A. g. zu einem polemischen Slogan, der sich, weit über Feyerabend hinaus, gegen alle philosophischen Ansätze wendet, die vom Glauben an eine absolute und singuläre Wahrheit Abschied nehmen und für Pluralismus bzw. Pragmatismus eintreten. Doch wehren sich Vertreter des Pragmatismus und der Postmoderne wie R. Rorty, J.-F. Lyotard oder W. Welsch gegen den Vorwurf des A. g. Sie machen deutlich, dass kulturelle Traditionen, soziales Umfeld sowie persönliche Erfahrungen und Interessen einen Rahmen konstituieren, innerhalb dessen jeweils nur bestimmte Werte und Maßstäbe Geltung haben und begründet werden können. Mögen diese Werte und Maßstäbe historisch relativ sein, so besitzen sie für den Einzelnen oder eine Gemeinschaft dennoch Verbindlichkeit, was die kritischen Einwände gegen A. g. außer Kraft setzt.

Lit.: H. P. Duerr (Hg.), Versuchungen. Aufsätze zur Philosophie Paul Feyerabends (1980).

W. U.

Apokalypse. Das religiöse Schrifttum der A., v. a. die Offenbarung des Johannes, hat seit dem Mittelalter auch literarische Verarbeitungen angestoßen. Doch erst seit 1800 gewinnt die A. in der Literatur ein neues Profil dadurch, dass sie sich aus dem religiösen Deutungszusammenhang und von den entsprechenden Vorbildern löst. Das grundlegende Strukturmuster apokalyptischer Welt- und Geschichtsdeutung, die Spannung zwischen Untergang und Erlösung, bleibt freilich erhalten, ebenso ein Großteil der typisch apokalyptischen, dualistischen Bilderwelt (Finsternis/Licht, Schlafen/Wachen, Schmutz/ Reinheit, Schlacke/Glut), der Bilder von Naturgewalten für den erwarteten Untergang, der Bilder widerwärtiger Tiere für den ›bösen Feind‹. Allerdings wird nun über das Instrumentarium apokalyptischer Deutung frei verfügt, deren Bilderwelt auch verändert und erweitert. Erlösung wird nicht mehr jenseitig, sondern diesseitig vorgestellt oder aber grundsätzlich bezweifelt. – Zwei hauptsächliche Erscheinungsformen literarischer A.n lassen sich unterscheiden: (1) Die apokalyptische Deutung historischer Situationen verbindet sich mit politischen Intentionen und innerweltlichen Erlösungsvisionen; entsprechende Deutungen finden auch Eingang in die Literatur, so z.B. der ›apokalyptische Nationalismus‹ in die Publizistik und Lyrik der Befreiungskriege und dann v.a. in die Kriegslyrik des Ersten Weltkriegs. Auch das apokalyptische Weltbild des Nationalsozialismus wird literarisch umgesetzt. Der ›messianische Expressionismus‹ entwirft unter dem Eindruck des Ersten Weltkriegs Szenarien einer apokalyptischen Wandlung zu einer neuen, vollkommenen (sozialistischen) Gesellschaft. Diese Linie findet nach 1945 keine Fortsetzung, abgesehen von wenigen Beispielen v.a. in der frühen DDR. – (2) Auf künstlerisch anspruchsvollerem Niveau bewegt sich eine Tradition apokalyptischer Literatur, die mit der Romantik anhebt. Die Verunsicherung christlicher Heilsgewissheit und zugleich die wachsende Skepsis

gegenüber aufklärerischen Vorstellungen eines sinnvollen Geschichtsverlaufs untergraben bei vielen Schriftstellern die Hoffnung auf Erlösung, ob in jenseitiger oder diesseitiger Gestalt. Der ›kosmische Schrecken‹ einer transzendenzlosen Welt und sinnlosen Geschichte setzt Untergangsängste frei und lässt ›kupierte‹ A.n entstehen. Für den ästhetisch antizipierten Untergang erschließt sich die kupierte A. die neue Bilderwelt der Erstarrung im Eis und des Kältetods; Welteislehren und Entropiegesetz wirken verstärkend, wenn auch nicht ursächlich. Die Katastrophen des 20. Jh., die beiden Weltkriege, der Holocaust, Hiroshima, die drohende Selbstvernichtung der Menschheit durch einen nuklearen Krieg oder die Auswirkungen der technischen Zivilisation haben die kupierte A. zur dominanten Figur der apokalyptischen Literatur gemacht. Wird in der Zwischenkriegszeit die Untergangsthematik vorwiegend als psychisches und gesellschaftliches Problem behandelt (Th. Mann, *Der Zauberberg*, 1924; H. Broch, *Die Schlafwandler*, 1931/32), so versuchen die Schriftsteller in der zweiten Jahrhunderthälfte zunehmend durch satirische, groteske und karnevaleske Verfremdungstechniken vom Druck der Untergangsdrohung zu entlasten. A. Schmidt entwirft schon in *Schwarze Spiegel* (1951) und in *Die Gelehrtenrepublik* (1957) satirische, wenn nicht zynische Bilder einer postatomaren Welt. H.M. Enzensberger verarbeitet in der ›Komödie‹ *Der Untergang der Titanic* (1978) den Verlust seines Glaubens an die apokalyptische Erlösung, an die ›positive Utopie‹ des Sozialismus. Die Aufrüstung der Supermächte mit nuklearen Mittelstreckenraketen Anfang der 80er Jahre schürt die Angst vor einem nuklearen Krieg. Diese Angst prägt die Literatur des Jahrzehnts: Atomkriegsromane als Warn-Utopien entstehen (U. Rabsch, *Julius oder der schwarze Sommer*; A.A. Guha, *Ende. Tagebuch aus* dem 3. *Weltkrieg*; G. Pausewang, *Die letzten Kinder von Schewenborn*, alle 1983), aber auch Umsetzungen der Bedrohung ins Mythische oder deren satirische Überbietung (Ch. Wolf, *Kassandra*; K. Krolow, *Herodot oder der Beginn von Geschichte*; U. Horstmann, *Das Untier*, alle 1983; H. Mueller, *Totenfloß*, 1986). Die Aussicht auf das mögliche Ende und der Verlust des Glaubens an einen Sinn der Geschichte veranlassen zu literarischen Gestaltungen des Untergangs im Stil des ›Posthistoire‹: Geschichte als historische Abfolge unterschiedlicher erzählter Zeiten wird in ästhetische Gleichzeitigkeit aufgehoben (T. Dorst, *Merlin*, 1981; G. Grass, *Die Rättin*, 1986; Ch. Ransmayr, *Die letzte Welt*, 1988). Diese Werke spielen, wie schon apokalyptische Romane Lateinamerikas (G. García Márquez, *Cien años de soledad*, 1967; C. Fuentes, *Terra Nostra*, 1975; J. Cortázar, *Apocalipsis de Solentiname*, 1977) und der USA (Th. Pynchon, *Gravity s Rainbow*, 1973; J. Barth, *Sabbatical*, 1982; J. Heller, *Closing Time*, 1994), mit Strukturen und Formen der apokalyptischen Tradition, erheben die Narrativik der A. selbst zum Thema und versuchen so, den Verlust der Erlösungshoffnung, auch des Glaubens an ein irdisches Paradies, und die Angst vor dem Untergang mit der ästhetischen Faszination, die das Erzählen vom Untergang gleichwohl ausübt, in eine prekäre, oft spielerische Balance zu bringen, die gemeinhin als Charakteristikum der ↗Postmoderne gilt. Zum Ende des Millenniums hat sich die apokalyptische Dramatik in der Literatur nicht gesteigert, sondern eher eine Antiklimax erfahren. Abgesehen von Science-Fiction-Romanen und Filmen desselben Genres, die herkömmliche Untergangsszenarien fortspinnen oder die Computertechnologie zu neuen Dystopien verarbeiten, herrscht in der Literatur, soweit das Thema ›Untergang‹ anklingt, eher verhaltene Skepsis, Ironie und Selbstironie (H. M. Enzensberger,

Leichter als Luft, 1999; G. Kunert, *Nacht Vorstellung*, 1999).

Lit.: G. E. Grimm u. a. (Hg.), Apokalypse. Weltuntergangsvisionen in der Literatur des 20. Jh. (1986). – K. Vondung, Die Apokalypse in Deutschland (1988). – G. R. Kaiser, (Hg.), Poesie der Apokalypse (1991).

K. V.

Archiv. Urspr. bezieht sich der Begriff A. auf die geordnete Sammlung der aus dem Geschäftsbetrieb einer Verwaltung stammenden Schriftstücke, soweit diese für den laufenden Geschäftsbetrieb nicht mehr benötigt werden; darüber hinaus wird die Bezeichnung auch für die Gebäude verwandt, in denen die Archivalien aufbewahrt werden. Begrifflich davon getrennt, in der Funktion aber verwandt bzw. in bedeutenden heutigen Institutionen teilweise auch funktional zusammengeführt sind die Bibliotheken und die Museen zu sehen. Während Bibliotheken ausgerichtet sind auf die Sammlung von Büchern, d. h. von Werken, die Archivalien allenfalls zusammenfassend verarbeiten, sind Museen auf die Sammlung von Exponaten unterschiedlicher Medialität spezialisiert, die entsprechend dem jeweiligen Sammlungszweck bzw. -ziel Unikate darstellen oder als Exempel für eine bestimmte Epoche, eine Stilrichtung etc. dienen können. Beide Begriffe lassen sich bis in die Antike zurückverfolgen: Während Museum urspr. einen den Musen geweihten Tempel bezeichnete und der Begriff erst in der Frührenaissance seine heutige Bedeutung erhielt, bezeichnete der Begriff der Bibliothek bereits in der Antike die Sammlung von Schriftrollen. Insbes. die Bibliothek des Britischen Museums, die Bibliothèque Nationale in Paris und die Library of Congress in Washington stellen mit ihren Beständen heute wesentliche Teile des Bestandes an literarischen und wissenschaftlichen Werken zur Verfügung. Zur Erschließung dieser Bestände werden, aufbauend auf den bibliothekarischen Katalogen in Karteiform, heute elektronische Erschließungssysteme angeboten, die neben dem hierarchischen Zugriff auf die Bücher wie bei den printmedialen Zugriffssystemen in der Regel auch Recherchen über inhaltsorientierte Kriterien erlauben. – Alle bedeutenden Bibliotheken und Museen haben sich darüber hinaus aber auch zu wichtigen A.en entwickelt, die neben dem ›Sekundär-Medium‹ Buch auch Archivalien im dokumentarischen Sinne aufbewahren und zugänglich machen. Daneben haben sich für die verschiedensten Zwecke auch spezialisierte A.e gebildet, wie beispielsweise das Bundesarchiv in Koblenz, dem wesentlich die Archivierung des Schriftgutes der Verfassungsorgane der Bundesrepublik obliegt, das aber beispielsweise auch bedeutende Bestände der Filmgeschichte archiviert. Das Deutsche Literaturarchiv in Marbach verfügt z. B. über wichtige literarische Nachlässe und daneben auch über eine hochspezialisierte Bibliothek.

Neben der partiellen Verschmelzung der urspr. getrennten Aufgaben ist den Institutionen in den letzten Jahren durch die Möglichkeiten der ↗ Digitalisierung aber auch die Aufgabe zugewachsen, nicht nur Erschließungssysteme zu den Sammelobjekten zur Verfügung zu stellen, sondern auch einen weitgehenden Zugriff auf die Objekte selbst. Im Bereich der printmedialen Erzeugnisse ist diese Entwicklung am weitesten fortgeschritten, stehen doch mit den Volltext-Datenbanken elektronische Hilfsmittel zur Erschließung der Texte zur Verfügung. Mit dem Übergang zu elektronischen Repräsentationen der Archivalien ist zwar prinzipiell der direkte Zugriff auf diese selbst möglich geworden, es ergeben sich aber auch neue Problem- und Arbeitsfelder. Bei ↗ Texten ist es keineswegs ausreichend, den reinen Buchstabenbestand zu verzeichnen. Unter philologischen Gesichtspunkten treten eine Reihe weiterer Gesichtspunkte hinzu, die es – elektronisch – zu verzeichnen gilt. Dieser Vorgang wird als ›tagging‹ bezeichnet und ist nicht nur unter dem Gesichtspunkt der retrospektiven Texterfassung und -auszeichnung ein zeit- und arbeitsintensives Unterfangen. Um hier die Abhängigkeit von speziellen Software-Lösungen zu vermeiden und die kontinuierliche Arbeit am Aufbau großer Text-A.e über längere Zeit hinweg überhaupt als sinnvoll erscheinen zu lassen, wurde ein spezielles System für die Auszeichnung elektronischer Texte entwikkelt, das auch eine Ausweitung auf Archivalien anderer medialer Präsenz erlaubt. Mit SGML (Standard Generalized Markup Language) wurde die Voraussetzung dafür geschaffen, dass unabhängig von zukünftigen Entwicklungen für den Zugriff auf die Archivalien und/ oder die Weiterverarbeitung oder Analyse derselben die Arbeit an der wissenschaftlichen Beschreibung vorangetrieben werden kann, ohne dass hier Verluste durch Änderungen der (Software-)Normen zu befürchten wären. Besonderer Anstrengung bedarf dabei die retrospektive Konvertierung vorhandener Archivalien. Hier haben sich verschiedene Institutionen und Initiativen hervorgetan, von denen hier stellvertretend nur die Text Encoding Initiative (TEI) und das Projekt Gutenberg genannt seien. Eine eigene Problematik ergibt sich aber auch aus der ›Flüchtigkeit‹ der elektronischen Information. Der leichten Veränderbarkeit und damit auch der Manipulierbarkeit der zu archivierenden Dokumente kann noch durch Speicherung auf ›dauerhaften‹ digitalen Speichermedien, z. B. ↗ CD-ROMs, begegnet werden. Die Fülle der anfallenden Informationen z. B. im Rahmen des sog. ›papierlosen Büros‹ oder der elektronischen Kommunikation i. Allg. und des ↗ Internets i. Bes. lässt aber die Frage nach der Auswahl ›relevanter‹ Informationen verstärkt in den Vordergrund treten. Anders als bei den Aktenkellern der Vergangenheit, bei denen es einer willentlichen Vernichtung bedarf, sind elektronische Informationen, so sie nicht explizit auf einem geeigneten Datenträger archiviert werden, nach kurzer Zeit verloren. So ist z. B. der Informationsbestand des Internets, wie er vor wenigen Jahren bestand, heute nicht mehr vollständig zu rekonstruieren, und Bestände von Lochkarten aus den Anfangszeiten der computerisierten Archivierung sind allenfalls mit riesigem Arbeitsaufwand in ›moderne‹ Repräsentationsformen zu überführen. – Neben die Arbeit zur Erhaltung der eigentlichen Archivalien (z. B. Konservierung, Restaurierung, Entsäuerung von Papier) ist die Arbeit an der Erhaltung der elektronischen Repräsentanzen der Archivalien getreten, die beispielsweise durch (verlustfreie) Kopien auf neuen Datenträgern die Dauerhaftigkeit des ›flüchtigen‹ Mediums zu sichern in der Lage sind und gleichzeitig den drohenden Datenverlust durch Änderungen der technischen Aufzeichnungsnormen zu verhindern vermögen.

Lit.: M. Bryan, SGML. An Authors Guide (1988). – M. Buder/W. Rehfeld/T. Seeger (Hg.), Grundlagen der praktischen Information und Dokumentation. 2 Bde. (1990).

M. K.

Aufarbeitung der Vergangenheit, bes. seit den 60er Jahren zum Begriff gewordenes Postulat, das sich sowohl auf die historische als auch auf die individuelle Ebene beziehen und sowohl politisch als auch psychologisch motiviert sein kann. Im Unterschied zu der Beschäftigung mit Vergangenem etwa zum Zweck seiner historischen Beleuchtung oder historiographischen Darstellung geht es bei der A. d. V. um eine aktive Auseinandersetzung mit der Vergangenheit aufgrund der Einsicht in ihre entscheidende Relevanz für die Gegenwart. Die Forderung nach einer kritischen A. d. V. wurde in den 60er Jahren in der Bundesrepublik im Zusammenhang der Studentenbewegung laut mit dem Ruf, den »Muff von tausend Jahren« unter den professoralen »Talaren« zu lüften, ein Slogan, der sich nicht allein gegen den inhaltlichen und methodischen Traditionalismus der (west)deutschen Universitäten richtete, sondern sich v. a. auf ihre institutionellen und personellen Verstrickungen im »Tausendjährigen Reich« des Nationalsozialismus bezog, für die auch die nach wie vor gepflegte unpolitische Auffassung von Wissenschaft mit verantwortlich zu machen war. In diesem Sinn wurde die Forderung nach A. d. V. zum politisch grundierten Komplement bzw. zur Voraussetzung des abgegriffenen Konzepts der Vergangenheitsbewältigung, indem sie einerseits die von der Entnazifizierung der Nachkriegsjahre nicht bewältigten personellen »Altlasten« in politischen und kulturellen Institutionen erneut in den Blick nahm und es andererseits, insbes. in Anknüpfung an die Kritische Theorie, unternahm, die kultur- und wissenschaftsgeschichtlichen Voraussetzungen des Faschismus theoretisch zu durchleuchten und auf dieser Grundlage eine kritische und emanzipatorische Auffassung von Wissenschaft zu formulieren. Zum entscheidenden Faktor der Gegenwartsanalyse und notwendigen Instrument einer gelingenden Vergangenheitsbewältigung wird die A. d. V. in der Konzeption A. und M. Mitscherlichs (*Die Unfähigkeit zu trauern*, 1967), die den in der Vorstellung von A. d. V. implizierten psychoanalytischen Begriff der »Trauerarbeit« für die sozialpsychologische Analyse der deutschen Gesellschaft in ihrem Verhältnis zum Dritten Reich fruchtbar macht und, neben der theoretischen und institutionsgeschichtlichen, die Notwendigkeit einer (individuellen und kollektiven) psychischen A. d. V. postuliert. Bes. in diesem letztgenannten

Zusammenhang ist die Autobiographie das herausragende literarische Medium der A. d. V. Im Zuge der »Neuen Innerlichkeit« der 70er Jahre kommt es in der Bundesrepublik zu einem Boom autobiographischer Literatur, in dem sich das Bedürfnis zeigt, den in den politisch und ökonomisch ausgerichteten Gesellschafts- und Geschichtstheorien marginalisierten »subjektiven Faktor« wieder in die Geschichte einzubeziehen, das persönliche Erleben, die individuelle Geschichte wieder geltend zu machen und sich des eigenen Standortes und der eigenen Identität zu versichern. Dabei spielt auch die Auseinandersetzung mit den vom Nationalsozialismus geprägten Eltern und deren Einfluss auf die jüngere Generation immer wieder eine Rolle, auf der Seite der »Täter« z. B. in Christoph Meckels *Suchbild. Über meinen Vater* (1980), auf der der Opfer z. B. in Cordelia Edvardsons *Gebranntes Kind sucht das Feuer* (1985). Im Kontext des ↗ Postkolonialismus wird die A. d. V. ebenfalls zu einem in historisch-politischem wie individuellem Sinn grundlegenden Medium der (Wieder-)Aneignung bzw. der Formulierung einer eigenen Geschichte und einer darauf gegründeten Identität.

Lit.: R. Schnell, Geschichte der deutschsprachigen Literatur seit 1945 (1993).

A. M. J.

Auschwitz. Das größte Vernichtungslager des Nationalsozialismus wurde in der Nähe der polnischen Stadt Oswiecim auf Anordnung von H. Himmler, dem Reichsführer SS und Chef der deutschen Polizei, im April 1940 urspr. als Konzentrationslager für 10 000 sowjetische Kriegsgefangene und Angehörige der polnischen Intelligenz geplant und gebaut. Ab März 1941 begann auf Anweisung Himmlers der Ausbau des »Stammlagers« A. für 30 000 Häftlinge sowie bei Brzezinka (»Birkenau«)

in drei Kilometern Entfernung von Oswiecim der Aufbau eines zweiten Lagers (»A. II«) für 100 000 Häftlinge. Daneben enstand 1941 in Monowitz zur Produktion von synthetischem Kautschuk ein drittes Lager für die I. G. Farben (»A. III«). Auf Anweisung Himmlers ließ Rudolf Höß schon seit dem Sommer 1941, vor der Wannsee-Konferenz am 20. Januar 1942, A. zum zentralen Lager für die Ermordung der europäischen Juden ausbauen (neben Chelmno, Sobibor, Treblinka und Belzec). Behinderte, kranke oder arbeitsunfähige Häftlinge ermordete die SS bereits ab August 1941 mit Phenolinjektionen. Im September 1941 ermordete man erstmals 600 sowjetische Kriegsgefangene und 250 kranke Häftlinge mit dem Giftgas Zyklon B. Im März 1942 trifft nach dem Befehl zur »Endlösung« vom Januar der erste Sammeltransport von Juden ein (999 Frauen aus dem Konzentrationslager Ravensbrück). Im Juli 1942 findet die erste planmäßige Selektion an der Rampe statt, bei der alle als nicht arbeitsfähig eingestuften Männer, Frauen und Kinder gleich nach der Ankunft ohne Registrierung mit Zyklon B ermordet werden. Von März 1942 bis November 1944 fand in A. ein Massenmord an 900 000 Juden sowie 20 000 Sinti und Roma, 11 700 russischen Kriegsgefangenen und ca. 83 000 aus anderen Gründen nach A. Deportierten statt. Einen Tag nach der Sprengung des letzten Krematoriums befreien Truppen der Roten Armee das Lager am 27. Januar mit noch ca. 8 000 Häftlingen. Von 60 000 Häftlingen, die zwischen dem 17. und dem 23. Januar das Lager in SS-Begleitung verlassen mussten, überlebten etwa 15 000 diese Todesmärsche nicht.

A. ist (im Unterschied zu Lagern wie Bergen-Belsen und Buchenwald) in der Diskussion nach 1945 erst allmählich (durch den Eichmann-Prozess) zum Inbegriff der nationalsozialistischen Politik des Massenmordes geworden und hat erst seit den 60er Jahren eine ähnliche Funktion eingenommen wie seit Ende der 70er Jahre die Begriffe Holocaust und Shoah. Dass jede öffentliche Diskussion über A. in Deutschland seit 1945 mit großen Widerständen rechnen muss, hat sehr früh die Adorno-Debatte gezeigt. Zwischen 1951 und 1969 hat der Philosoph Th. W. Adorno durch mehrere Veröffentlichungen eine heftige Diskussion über die Frage angeregt, ob und in welcher Form man »nach A.« noch Kunst mache dürfe und könne: »Nach A. ein Gedicht zu schreiben, ist barbarisch« (*Kulturkritik und Gesellschaft*, 1951); »Alle Kultur nach A., samt der dringlichen Kritik daran, ist Müll« (*Negative Dialektik*, 1966). Die Reaktion auf Adornos Beiträge war in Deutschland gleichermaßen paradox und symptomatisch: Einerseits wurde Adorno sofort widersprochen und fast durchweg auf die Notwendigkeit der Kunst und insbes. der Lyrik »nach A.« hingewiesen (*Lyrik nach A. Adorno und die Dichter*, 1995), andererseits fand eine Thematisierung des Massenmordes an den Juden zumal in den 50er Jahren nicht statt. Ausnahmen wie die Gedichte von N. Sachs oder P. Celan bestätigen die Regel, über die Vergangenheit zu schweigen. Auch der internationales Aufsehen erregende Eichmann-Prozess in Jerusalem 1961 (H. Arendt, *Eichmann in Jerusalem*, 1964; H. Mulisch, *Strafsache 40/61*, 1963; G. Anders, *Wir Eichmannsöhne*, 1966) und die A.-Prozesse in Frankfurt von 1963 bis 1965 führen kaum zu einer breiteren öffentlichen und künstlerischen Beschäftigung mit dem Holocaust. Ausnahmen bilden hier das dokumentarische Theaterstück *Der Stellvertreter* von R. Hochhuth (1963), *Die Ermittlung* von P. Weiss (1965), sowie z. B. I. Bachmanns »Todesarten«-Projekt seit 1963. 1967 erscheint als sozialpsychologische Diagnose dieser Situation *Die Unfähigkeit zu trauern* von A. und M. Mitscherlich, die die Gründe für das anhaltende Schweigen in einem »Ausfall an Mitgefühl« mit den Opfern und in der Verleugnung von Mitverantwortung für die Opfer sehen (↗ Aufarbeitung der Vergangenheit). Schon 1950 hat H. Arendt beschrieben, wie Deutsche durch die Verwandlung von Tatsachen in Meinungen und durch Generalisierung (»die Deutschen hätten nur getan, wozu andere auch fähig seien«) der Konfrontation mit der Vergangenheit regelmäßig ausweichen (*Besuch in Deutschland*). Die A.-Diskussionen in Deutschland zeichnen sich immer wieder durch eine schnelle Abfolge von Eröffnung und Beendigung aus. Während z. B. im Anschluss an die amerikan. Fernsehserie *Holocaust* (1979) die Erinnerung an A. und den Holocaust mehr in der Öffentlichkeit diskutiert und erforscht wird, erklärt Bundeskanzler Schmidt bereits 1981, dass die deutsche Politik nicht mehr »im Schatten von A.« stehen dürfe. Während Erinnerungen von Überlebenden des Holocaust seit Beginn der 80er Jahre wieder veröffentlicht, zum ersten Mal übersetzt oder überhaupt geschrieben werden (H. G. Adler, P. Levi, E. Wiesel, J. Semprun, R. Antelme, I. Kertész, Ch. Delbo, R. Klüger, I. Fink u. a.), gibt es Ende der 80er Jahre Stimmen in der Germanistik, die die Diskussion um A. aus fachlicher Sicht für beendbar erklären. Die Lyrik habe »das Unaussprechliche« ausreichend ins Bewusstsein gebracht und das »Dilemma einer schwierigen, lange unmöglichen Erinnerungsarbeit überwunden« (O. Lorenz, *Gedichte nach Auschwitz*, 1988). Während in verschiedenen Disziplinen im Anschluss an den *Historiker-Streit* (1986) um die Relativierung und Historisierung des Holocaust die Diskussion um A. neue Aktualität bekommt, wird sie von prominenter soziologischer Seite als »ein Riesenschwall emotional und finanziell profitablen Redens« wahrgenommen (N. Luhmann, *Reden und Schweigen*, 1989). Im Gegensatz zu dieser wiederholten Verabschiedung

, von A. als Thema von Kunst und Literatur bleibt A. seit den 80er Jahren als »Zivilisationsbruch« (D. Diner) das anhaltende Thema politischer und wissenschaftlicher Diskussionen und Forschungen (in der Germanistik entsteht eine intensive Holocaust-Forschung) zu den Problemen Antisemitismus und Gewalt sowie das Thema vieler künstlerischer Arbeiten (z. B. »Goldhagen-Debatte«, Ausstellung zu den Verbrechen der Wehrmacht).

Lit.: Ch. Meier, 40 Jahre nach Auschwitz. Geschichtserinnerung heute (1987). – S. Dresden, Holocaust und Literatur (1997). – N. Berg u. a. (Hg.), Shoah – Formen der Erinnerung. Geschichte, Philosophie, Literatur, Kunst (1996). – P. Kiedaisch (Hg.), Lyrik nach Auschwitz? Adorno und die Dichter (1995). – B. Bailer-Galanda u. a. (Hg.), Die Auschwitzleugner. »Revisionistische« Geschichtslüge und historische Wahrheit (1996). – G. Schwan, Politik und Schuld. Die zerstörerische Macht des Schweigens (1997).

St. H.

Außenseiter, Randfigur einer Gesellschaft, Gemeinschaft oder Gruppe, die außerhalb der jeweils anerkannten und geltenden Gesetze, Normen, Regeln, Konventionen oder Erwartungen steht. Der Gegentypus zum A. ist der Etablierte (vgl. N. Elias/J. L. Scotson), der aufgrund von Überlegenheitsgefühlen, gesellschaftlichem Einfluss, Machtausübung oder bloßer Gruppenzugehörigkeit den A. als Randexistenz bestimmt. Aus seiner Sicht wird der Typus des A.s durch Persönlichkeitsmerkmale repräsentiert, die innerhalb des definierten und akzeptierten Rahmens als ungewöhnlich gelten. Hierzu zählen angeborene oder erworbene Merkmale wie Ethnizität, Hautfarbe, Triebschicksal, Geschlecht, Glaube, Habitus und Alter. – Der A. entsteht als Sozialtypus in der euopäischen Neuzeit, d. h. mit dem Zerfall der mittelalterlichen, streng hier-

archisierten christlichen Sozialordnung. Er findet sich – sieht man vom Sonderfall der krankhaften Entstellung (›Missgeburt‹) oder krankheitsbedingter Verunstaltungen (z. B. bei Lepra) ab – zunächst als Abweichler in Glaubensdingen (›Ketzer‹, ›Hexen‹), insbes. im christlichen Monotheismus. Im Zuge des Säkularisationsprozesses der folgenden Jahrhunderte entstehen – zum Teil sich wiederholende – Ausprägungen des A.s, die jeweils Ausdruck spezifischer gesellschaftlicher Konstellationen sind. Hierzu zählen weibliche Typen wie die Suffragette, die Femme fatale, der Vamp, die Hysterikerin, auch die Prostituierte und männliche Typen wie der Narr am Fürstenhof, der Misanthrop, der Melancholiker, der Libertin, der Freigeist, der Flaneur, der Bohèmien, der Rebell, der Intellektuelle und – als eine Art Konstante des A.-Typus – der Künstler. Es handelt sich dabei um Figurationen des A.s, zu deren Selbstverständnis nicht selten die willentliche Störung etablierter Codes, die bewusste Überschreitung sozialer Grenzen oder die lustvolle Verletzung von Tabus gehört – Handlungsweisen also, die aus der Sicht des etablierten Sozialzusammenhangs mit Pejorativen wie Nonkonformismus, Dissidenz oder Querulanz belegt werden. – Seit H. Mayers epochemachendem Werk (1975) ist jedoch grundsätzlich zwischen ›intentionellem‹ und ›existentiellem‹ A. zu unterscheiden. Während der intentionelle A. sich seine exzentrische Stellung sucht, bisweilen um der bloßen Provokation der etablierten Gesellschaft willen, ist der existentielle A. in seiner Besonderheit schicksalhaft geprägt. Mayer zählt zu den existentiellen A.n in diesem Sinn Frauen als das *Deuxième Sexe* (S. de Beauvoir, 1949) in patriarchalisch strukturierten Gesellschaften; Homosexuelle als Zielgruppe zum Teil autoritär verfügter oder legalistisch durchgesetzter Sexualnormen; Juden – und, ihnen vergleichbar, Farbige – als idealtypische

Projektionsfläche rassistischer Vorurteile mit der Folge von Pogromen und Genozid. – An dieser trennscharfen begrifflichen Unterscheidung ist auch gegenwärtig noch festzuhalten. Während jedoch die Exzentrizität des intentionellen A.s mit dessen zunehmender Medienpräsenz (Talkshows) ihre provokanten Konturen zu verlieren beginnt, bleibt der existentielle A. ein Maßstab für Aufgeklärtheit, Toleranz und Demokratiefähigkeit einer Gesellschaft. Die Rolle der Frauen in fundamentalistischen Religionsgemeinschaften, die Vorurteile und Übergriffe gegen Homosexuelle (Kuba) und Farbige (USA), die virulenten Antisemitismen in einigen der früheren Ostblockstaaten (Russland, Polen), aber auch in Deutschland – diese Phänomene machen auch zu Beginn des 21. Jh. deutlich, dass der Typus des A.s so lange bestehen wird, wie sein Gegentypus, der Etablierte, die Definitionsmacht zur Bestimmung von Außenseitertum besitzt und nutzt.

Lit.: H. Mayer, Außenseiter (1975). – N. Elias/J. L. Scotson, Etablierte und Außenseiter (1990).

R.Sch.

Authentizität (gr. authentes = Urheber, selbstvollendet), Echtheit, Zuverlässigkeit oder Glaubwürdigkeit. (1) Die Verbürgtheit eines Textes oder eines Werks aus vergangenen Epochen, eine Qualität, die ihm durch Quellenkritik und in Abgrenzung gegen Fälschung bzw. Nachahmung zugesprochen wird. Die A. bezieht sich auf und definiert zugleich ein Original. Dessen Bedeutung für die moderne Kunst sah W. Benjamin durch ↗ Fotografie und Film erschüttert, da es dort aus technischen Gründen kein bevorzugtes »Original« mehr gebe. Der Film unterlaufe schon aus Gründen seiner technischen Reproduzierbarkeit die auratische Wahrnehmung der Kunst. In einem anderen Sinn gegen die A. gerichtet sind zahlreiche Produktionen der Bildenden Kunst, wie die »Ready-mades« von M. Duchamp, der im Extremfall kaum veränderte Alltagsgegenstände in einer ironischen Prozedur zu originalen Werken erklärte. Die Bildende Kunst hat den Begriff der A. seither in vieler Weise unterhöhlt, so in den Montagen und ↗ Collagen von Picasso, Schwitters u.a., den seriellen Siebdrucken nach Fotovorlagen von Warhol oder den mit vergänglichen Materialien arbeitenden Werken von Beuys. (2) Stilqualität, die gegen ästhetische Formung sowohl einer konventionalisierten Genre-Produktion wie einer als innovativ aus der Logik des Materials konzipierten Kunst abgesetzt wird und eine Echtheit signalisiert, die sich entweder aus dem Produktionsprozess selbst ergebe oder die in bestimmten Bedingungen gesichert sei. Im ersteren Sinn galt die Fotografie seit ihrem Beginn aufgrund ihrer abbildenen Charakteristik als eine Kunst, die ein »treues« Abbild garantiere. Dieser als realistisch verstandene Charakter der Fotografie garantierte ihr in verschiedenen Perioden eine besondere Glaubwürdigkeit ungeachtet der offenkundigen Tatsache, dass auch sie mittels verschiedener Parameter die Abbildung definiert, also nicht automatisch und unwillkürlich reproduziert. Ähnliches gilt auch für die Diskussion um den Film, insbes. seine dokumentarischen Formen. Im Sinne von Echtheit spielt die A. eine Rolle in den Bemühungen verschiedener literarischer Richtungen um die Ausbildung unverwechselbarer Stilqualitäten und ist dabei nicht immer mit den Konnotationen einer realistischen Form verbunden. Der Bezug auf die Erfahrungswelt von Arbeitern ist ideologisch überhöht in der Literatur der DDR (»Bitterfelder Weg«) für eine kurze Zeit maßgebend, in der Bundesrepublik entsteht die Bewegung »Literatur der Arbeitswelt«. Doch auch der subjektiv, in der eigenen, als spezifisch gesetzten Erfahrung begründete Bezug auf A. rekurriert auf ein Verständnis von Kunst als einer Organisation von Wahrnehmungsformen und präferiert jene, die sich als »unmittelbar«, »ungefiltert«, »ungeschönt« definieren lassen. In diesem Sinn intendiert die surrealistische *écriture automatique* (›Automatisches Schreiben‹) eine individuell definierte A. In späteren Jahren behauptet u. a. die Feministische Literatur eine eigenständige, in Erfahrung gegründete A.

Lit.: W. Benjamin, Das Kunstwerk im Zeitalter seiner technischen Reproduzierbarkeit. In: Ders., Gesammelte Schriften I (1991). – M. Rutschky, Erfahrungshunger. Ein Essay über die 70er Jahre (1980).

R. R.

Autopoiesis (gr. autos = selbst, poiesis = Schöpfung, Dichtung), Neologismus, 1972 durch den chilenischen Neurobiologen H. R. Maturana geprägt, mit dem die Eigenschaft lebender Systeme bezeichnet wird, sich selbst zu erzeugen und zu erhalten. Lebende Systeme – von der Zelle bis zum komplexen Organismus des Menschen – stellen in vernetzten Prozessen die Komponenten her, die erstens rekursiv dieses Produktionsnetzwerk hervorbringen und zweitens es als Einheit in einem Raum verwirklichen, in dem sich diese Komponenten befinden. Wenn die Systemgrenze auch offen für die Zufuhr von Energie aus der Umwelt ist, so ist sie doch operativ geschlossen: Ein autopoietisches System geht nur mit seinen eigenen Zuständen um. Das gilt auch für ›Information‹, die nicht aus der Umwelt ›übertragen‹, sondern ausschließlich intern erzeugt wird. Die gravierenden erkenntnistheoretischen Konsequenzen haben dem (radikalen) Konstruktivismus Vorschub geleistet, haben allerdings bereits in G. Berkeley einen ihrer Vordenker. Erkennen oder ›Beobachten‹ gilt nicht als Repräsentation einer ›objektiven‹ Wirklichkeit, sondern als das Hervorbringen der

Wirklichkeit nach Maßgabe der kognitiven Möglichkeiten des beobachtenden Systems. Die Biologie der A., die Maturana mit seinem Schüler F. J. Varela entwickelt hat, steht im Zusammenhang mit anderen Theorien der Selbstorganisation. Diese naturwissenschaftlichen Ansätze haben nicht nur stark auf die Philosophie gewirkt, sondern auch auf Psychologie und Soziologie. Hier ist es bes. die ↗ Systemtheorie N. Luhmanns, für die A. einen Zentralbegriff darstellt. Soziale Systeme bestehen demnach aus autopoietisch organisierter Kommunikation. Unterschieden werden davon andere Systeme wie der Körper oder das Bewusstsein des Menschen, die zwar für Kommunikation nötig sind, aber nicht zur Organisation eines Sozialsystems, sondern zu dessen Umwelt gerechnet werden: Nicht der Mensch, sondern nur die Kommunikation kann demnach kommunizieren. Diese provokante These ist kritisch diskutiert worden wie überhaupt der Versuch, den Begriff der A. über den empirischen Bereich chemischer Prozesse hinaus zu transformieren.

Lit.: H. R. Maturana, Erkennen: Die Organisation und Verkörperung von Wirklichkeit (1982). – N. Luhmann, Soziale Systeme. Grundriß einer allgemeinen Theorie (1984). – H. R. Fischer (Hg.), Autopoiesis. Eine Theorie im Brennpunkt der Kritik (1991).

F. Bl.

Avantgarde. Aus dem militärischen Sprachbereich entlehnt, wird der Ausdruck schon im Frühsozialismus (Saint-Simonisten) auf die Welt der Künstler übertragen. Ihnen kommt noch vor den Industriellen und Wissenschaftlern als Vorhut die Aufgabe zu, im Dienste eines emphatischen Fortschrittsglaubens neue Ideen unter den Menschen zu verbreiten. Während Marx und Engels den Ausdruck meiden, gebraucht ihn Lenin, um seine Vorstellung von einer Kaderpartei als Vorhut der Arbeiterklasse zu kennzeichnen (»Was tun«, 1902). Wenn die Futuristen (und nach ihnen andere Künstlergruppen) die Selbstbezeichnung A. übernehmen, dann wollen sie damit ihr »vorgeschobenes« Bewusstsein, eine informelle Zusammengehörigkeit und ein spezifisches Kunstwollen ausdrücken, das sich gegen die Macht der Tradition und einen selbstgenügsamen Ästhetizismus wendet. Die Veröffentlichung des ersten futuristischen Manifests durch den ital. Schriftsteller F. T. Marinetti im Pariser *Figaro* (20. 2. 1909) gilt als Gründungsurkunde der historischen A.-Bewegungen. Wenige Jahre später spricht man auch in der Kunstkritik von A. Seit den 60er Jahren setzt eine intensivere wissenschaftliche Beschäftigung mit der A. ein (Poggioli 1962, P. Bürger 1974, K. Barck u.a. 1979, Weisgerber 1984).

A. gilt heute vorrangig als Sammelbegriff für ein historisches Phänomen; für unterschiedliche Künstlergruppen und Kunstrichtungen, die eine programmatisch fixierte Kunstabsicht (daher die charakteristische Vorliebe für Manifeste) und die Frontstellung gegen den etablierten Kulturbetrieb (daher die pejorativen Gegenattribute »reaktionär«,»traditionell«,»akademisch«,»konventionell«) verbindet. Die Klage über die Kommerzialisierung der Künste und die verbrauchten Kunstmittel ist ein allgemeines Kennzeichen der kulturellen ↗Moderne um die Jahrhundertwende. Die A. will als deren Überbietungsphänomen mit einer neuartigen Radikalität Kunst in Lebenspraxis überführen und mit dem Kunstbetrieb brechen; ihre Erfolgsindifferenz, ihre Publikums- und Marktverachtung, ihre produktive Rücksichtslosigkeit gegenüber dem gängigen Geschmack stehen im Dienst neuer Funktionsbestimmungen: Die A. möchte die Kunst zum Leben, zur Technik, zur Politik öffnen und die einzelnen Künste wieder miteinander in Beziehung setzen. Sie richtet sich antitraditionalistisch und antiillusioni-

stisch gegen die Selbstgenügsamkeit der etablierten Kunst. Ihre künstlerischen Resultate (nicht unbedingt Werke im traditionellen Sinne) ignorieren den gängigen Publikumsgeschmack oder sind bewusst provokatorisch angelegt. Obwohl ihre einzelnen »Ismen« (u.a. Futurismus, Kubismus, Konstruktivismus, Dadaismus, Surrealismus) meist nationale Zentren haben, ist die A. eine internationale Erscheinung, die gattungsüberschreitend die Bildende Kunst, die Architektur, das Design, die Musik, das Theater und die Literatur umfasst. Die verschiedenen »Ismen« der historischen A.-Bewegungen weisen gemeinsame Merkmale auf.

(1) Als Anwort auf die Krise der Kunstautonomie entsteht eine neue Funktionsbestimmung der Künste, die den überholten Schönheitsbegriff ablehnt und Kunst als erlösende Gegenwelt verdächtigt – mit dem Anspruch, von einer »Vorhut-Kunst« aus das Leben zu erneuern.

(2) Im Zusammenhang damit entstehen neue Kunstmittel und Darbietungsformen (antimimetische Grundhaltung, Verzicht auf Kohärenz, Vorliebe für Allegorie und Montage), die veränderte Wahrnehmungsweisen verlangen. Aus der Frontstellung gegen das »autonome«, »organische Kunstwerk« resultiert ein experimenteller Grundzug, ein Vorzeigen des Gemachten und Unfertigen.

(3) Die Vorstellung, von der Kunst her mit neuen Mitteln die »Wiedergeburt der Gesellschaft« (so H. Ball über Kandinsky) zu betreiben, drückt ein neues Selbstbewusstsein der Künstler aus, das im Verlauf der Geschichte modifiziert wird. Ein eher unpolitischer Gestus der Kunstrevolte charakterisiert die Vorkriegs-A. Das Ende der Goldmarksekuritäten durch Weltkrieg, Revolutionen und Wirtschaftskrisen befördert eine Polarisierung und Politisierung, die zu einer Spaltung innerhalb der A. führt. Der eine Teil rückt die

Revolutionierung der Kunstmittel ins Zentrum, der andere eine revolutionäre Politik, die auf die Veränderung der bürgerlichen Gesellschaft wie der bürgerlichen Kunstverhältnisse setzt (u. a. Aragon, Arvatov, Benjamin, Brecht, Heartfield). Die Umbenennung der surrealistischen Zeitschrift *La Révolution Surréaliste* in *Le Surréalisme au service de la Révolution* mag in der Titelgebung den Unterschied zwischen Kunstrevolution und Revolutionskunst veranschaulichen. Vor 1914 wird die Gruppenbildung durch einen Konsens über den neuen Wirklichkeitsbezug und neue Stilmittel hergestellt. Fragen der unmittelbaren politischen Orientierung sind zweitrangig. Nach dem Krieg führt die Annäherung der künstlerischen A. an die politische A. zu einem Selbstverständnis, das die Frage nach den neuen Kunstmitteln und Ausdrucksformen relativiert. Der politische Anspruch, einer linken (kommunistischen oder anarchistischen) A. anzugehören, vereint Vertreter unterschiedlicher künstlerischer Richtungen im gemeinsamen politischen Lager. So wirken die avantgardistischen Verfahren nicht mehr integrierend. Sie werden damit, wie die Kunst- und Literaturdebatten der 30er Jahre zeigen (1. Allunionskongress der Sowjetschriftsteller 1934, die »Expressionismusdebatte«) zum Streitobjekt. Man hat »wider die Legende von der unbefleckten A.« (E. Beaucamp) auf die Koalition zwischen Futurismus und Faschismus oder auf den Tribut der russischen A. an die stalinistische Folklore verwiesen. Doch sollte nicht übersehen werden, dass es zwischen dem genuinen Anspruch der A., von der Kunst aus die Gesellschaft zu verändern, und dem Versuch, die Kunst einer diktatorischen Politik zu unterstellen, einen fundamentalen Richtungsunterschied gibt. Die Erschöpfung der historischen A.-Bewegungen in den 30er Jahren kann nicht alleine mit deren staatsterroristischer Unterdrückung durch den Natio-

nalsozialismus und Stalinismus erklärt werden. Das übersteigerte Ziel, eine Kunst zu schaffen, die sich nicht kommerzialisieren lässt und mit der die Lebenspraxen verändert werden, scheitert an der Eigenlogik ausdifferenzierter Gesellschaften. Der Künstler bleibt als Produzent des »Neuen« von den alten Apparaten (Kunsthandel, Museen, Buchhandel) abhängig. Da auf dem ⤳ Kunstmarkt nicht avantgardistische Konzepte, sondern Werke mit avantgardistischen Stilmerkmalen gekauft werden, können die Gestaltungsmittel der A. zum modischen Dekor schrumpfen.

Was für die Zeit nach 1945 als Neo-A. oder Post-A. bezeichnet wird (monochrome Malerei, Tachismus, Abstrakter Expressionismus, ⤳ Happening- und Fluxus-Bewegung, Absurdes Theater, ⤳ Konkrete Poesie), bezieht seinen provokatorischen Impuls ebenfalls aus der Aversion gegenüber dem Musealen und Akademischen. Der Neo-A. ist das geschichtsphilosophische Bewusstsein einer »Vorhut« abhanden gekommen. Von ihr gehen keine radikalen Impulse auf gesellschaftliche Veränderungen mehr aus. Die Neo-A. hat ihre Zentren im Westen. Bis in die 70er Jahre hinein wird in der DDR die A. pauschal den Abwertungs- und Ausgrenzungsbegriffen »Formalismus«, »Dekadenz« und »Modernismus« zugerechnet (*Zur Theorie des sozialistischen Realismus*, 1974). Das hat weniger mit dem Stalinismus und mehr mit den Hypotheken einer bildungsbürgerlichen Kunstsemantik zu tun, die (konserviert durch die Erbetheorie der deutschen Arbeiterbewegung) auf Volkstümlichkeit, Bildung und Schönheit setzt.

Die A. ist heute kommerzialisiert und akademisiert. Avantgardistische Kunstwerke sind längst Aktivposten des Kunstmarktes und Glanzstücke der Museen. Sie haben längst die Sparkassenfilialen, Rathausfoyers, Grünanlagen und Kunstkalender erobert. Solche Präsenz bezeugt das Scheitern des Anspruchs der A., von der Kunst aus die Gesellschaft zu verändern. Die A. hinterlässt – welche Ironie – bedeutende Kunstwerke. Ihre Verfahrensweisen und Techniken sind aktuell geblieben – als Stilmittel in Literatur, Kunst, Architektur, Design und Werbung. Zu fragen bleibt, ob die avantgardistische Grundintention, Kunstmittel, Kunstfunktion und den Zustand der Gesellschaft zu überdenken, bereits ein abgeschlossenes Kapitel darstellt.

Lit.: P. Bürger, Theorie der Avantgarde (1974). – K. Barck/D. Schlenstedt/W. Thierse (Hg.), Künstlerische Avantgarde. Annäherung an ein unabgeschlossenes Kapitel (1979). – W. Fähnders, Avantgarde und Moderne 1890–1933 (1998).

G. B.

Beat Generation, mutmaßlich auf J. Kerouac zurückgehende Bezeichnung für eine eher locker verbundene Gruppe amerikan. Schriftsteller (W. Burroughs, N. Cassady, A. Ginsberg, H. Huncke, J. Kerouac, I. Rosenthal u. a.) aus San Francisco und New York, die sich in den 40er Jahren bohèmeartig außerhalb des etablierten Literaturbetriebs konstituierte und als kulturkritische *underground*-Bewegung mit eigenem Jargon, Milieu, Habitus und publizistischem Netzwerk (Zeitungen, Verlage) eine ideologisch vorsätzlich widersprüchliche Kritik an den politischen, moralischen und ästhetischen Ordnungssystemen der westlichen Industriestaaten formulierte. Die B. G. (*beat* rekurriert auf die Bedeutungen von »beaten« und »beatific«, »geschlagen« und »glückselig«) besteht aus zwischen 1910 und 1930 geborenen Autoren, die spezifisch US-amerikan. Erfahrungen der 30er bis 50er Jahre bearbeiten: Verstädterung, Depression, Massenarmut, Hiroshima, Koreakrieg, McCarthyismus. Anknüpfend an W. C. Williams Postulat »Alles, was neu sein wird in Amerika, wird antipuritanisch sein« (*In the American Grain*, 1925) wendet sich die auf Elemente der schwarzen Jazz- und Bebopkultur bezogene B. G. v. a. gegen die Werte des weißen protestantischen Bürgertums, verkörpert im *square*, dem Spießer. Gemeinsam ist den Beatniks und Hipsters (*to be hip* = den Durchblick haben), die ihre Motive und Themen im traditionell nicht literaturfähigen Milieu der urbanen Randexistenzen finden, die Poetisierung des Scheiterns, eine auf passagere Formen der Subjektivität abzielende Reisepassion (Kerouacs *On the Road*, 1967), die Abkehr vom geschichtsphilosophischen Optimismus und das Interesse am dynamischen Zusammenhang von Erfahrungshunger, Grausamkeit und entfremdeter Körperlichkeit. Propagiert werden: die Absonderung von der bürgerlichen Sphäre, eine momentanistische Emphatik des Augenblicks, die rückhaltlose Hingabe an sinnliche Eindrücke (*swing*) und leibliche Sensationen (*kicks*), der Primat der Ästhetik als Ausdruck des Verzichts auf den moralischen Ernst bürgerlicher Kultur, die Begeisterung für die Oberfläche und das Plakative, die theatralische Selbststilisierung als Ersetzung der eigenen historischen Gestalt durch eine statuarische *persona* von kontinuierlicher Intensität, der mystische Einklang des Subjekts mit den Dingen (*jive*). Den Begriff des Schönen gewinnt die B. G. durch eine bis in die Gestaltung von Wohnräumen hinein bemerkbare synkretistische Herstellung neuer, überraschender Beziehungen zwischen dem Individuum und den Objekten seiner Lebenswelt, die eine konkrete historische Erfahrungen transzendierende Ästhetisierung sämtlicher Lebensbereiche ermöglicht und zugleich voraussetzt. Literarische Mittel der B. G. sind: der Einsatz eines gruppenkonstituierenden Jargons, die alogische Verbindung zirkulierender und driftender Bilder als Versuch der Transkribierung unmittelbarer Wahrnehmung, die den Zufall berücksichtigende Montage vorgefundenen Materials (Burroughs' »Cut-up«-Technik), die Rückführung der Sprache zur Stimme, zum am Atmen orientierten Rhythmus der gesprochenen Sprache, die bes. das berühmteste Beat-Werk kennzeichnet, A. Ginsbergs Gedicht *Howl* (1955). Teile der B.G. (Ginsberg, Rosenthal) verbinden ekstatische Wirklichkeitswahrnehmung mit ↗ Drogen-Konsum, mystischer Religiosität und sexueller Entgrenzung, während andere (heroinsüchtige) Autoren (Burroughs, Huncke) gerade diesen Bereichen die Bilder einer abzuschaffenden gesellschaftlichen Kontrolle und individuellen Abhängigkeit entnehmen.

Von der neomarxistischen Literaturkritik des New Criticism wegen ihrer aggressiven Abgrenzung gegen die moralistische Forderung nach einer politisierten Kunst und wegen ihrer ästhetisierenden Hingabe an die Welt der Erscheinungen unter den obligaten Faschismusverdacht gestellt (N. Podhoretz), übte die B.G. gleichwohl auf die Jugend- und Subkulturen der zweiten Jahrhunderthälfte einen starken Einfluss aus, der bes. auffällig ist in der Rock- und Popszene (B. Dylan, L. Anderson, T. Waits, K. Cobain). In der deutschen Literatur sind v.a. H. Fichte, J. Fauser, H. Hübsch und R. D. Brinkmann von der B. G. geprägt worden.

Lit.: K.O. Paetel (Hg.), Beat. Die Anthologie (1962, Nd. 1993). – H.-C. Kirsch, On the Road, 1993.

D.L.

Beschleunigung, wahrnehmungspsychologische Erfahrung, die dem Distributions- und Rezeptionsrhythmus der neuen, elektronischen Medientechnologien zugeschrieben wird, darüber hinaus jedoch als konstitutiv für das Selbstbild und das Lebensgefühl der Moderne etwa seit 1900 anzusehen ist. Als Dimension der menschlichen Imaginationskraft bildet das Phänomen der

B. einen Topos, der schon von archaischen Mythologien an die Märchenliteratur weitergegeben wurde und schließlich in die utopischen Romane und Technik-Phantasien des 19. Jh. (J. Verne) und in die Science-Fiction-Literatur des 20. Jh. Eingang gefunden hat – zumal dort, wo diese mit Zeit-Raum-Relationen und Zeitmaschinen experimentiert. Schon das frühe 19. Jh. rezipiert die rasante Technisierung der Lebenswelt – symbolisch dafür: die Revolutionierung des Transportwesens durch die Eisenbahn – als Angriff auf naturgegebene raum-zeitliche Konventionen und definiert sie als »annihiliation of time and space« (vgl. W. Schivelbusch). Von nun an wird der Modus der B. für Philosophen und Soziologen, für die Künstler ebenso wie für ihre Interpreten teils zum Faszinosum, teils zum Menetekel der technischen Zivilisation. Das um 1900 von H. Adams formulierte »Akzelerationsgesetz« ist bereits von Kulturskepsis und Reflexen eines katastrophisch empfundenen Alltags geprägt. Im Bereich der technischen Medien wird der Film zum authentischen Vehikel der neuen Erfahrung; Zeitlupe und Zeitraffer, der Entzeitlichungs- und Enträumlichungseffekt der Montage, die technisch-ästhetische Formbestimmtheit des »Bewegungsbildes« (G. Deleuze) formulieren, produktions- und wahrnehmungsästhetisch, das programmatische Gegenprinzip zu der im »punctum« der ↗ Fotografie (R. Barthes) aufbewahrten und angehaltenen Zeit. Auf die institutionalisierte B. der Wertschöpfung im industriellen Produktionsprozess, die dem arbeitenden Menschen verdinglicht als Fließband und Stechuhr, später als System des *time controlling* begegnet, antwortet das ↗ Kino als neues Dispositiv einer fiktiven Zeitbeherrschung, das – ähnlich wie die mit der Stoppuhr gemessene Rekordjagd im Sport – dem Konsumenten lustvolle Partizipation an einer modernen Zeit-Ökonomie verheißt. Das

Chronometer und mit ihm »die genaue praktische Beachtung des kleinen Zeitabschnitts: [...] moralisch ausgedrückt Pünktlichkeit« (K. Lamprecht, 1903) imprägnieren das urbanisierte Bewusstsein und die technikgeleitete Wahrnehmung: Die Uhr avanciert zum Schlüsselinstrument des Industriezeitalters (L. Mumford). B. wird – in der Alltagskommunikation, im Freizeitverhalten wie auch im kulturellen Erleben – als medial vermittelt erfahren und produziert mit den Protagonisten eines zunehmend technisierten Sportgeschehens (Autorennen), mit den Leinwandidolen des Sensationsfilms, aber auch im literarischen Betrieb der Epoche zwischen den Weltkriegen – E. E. Kisch als »rasender Reporter« – ihre Leitfiguren. Wird B. noch bis in die 30er Jahre teils als Kategorie des American Way of Life, teils als Aspekt kapitalistischer Entfremdung rezipiert (s. Ch. Chaplins Film *Modern Times*), so rücken die sozialen und militärischen Strategien des Faschismus – Massenmobilisierung und -motorisierung, forcierte Modernisierung Deutschlands, Blitzkrieg – auch den Tempowechsel der Moderne ins Zentrum einer grundlegenden Revision des technisch-industriellen Weltbildes und einer womöglich gescheiterten Aufklärung. Hier schließt die kulturkritische Argumentation einer wahrnehmungspsychologisch orientierten Kritik der ↗ Massenmedien, bes. des ↗ Fernsehens, an, die den Faktor der B. im Prozess der Informationsübertragung als Aspekt einer die Rezeptionsfähigkeit des Konsumenten überfordernden Reizüberflutung beschreibt. Bleibt diese medienpsychologische Sicht bis heute umstritten, so besteht andererseits Übereinstimmung darin, dass die kybernetische Revolution, der Siegeszug der Mikroprozessoren und schließlich die heute jedermann zugängliche Computer-Technik für die Erfahrung von Raum und Zeit, damit auch für die Kategorie der B. abermals einen Paradigmenwech-

sel herbeigeführt haben. Die von den Live-Schaltungen des Fernsehens vermittelte Faszination der Echtzeit und der Tele-Präsenz kulminiert heute, mit den Möglichkeiten des ↗ Internets, in der Vision einer interaktiv vernetzten Welt, in der die räumliche Distanz gegen null tendiert, weil der Beschleunigungsgrad der Informationsübermittlung die Lichtgeschwindigkeit eingeholt hat. – Für Kulturskeptiker wie P. Virilio verschwindet mit den neuen Technologien die Zeit-Linearität in einem »rasenden Stillstand«, der die *conditio humana* ihrer Kulturfähigkeit beraubt. Aus seiner Sicht ist der Golfkrieg von 1991 ein Beweis für die schwindenden Möglichkeiten politischer Phantasie angesichts der B., die in die Interferenz von Kriegs- und Medientechnologie gefahren ist. Zwar scheint die Balance zwischen subjektiv erlebter Zeit und medientechnologisch ermöglichter B. in der Lebenswelt der Individuen noch intakt zu sein. Dennoch ist nicht zu übersehen, dass unter dem Druck des beschleunigten Informationstransfers der gegenwärtige Prozess der ↗ Globalisierung von einer abstrakten, rein monetären Marktlogik dominiert wird, die den Einfluss politischer Entscheidungs- und Gestaltungspotentiale zunehmend marginalisiert. Hier gewinnt die Kategorie der B., jenseits ihrer nur wahrnehmungspsychologischen Implikationen, in der Tat eine für die Zukunft der Menschheit relevante Dimension.

Lit.: W. Schivelbusch, Geschichte der Eisenbahnreise (1977). – H. Glaser, Maschinenwelt und Alltagsleben (1981). – P. Virilio, Rasender Stillstand (1992).

K. K.

Beutekunst, generell im Krieg oder in kriegsähnlichen Zuständen geraubte und verschleppte Kulturgüter, die (unrechtmäßig) als Staatseigentum betrachtet werden. – Die B. ist in jüngerer Zeit in die öffentliche Diskussion gekommen, weil noch immer der Verbleib und das Schicksal eines Großteils der B. aus dem Zweiten Weltkrieg ungeklärt ist. Dabei handelt es sich zum einen um den Verbleib von Kunstgegenständen der aus Deutschland und aus den von Deutschland besetzten Gebieten vertriebenen und ermordeten jüdischen Bevölkerung und anderen ›Staatsfeinden‹, zum anderen um die auf Feldzügen geraubten Objekte. Für das von den Nationalsozialisten seit 1938, nach der Annektierung Österreichs, geplante Linzer »Führermuseum« – ein Lieblingsprojekt Hitlers, das zum größten Museum der Welt hätte werden sollen – trugen bedeutende Kunsthistoriker wie der 1942 verstorbene Direktor der Dresdner Gemäldegalerie Hans Posse und dessen Nachfolger Hermann Voss allein 8000 Bilder zusammen, teils ›legal‹ erworben, teils erpresst oder geraubt. Nach 1945 gaben die Siegermächte einen Teil der Gegenstände an ihre rechtmäßigen Besitzer zurück, der Rest – ein Fundus von 13000 Objekten – wurde als »Leihgabe der Bundesrepublik Deutschland« über die verschiedenen bundesdeutschen Museen verteilt. Erst heute werden via Internet die rechtmäßigen Eigentümer oder deren Nachfahren ermittelt, wobei die Transaktionen von 1933 bis 1945 in deutsche Museen genauestens zu überprüfen sind (vgl. u. a. die Datenbank ›www.lostart.de‹). – Ein weiteres Kapitel der B. nach 1945 ist der militärisch geplante Kunstraubzug im besiegten Deutschland, mit dem die Sowjetunion auf die Zerstörung und Plünderung des eigenen Landes antwortete – rund 200000 Objekte zählte die Kriegsbeute. – Erst die politische Wende Ende der 80er Jahre machte das Ausmaß des russischen Kunstraubs deutlich. Der 1990 formulierte Nachbarschaftsvertrag zwischen Deutschland und Russland sieht die Rückführung dieser Kulturgüter vor, die Russland mit dem Argument der Entschädigung für die irreparablen Schäden am eigenen Kulturgut verweigert. Nationalistisch geprägte Stimmen in Russland blockieren derzeit die Rückführungsverhandlungen, so dass die B. von einem historischen Thema zu einem juristischen wie zu einem politischen Problem zwischen Deutschland und Russland geworden ist. An der Komplexität der Problematik wird deutlich, dass es sich bei B. nicht allein um Einzelobjekte handelt – wie im Fall des legendären ›Bernsteinzimmers‹, dessen Verbleib noch immer ungeklärt ist –, sondern v. a. um private und staatliche Sammlungen, die inzwischen weltweit neue Besitzer gefunden haben.

Lit.: C. Kalb/K. Burchardi, The Russo-German Dispute on »Trophy Art« – a Counterpart to the Discussion on »Nazi-Looted Art«. In: IFAR Journal (2/1999). – M. Strocka (Hg.), Kunstraub – ein Siegerrecht? Historische Fälle und juristische Einwände (1999).

N.Sch.

Bewegung, sozial bzw. politisch oder künstlerisch orientierte Handlungsprozesse einer Gruppe, deren Entstehen und Entwicklung sich aus dem Versuch herleiten, ein gemeinsames Interesse oder Ziel durch kollektives Vorgehen außerhalb etablierter Institutionen zu verfolgen. – I. *Soziale B.en* streben, häufig aus ↗ Protest oder mit revolutionärer Gesinnung, nach einer Veränderung gesellschaftlicher Strukturen oder Werte. Voraussetzungen für die Entstehung von B.en sind u. a. die Verbreitung allgemeiner, auch ideologischer Überzeugungen, dazu geeignete Kommunikationsmittel (Zeitschriften, Telefon, Internet) und eine koordinierte Organisation, häufig unter einer charismatischen Führerpersönlichkeit (wie z. B. Gandhi). Ihre Ziele ergeben sich zumeist aus bestimmten Interessenskonflikten, die in der gesellschaftlichen Öffentlichkeit, bisweilen aber auch im Untergrund (radikal durch Terror, z. B. in der ›B. 2. Juni‹) ausgetragen werden. Historisch sind soziale B.en als Ausdruck von Modernisierungskrisen zu werten, auf die

sie reagieren oder die sie anstoßen. Einen vorläufigen Höhepunkt stellen die von jugendlichen bzw. studentischen oder auch ethnischen B.en getragenen politischen und sozialen Turbulenzen der ›68er‹ Jahre dar (↗68er). Hier entwickelt sich eine Fülle von B.en, die auf Alternativen zu instrumentell und zweckrationalistisch bedingten Verhältnissen der spätkapitalistischen Gesellschaft dringen (Frauen-, Friedens-, Umweltschutz-, Bürgerrechts-B. etc.). Diese sog. ›neuen sozialen B.en‹ – im Unterschied zu ›alten‹ wie der Arbeiterbewegung – ersetzen universelle Werte und Strukturen durch partikulare, die eine pluralistische und polyphone, auch ›riskante‹ (U. Beck) Gesellschaftskultur vermitteln. Nach A. Touraine handelt es sich daher bei zeitgenössischen sozialen B.en um Kollektivsubjekte, die im Sinne einer selbstkritischen Moderne die Spannung zwischen Rationalisierung und Subjektivierung austragen.
II. *Künstlerischen B.en.* gemeinsam ist die häufig von ›fundamentalistischen‹ Manifesten begleitete Vermittlung ästhetischer Schnitterfahrungen, die auch in der verschleierten Propagierung des Alten als erneut Erfundenes oder eines letztgültig Neuen in der Kunst bestehen können. Wie soziale B.en entstehen sie oft in Reaktion auf historische Umbruchsituationen. Aggressive Überbietungsstrategien gegenüber vorgängigen oder zeitparallelen ↗Avantgarden nach außen sind oft komplementär zu autoaggressiven Tendenzen innerhalb der B.en, z. B. in Form von Ausschlüssen, wobei ihre Begründer eine messianische Überhöhung erfahren können. Anknüpfend an Futurismus und Dada und in programmatischer Abgrenzung vom Surrealismus, begründet I. Isou 1946 in Paris den Lettrismus. Im Gegensatz zu den Vorkriegs-B.en komplex theoretisiert und mit dem persistenten Universalitätsanspruch einer »paradiesischen Gesellschaft«, versteht Isou den Lettrismus als eine alle Kunstsparten ein-

schließlich Tanz und Architektur erneuernde B. von internationaler Geltung. In der zentralen Schrift *La créatique ou la novatique* (1941–76) gilt er seinem Begründer über das ästhetische Feld hinaus als ein verschiedene Wissenschaften (Biologie, Chemie, Mathematik, Medizin, Physik, Psychologie u. a.) und insgesamt alle Gesellschaftsbereiche von der sozialen Rolle der Jugend (*Le soulèvement de la jeunesse*, 1950–66) bis hin zum Finanzwesen umfassendes Patent revolutionären Potentials. 1952 gründeten G. J. Wolman und G.-E. Debord die erste ›Dissidentengruppe‹, die ›Internationale Lettriste‹ (I. L.), der u. a. J.-L. Brau und S. Berna angehörten. Nach ihrem Zusammenschluss mit den ›Bauhaus-Imaginisten‹ um A. Jorn geht die I. L. 1957 in die ›Situationistische Internationale‹ (S. I.) auf, deren Ausrichtung und Ziele in Debords Schrift *Rapport über die Konstruktion von Situationen* (1955/57/63; dt. 1980) niedergelegt sind. Im Mittelpunkt der S. I. (1957–67), zu der u. a. D. Kunzelmann und Künstler der COBRA-B. (Constandt, A. Jorn) sowie der Münchner Gruppe SPUR (H. Prem, HP Zimmer u. a.) gehörten, standen drei Ziele: die Idee des Intervenierens in einer Situation mit bewusster und systematischer Provokation als konstruiertes Moment des Lebens; der ›Unitäre Urbanismus‹ als Theorie der gesamten Anwendung der künstlerischen und technischen Mittel, die zur vollständigen Konstruktion eines Milieus in dynamischer Verbindung mit Verhaltensexperimenten zusammenwirken; die ›Psychogeographie‹, unter der die Erforschung der genauen unmittelbaren, bewusst oder unbewusst gestalteten Wirkungen des geographischen Milieus auf das emotionale Verhalten der Individuen verstanden wird. Zweckentfremdung von ästhetischen Fertigteilen zur Integration aktueller oder vergangener Kunstproduktionen in eine höhere Konstruktion des Milieus und die Arbeit ersetzendes

›Umherschweifen‹ dienten der Transformation der Welt in eine, welche sich in einem permanenten Zustand der Revolution und Erneuerung befinden sollte. Slogans der S. I. wie z. B. »Sei realistisch, verlange das Unmögliche«, »Arbeite nie«, »Konsum ist das Opium der Leute« wurden später wieder durch die Punk-B. benutzt. Durch die von ihr beeinflusste Studentenbewegung im Mai 68 in Paris wurde die S. I. nachhaltig berühmt als die ›okkulte Internationale‹. – Als B. mit internationalem Sendungsbewusstsein erfährt die Konkrete Poesie (E. Gomringer, F. Mon, G. Rühm) Mitte der 50er Jahre durch die brasilianische Noigandres-Gruppe eine starke Politisierung. Im Sinne eines ›erweiterten Kunstbegriffs‹ und auf der Grundlage von Medienkombinationen propagierte Fluxus (G. Brecht, D. Higgins, A. Knowles, N. J. Paik, B. Vautier, W. Vostell, E. Williams) ab 1962 mit Action Music, Agit Pop, Happenings, Environments, Antiart, L'Autrisme und Decollagen v. a. in Europa, Japan und den USA eine gattungsübergreifende, nichthierarchisch und dezentral strukturierte Form von Kunst, die z. T. als »Satire seriöser Konzerte« (G. Maciunas) gegen etablierte Kultur opponierte und statt dessen Spielarten des Vaudeville valorisierte. – Durch ihre Protagonisten in enger Beziehung zum Fluxus stand die Happening-B. (A. Hansen, A. Kaprow, W. Vostell u. a.). Wie Fluxus verschrieb sie sich in (intermedialen) Performances und Aktionen, z. B. als Theatralisierung von Malerei, Literatur und Architektur, häufig dem Ephemeren und brachte dieses konzeptionell zum Ausdruck, indem z. B. ein Musikinstrument nicht nur gespielt, sondern auch zerstört wurde. Noch radikaler in Richtung auf eine Grenzaufhebung von Kunst und Leben ging der Wiener Aktionismus (G. Brus, O. Muehl, H. Nitsch u. a.) mit seiner Inszenierung von Gewalt und Zerstörung mit und am Körper. Ende der 70er Jahre knüpfen die ›Neuen Wilden‹ (H. Middendorf, Salomé) mit neoexpressionistischer Geste an figuratives Malen wieder an. Ende der 80er Jahre löste ↗ Techno mit seinen bruitistisch repetierten Signalfrequenzen ebenso eine Art Massen-B. aus wie die Netzkultur der 90er Jahre.

Lit.: R. Eyerman/A. Jamison (Hg.), Social Movements (1991). – R. Ohrt, Phantom Avantgarde (1990). – Th. Dreher, Performance Art nach 1945 (2000).

F. Bl./M. Le.

Binäres System. Theoretisch kann jede ganze Zahl größer als 1 als Basis für ein Zahlensystem dienen. Im Lauf der Geschichte wurden viele verschiedene Zahlensysteme genutzt, z. B. auch die Zahlen 3, 4 oder 5. So verwendeten die Babylonier das auf der Zahl 60 basierende Sexagesimalsysten und die Maya das auf der Zahl 20 basierende Vigesimalsystem. Die Position eines Zeichens in einer Zahl kennzeichnet seinen Wert als Exponentialwert der Basis. So repräsentiert jede ›Stelle‹ im Dezimalsystem eine weitere Zehnerpotenz. – Neben dem gängigen Dezimalsystem haben heute das auf der Zahl 2 basierende Dualsystem sowie das auf der Zahl 16 basierende Hexadezimalsystem ihre besondere Bedeutung im Computerbereich. Im Dualsystem genügen die zwei einstelligen Zahlen 0, 1, um alle Zahlen darzustellen. Jede Zahl kann durch eine Summe verschiedener Potenzen von 2 ausgedrückt werden: So entspricht 1110101 von rechts beginnend $(1 \times 20) + (0 \times 21) + (1 \times 22) + (0 \times 23) + (1 \times 24) + (1 \times 25) + (1 \times 26) = 117$. Im B. S. werden die Zahlen zwar länger als im Dezimalsystem, Rechenoperationen werden aber auf einfache Grundregeln reduziert. – Die besondere Eignung des B. S.s für die Verwendung in ↗ Computern wurde bereits von Ch. Babbage erkannt, der für seine ›analytical engine‹ eine Datenrepräsentanz durch Lochkarten vorsah. Für die Darstellung der binären Zahlen können z. B. die Stellung einer Reihe von Ein-Aus-Schaltern, die Magnetisierung oder die Nichtmagnetisierung an bestimmten Stellen einer Diskette oder Festplatte oder die Erhöhungen oder Vertiefungen auf einer ↗CD-ROM genutzt werden. Sog. Flip-Flops – elektronische Bauelemente, die an ihren Ausgängen nur zwei verschiedene Spannungen führen können und die durch einen Impuls von einem in den anderen Zustand geschaltet werden können – lassen sich ebenfalls zur Darstellung von Dualzahlen verwenden.

Seine besondere Bedeutung erlangte das B. S. durch seine Verwendung im Rahmen der ↗Digitalisierung aller gängigen Informationen in den digitalen Informationsmedien. Die Anzahl der für die Quantisierung eines ermittelten Wertes zur Verfügung stehenden unterschiedlichen Werte wird bestimmt durch die Größe der für die Darstellung benutzten Dualzahl. Angegeben wird jeweils die Zahl der Stellen im binären Code. So werden z. B. acht Zahlen herangezogen, um die verschiedenen Buchstaben des Alphabets, die Satzzeichen und weitere nationale besondere Schrift- und Steuerzeichen des sog. ASCII-Codes zu repräsentieren. Entsprechend werden die 256 (2^8) Möglichkeiten der 8 ›bits‹ zu einem Byte zusammengefasst. Das Byte stellt die gängige Messgröße für die Kapazität der verschiedenen Speichermedien dar, wobei gilt: 1 000 Byte = 1 Kilobyte (KB), 1 000 KB = 1 Megabyte (MB), 1000 MB = 1 Gigabyte (GB).

M. K.

Biographie (gr. = Lebensbeschreibung), die Darstellung der Lebensgeschichte eines (besonderen) Menschen als Form der Literatur bzw. der Geschichtsschreibung. Verwandte Textsorten sind: Autobiographie (selbst verfasste B.), Memoiren, Nekrolog (Nachruf),Vita (Abriss der Lebensdaten), biographisches Lexikon. Vorläufer der modernen B. sind in der römischen

Antike bei Tacitus und Sueton, v. a. aber bei Plutarch anzusetzen. Nachdem B. im Mittelalter i. Allg. Heiligenvita (Hagiographie) war, entwickelte sich in der Renaissance (bei G. Bocaccio, G. Vasari) das neuzeitliche B.-Konzept der Betonung individueller Persönlichkeit. Die B. wurde im 17./18. Jh. in England zu einer populären literarischen Form (durch I. Walton, J. Boswell, S. Johnson) und tendierte im 19. Jh. (z. B. bei Th. Carlyle, E. Gaskell), inspiriert vom Geniekult der Romantik, zur Glorifizierung der biographierten Persönlichkeit. Zu dieser Zeit entstand in Deutschland im Zuge des Historismus die historisch-kritische B. (z. B. bei J. G. Droysen). Der gängigen Praxis von Materialanhäufung und überhöhender Würdigung der Person wurden im 20. Jh. innovative B.-Konzepte entgegengesetzt: reduktionistische Materialauswahl sowie ironische Distanzierung (insbes. L. Stracheys *Eminent Victorians*, 1918), imaginative Einfühlung (L. Edels vierbändige B. zu H. James, 1953–72), psychologische und psychoanalytische Ansätze (S. Freuds ›Psycho-B.‹ zu L. da Vinci, 1910; E. Eriksons Luther-B., 1957), den sozialhistorischen Kontext betonende Konzepte bis hin zu (post-)strukturalistischen B.-Ansätzen zur Überwindung des »Mythos personaler Kohärenz« (J. Clifford). Bei aller Vielfalt nimmt der heutige B.-Mainstream eine Mittelstellung zwischen Literatur und Geschichtsschreibung bzw. Kunst und Wissenschaft ein und erfreut sich dabei großer Popularität, was die entspr. Publikationsindustrie bes. im anglo-amerikan. Sprachraum belegt. – Die Nähe der B. zur Romanliteratur findet ihre umgekehrte Entsprechung im biographischen Roman bzw. in der sog. Biofiktion, der fiktionalen Beschäftigung mit dem Leben einer real-historischen Person (in Romanen von E. Ludwig, A. Maurois, M. Yourcenar, P. Härtling, P. Ackroyd). – Im Übrigen finden sich in vielen Humanwissenschaften biographische Ansätze und Methoden, z. B. in der Geschichtswissenschaft (*oral history*), in der soziologischen B.-Forschung oder im literaturwissenschaftlichen Biographismus (die B. des Autors dient zur Interpretation seiner Werke oder die Werke zur Erhellung seiner B.), der aber bes. durch New Criticism, Strukturalismus und Poststrukturalismus kritisiert wurde.

Lit.: I. B. Nadel, Biography: Fiction, Fact and Form (1984). – W. H. Epstein (Hg.), Contesting the Subject: Essays in the Postmodern Theory and Practice of Biography and Biographical Criticism (1991). – G. Jüttemann (Hg.), Biographische Methoden in den Humanwissenschaften (1998).

Ch. H.

Black Music, Sammelbezeichnung für verschiedene Formen populärer Musik, in der afrikanische, amerikan. und europäische Einflüsse aufeinandertreffen. Wie der bis in die 40er Jahre bei US-amerikan. Plattenfirmen und Zeitungen gebräuchliche Spartenbegriff *race music* ist auch die ebenfalls von der Hautfarbe der Musiker abgeleitete Klassifizierung als B. M. nicht unproblematisch, jedoch auf dem aktuellen Musikmarkt und in den Medien weit verbreitet. – Die Entwicklung der B. M. ist eng mit der Geschichte des (Post-)Kolonialismus verbunden. Für LeRoi Jones (*The Blues People*, 1963) beginnt der Blues, dessen spezifische Merkmale wie das Zwölftaktschema und die sog. *blue notes* erst ab dem späten 19. Jh. belegt sind, mit der Ankunft der ersten afrikanischen Sklaven in Nordamerika (1619). Diese Musik, in der sich urspr. afrikanische Ausdrucksformen mit Elementen der weißen Volks- und Kirchenmusik vermischten, kann als der erste, für alle späteren Stile prototypische Ausdruck des afro-amerikan. Lebensgefühls von Unfreiheit und Marginalisierung gelten. Tatsächlich steht die weitere Entwicklung der B. m. – wie auch die der afro-

amerikan. Literatur und des Films – in enger Wechselbeziehung mit der Debatte um die Identität deterritorialisierter afrikanischstämmiger Menschen. So zeigte der frühe Roots-Reggae (B. Marley, P. Tosh, L. »Scratch« Perry) eine ausgeprägte Affinität zum Afrozentrismus des Rastafarianismus, der nach der Ernennung des als Inkarnation Gottes verehrten Haile Selassie I. zum äthiopischen Kaiser (1930) auf Jamaika aufkam. Free Jazz (O. Coleman, J. Coltrane, C. Taylor), Soul (M. Gaye, A. Franklin, I. Hayes, C. Mayfield) und Funk (J. Brown, G. Clinton, B. Collins, War) transportierten und beeinflussten den in der schwarzen Bürgerrechtsbewegung und dem schwarzen Nationalismus der 60er Jahre ausgetragenen Konflikt, ob sich Afroamerikaner in das weiße, kapitalistische System integrieren oder sich von ihm abgrenzen sollten. Ebenso stand auch der in den frühen 80er Jahren aufkommende HipHop im Kontext der Wiedererstarkung militant-fundamentalistischer Organisationen wie der Nation of Islam und partizipierte darüber hinaus am erstarkenden Interesse der ↗ Kulturwissenschaften an ethnischen und anderen Minoritäten (H. K. Bhabha, G. C. Spivak, bell hooks, D. Diederichsen). Trotz der Heterogenität der Stile finden sich in der B. M. einige elementare Merkmale, die der instrumentalen und der vokalen Musik gleichermaßen eigen sind: eine deutliche Orientierung an Rhythmus und *sound* statt an Harmonie und Melodie wie in der europäischen Musiktradition (↗ Techno); die Neigung zu Improvisation statt schriftlich ausgearbeiteter Komposition; der Einsatz bestimmter (Sprech-)Gesangstechniken wie Falsettsingen, *shouting, rapping* oder *toasting*. Die von G. Smitherman (*Talkin and Testifyin*, 1977) und H. L. Gates, Jr. (*The Signifying Monkey*, 1988) herausgearbeiteten rhetorischen Mittel des *black vernacular* wie *call–response* zwischen zwei oder mehreren Personen oder das als *signification* bzw. *signifyin(g)* bezeichnete freie Spiel mit Signifikanten in Wortspielen, Metaphern, Metonymien etc. stellen über inhaltliche Überschneidungen hinaus eine Gemeinsamkeit zwischen den Textstrukturen der B. m. und der afro-amerikan. Literatur dar. In den 80er und 90er Jahren wurde insbes. der HipHop mit seiner engen, prägnanten Fusion von Musik und Text zu einer der innovativsten und meistbeachteten Musikrichtungen. Die aufklärerisch-agitatorische sog. *old school* der frühen 80er Jahre (Sugarhill Gang, Africa Bambaata, Grandmaster Flash, K. Blow, Run D. M. C.) und die darauf folgende *new school* (Public Enemy, Jungle Brothers, A Tribe Called Quest, De La Soul) definierte sich als »schwarzes CNN« (Public Enemy), das Selbstbewusstsein, Bildung und Moral als Waffe gegen Arbeitslosigkeit, Drogenmissbrauch, Prostitution und Gewalt in den heruntergekommenen schwarzen Vierteln der amerikan. Großstädte propagierte. Der zu Beginn der 90er Jahre aufgekommene Gangster-Rap (N. W. A., Ice T, Snoop Doggy Dogg, Dr. Dre) ist hingegen ebenso wie die kommerziell erfolgreichen Hip-Hop-Produktionen der späten 90er Jahre (Puff Daddy, Busta Rhymes, Foxy Brown) deutlich ambivalenter in den Aussagen zu sozialen Missständen. Im Zuge seiner globalen Rezeption und Vermarktung bildeten sich zahlreiche Unterformen des HipHop. In Europa fungierten v. a. Minderheitenangehörige wie Türken in Deutschland, Basken in Spanien oder Algerier und Marokkaner in Frankreich als Vorreiter einer produktiven Aneignung. Die genuine Hybridität, die in besonderer Weise Annäherung und Abgrenzung erlaubt, mag der entscheidende Faktor sein, durch den die B. M. zum zentralen Impulsgeber für die gesamte Entwicklung der ↗Pop- und Rockmusik sowie der damit verbundenen ↗Jugendkulturen in der zweiten Hälfte des 20. Jh. wurde.

Lit.: K. Eshun, More Brilliant than the Sun (1998). – G. Hündgen (Hg.), Chasin' a Dream (1989). – D. Toop, The Rap Attack (1984; 1991). – Spezialzeitschriften wie The Source, Cut etc.

Ch. G.

Bruitismus, Frühform der akustischen Kunst, die mit der Inkorporierung aller Geräusche und Töne und des Lärms auch der Umwelt sowie aller Formen des Rauschens und des Schalls das poetische und musikalische Klangspektrum jenseits des temperierten Tonsystems erweitert und so eine Aufhebung der konventionalisierten Grenzen musikalisch – nichtmusikalisch, Musik und Lärm/Geräusch/Rauschen sowie die emanzipative Legitimierung und Ästhetisierung der technogenen Geräusche der (post)modernen Zivilisation zur Folge hat. – Mit seinem Geräuschkunst-Manifest *L arte dei rumori* (1913), in dem er sechs Geräuschfamilien vom »Krachen« und »Dröhnen« von Maschinen bis zu »Schreien« und »Lachen« von »Tier- und Menschenstimmen« typologisierte, war der ital. Futurist L. Russolo der erste fundierte Theoretiker einer Ästhetik der akustischen Kunst. Als Vorläufer ›experimenteller‹ Musik erfand er zusammen mit B. Pratella die u. a. neben traditionellem Instrumentarium in Orchesterwerken eingesetzten *Intonarumori* (»Lärmtöner«), später die *Rumorarmoni* (eine Art Harmonium) und das *russolophone*, mit dem er u. a. die lautpoetische »Musique verbale« M. Seuphors begleitete. E. Varèse, der Musik als organisierten Schall, organisiertes Geräusch definierte und z. B. Fabriklärm in seine Musik einbezog, propagierte 1916 eine Erweiterung des musikalischen Alphabets, um mit der sozialen Entwicklung und dem Denken Schritt zu halten. Er will daher Musik machen »mit allem, was klingt«. Der Zürcher Dadaismus übernahm den B. der Futuristen Russolo und F. T. Marinetti. Das dadaistische »poème bruitiste« als »eine Mischung aus Gedicht und bruitistischer Musik« (R. Huelsenbeck) kombinierte Wort- und Satzfetzen, Handlungsfragmente und freie Bildassoziationen, Geräuschnachahmungen, Beschreibungen von Höreindrücken und rhythmische Lautfolgen zu einem Textgefüge, das in der Performance von z. T. skandierend eingesetzten Percussion- und anderen Instrumenten begleitet wurde. T. Tzara schilderte den B. als Synonym für Aufruhr, Tumult und Polizeieinsatz. H. Cowell erfand 1930 das »präparierte Klavier«, mit dem ab 1939 auch J. Cage arbeitete, der den musikalischen Klangraum für banale Alltagsgeräusche öffnete (4 33) und »eine Billigung aller hörbaren Vorgänge als für Musik geeignetes Material« forderte. – Für den B. nach 1945 stehen neben Cage u. a. der Lettrismus (I. Isou, M. Lemaître, G. Pomerand u. a.) und Ultra-Lettrismus (J.-L. Brau, F. Dufrêne, G. J. Wolman), die Musique concrète (P. Schaeffer, P. Henry), die Elektronische Musik mit ihrer Valorisierung von verschieden gefärbten Rauschsignalen, D. Schnebel, J. A. Riedl mit selbstgebauten Instrumenten, H. Nitsch und D. Roth mit ihrem »Lärmorchester« und die Fluxus-Musik (La Monte Young, T. Riley, Y. Ono, J. Jones). In der partitur-, interpreten- und komponistenlosen ›sonischen Kunst‹ als Musik der Klang-Skulpturen wird der autonomisierte Klang als Spezialfall des Rauschens erlebbar. Nach 1970 nimmt der B. auch als Medium der Auflehnung gegen die »zwangsharmonisierte Gesellschaft« (P. Weibel) verschiedenste Formen an: Punk, Heavy Metal, Throbbing Gristle, industrielle Musik, Grunge, ↗ Techno, Ambiente-Sound, Noise-Musik, »No Wave« Art Rock, vorhandenes Klangmaterial recyclendes Scratching (Grandmaster Flash, DJ Theodore u. a.) und digitales Sampling. Den B. der 80er und 90er Jahre repräsentieren die lautstarken Gitarrenformationen Rhys Chathams, die Gruppen »Einstürzende

Neubauten« und »Golden Palominos«, Z. Babel, ferner der selbsternannte »lauteste Komponist der Welt« G. Branca, C. Claus, FM Einheit, A. Lindsay, Ch. Marclay und J. Zorn.

Lit.: O. Kolleritsch (Hg.), Der musikalische Futurismus (1976). – S. Sanio/ Ch. Scheib (Hg.), das rauschen (1995).

M.Le.

CD-ROM, Abkürzung für *Compact Disc Read Only Memory*. Mit C. wird urspr. ein nicht wieder beschreibbarer optischer Datenträger bezeichnet, der im Gegensatz zu herkömmlichen (Audio-) CDs alle Formen computerlesbarer Daten (Programme, Texte, Bilder, Videos, Töne etc.) enthalten kann. Die derzeit übliche Speicherkapazität einer C. beträgt 650 Megabyte (1 MB = 1 000 Kilobyte, wobei z. B. ein Buchstabe einem Byte entspricht. 650 MB entsprechen damit ca. 260 000 Seiten à 2 500 Buchstaben; auch ↗ Binäres System). Die Informationen auf der C. werden in digitaler Form abgelegt; die Anordnung erfolgt in einer Spirale, die – im Gegensatz zur Schallplatte – von innen nach außen führt. Die Abtastung der durch sog. ›pits‹ und ›falls‹ kodierten binären Informationen erfolgt mit Hilfe eines Laserstrahls, dessen Energie so dimensioniert ist, dass die informationstragende Schicht nicht verändert wird. Ausgewertet werden die Veränderungen in der Reflexion des abtastenden Laserstrahls durch die ›Tiefen‹ und ›Höhen‹ der Informationsspur. Die C. eignet sich bes. zur Speicherung großer Datenmengen, die häufig nachgefragt werden, aber keinen Veränderungen unterworfen sind und bei denen die (gegenüber den magnetischen Festplatten) geringere Zugriffsgeschwindigkeit keine Rolle spielt. Haupteinsatzgebiete der C.s sind somit neben der Distribution von Software v. a. Nachschlagewerke, Lexika und die Archivierung von digitalen Informationen. Die digitale Repräsentationsform der Informationen auf der C. lässt eine einfache und kostengünstige Vervielfältigung der Datenträger in Presswerken zu, da ›Original‹ und ›Kopie‹ keinerlei Differenzen mehr aufweisen.

Die sehr erfolgreiche Geschichte des Einsatzes der C. ist zunächst durch die Steigerung der Lesegeschwindigkeit in den C.-Laufwerken in den letzten Jahren geprägt. Dies hat v. a. den Einsatz in graphikintensiven Bereichen wie den Computerspielen begünstigt. Den zweiten wesentlichen Schritt stellte die Verbreitung von Laufwerken zum Beschreiben von C.s auch im privaten Bereich dar. Sicherung von Daten und – juristisch problematisches – Kopieren von digitalen Informationen jeglicher Art lassen derzeit den sog. CD-Brenner zu einem Teil der Standard-Hardware-Ausstattung von privat genutzten PCs werden. Als mögliche Nachfolger der ›einfachen‹ C. können die derzeit eine starke Verbreitung findende DVD (Digital Versatile Disc) und die noch im Laborstadium befindliche HD-ROM (High-Density-ROM) angesehen werden. Während die DVD durch eine doppelseitige und doppelschichtige Ausnutzung des Datenträgers eine Speicherkapazität von 17 Gigabyte erreicht, die derzeit vorwiegend noch zur Speicherung von Videoinformationen genutzt wird, soll die Speicherkapazität der HD-ROM bei ca. 165 Gigabyte liegen (1 GB = 1 000 Megabyte). – Neben den für die digitalen (↗ Computer-)Medien insgesamt signifikanten Steigerungen im Bereich der Kapazität und der (Zugriffs-)Geschwindigkeit bei gleichzeitig sinkenden Herstellungskosten kann v. a. auch die Hybridisierung der C. durch Einbindung von ›Links‹ zu ›Aktualisierungsorten‹ im World Wide Web (WWW) des Internet oder die Kombination von dauerhaften Informationen auf der C. mit variablen Informationen auf der Festplatte zur Flexibilisierung möglicher Einsatzbereiche herangezogen werden.

M. K.

Chaostheorie und Literatur (gr. chaos = weiter Raum; der große, unermessliche Weltenraum), die Notwendigkeit einer Theorie dynamischer, nicht-linearer Systeme zeichnete sich in der Mathematik und Physik um 1900 ab; die eigentlichen Anfänge der Ch. liegen in den 60er Jahren des 20. Jh. Der Meteorologe E. Lorenz und der Mathematiker B. Mandelbrot formulierten die Eigenschaften chaotischer Systeme wie des Wetters oder der Preisentwicklung. In nicht-linearen Systemen, die in ihrem Verhalten zwar determiniert, doch prinzipiell unvorhersagbar sind, können kleinste Abweichungen zu unabsehbaren Konsequenzen führen. Lorenz bezeichnete dies als »Schmetterlingseffekt«, da der Flügelschlag eines Schmetterlings in Brasilien einen Wirbelsturm in Texas auslösen kann. Chaotischen Systemen liegen jedoch Muster zugrunde. So führt die geometrische Umsetzung von iterativen Rechenprozessen, bei denen das vorangegangene Ergebnis immer wieder neu in die Gleichung eingesetzt wird, zu unregelmäßigen Strukturen, die sich selbst auf verschiedenen Ebenen gleichen, den Fraktalen. Solche Selbstähnlichkeiten finden sich auch in der Natur (Farn, Landschaften) ebenso wie in der Kultur. Eine zweite Richtung der Ch. beschäftigt sich mit spontaner Selbstorganisation und Entstehung von Ordnung in dissipativen Strukturen, die weit vom thermodynamischen Gleichgewicht entfernt sind (vgl. Prigogine 1979). Diese Kreativität der Natur kann erklären, warum trotz einer universalen Tendenz zur ↗ Entropie in unserer Welt eine Zunahme an Ordnung zu beobachten ist. – Das ausgeprägte Interesse von Kultur- und Literaturtheorie an der Ch. hat mehrere Gründe: Eine mathematische Theorie weist ästhetische Implikationen auf und bietet nach dem Wegfall ideologischer Prämissen neue Zusammenhänge zwischen den Natur- und Geisteswissenschaften sowie den Künsten. Die stark ästhetischen Effekte der Ch., die ohne Computergraphik nicht denkbar wären, trugen zu ihrer schnellen Popularisierung von Kreativitätsforschung und Soziologie bis zum Design bei. Literaturtheoretiker haben die Wechselwirkungen zwischen Ch. und literarischen Werken dargestellt (vgl. Hayles 1990). Dabei ist zunächst zu unterscheiden zwischen Werken, die Ch. thematisieren, und solchen Werken der Vergangenheit, bei deren Interpretation sich die Ch. möglicherweise als nützlich erweist. Zu den Ersteren gehören neben R. Bradburys Erzählung »A Sound of Thunder« (1948), in der der Schmetterlingseffekt vorweggenommen wird, M. Crichtons *Jurassic Park* (1991), W. Sleators *Strange Attractors* (1991) und T. Stoppards *Arcadia* (1993), in denen Ch. diskutiert wird und Chaostheoretiker auftreten. Werke der Vergangenheit, auf die die Ch. angewendet wurde, weisen starke metafiktionale Züge, Bifurkationen, Selbstähnlichkeiten, Synekdochen und Spiegelungen auf. Fokussiert werden Übergänge zwischen Ordnung und Unordnung. Neben zeitgenössischen Autoren wie J. L. Borges und Th. Pynchon sind W. Shakespeare, J. Milton, J. W. v. Goethe und J. Joyce bes. intensiv untersucht worden. – Kritiker einer Anwendung von Ch. auf Literatur haben auf Missverständnisse bei der Popularisierung hingewiesen und festgestellt, die proklamierten Ähnlichkeiten seien forciert und wenig erhellend. Insbes. die Annäherung von Poststrukturalismus und Ch., wie sie von Hayles praktiziert wird, wurde als Missverständnis angegriffen. Die Ch. dürfte jedoch neben der Neurologie und der Evolutionstheorie eine neue Brücke zwischen den zwei Kulturen darstellen.

Lit.: I. Prigogine, Vom Sein zum Werden (1979, [2]1992). – J. Gleick, Chaos. Making a New Science (1987, [2]1998; dt. Chaos. Die Ordnung des Universums, 1988). – N. K. Hayles, Chaos Bound. Orderly Disorder in Contemporary Literature and Science (1990). – U. Goldschweer, Das Komplexe im Konstruierten. Der Beitrag der Chaostheorie für die Literaturwissenschaft (1998).

E.Sch.

Code (lat. codex = Buch, Verzeichnis), System von Regeln, Übereinkünften oder Zuordnungsvorschriften, das die Verortung und Deutung von Zeichen oder Zeichenkomplexen erlaubt. – Im literatur- und kulturtheoretischen Gebrauch von C. treffen sich das Konzept der ›Prägung‹ in der Verhaltensforschung (K. Lorenz), demzufolge in der frühesten Kindheit irreversible Lernprozesse ablaufen, welche das sexuelle, moralische und soziale Verhalten des Individuums im Rahmen eines geschlossenen Systems von Organismus und Umwelt festlegen (Konzepte der Kommunikationstheorie), sowie semiotische Modelle. In diesem Sinne ist C. ein Sammelbegriff für jede Form tiefenstruktureller Prägung durch kulturspezifische ideologische, religiöse, epistemologische Paradigmen, welche perzeptive und moralische Grundstrukturen des individuellen Weltbildes präformieren. – Praktisch manifestieren sich kulturelle C.s z. B. als Geschlechterstereotype, Konstrukte kultureller Identität und ↗Alterität, anthropologische Vorstellungen und Zeitmodelle. Überragende Relevanz bei der weltbildgenerierenden Überlieferung und Institutionalisierung kultureller C.s kommt der Sprache nicht nur als Informationsträgerin, sondern auch in ihrer epistemologisch bedeutsamen Strukturiertheit zu, z. B. das Subjekt als Agens, Zeitformen des Verbes, maskuline Substantive und Pronomina als Verallgemeinerungsformen usw., die in Genres wie dem Bildungsroman, der Autobiographie oder dem Historiendrama narrativ ausgelegt werden. Die Einschätzungen mit Bezug auf das Ausmaß kultureller C.s reichen von der Akzeptanz der vorrangig sprachlich tradierten

›legitimen Vorurteile‹ bei H.-G. Gadamer über die Kritik an einer mit Hilfe tiefenhermeneutisch angelegter Methoden aufzudeckenden gesamtkulturellen Pseudokommunikation bei J. Habermas (1971) bis zu M. Foucaults These von der mit seinem Diskursbegriff (↗ Diskurs) absolut gesetzten kulturellen Kodierung des Individuums, die das aufklärerische Postulat eines selbstmächtigen Subjektes ad absurdum führt.

Lit.: J. Habermas, Der Universalitätsanspruch der Hermeneutik. In: K.-O. Apel u.a. (Hg.), Hermeneutik und Ideologiekritik (1971), 120–159. – N. Elias, Über den Prozeß der Zivilisation, 2 Bde. (1976). – E.W.B. Hess-Lüttich: Code. In: K. Weimar (Hg.), Reallexikon der Deutschen Literaturwissenschaft, Bd. 1 (1997).

A.Hor.

Collage (frz. coller = an-, aufkleben) geht auf die »Papiers collées« von G. Braque und P. Picasso zurück, die 1912 den traditionellen Entstehungsprozess des Tafelbildes durchbrachen, indem sie Bruchstücke von Wachstuch und Tapeten in ihre Leinwandmalerei einbezogen. Seither wird der Begriff C., ohne dass er terminologisch fest umrissen ist, für künstlerische Artefakte aller Genres benutzt, in denen präexistente Alltags- oder Kunstobjekte eingebunden werden oder die ausschließlich aus zitierten Materialien (fremden wie eigenen) bestehen. Obgleich der Begriff Montage oft synonym mit dem der C. verwendet wird, taugt er eher dazu, neutral den technischen Vorgang des Zusammensetzens zu bezeichnen. Denn der C. liegt stets auch ein ästhetisches Prinzip mit Referenzcharakter auf Bestehendes zugrunde, das auf die Integration der in der realen Wirklichkeit erfahrenen Diskontinutäten im Kunstwerk zielt, ein Phänomen, das erst seit dem Ende des 19. und zu Beginn des 20. Jh. auftritt. Zwar besitzen collageartige Erscheinungen, die vereinzelt schon in früheren Jahrhunderten anzutreffen sind (etwa das musikalische »Quodlibet« der Renaissance und das im 19. Jh. beliebte »Potpourri«) mit dem Amalgamieren verschiedener Zitate die Merkmale einer C. Doch sind solche Arbeiten nicht Ausdruck einer als heterogen erfahrenen Welt, sondern Formen der Unterhaltung, die als kompositorische Beweise der Könnerschaft und als Findspiele fürs bildungsbeflissene Publikum dienen. Die historischen Höhepunkte der C. finden sich in den Künsten v.a. im ersten Drittel des 20. Jh., dann wieder in den 60er und 70er Jahren und neuerdings – bedingt durch die rapide Entwicklung der digitalen Technologien – bes. in der explizit elektronischen ↗ Popmusik seit den 90er Jahren. Hier werden neben Genrebezogenem auch (vorrangig allgemein bekannte) Werke der ernsten Musik zitiert, die sogar als Matrix der Neukomposition dienen können. Ebenso finden sich C.-Formen in den Hörkunstproduktionen, die sich überwiegend oder ganz aus Alltagsgeräuschen konstituieren. Auch viele Kunstwerke der ↗ Postmoderne, in denen sich zahlreiche Zitate oder Allusionen finden, tragen Züge der C. Auch in der Bildenden Kunst, die die C. bis zur raumplastischen Assemblage erweitert und mittels der digitalen Technik der letzten Jahren höchst subtile Formen des Verweisens und des Fragmentierens von bereits Bestehendem entwickelt hat, ist eine bewusst gestaltete Rückbindung an Präexistentes zu beobachten. In vergleichbarer Weise gilt dies auch für die Literatur, wo allerdings zunehmend Allusions- und produktive Lesarttechniken eine Rolle spielen. Doch anders als die urspr. C. integrieren die zur Postmoderne gehörenden Gebilde nicht alltagsbezogene, ›hässliche‹ Materialien, sondern tendieren meist zu ›schönem‹ Vorgefundenem, d.h. zu Materialien, die der etablierten Kultur und dem intellektuellen Wissen zugehören. Trotz dieses ästhetischen Unterschieds zeigt sich auf der rein technischen Ebene des Zitierens und Montierens keine Differenz zwischen den C.-Formen jener ›Ismen‹, die der Moderne zugerechnet werden, und denen der ›nachmodernen‹ Kunstrichtungen. Diese konzeptuellen Unterschiede werden allerdings nicht terminologisch gefasst. So gesehen bleibt C. ein verhältnismäßig konturloser Begriff, der stets am einzelnen Kunstwerk auf seine Tauglichkeit überprüft werden muss. Das einzige gemeinsame Kriterium aller C.n ist das Zitieren von Präexistentem. – Zeitgleich mit der Etablierung der C. als Kunstprinzip in den 60er Jahren erscheint auch erstmals der Begriff Décollage, der die destruktive Veränderung von vorgefundenen Materialien bezeichnet. Das Verwischen von Fotografien, Übermalen von Bildern, Abreißen von Plakaten oder Zusammenpressen von Konsumgegenständen etc. dient dazu, auf die unreflektierte Alltagswahrnehmung hinzuweisen, um so die überbordende Industrie- und Konsumgesellschaft zu diskreditieren. Als Palimpsest-Technik hat die Décollage – allerdings nur begrenzt pointiert gesellschaftkritisch – auch vereinzelt Eingang in die Musik und Literatur gefunden.

Lit.: E. Budde, Zitat, Collage, Montage. In: R. Stephan (Hg.), Die Musik der sechziger Jahre (1972). – H. Wescher, Die Geschichte der Collage (1974; Nd. 1987). – V. Hage, Collagen in der deutschen Literatur (1984).   St. F.

Comic, vereint Elemente aus Graphik, Architektur, Literatur und Film. Nicht zufällig entstand der C. im »melting pot« Amerika, und die ersten C.-Figuren redeten häufig in verschiedenen Kunstsprachen, die dem dialektal gefärbten Sprachengemisch in den Einwandervierteln der amerikan. Metropolen nachgebildet waren. Unmittelbare Vorbilder für die Entwicklung des C.s waren populäre Cartoons und Bildge-

schichten, wie sie etwa im engl. *Punch* oder im deutschen *Simplizissimus* zu finden waren. Die amerikan. Zeitungen verlangten zunächst nur nach sehr einfachen und unpolitischen Bildgeschichten, die mit drei bis vier Zeichnungen einen meist auf Schadenfreude gegründeten Witz erzählen konnten. Der leichteren Verständlichkeit halber nahmen diese ›comic strips‹ die wenigen zum Verständnis benötigten Dialogzeilen ins Bild hinein und ordneten die in runde Sprechblasen eingefassten Sätze mittels kleiner Pfeile (sog. Ventile) ihren Sprechern zu. – Formal ist damit bereits der C. geboren, doch kann vom C. im engeren Sinne erst gesprochen werden, wenn das neue Medium seiner Eigenständigkeit gewahr wird und die ihm gegebenen Möglichkeiten konsequent nutzt, wenn also ein Bewusstsein entsteht für die comicspezifische Einheit von Text und Bild. Aus dieser Einheit entspringen sowohl alle Möglichkeiten einer graphischen Ausgestaltung von Text und Lautgebung als auch die noch weit wichtigeren Möglichkeiten einer bildübergreifenden Seitenarchitektonik. A. Platthaus setzt daher mit einigem Recht die ›Erfindung des C.s‹ bei G. Herrimans *Krazy Kat* an. Diese 1910 zunächst als Randzeichnung in einem biederen Familienstrip konzipierte Endlosjagd einer bösartigen Maus auf eine ewig duldsame Katze wurde schnell zu einer selbständigen Serie von überragender Popularität. Herriman hat während seiner über dreißigjährigen Arbeit an *Krazy Kat* fast alle graphischen und erzählerischen Finessen vorgezeichnet, die die spätere Entwicklung des C.s herausbilden sollte. V. a. unter Intellektuellen beiderseits des Atlantiks erfreute sich *Krazy Kat* größter Beliebtheit: E. E. Cummings, G. Stein, J. Joyce und P. Picasso zählten zu ihren Lesern.

Zum Verständnis der weiteren Geschichte des Mediums gilt es jedoch, neben diesem Ursprungsmoment auch den bedeutenden Einfluss des Films auf den C. zu berücksichtigen. Schon sehr bald wurde im C. die Möglichkeit erkannt, Filmerfahrungen graphisch für jedermann reproduzierbar zu gestalten und zugleich optische Sensationen zu bieten, zu deren Umsetzung der Film nur schwer in der Lage war. – Einen wesentlichen Schritt zur Symbiose von Film und C. leistete hier der Zeichentrickfilm. Bahnbrechend wirkte v. a. Walt Disney: Er vermarktete fast all seine erfolgreichen Figuren nahezu zeitgleich in beiden Medien und war stets auf die völlige graphische wie ›charakterliche‹ Identität seiner Figuren in Film und C. bedacht. Gegenüber der stets perfekteren Illusion des Films bot der C. den Vorteil einer weit größeren Konzentration auf optische Feinheiten. Außerdem konnten im C. Figuren und Handlungsmuster kostengünstig von einer Einzelperson erstellt und am Publikum getestet werden, ehe sie dem Film anvertraut wurden. So erweist sich der C. einerseits als das ärmere, auf billige Nachreproduktion des Kinoerlebnisses ausgerichtete Medium, andererseits steckt eben in seiner Armut die Möglichkeit zu einer künstlerischen Innovationskraft, der das Kino dankbar nacharbeitet.

Doch nicht nur der Zeichentrickfilm ist für die Genese des C.s unerlässlich, sondern auch die massenwirksamen Tricks der Monster- und Abenteuerfilme aus der B-Produktion der aufstrebenden Traumfabrik. Schnell erkannten C.-Macher hier ihre Chance, schrecklichere Monster und mächtigere Helden zu schaffen, als im Film möglich. 1931 begann H. Foster erstmals, seine »Tarzan«-Comics in Fortsetzungsstrips zu veröffentlichen. Wenige Jahre später schon erschienen solche im Zeichenstil eher realitätsorientierten Abenteuerstrips nicht nur als Fortsetzungsgeschichten in Zeitungen, sondern auch als Hefte, die dann später zu ganzen Abenteuerbüchern gebündelt wurden. Schnell überboten sich die zwei größten

Hefteverleger, »Marvel« und »DC«, mit immer phantastischeren Superhelden, die bald nicht nur einzeln, sondern auch in diversen Kampfgemeinschaften gegen das Böse zu Felde zogen. »Superman« (erfunden 1938 von J. Siegel und J. Shuster) und »Batman« (erfunden 1939 von B. Kane) sind wohl die bekanntesten Superhelden jener Zeit, da neuere C.-Künstler (wie etwa F. Miller) ihnen in den 80er Jahren ein zeitgemäß selbstreflexives Image verliehen und weil das Kino dieser Erneuerung mit aktuellen Verfilmungen entsprochen hat. In der Hochzeit der v. a. vom Zeichner J. Kirby und Texter S. Lee getragenen Superheldencomics waren jedoch Figuren wie Captain America, Captain Marvel, Flash Gordon, Thor oder »The Fabulous Fore« zeitweilig weitaus beliebter. Während des Zweiten Weltkrieges richtet sich der Einsatz dieser Helden vornehmlich gegen Hitlerdeutschland, während Disney Mickey Mouse gegen Japan streiten ließ. Hier setzte eine Politisierung des C.s ein, die nach dem Krieg v. a. von links orientierten Undergroundkünstlern in teilweise hoch pornographischen C.-Satiren fortgeführt wurde. – Im amerikan. C. hat sich ein Medium entwickelt, das dank seiner massenhaften Verbreitung klassenübergreifend politische und künstlerische Botschaften übermitteln kann, dass aber dank eben dieser Eigenschaften auch einerseits zur hemmungslosen Angleichung an den Mainstream neigt, zum anderen als billiges Trägermedium für die extremen Pornographie- und Gewaltphantasien interessierter Randgruppen herhalten muss. Der C. erweist sich somit als zweifacher Vermittler, indem er sowohl künstlerische Avantgarde mit kommerzieller Massenunterhaltung als auch gesellschaftliche Randpositionen mit anerkanntem Mainstream zu verklammern weiß. In dieser Vermittlerposition besteht die entscheidende Bedeutung des amerikan. C.s für die Kultur der Gegenwart.

In Europa sind diese Vermittlungsfunktionen des C.s weitgehend in den Hintergrund getreten zugunsten von künstlerischer Qualität. Stand auch die europäische C.-Entwicklung zunächst unter amerikan. Vorzeichen, so waren die Zeichner hier durch das Verbot amerikan. C.s während des Krieges gezwungen, eigene Wege zu gehen. V. a. der Belgier G. P. Remi konnte unter dem Namen Hergé mit seinen »Tintin«-Abenteuern (= Tim und Struppi) Maßstäbe setzen. Anders als in Amerika fand der Zeitungsstrip in Europa nie Verbreitung. Statt dessen entwickelten sich C.-Zeitschriften, die verschiedene Fortsetzungsgeschichten anboten, die dann nach Abschluss einer Erzählung jeweils in eigenen Alben erschienen. Die großformatigen, druckgraphisch aufwendig gestalteten Hardcover-Alben provozierten eine in Amerika undenkbare Perfektion in Linienführung und Farbgebung sowie einen ungleich dichteren dramaturgischen Aufbau der Gesamtgeschichte. Der von Hergé geprägte Stil der »ligne claire« sowie seine Verbindung eines vorwiegend heiteren Figurenarsenals mit einer durchgearbeiteten Abenteuerhandlung fanden v. a. in den Serien »Asterix« (von R. Goscinny und Uderzo) und »Lucky Luke« (Goscinny und Morris) ihre Fortsetzung. Ähnlich aber wie schon Hergés Tintin aus der Kinderbeilage *Petit Vingtième* hervorgegangen war, rückten auch *Asterix* und *Lucky Luke* den europäschen C. deutlich in die Nähe des Kinderbuchs. In Deutschland, Großbritannien und Spanien hat dieses Image lange Zeit eine ernst zu nehmende C.-Kultur verhindert. In Italien entwickelten sich dagegen zwar einige eng an Amerika orientierte Groschenheft-C.s, die mit einem stark erhöhten Anteil von Sex und Crime auf ein erwachsenes Leserpublikum zielten, insgesamt aber keine künstlerische Eigenständigkeit erreichten. Einzig in Belgien und Frankreich hat eine sehr konsequente Förderung durch die öffentliche Hand den Erwachsenen-C. als *neuvième art* zu einer eigenständigen Kunstform werden lassen. Mit H. Pratts *Corto Maltese* erlangte die C. erstmals in Umfang und erzählerischer Komplexität »Romanformat«. J. Tardis hochentwickelter Graustufen-Stil machte den politisch engagierten Kunst-C. populär. (Diese Tradition wurde u. a. fortgesetzt von J. Kubert, E. Bilal und Baru.)

Die ausgeprägten künstlerischen und politischen Ambitionen der franco-belgischen C.-Szene haben inzwischen auch in anderen europäischen Ländern hoffnungsvolle Ansätze einer eigenständigen C.-Kultur ermutigt und vorbildhaft auf die amerikan. Szene zurückgewirkt. Zum wichtigsten Organ amerikan. C.-Autoren nach frz. Vorbild wurde das von Art Spiegelman herausgegebene Magazin *RAW* (dort erschien auch Spiegelmans verstörender Holocaust-C. *Maus*).

Lit.: A. Platthaus, Im Comic vereint. Eine Geschichte der Bildgeschichte (1998). – R. C. Harvey, The Art of the Comic (1996). – P. Gaumier/C. Moliterni, Dictionaire Mondial de la Bande Dessinée (1994).

W. K.

Computer. Urspr. engl. Bezeichnung für einen menschlichen oder maschinellen Rechner. Heute wird die Bezeichnung ausschließlich für programmgesteuerte, elektronische, digitale Rechenanlagen verwandt. – Im Gegensatz zu (mechanischen) Rechenmaschinen können C. unterschiedliche Aufgaben nach Maßgabe der geladenen Programme wahrnehmen. Der C. nimmt Berechnungen numerischer Daten oder eine Auswertung und Verarbeitung von Informationen vor. Jeder C. besteht aus den Grundelementen Zentraleinheit (CPU), Speicher (z. B. Festplatte), Eingabeeinheit (z. B. Tastatur) und Ausgabeeinheit (z. B. Bildschirm und Drucker). Zentrale Bauteile der CPU sind der Prozessor, der die eigentliche Verarbeitung der Informationen vornimmt, und der Arbeitsspeicher (RAM). Beide Komponenten zusammen werden in der Regel für die Bestimmung der Leistungsfähigkeit eines C.s herangezogen. Die Gesamtheit der Grundelemente wird unter dem Begriff Hardware zusammengefasst. Die sog. Software umfasst neben den Programmen für die unterschiedlichen Einsatzzwecke v.a. auch das Betriebssystem.

Sieht man von der Traditionslinie der Rechenmaschinen als Vorläufer der heutigen C. ab (zu nennen wären hier v.a. B. Pascal und G.W. Leibniz), so geht die erste vollständige Beschreibung eines C.s auf Ch. Babbage zurück. Die von ihm beschriebene ›analytical engine‹ (1844) enthielt bereits alle genannten Grundelemente. Als Eingabemedium für diesen mechanischen C. sollten Lochkarten dienen, wie sie von J.M. Jacquard zur Steuerung von Webstühlen entwickelt worden waren. Die Grundprinzipien zur Steuerung der Verarbeitungsprozesse (Programmierung) wurden dann aber erst von seiner Lebensgefährtin A. Byron, Lady Lovelace beschrieben. Sie entwickelte wesentliche Grundelemente der Programmierung wie die Programmschleife (*loop*) oder den bedingten Sprung (*conditional jump*). – Der erste digitale C., d.h. der erste C., der mit dem ↗ Binären Zahlensystem arbeitete, war der 1936 von K. Zuse gebaute (mechanische) Z1. Der erste vollelektronische Rechner, der ein (später widerrufenes) Patent erhielt, war 1945 der ENIAC (Electronic Numerical Integrator And Computer). Als erster elektronischer C. wird heute der unter der Führung von A. Turing entwickelte C. Colossus angesehen, der seit Ende 1943 bei der Decodierung von militärischen Nachrichten zum Einsatz kam. Allerdings wurde erst bei dem Nachfolger des ENIAC die auch heute noch zum Einsatz kommende Rechnerarchitektur eingesetzt, die – basierend auf den theoretischen Arbeiten von J. v.

Neumann – zu verarbeitende Informationen und die Instruktionen zur Verarbeitung (Befehle) gleichermaßen in den Arbeitsspeicher lädt.

Die Entwicklung der C. ist in der Folgezeit geprägt durch die Prinzipien: Verkleinerung der Bauteile, Steigerung der Arbeitsgeschwindigkeit und der Speicherkapazitäten bei gleichzeitiger Reduzierung der Kosten. Bei den elektronischen Bauteilen wurden die Vakuum-Röhren der ersten Generation durch Transistoren und in der Folge durch Integrierte Schaltkreise (IC) abgelöst. Bei den Speichermedien wurden die Lochkarten durch Magnetbänder und Disketten abgelöst. Festplatten und optische Speichermedien (↗ CD-ROM) bestimmen heute den Markt der Permanentspeicher. Zu den ›klassischen‹ Eingabemedien Tastatur und Lochkartenleser sind heute der Scanner (zur Erfassung von Graphiken und Bildern), die Maus und die Netzwerkkarte bzw. das Modem hinzugetreten. Die Letzteren erlauben die Übertragung von Daten direkt von und zu anderen C.n über Netzwerke (↗ Internet). Die Palette der Ausgabemedien wurde – neben Bildschirm und Drucker – um die Diskette, die beschreibbaren optischen Datenspeicher (CD) und ebenfalls um die direkte Verbindung zu anderen C.n über Modem und Netzwerkkarte erweitert.

In den Anfangsjahren stellte jeder neue C. ein Unikat dar. Mit zunehmendem Bedarf wurden C. erst in Serie produziert und später auch die Programme zur Steuerung der Grundfunktionen, die Betriebssysteme, normiert. Auf unterschiedlichen Rechnern konnten so die gleichen Programme ausgeführt werden. Mussten die Befehle zur Ausführung der Operationen anfangs noch im Maschinencode formuliert werden, so wurden für diese Aufgabe im Laufe der Jahre nach ›Generationen‹ unterschiedene, immer abstraktere Programmiersprachen entwickelt, die die in einer festgelegten Syntax formulierten Verarbeitungsprozeduren in für die Maschine verständliche Anweisungen umwandeln.

War der Einsatz der C. bis Ende der 70er Jahre auf den militärischen, den wissenschaftlichen Bereich und wenige Großkunden wie beispielsweise Banken und Versicherungen beschränkt, so leitete die Entwicklung des PCs (Personal Computer) Anfang der 80er Jahre eine Revolution ein: Rechenleistung wurde individuell zur Verfügung gestellt. Mit der sukzessiven Einführung der C. in der Bürokommunikation begann ein tiefgreifender Wandel der Arbeitswelt. Über Jahrhunderte eingespielte arbeitsteilige Produktionsabläufe beispielsweise bei der Produktion von Büchern und Zeitungen wurden verändert, ganze Berufsgruppen wurden z. T. wegrationalisiert. Neben den Einsatzfeldern in der Berufswelt stand von Anfang an aber auch der Einsatz zu Spielzwecken. Die treibende Kraft dieses Anwendungsgebietes für die Entwicklung insbes. der graphischen Fähigkeiten darf dabei keineswegs unterschätzt werden. Heute sind es die Hardware-Anforderungen der jeweils neuesten Spiele, die in vielen Haushalten die Kriterien für den C.-Kauf bestimmen. Im privaten Bereich dominieren derzeit die Einsatzfelder ›C. als Spielinstrument‹ und ›C. als Schreibinstrument‹. Darüber hinaus ist der Einsatz von C.-Technologie aus kaum einem Bereich des alltäglichen Lebens und der Arbeitswelt mehr wegzudenken. Insbes. die Öffnung des weltweiten C.-Netzes für die Öffentlichkeit durch die Einführung des World Wide Web (WWW) im Internet führte zu einer breiten Zunahme der PCs in den Privathaushalten und zur Etablierung einer computerbasierten Informations- und Kommunikationsplattform.

Lit.: N. Bolz/F. Kittler/C. Tholen (Hg.), Computer als Medium (1999).

M. K.

Cultural Studies (dt. ›Kulturstudien‹, nicht ↗›Kulturwissenschaft‹ im Sinne einer eigenständigen Disziplin), Ober-/Sammelbegriff für die multi- bzw. interdisziplinäre Analyse kultureller Fragestellungen. – Der Begriff wurde zuerst in Großbritannien zur Kennzeichnung der Arbeiten von R. Hoggart und v. a. R. Williams verwendet, die die aus der Literaturkritik hervorgegangene britische Tradition der ↗Kulturkritik fortsetzten, erweiterten und durch eine Demokratisierung des Kulturverständnisses (statt um die eine sog. hohe Kultur ging es ihnen um die Vielfalt der Kulturen innerhalb der britischen Gesellschaft) neu akzentuierten. Dieser Perspektivenwechsel war v. a. den gesellschaftlichen Umstrukturierungen in Großbritannien nach dem Zweiten Weltkrieg geschuldet, bei denen soziale (Ausbau des *welfare state*, ›Verbürgerlichung‹ der Arbeiterklasse), politische (mehrere *Labour*-Regierungen, ›Niedergang‹ des *Empire*) und kulturelle Faktoren (fortschreitende Egalisierung der Bildungschancen, Akzeptanzprobleme einer ›multikulturellen‹ Gesellschaft) interagierten. Von entscheidender Bedeutung für die Entwicklung und Institutionalisierung der C. St. waren zum einen sog. Gründertexte (wie Hoggarts *The Uses of Literacy*, 1957; Williams' *Culture and Society 1780–1850*, 1958, und *The Long Revolution*, 1961, sowie E. P. Thompsons *The Making of the English Working-Class*, 1963), die sich um ein Verstehen der genannten gesellschaftlichen Veränderungen bemühten, zum anderen das 1964 von Hoggart gegründete Centre for Contemporary Cultural Studies (CCCS) an der Universität Birmingham, an dem konkrete Fragestellungen theoretisch und empirisch untersucht werden sollten. Unter Hoggarts Leitung konzentrierte sich die Arbeit des CCCS zunächst auf literatur- und kultursoziologische Probleme im engeren Sinne; unter dem Direktorat von S. Hall (1968–1979) kamen Arbeiten zur Medien- und Ideologietheorie, zur populären (↗Popkultur) und zur Arbeiterkultur, zu jugendlichen ↗Subkulturen und zu feministischen Fragestellungen hinzu. Diese Untersuchungen waren verschiedenen theoretischen Ansätzen verpflichtet: Neben dem von Williams entwickelten Cultural Materialism war die Rezeption des Strukturalismus, des Marxismus und der Kritischen Theorie, deren Schlüsseltexte in den späten 60er und frühen 70er Jahren zum ersten Mal (zumeist in der *New Left Review*) in engl. Übersetzung erschienen, von entscheidendem Einfluss. Anfang der 80er Jahre kam ›the moment of autonomy‹ (S. Hall), d.h. die relative geistige Unabhängigkeit der C. St. vom CCCS: Aufgrund steigender Nachfrage wurden (trotz grundsätzlicher Kürzungen im Bildungsbereich) vermehrt C. St.-Studiengänge mit unterschiedlichen Profilen und entsprechenden Stellen (zunächst an Fachhochschulen, dann an Universitäten) geschaffen. Parallel dazu setzte eine intensive Rezeption der C. St. in den USA, aber auch in Australien und Europa (v.a. Deutschland, Italien) ein. – Vor diesem Hintergrund werden die vielfältigen theoretischen Entwicklungen und praktischen Untersuchungen der C. St. deutlich: (a) Der idealistisch beschränkte Kulturbegriff wurde um die dokumentarische und die anthropologische Dimension erweitert und eine Neubestimmung der analytischen Perspektive wurde vorgenommen. (b) Eine partielle Konvergenz des anthropologischen und semiotischen Kulturverständnisses bewirkte, dass die *signifying processes*, über und durch die eine Gesellschaft sich erkundet, erfährt und verständigt, nicht als zusätzliche (lediglich abgeleitete oder reflektierende) Momente, sondern als konstitutive Bestandteile des gesellschaftlichen Systems betrachtet wurden. (c) Das komplexe Verhältnis von Kultur und ↗Ideologie wurde in dem Sinne neu bestimmt, dass sich Kultur eher auf die alltäglich gelebten Praxen einer Gruppe, Ideologie dagegen auf die Art und Weise, wie sie diese darstellt, bezieht. Kultur und Ideologie sind, da sie auf eine bestimmte Weise zur Repräsentation kommen müssen, materieller Natur; beide können nicht einfach ihren jeweiligen Gruppen zugerechnet werden, sondern sind umstrittene Größen, die ständig neu (de/re)konstruiert werden müssen. (d) Die Basis-Überbau-Hypothese der Marxistischen Literaturtheorie wurde durch ein komplexeres Verständnis von Gesellschaft als einer ›structure in dominance‹ (L. Althusser) abgelöst, deren Elemente als autonom und in widersprüchlicher, asymmetrischer Beziehung zueinander stehend zu begreifen sind. Eines dieser Elemente dominiert, aber keineswegs permanent: Welches Element wie lange dominiert, hängt von der komplexen Konstellation aller Widersprüche auf allen gesellschaftlichen Ebenen ab. Von entscheidender Bedeutung ist hierbei das Element der Hegemonie (A. Gramsci): Wenn eine Gruppe (allein oder in Verbindung mit anderen) in einer Gesellschaft herrschen will, so kann sie dies durch die Ausübung physischer Gewalt tun oder dadurch, dass sie (durch geeignete Überredungs- bzw. Überzeugungsprozesse, bei denen Intellektuelle im weiteren Sinne eine wichtige Rolle spielen) die Zustimmung der beherrschten Gruppen erlangt. Diese Zustimmung ist jedoch immer umstritten; sie kann einer Gruppierung verlorengehen und von einer anderen erobert werden. (e) Das semiotische Verständnis von Kultur durchlief verschiedene Phasen: Wo die am Strukturalismus orientierten Theorien von einem relativ stabilen Zusammenhang zwischen Signifikanten und Signifikaten ausgingen, mussten sich die poststrukturalistischen Ansätzen verpflichteten Ansätze mit dem ›Gleiten des Signifikats unter den Signifikanten‹, d.h. der grundsätzlichen Instabilität dieser Beziehung auseinandersetzen. Diskurstheoretische Überlegungen (im Anschluss an M. Foucault) haben dann weniger den Aspekt der Bedeutung als den der Wissensproduktion und seine Verbindung zu gesellschaftlichen Machtstrukturen betont. – Wenngleich C. St. erst eine Disziplin *in statu nascendi* sind, so ist die wissenschaftliche Literatur bereits kaum mehr überschaubar. Nachdem in Deutschland zunächst nur die Studien zu jugendlichen Subkulturen rezipiert wurden, haben sich in den letzten Jahren v. a. Anglistik, Germanistik und Soziologie zunehmend kulturwissenschaftlichen Fragestellungen, und damit auch den C. St., geöffnet.

Lit.: J. Kramer, British Cultural Studies (1997). – Ch. Lutter/M. Reisenleitner, Cultural Studies: Eine Einf. (1998). – R. Bromley u. a. (Hg.), Cultural Studies: Grundlagentexte zur Einführung (1999). – J. Engelmann (Hg.), Die kleinen Unterschiede. Der Cultural Studies-Reader (1999). – K. H. Hörning/R. Winter (Hg.), Widerspenstige Kulturen. Cultural Studies als Herausforderung (1999).

J.Kr.

Cyberspace (Kunstwort aus engl. ›cybernetics‹ und ›space‹). Die Bezeichnung C. geht auf W. Gibson zurück, der den Begriff 1984 in seinem Science-Fiction-Roman *Neuromancer* erstmals verwendete. In einem strengen Sinn wird damit eine künstliche Umgebung bezeichnet, die im ↗Computer generiert wird. Damit verbunden ist das Abtauchen der menschlichen Sinnesempfindungen in eine künstliche Umgebung, wobei die entsprechenden Reize vom Computer erzeugt und dem Gehirn mehr oder weniger direkt zugeführt werden. Diese Vorstellung einer direkten neuronalen Verbindung zu elektronischen Datenwelten wird seitdem in SF-Romanen verschiedener Autoren weiterentwickelt. Eng verknüpft mit dieser Vorstellung sind die Bestre-bungen zur Schaffung computergenerierter ↗›Virtueller Realität‹ (VR). Damit wird eine ›Realität‹ bezeichnet, mit der ein oder mehrere Anwender in die Lage versetzt werden, sich in dieser simulierten Welt umzusehen, sich dort zu bewegen und auf diese virtuelle Umwelt zu reagieren. Virtuelle Welten werden auf der Grundlage mathematischer Modelle berechnet und mittels spezieller ›devices‹ dargestellt. Diese Schnittstellen zur virtuellen Welt simulieren optische und haptische Repräsentanzen von Gegenständen und stellen gleichzeig Werkzeuge dar, mit denen der ›Datenreisende‹ diese virtuellen Gegenstände begreifen und teilweise auch verändern kann. Diese ›natürliche‹ Art der Interaktion und die Möglichkeiten, sich im simulierten Raum durch Bewegungen zu orientieren, vermitteln das Gefühl, in eine Welt von eigener Qualität einzutauchen. Als Darstellungs- und Steuerungsmedium für optische Reize dient ein sog. Head-Mounted Display (HMD), das einerseits eine dreidimensionale Darstellung durch zwei einzeln angesteuerte Bildschirmanzeigen vor jedem Auge ermöglicht und andererseits durch in einen Helm integrierte Sensoren Kopfbewegungen und Veränderungen der Blickrichtung registriert und an die angeschlossenen Rechner als Basis für die Berechnung neuer Raumdarstellungen leitet. Grundlage für die Darstellung ist in jedem Fall ein Datenmodell, das sich sowohl an der dreidimensionalen Realität orientieren (z. B. Anwendungen in der Architektur, Darstellungen von Museen, von Körperwelten) als auch frei wählbare dreidimensionale Repräsentanzen von Datenbeständen umfassen kann. Die Darstellung von akustischen Ereignissen in dreidimensionalen Räumen bereitet beim heutigen Stand der Technik keine besonderen Schwierigkeiten, während insbes. die Vermittlung sensibler haptischer Reize noch auf Schwierigkeiten stößt. Versuche mit Daten-Handschuhen und Ganzkörper-Datenanzügen haben hier nur zu begrenzten Erfolgen geführt. Insgesamt lassen die derzeit zur Verfügung stehenden Rechenleistungen immer noch nur begrenzte Datenmodelle und deren Umsetzung in differenzierte Darstellungsformen in allen Bereichen der Sinne zu. Virtuelle Welten sind damit zwar als Darstellungsform für komplexe Informationsstrukturen von Interesse, die durch den Begriff C. angesprochene neue Form des unmittelbaren und unbegrenzten Navigierens wird derzeit aber noch nicht erreicht, auch wenn z. T. die scheinbar unbegrenzten Weiten des World Wide Web als Analogon angesehen werden.

Lit.: H. Rheingold, Virtuelle Welten. Reisen im Cyberspace (1992). – M. Faßler/W. R. Halbach (Hg.), Cyberspace. Gemeinschaften, Virtuelle Kolonien, Öffentlichkeiten (1994).

M. K.

Cyborg (Kunstwort aus engl. ›cybernetics‹ und ›organism‹), vom Luftfahrtingenieur M. Clynes 1960 geprägter Begriff für einen Menschen, dessen Organismus mit kybernetischen Geräten kombiniert ist (↗ Kybernetik). Die engere Bestimmung besagt, dass die Geräte in den Organismus integriert sind (prominentes Gerät: der Herzschrittmacher), in einem weiteren Sinn lassen sich auch diejenigen als C. beschreiben, die kybernetische Geräte nutzen wie beispielsweise Automobilisten oder Netzsurfer. Als wissenschaftliches Projekt wird die Cyborgisierung des Menschen durch die Robotik (Rekonstruktion der menschlichen Physis) und die ↗ Künstliche Intelligenz (Rekonstruktion des menschlichen Geistes) vorangetrieben. Zwar hat sich die in die Computertechnik gesetzte Erwartung der 60er Jahre, den Menschen vollständig berechnen und nachbauen zu können (vgl. die Prognosen von M. Minsky, H. Moravec), als Illusion erwiesen. Aber der posthumanistische Traum, dass der

Mensch seine physischen und mentalen Grenzen überwinde – für J. Weizenbaum, Kritiker dieser Vision im Gegenteil ein Alptraum –, wirkt weiter: In den 90er Jahren verspricht man sich insbes. von der ↗ Gentechnologie Fortschritte. – Die Figur ›Frankenstein‹ der romantischen Schriftstellerin M. W. Shelley, 1910 verfilmt, wird zum Vorläufer der C.-Phantasie im 20. Jh. K. Čapek prägt nach dem Ersten Weltkrieg den Begriff ›robot‹ für die Vorstellung der intelligenten Arbeitsmaschine und initiiert in Opposition zum Futurismus eine technikkritische Reflexion, die das neue Medium Film (z. B. *Metropolis*, 1927 und *Modern Times*, 1936) übernimmt. Der Science-Fiction-Autor I. Asimov propagiert seit den 40er Jahren gegen die Vorstellung des bösen diejenige des besseren, weil durch keine Triebstruktur belasteten Maschinenmenschen. S. Lem warnt hingegen davor, die Grenze von Fiktion und Wirklichkeit (z. B. die Wirklichkeit der technischen Möglichkeiten der Cyborgisierung) zu verwischen. Die amerikan. Filmindustrie spinnt die Vorstellung des C. mit den Filmen *Star Wars* (1977), *Blade Runner* (1982), *Terminator* (1984) und *RoboCop* (1987) weiter. In Japan wird der C. zu einer zentralen Figur des ↗ Comics. – Für den ↗ Feminismus wird der C. durch das ›Manifest für C.s‹ (1985) der Wissenschaftshistorikerin D. Haraway wichtig. Diese deutet den C. als emanzipatorische Metapher für die ↗ Postmoderne, in welcher der abendländische Mythos des mit sich selbst identischen und autonomen Mannes durch die Technikabhängigkeit der menschlichen Existenz untergraben wird. Der australische Performance-Künstler Stelarc nimmt den Begriff C. wörtlich und experimentiert seit den 60er Jahren, indem er seinen Körper mit technischen Geräten kombiniert, die er in den 90er Jahren auch mit dem Internet vernetzt. Die jüngsten C.-Wesen, die Netzsurferinnen und Surfer, bewegen sich mittels des ↗ Computers in der ↗ virtuellen Realität des ↗ Cyberspace und kommunizieren via Netz. Sh. Turkle untersucht diese Online-Existenz 1995 wissenschaftlich. W. Gibsons Roman *Neuromancer* (1984) wird zum Kultbuch der virtuellen C.-Gemeinde. Die Künstlergruppe »Etoy« (www.etoy.com) inszeniert die Doppelexistenz von realem und virtuellem C.-Leben.

Lit.: Ch. Hables u. a. (Hg.), The Cyborg Handbook (1995). – S. Turkle, Life on the Screen (1995).

V. H.

Dekonstruktion, bezeichnet eine Verschiebung, Entstellung und Subversion der Autorität von Seins-Bestimmungen und entzieht sich insofern jeder einfachen Definition. Sie lässt sich vereinfacht beschreiben als Praxis des Denkens und Lesens: Indem in einer detaillierten Lektüre herausgearbeitet wird, wie ein Phänomen, ein System, eine Theorie oder eine Philosophie konstruiert ist, treten innerhalb derselben die nicht weiter begründeten und begründbaren Mechanismen der Ausgrenzung und Hierarchisierung hervor, durch die sich ein bestimmtes Subjekt und eine bestimmte Art des ↗ Diskurses über alle anderen erheben konnte. Es geht dabei, pauschal gesagt, darum, zu zeigen, wie sich in der Tradition des abendländischen Denkens von Sokrates bis in die Gegenwart die Dominanz eines Subjekts herausgebildet hat, das dadurch gekennzeichnet ist, dass es männlich ist, sprechen kann, Fleisch isst und eine Logik vertritt, die auf dem Prinzip der Widerspruchsfreiheit aufbaut. Die Auflösung und Erschütterung der Konstruktionen und Ordnungen durch die D. zielt in jedem Fall darauf ab, dasjenige sichtbar werden und zu Wort kommen zu lassen, was im überlieferten Diskurs keinen Ausdruck zu finden vermochte. – Der Begriff D. taucht in der philosophischen Diskussion vermutlich erstmals in den 60er Jahren auf, wurde lange v. a. mit den Namen J. Derrida und P. de Man verbunden und bezeichnet heute unterschiedliche Richtungen literaturkritischer, philosophischer, architektonischer, literarischer und künstlerischer Arbeit. Als frz. und US-amerikan. Neologismus (*déconstruction* = Zerlegung, *deconstruction* = Entkonstruierung) zitierte und variierte der Begriff anfangs M. Heideggers »Destruktion« (lat. *destructio* = Widerlegung) der Metaphysik. Wie Heidegger markierten auch Derrida und de Man mit Hilfe eines Neologismus zugleich den Einschnitt, den die eigene Praxis des Denkens in der Geschichte der Philosophie und der Wissenschaften bedeutet, wie auch die Unmöglichkeit, aus dieser Geschichte einfach auszusteigen. Die D. tritt häufig als Relektüre der philosophischen, humanwissenschaftlichen, literarischen und kulturellen Tradition der ↗ Moderne auf. Sie demonstriert dabei, inwiefern Texte, die selbst den Anspruch erheben, mit alten metaphysischen Traditionen zu brechen, an diesem Vorhaben scheitern. Derrida versucht etwa zu zeigen, inwiefern S. Freud, K. Marx, F. Nietzsche, F. de Saussure und Heidegger den von ihnen kritisierten Traditionen verhaftet bleiben. Er entfaltet die These, dass dies nicht auf Absicht, Ungeschicklichkeit oder Zufall zurückgeführt werden kann, sondern vielmehr unausweichlich ist. Denn jeder Text stützt sich auf einen Rahmen und bewirkt dadurch eine Ausgrenzung, die dasjenige, was in ihm geschieht und von ihm kontrolliert wird, auf eine selbst unkontrollierbare Weise ent-grenzt. P. de Man ist um den Nachweis bemüht, dass die D. lange vor dem Begriff bereits in literarischen bzw. literarisch verfassten Texten am Werk ist. So lenkt er das Augenmerk auf die rhetorische Subversion des Ästhetischen, speziell im späten 18. und frühen 19. Jh. bei J. J. Rousseau, I. Kant, G. W. F. Hegel, H. v. Kleist und F. Schlegel, aber auch bei W. Wordsworth, P. B. Shelley,

R. M. Rilke oder W. Benjamin. Bes. hebt er dabei die zeitliche und räumliche Defigurierung hervor, die durch Allegorie und Ironie bewirkt wird. – Während die D. anfangs, in den 60er Jahren, nicht mehr als ein Randphänomen von Philosophie und Literaturwissenschaft war, hat sie mittlerweile nachhaltige Wirkung in Architektur, Theater, Ballett, Literatur und Bildender Kunst hinterlassen. Die Fassaden- und Flächengestaltung der neoexpressiven Museumsbauten D. Libeskinds bringt z. B. die Kritik an einer ihrer eigenen Irrationalität nicht mehr bewussten Rationalität zum Ausdruck und stellt sie in die Kontinuität der zweckrational organisierten Massenvernichtung; R. Wilson wendet sich im Theater gegen die Privilegierung des literarischen Textes auf Kosten aller anderen Elemente der Darstellung (Geräusche, Gesten, Bewegung, Licht, Farbe); W. Forsythe zerlegt die Konventionen des tradierten Tanztheaters; H. Müller zitiert in literarischen Texten wie *Verkommenes Ufer Medeamaterial Landschaft mit Argonauten* die Privilegierung von Einheit, Identität und Männlichkeit und weist auf die Selbstermächtigung hin, die noch in der Kritik des Zitierten liegt; Konzeptkünstler heben die Eigenmächtigkeit des Materials hervor, mit dem sich das Kunstwerk in Szene setzt. – In Deutschland wurde die D. lange Zeit v. a. als Infragestellung einer Hermeneutik rezipiert, die im Durchgang durch den hermeneutischen Zirkel einen verlorenen Sinn *re*konstruieren möchte: Insofern Verstehen einer Norm und eines Maßstabes bedarf, ist es auf ein *tertium comparationis* angewiesen. D. und traditionelle Hermeneutik unterscheiden sich darin, dass Erstere davon ausgeht, dass dieses Dritte niemals anwesend ist. Wäre es anwesend, reduzierte sich das Verstehen auf ein mechanisches Anwenden von Regeln. Es wäre zwar möglich, aber überflüssig. Als abwesendes Anderes durchkreuzt das Dritte andererseits immer

wieder von neuem die Illusion restlosen Verstehens: Es ist unmöglich, bleibt aber notwendig. Insofern das Andere oder Dritte nicht bekannt ist, stellt es Kommunikation, objektives Wissen, Identität und jede darauf basierende Vorstellung eines Gemeinwesens permanent in Frage. Die fortgesetzte Polemik von J. Habermas gegen die D. und N. Luhmanns Versuch ihrer Domestizierung im Rahmen seiner ↗ Systemtheorie zeugen gleichermaßen davon, dass die Sozialwissenschaften die – für sie inakzeptable – Zumutung der D. begriffen haben. In neueren Arbeiten J. L. Nancys, Ph. Lacoue-Labarthes, W. Hamachers, S. Webers, G. Agambens u. a. steht häufig die Frage im Mittelpunkt, welche Konsequenzen die Aporien und Paradoxien der Sprachlichkeit, die in den Untersuchungen der D. aufgetaucht sind, für die Beantwortung klassischer Fragen der ↗ Ethik und der politischen Theorie haben. – In Derridas Arbeit der letzten Jahre manifestiert sich eine Art Kehrtwendung. Statt der immer weiter reichenden Zerlegung unhaltbarer Konstruktionen findet sich jetzt häufig die Untersuchung dessen, was nicht »dekonstruierbar« ist: Derrida nennt etwa die »Gerechtigkeit«, die »Aufklärung«, die »Gastfreundschaft«, die »Gabe« und nicht zuletzt die D. selbst. Deutlicher als früher zeigt sich in seinen Arbeiten der 80er und 90er Jahre, dass die D. von Anfang an keineswegs jene nihilistische Spielerei mit Werten und Zielen der Moderne war, als die sie ihre Gegner gerne diffamierten. Sie erscheint jetzt vielmehr als Versuch, vor dem Hintergrund der Katastrophen dieses Jahrhunderts ein Denken bzw. eine Ethik des Anderen zu begründen, das dieses nicht in Gestalt seiner Konzeptualisierung vernichtet, ihm vielmehr in einer auf Asymmetrie angelegten Theorie der Gerechtigkeit eine jede bestehende Ordnung erschütternde Andersheit erhält. Dieses Denken stellt Derrida und die D. in nächste Nähe zu E. Levinas sowie zu den späten Arbeiten Th. W. Adornos, aber auch zu den sprach- und politiktheoretischen Arbeiten W. Benjamins und den Frühschriften von K. Marx. Als grundlegende Erschütterung der Gewissheiten in Literaturwissenschaft und Philosophie stellt sich die D. heute als einer der radikalsten Versuche der christlich-abendländischen Tradition dar, auf dem Weg einer fortwährenden Trauerarbeit das Gedächtnis ihrer Opfer in ihre Überlieferung einzutragen.

Lit.: P. de Man, The Resistance to Theory (1989). – J. Derrida, Die Schrift und die Differenz (1967; dt. 1972). – W. Hamacher, Afformativ, Streik. In: C. L. Hart Nibbrig (Hg.), Was heißt »Darstellen«? (1994).

N. M.-Sch.

Denkmal, ein für das Andenken an eine Person oder ein Ereignis errichtetes bzw. geschaffenes architektonisches oder plastisches Werk. – Schon in der Antike wurden die meisten D.-Typen (Grabmäler, Triumphbögen, Kolossalstatuen etc.) entwickelt, die in Renaissance und Barock neu aufgegriffen wurden. Problematisch wurde der D.-Begriff im 19. Jh. aufgrund der Demokratisierung der Gesellschaft und der stärkeren Herausbildung der Kunst-Autonomie, die der symbolischen Zweckhaftigkeit des D.s im Kern widerspricht. Die Denkmäler des 19. Jh. waren ein Mittel zur Selbstlegitimation der entstehenden imperialistischen Nationalstaaten. Sie verfielen deshalb nach dem Ersten und verstärkt dem Zweiten Weltkrieg der ideologischen Delegitimierung und z. T. der vandalistischen Entsorgung, da sie sich als autonome Kunstwerke nicht behaupten konnten und ihre Formensprache zumeist einem epigonalen Klassizismus oder Neubarock verpflichtet war. Während in der Sowjetunion – abgesehen von wenigen Werken, die dem künstlerischen Erbe zugezählt wurden – die Denkmäler des Zarismus durch solche der Revolution (Leninstatuen u. Ä.) ersetzt wurden, die aber prinzipiell den gleichen Gestaltungsregeln folgten, führte die Delegitimation der Denkmäler des 19. Jh. in den westlichen Ländern (etwa in Frankreich oder der BRD) zu ihrer Umsetzung an weniger exponierte Standorte (etwa in Stadtparks), zu ihrer Reduktion (etwa durch Beseitigung von Sokkelbauten) oder zu ihrer vollständigen Beseitigung im Zuge von Stadtsanierung oder Wiederaufbau. An die Stelle des (meist symbolisch-naturalistischen) D.s trat die (oft abstrakte) ›Kunst im öffentlichen Raum‹, die jedoch bei der Bevölkerung häufig auf Ablehnung stieß. In den 50er Jahren wurde die zuvor von weiten Kreisen verfemte Abstrakte Kunst als Symbol der individualistischen Kunstauffassung der westlichen Welt in den Dienst des Kalten Krieges genommen (»Denkmal der Luftbrücke«, Westberlin, 1951). In der Regel erhielten jedoch abstrakte Denkmäler keine dominante Stelle im öffentlichen Raum und blieben wegen ihrer inhaltlichen Unverbindlichkeit und aus ästhetischen Gründen umstritten, während ältere Denkmäler, wenn sie den Krieg und die Sanierung überstanden hatten, im Zuge der Historisierung und wegen ihres Seltenheitswerts allmählich als schutzwürdig erkannt wurden. In der westlichen Welt entwickelte sich als neuer Typus das agitatorische D. auf Zeit (z. B. das gegen den österreichischen Bundespräsidenten Waldheim gerichtete Holzpferd A. Hrdlickas). In der BRD entstanden praktisch keine Denkmäler, die als Symbole nationaler Identität hätten aufgefasst werden können, während in der DDR dem Selbstverständnis dieses Staates entsprechende Denkmäler des sowjetischen Typus errichtet wurden. Nach der Vereinigung der beiden deutschen Staaten wurden die politisch umstrittensten (»D. der Betriebskampftruppen«, Ostberlin, 1983) oder örtlich exponiertesten (das

Lenin-D. von V. Tomski auf dem Ost-berliner Leninplatz) zerstört bzw. einge-lagert. Wo Denkmäler erhalten blieben, wurde das mit ästhetischen Argumen-ten begründet. Von der Zerstörung aus-genommen blieben die sowjetischen Ehrenfriedhöfe und -denkmäler in der DDR bzw. in Westberlin, deren Erhal-tung im deutsch-sowjetischen Staatsver-trag abgesichert ist. Die Schaffung von Orten und Denkmälern nationaler Identität und nationalen Gedenkens bleibt im vereinigten Deutschland pro-blematisch, wie die Umgestaltung der Neuen Wache in Berlin und die Dis-kussionen um das in Reichstagsnähe geplante Stelenfeld zum Gedenken an die ermordeten Juden Europas belegen.

Lit.: E. Mai/G. Schmirber, Denkmal – Zeichen – Monument (1989). – W. Grasskamp (Hg.), Unerwünschte Mo-numente. Moderne Kunst im Stadt-raum (1989). – D. Gamboni, Zerstörte Kunst. Bildersturm und Vandalismus im 20. Jh. (1998).

Ch. R.

Design (lat. designare = bezeichnen). Wie bei vielen Begriffen, die im Bann der ↗ Moderne entstanden, gilt auch für D., dass in Wissenschaft und Alltag kei-nerlei Übereinkunft darüber existiert, was D. eigentlich sei und wann es ent-stand. Historisch fahnden manche Kul-turwissenschaftler in den Anfängen der Industrialisierung nach dem Ursprung von D., da mit der entstehenden Ar-beitsteilung die einst handwerklich ganzheitliche Produktion zerfiel und so-mit die Verantwortung für Gestaltung hätte professionalisiert werden müssen. Allerdings finden sich bis zum Beginn des 20. Jh. für diese These nur wenige Anhaltspunkte, da die Industrie erst einmal lediglich tradierten Gestaltungs-vorgaben (aus Handwerk, Natur etc.) folgte oder einfach die neuen Techniken sich selbst überließ. Andere Forscher suchen den Ursprung von D. im engl. »arts & crafts movement« (J. Ruskin, W.

Morris u. a.). Allerdings speiste sich die-se Richtung spätromantisch aus einer Sehnsucht nach imaginiert mittelalter-licher und eben ganzheitlicher Produk-tionsweise und nach »kleinbürgerli-chem Sozialismus« (E. Bloch) und för-derte so lediglich die Verschrobenheit eines »Kunsthandwerks«, das mit D. nur wenig zu tun hat. Kenntlicher wird die Perspektive von D. erst in jener Auseinandersetzung (u. a. als Abwehr gegen das Mitte der 1880er Jahre in England als Warnung vor der schlechten Qualität deutscher Produkte geprägte »Made in Germany«) im 1907 gegrün-deten »Deutschen Werkbund«. Dort entstand ein Zwist zwischen den »Kunsthandwerkern« und jenen Pro-duktgestaltern, die zusammen mit der inzwischen etablierten Wirtschaft für die Massenproduktion arbeiten wollten. Dabei tat sich insbes. P. Behrens hervor, der – von Haus aus ein ornamentaler Jugendstil-Künstler – für die Gestaltung von Architektur, Graphik und Produk-ten der Allgemeinen Elektrizitätswerke (AEG) verantwortlich zeichnete, auf diese Weise als Erster die Komplexität von D. praktizierte und dokumentierte – und damit auch inmitten der Wider-sprüche kapitalistischer Wirtschaft han-delte. Der Durchbruch von D. gelang Ende der 20er Jahre in den USA, ge-wissermaßen als deklariertes Ende der »Herrschaft der Mechanik« und erst-mals im ausdrücklichen Interesse der Wirtschaft, sich aus einer Konsumkrise zu befreien. D. geriet so zu einem In-strument des Marketing, Produkten und Marken neues Ansehen zu ver-leihen und damit neue Märkte, auch modischen Verschleiß und eine Pro-duktvielfalt zu schaffen. Der wohl wich-tigste und erfolgreichste Protagonist dieses oft als »Styling« abgetanen D.s war R. Loewy, der unter anderem den »Frigidaire«-Kühlschrank, die Autos von »Oldsmobil«, den »Greyhound«-Bus und vieles andere entwarf und dar-über hinaus die Logos von z. B. »Shell«,

»co-op« und »Lucky Strike« aktualisierte. Er verstand D. als vielfältige Tätigkeit und entwickelte in seiner Arbeit (wie danach zahlreiche Designerinnen und Designer) diesseits von »Styling« eine Menge technischer und funktionaler Innovationen.

Mit der Frage nach der Geschichte verbindet sich zugleich die nach der Eigenart von D. Diese Frage betrifft im Grunde jede Art von Gestaltung, da D. alles vermittelt, sich überall einmischt und alle disziplinären Grenzen sprengt. In der Profession »D.« (die im Gegensatz zu z. B. Architektur nicht kameralistisch als Berufsbezeichnung geschützt ist) separiert man traditionell »Industrie-D.« (herkömmlich meint dies den Entwurf industrieller Produkte für die Massen-Distribution) und »Graphik-D.« (dies umfasst Layout und Typographie, also die Gestaltung von Schriften, Büchern, Plakaten und dgl.). Weitere D.-Bereiche sind u. a. »Public D.«, »Interface-D.«, »Medien-D.«, »Service-D.«, »Corporate Identity«, »Interior D.«, »D.-Management«. Bezeichnungen wie »Service-D.« oder auch »Interface-D.«, also die Gestaltung von Schnittstellen und Handhabungen oder Beziehungen, zeigen deutlich, dass D. längst nicht mehr an Gegenständlichkeit gebunden ist und dass sich – P. Behrens und R. Loewy waren kluge Vorläufer – in der allgemeinen Betrachtung des D.s und in der beruflichen Realität von D.-Studios in den letzten Jahrzehnten einiges verändert hat. Tätigkeit und Reflexion von Designerinnen und Designern sind sehr komplex geworden, verlangen Übersicht und Kompetenz in der Koordination qualitativ unterschiedlicher Sektoren und involvieren notwendig alle möglichen anderen disziplinären Einsichten und Fähigkeiten z. B. Management, Chemie und Physik (neue Materialien, Energiequellen, Verarbeitungsformen, ökologische Probleme etc.), Ethnologie und Ingenieurwesen (Produktionsformen, Logistik,

Haltbarkeit, Sicherheit etc.), Psychologie und Soziologie (Arbeitsformen, Wirkungsforschung, Projektionen, Wunscherfüllung und Imaginationen) ferner – heute selbstverständlich – Elektronik und Medienwissenschaft. In der gegenwärtigen Berufsrealität und mancherorts in der D.-Ausbildung zeichnet sich jenseits tradiert linear eingebildeter Disziplinaritäten im D. potentiell ein allgemeines gesellschaftliches und ökonomisches Desiderat ab: eine generalistische Kompetenz, die einhergeht mit dem Wissen um die Notwendigkeit von Multi-Disziplinarität und von Kooperation. D. ist demnach gegenwärtig beschreibbar als transitorische und transformatorische Kompetenz und Tätigkeit, die sich nur vordergründig in Produkten und Anschaulichkeiten artikuliert, tatsächlich jedoch soziale, ökologische, ökonomische, technische und kulturelle Ebenen zu vermitteln sucht, um daraus Konzepte, Bedingungen und auch Gegenstände zum Leben, Wirtschaften und Argumentieren zu entwickeln.

Lit.: B. E. Bürdek, Design – Geschichte, Theorie und Praxis der Produktgestaltung (1991). – M. Byars, Design Encyclopedia (1994). – form diskurs. Halbjahresschrift zu Design-Theorie, H. 1 ff, 1996 ff. – Jahrbücher des Kölner Fachbereich Design (1992 ff.).

M. E.

Digitalisierung (lat. digitus = Finger, Zehe), bezeichnet den Prozess der Umwandlung von analogen (stetigen) Informationen in eine digitale (schrittweise, numerische) Form. D. ist der erste Schritt bei der sog. nichtnumerischen Datenverarbeitung. Die Auflösung eines Kontinuums in (möglichst) kleine Schritte bzw. eines Bildes in Bildpunkte stellt mediengeschichtlich gesehen einen Endpunkt der mit der Buchstabenschrift beginnenden Rationalisierung der Informationssysteme durch eine nunmehr nur noch zweiwertige (0, 1)

Darstellungsform dar. Sie ist die Voraussetzung für die digitale Speicherung, Verarbeitung und Ausgabe von Daten aller Art, z. B. der Basismedien Text, Bild und Ton (↗ Medien) und für die sog. ↗ Neuen Medien bzw. die Digitalmedien. Durch Kleinschrittigkeit werden die Sinne über die D. der Ausgangsdaten getäuscht (Simulation). – Über die philosophischen Voraussetzungen und die Konsequenzen der D. liegt eine breite Literatur vor, die sich einerseits mit den logisch-systematischen Problemen der D. als Grundkonzept moderner Datenverarbeitung, anderseits mit den Problemen der Simulation (des Sinnestrugs der Digitalmedien) befasst. Strukturalistische Differenzbildungen werden in Beziehung zu Prozessen der D. gebracht. – Für gegenwärtige kulturelle, insbes. medienkulturelle Prozesse sind Einsichten in die spezifischen datenverarbeitenden Operationen, insbes. der D., von grundlegendem Interesse. Praktisch ergeben sich zunächst Fragen nach der D. von Texten, die über bestimmte Kodierungsvorschriften (z. B. ASCII-Code) gelöst werden. Eine umfassende ›Textbeschreibungssprache‹ bringt die vorhandenen Texte und ihre Merkmale (die ›Auszeichnungen‹ in der Sprache der graphischen Berufe) in eine digital speicher- und verarbeitbare Form. Beispiele hierfür sind SGML und HTML. Auf dem Bildschirm erscheint ein ›image‹ des Textes aus Bildpunkten, auf Papier wird das Bild der ›Seite‹, bestehend aus ›dots‹, dem Auge angeboten. – Die D. von Tondaten wurde von der Tonträgerindustrie einerseits, von der Musikproduktion andererseits vorangebracht. Digitale Produktion stellt von vornherein digitales Material her. Digitale Aufnahme bzw. D. ermöglichen digitale Postproduktion, digitale Speicherung und schließlich digitale Wiedergabe. Erst im Endgerät findet wieder die technische Wandlung von der digitalen Form in eine analoge Form statt. – Für die digitale Bildproduktion gilt der gleiche Prozess. (Analoge) Bilder werden in Bildpunkte zerlegt, gespeichert, verarbeitet und wieder in eine quasianaloge Form gebracht. Kann das Auge die Bildpunkte nicht mehr unterscheiden, so spricht man von ›Fotoqualität‹. Für Bilddaten ist, ähnlich wie bei den Tondaten, das Problem der großen Datenmengen zu beachten. Sie zwingt zu einer Kompression der Daten. Standards hierfür sind JPEG und MPEG, benannt nach den in diesem Bereich tätigen technischen Expertengruppen für D. Auch hier kommt es darauf an, das Auge so zu täuschen, dass es die Artefakte bei der Wiedergabe der digitalen Bilder nicht bemerkt. Der Qualitätsverlust ist für das Auge beim Standbild besser wahrnehmbar als beim Bewegtbild, für das geringere Auflösungen und höhere Kompressionsraten möglich sind. Was beim Film das Einzelbild ist, das sich schrittweise fortbewegt, ist nun der einzelne Bildpunkt, sein Zusammenbau zu Zeilen, das Beschreiben des Bildschirms und der damit simulierte Bildwechsel. D. stellt als universell-rationalisierender Prozess hohe Speicherungs- und Verarbeitungspotentiale zur Verfügung, die sich in den täglich zu beobachtenden Fortschritten der Digitaltechnik ausweisen lassen. Im Blick auf die angesprochene und bewusst in Kauf genommene Täuschung der Sinne auf einer ›Oberfläche‹ und die umfassenden Manipulations- bzw. Verarbeitungsmöglichkeiten löst die D. nicht zuletzt auch Ängste vor einem Verlust an Unmittelbarkeit einer analog konzipierten Wahrnehmung aus (Problem der Authentizität bzw. Authentifizierung). Die Möglichkeiten (und Grenzen) der D. kennzeichnen den gegenwärtigen Prozess des Medienumbruchs, der einerseits durch D. die ›alten Medien‹ in ihrer Spezifität belässt, andererseits durch Oberflächen (Zugangssysteme, Metamedien) in einen umfassenden, interaktiven Zugriff bringt. Die Herstellung von virtuellen

Realitäten führt zu Prozessen der technischen Konvergenz der Medien in einem Digitalmedium, aber auch zur qualitativen Ausdifferenzierung in einer Vielzahl von Angebotsformen.

Lit.: F. Rötzer (Hg.), Digitaler Schein. Ästhetik der elektronischen Medien (1991). – H. Schanze, Neue Medien – Digitalmedium – Multimedia. Versuch einer Definition. In: Medienwissenschaft. Rezensionen. Nr. 4 (1995). – A. Ziemer, Digitales Fernsehen. Eine neue Dimension der Medienvielfalt (²1997).

H.Sch.

Diskurs (frz. discours = Gespräch, Abhandlung, Erörterung), in Sprach- und Kommunikationswissenschaft seit den 60er Jahren mehrfach terminologisierter Ausdruck, dessen öffentliche Verwendung in Kultur- und Feuilletondebatten nicht immer eindeutig auf eine dieser (inkompatiblen) theoretischen Traditionen rückbeziehbar ist. Die wichtigsten sind: (1) thematisch und zeitlich gebundene Textmenge, die mit Bezug auf ihre Binnenlogik und ihre pragmatische Funktion analysiert wird; in diesem Sinne gelten die öffentlichen Äußerungen zum Historikerstreit, zur Gentechnik, zur Abtreibung etc. in ihrer Gesamtheit als D.e; (2) Metakommunikatives Gespräch, in dem die Normen und Geltungsansprüche der öffentlichen Kommunikation suspendiert, thematisiert und herrschaftsfrei geklärt werden (J. Habermas 1979: ›herrschaftsfreier D.‹); (3) Analyse des öffentlichen Sprechens (und Schreibens) im Hinblick auf die dadurch beförderten und bestätigten Praxen der Zurechnung und Distribution von Macht, Autorität und Wahrheit (M. Foucault); (4) strukturiertes Ensemble von Sprechhandlungen, Gespräch (Pragmatik). Vielfach wird D. einfach als Synonym für ›Text‹ (in Funktion) oder für ›Debatte‹ gebraucht. Insbes. sind die Lesarten (2) und (3) inkompatibel bis zur Gegensätzlichkeit. Im engeren fachsprachli-chen Kontext der Linguistik wird D. häufig einfach als (aufgezeichnete) Textmenge bestimmt, deren Distributionslogik rekonstruiert werden soll (Z. Harris – syntaktisch, M. Pécheux – pragmatisch). Hier ist D.-Analyse vielfach Synonym für linguistische Verfahren der Korpusanalyse. Gebräuchlich ist der Ausdruck D.-Analyse auch im engl. Kontextualismus (M. A. K. Halliday). Der kleinste gemeinsame Nenner der Verwendungen des Begriffs dürfte darin bestehen, dass Sprache im Hinblick auf ihre Verwendungszusammenhänge im Sprechen thematisiert wird. Vielfach dient D. auch als spezialisierte Bezeichnung für diejenigen Felder der öffentlichen Debatten, in denen die kollektiv verbindlichen Deutungsmuster, Selbstbeschreibungen und Zuschreibungspraktiken der Gesellschaft ausgebildet, verbreitet und stabilisiert werden. Hier greift die Debatte in erster Linie auf Foucault (in Deutschland auch auf J. Link, ›Kollektivsymbole‹, ›Inter-D.‹) zurück. Zentral für die von Foucault inspirierten Lesarten von D. ist die Problematisierung sprachlich-kommunikativer Sinn-Effekte. Sie gelten nicht als Ergebnis subjektiver ›Intentionen‹, sondern als anonyme Effekte eines Codes, dessen Regularitäten sich ›hinter dem Rücken der Sprecher‹ herausbilden. Die ›Subjekte‹ gelten eher als Produkte der D.e, an denen sie partizipieren, als vice versa. Für die Praxis der D.-Analyse ist diese Annahme nicht widerspruchsfrei, weil ja bereits die Individualisierung eines D.es, seine Identifikation als ›zusammenhängend‹ eine Art hermeneutisches Subjekt voraussetzt. Als post- und neostrukturalistischer Grundbegriff vertritt der D. jedoch selbst Subjektstelle. D.e bilden unterschiedlich weit angesetzte ›Rahmen‹ für mögliche Äußerungen ihrer Teilnehmer. D.e sind die Formen, in denen Machtverhältnisse von den ihnen Unterworfenen reproduziert werden. Gleichzeitig produzieren sie in diesen Formen auch sich selbst als ›Subjekte‹. M. Foucault (1969, 16) unterscheidet zwischen den folgenden Bedeutungen des D.-Begriffes: allgemeine Domäne von Äußerungen, individualisierbares Ensemble solcher Äußerungen sowie geordnete ›Praktik‹, mit deren Hilfe eine Menge von Äußerungen erklärt werden kann. In verschiedenen geistes- und sozialwissenschaftlichen Fächern führt die Reanalyse der Gegenstände als D.e zu mehr oder weniger schwerwiegenden perspektivischen Verschiebungen. Historische Semantik und Begriffsgeschichte begreifen die Grund- und Leitbegriffe zusehends als Indikatoren und ›Hülsen‹ komplexer sozialer Machtpraktiken, die umfassend rekonstruiert werden müssen. In der Literaturwissenschaft verschiebt die Analyse literarischer D.e den Schwerpunkt weg von ›Autor‹, ›Werk‹ und ›Rezeption‹, hin zur Teilnahme der Literatur (und ihrer Agenten: Autor, Leser, Kommentator, Ausleger etc.) an der ›interdiskursiven‹ (J. Link) Reintegration einer symbolisch und funktional zersplitterten und ausdifferenzierten Gesellschaft. In der Sprach- und Kommunikationswissenschaft führt die Prävalenz des D.-Begriffes zu einer Revision der klassisch strukturalistischen Privilegierung des synchronen Zeichensystems zugunsten der (zuvor gekappten) Fäden, welche das Sprechen als Praxis mit den Bereichen und Aufgaben der gesellschaftlichen Integration verbinden. – Als (vornehmlich sprachliche) Inszenierung einer sozialen Praxis bildet der dazu gehörige D. gewissermaßen den sichtbaren Teil derselben und den Ausgangspunkt zu ihrer (historischen oder systematischen) Rekonstruktion. Praktisch identifiziert wird die Einheit eines D.es als Menge von Familienähnlichkeiten innerhalb einer Textmenge. Da einzelne Wörter und Sätze nur ausnahmsweise fest an eine bestimmte soziale Praxis gebunden sind, bleiben lexikalische Such- und Identifikationsprinzipien für D.e problematisch. Aber auch die Identifikation von Familienähnlichkeiten zwischen Texten ist kaum methodisierbar, vielfach von bloßer Intuition bestimmt und bedarf in jedem Einzelfall der Festlegung objektivierbarer Kriterien, was freilich nicht immer geschieht. So gesehen befördert der terminologisch lose und modische Gebrauch des Ausdrucks D. die Mystifikation dessen, was er zu beschreiben vorgibt. So steht das Wort D. nicht selten für den zeitgemäß aufgeputzten Glauben an die Macht der Sprache. Sie selbst gilt dann als Demiurg von Macht und Herrschaft, der die Menschen wie einer blinden Naturgewalt unterworfen sind. Ausdrücklich gegen diese Mystifikation zielt der D.-Begriff P. Bourdieus (1990), der den Ursprung sozialer und politischer Macht in den (sie delegierenden) Institutionen verortet. Die Wirksamkeit ihrer sprachlich-symbolischen Erscheinungsweise ist dagegen (wie alle Formen symbolischer Macht) an deren Anerkennung durch die Unterworfenen gebunden. Insofern sind für Bourdieu alle Bemühungen, den Ursprung symbolisch vermittelter Macht in einer ›sprachlichen Logik‹ zu finden, zum Scheitern verurteilt. Stattdessen empfiehlt er die Analyse des Dreiecks von D., Sprecher und autorisierender Institution (Bourdieu 1990, 77). ↗ Dekonstruktion

Lit.: P. Bourdieu, Was heißt Sprechen? Die Ökonomie des sprachlichen Tausches (1990). – J. Fohrmann/H. Müller (Hg.), Diskurstheorien und Literaturwissenschaft (1988). – M. Foucault, Archéologie du savoir (1969; dt. Archäologie des Wissens). – M. Frank, Was ist Neostrukturalismus? (1983). – J. Link, Versuch über den Normalismus (1997).

C. K.

Drogen, organische oder synthetische Stoffe, deren Einnahme halluzinogen wirkt und zur Sucht führen kann. Kulturgeschichtlich werden D. entweder als bewusstseinserweiternd geschätzt oder als körperlich und seelisch destruktiv verurteilt. Diese Bewertung einer Substanz als positiv und gefährlich zugleich (vgl. engl. *drug*) folgt der Logik, die J. Derrida in *La Dissemination* (1972) am Begriff *phármakon* herausgearbeitet hat, der sowohl ›Gift‹ als auch ›Heilmittel‹ bedeuten kann, und zwar so, dass die eine Bedeutung die andere subvertiert. – Die positive Lesart von Rauschzuständen wird in Anschluss an den antiken Dionysos-Kult durch F. Nietzsches Schrift *Die Geburt der Tragödie aus dem Geiste der Musik* (1871) metaphorisch im ästhetischen Diskurs der ↗Moderne etabliert. Konkrete D.-Einwirkungen auf die literarische Produktion thematisieren Th. de Quinceys *Confessions of an English Opium Eater* (1821) und E.A. Poes *Eureka* (1848) sowie deren Rezeption durch Ch. Baudelaire in *Les Paradis Artificiels* (1860). Die Beschreibung der Auflösung von Raum und Zeit, v.a. aber die Engführung von Rausch und Traum wirkt auf die ↗Avantgarde und ihre Figur des antibürgerlichen *poète maudit*. Die (z.T. an der ↗Psychoanalyse geschulte) künstlerische Praxis zwischen Symbolismus und Surrealismus (A. Rimbaud, A. Breton, E. Jünger, A. Huxley) begreift D. als Medium der Transgression von Grenzen rationaler Wahrnehmung und inszeniert sie entsprechend (z.B. G. Benns Gedicht *Kokain* [1917] oder W. Benjamins Reflexionen seiner Haschischversuche [1928–34]). – Nach 1945 dominiert zunächst der negative Diskurs über D., nachdem sich Einsichten in die gesundheitsgefährdende Wirkung ehemaliger Heilmittel (Heroin, Morphium, Kokain) häufen und der Status von D. durch drei UN-Konventionen (1961, 1971, 1988) rechtlich definiert wird. Bekämpfung des illegalen Handels und Prohibition privaten Missbrauchs bilden bis heute die institutionelle Umsetzung dieser Definition. Sie stützt sich auf die Unterstellung stabiler narrativer Schemata

(vgl. Schlagworte wie Einstiegsdroge oder Eskapismus) und macht D. für Überschreitungen gesellschaftlicher Normen (z.B. Sexualität) verantwortlich, die sich erst aufgrund solcher Ausschließungsprozesse konstituieren. – Das Wiederaufgreifen von D. in ästhetischen Programmen seit den 60er Jahren ist aufgrund dieser gesellschaftlichen Sanktionierung um eine subkulturelle Facette bereichert (↗Subkultur). Diese prägt die ↗Beat Generation (W. Burroughs, J. Kerouac, A. Ginsberg), die ↗Hippiekultur sowie die Selbstinszenierungen T. Learys als D.-Papst. Es entsteht eine v.a. durch LSD beeinflusste psychedelische Kunst. D. werden auch Teil der Rockkultur (vgl. Velvet Underground, *Heroin* [1966]). In der deutschen Literatur werden diese Tendenzen in B. Vespers *Die Reise* (1977) reflektiert. Der Impuls einer ↗Gegenkultur wird jedoch selbst subvertiert, wenn sich seit den 70er Jahren Bemühungen häufen, sog. ›weiche‹ D. (Haschisch) zu legalisieren (»*Legalize it!*«). Das entsprechende Verhältnis zu ›harten‹ D. (Heroin) wird in Deutschland durch die Autobiographie der Christiane F., *Wir Kinder vom Bahnhof Zoo* (1978, Film 1981) geprägt. In der ↗Popkultur der frühen 80er Jahre folgt die Ablehnung von D. zugunsten einer Emphase des Alkoholexzesses (Ch. Bukowski, R. Goetz). Durch die gleichzeitige Etablierung einer ↗Yuppie-Kultur bleibt aber z.B. Kokain als Signum gesellschaftlichen Erfolges aktuell. Eine letzte Wendung markiert das Aufkommen synthetischer Designer-D., von denen v.a. Ecstasy in der Rave-Bewegung (vgl. R. Goetz, *Rave* [1998]) Karriere macht. Hier wird einmal mehr die Nähe von Musik und Trancezuständen (vgl. *Acid House*) vermittelt. – Der Umgang mit D. steht in Korrelation mit der jeweiligen kulturgeschichtlichen ›Ordnung‹ ihrer In- und Exklusion, was sich z.Z. an der Akzeptanz von Alkohol oder in Debatten um Fixerstuben und Methadonprogramme zur Suchtentwöhnung zeigt. Gegenwärtig sind D. weniger Garant gesellschaftlicher Gegenentwürfe als Elemente einer ästhetisierten Identität. Innerhalb dieser Ideologie von Selbstbildern bewegen sich aber auch Anti-D.-Kampagnen, die im Rahmen der Suchtprävention z. B. die Leistungen von Sport-Idolen auf deren Abstinenz zurückführen (»Keine Macht den Drogen!«). Soziologisch und institutionell werden solche Funktionalisierungen aber überlagert von der immensen (schatten)wirtschaftlichen Bedeutung des D.-Handels (ca. 5% des Welthandels). Der gegenwärtige Status der D. zwischen wirtschaftlich abhängigen Produzenten in der sog. Dritten Welt und kriminalisierten Junkies in den westlichen Industriestaaten wird letztlich vom staatlich kaum kontrollierbaren Netz der Kartelle und Dealer bestimmt.

Lit.: A. Kupfer, Die künstlichen Paradiese. Rausch und Realität seit der Romantik. Ein Handbuch (1996). – R. Lessmann, Drogenökonomie und internationale Politik (1996). – G. Völger/K. von Welck (Hg.), Rausch und Realität. Drogen im Kulturvergleich. 3 Bde. (1981/1982).

N. P.

Ende der Geschichte. Ungeachtet älterer eschatologischer und apokalyptischer Vorstellungen von Weltende und jüngstem Gericht gibt es philosophische Spekulationen über das E. d. G. erst seit dem ausgehenden 18. Jh. Seitdem drückt sich im Kollektivsingular ›Geschichte‹ ein neues Geschichtsverständnis aus, nämlich das Verständnis von Geschichte als Geschehenszusammenhang des Entwicklungsprozesses der Gattung Mensch. Die Geschichtsphilosophien von Turgot, Condorcet, Lessing, Kant und Hegel sehen diesen Entwicklungsprozess zu einem E. d. G. verlaufen, das als unendliche Vervollkommnung oder endliche Vollkom-

menheit des Menschengeschlechts vorgestellt wird. Gegen diese optimistischen Einschätzungen erklären Nietzsche und Spengler, dass die Menschheit als Ganzes nicht irgendeinem Ziel entgegenlaufe und dass die Geschichte keinen Sinn habe; ihre Prognosen der Zukunft sind eher düster. Unter dem Eindruck der materiellen und spirituellen Zerstörungen des Zweiten Weltkriegs führt 1951 H. de Man in Deutschland den Begriff ›Posthistoire‹ ein für seine Diagnose, dass die Kultur in eine Phase der Sinnlosigkeit eingetreten sei und deshalb aus dem Rahmen der Geschichte herausfalle. A. Gehlen greift den Begriff ›Posthistoire‹ auf und verbreitet ihn in dem Sinn, dass die Ideengeschichte abgeschlossen sei. F. Fukuyamas These vom E. d. G., die er 1989 in einem Aufsatz formuliert und 1992 in einem Buch ausführt, ist also nicht neu, sie weckt jedoch damals große Aufmerksamkeit, weil sie sich auf den Zusammenbruch des Kommunismus und die Auflösung der Sowjetunion bezieht. E. d. G. bedeutet für Fukuyama nicht, dass es nicht weiterhin Ereignisse geben würde, sondern dass mit dem Sieg des westlichen wirtschaftlichen und politischen Systems die ideologische Evolution der Menschheit abgeschlossen und die Universalisierung der westlichen liberalen Demokratie als endgültige Form politischer Ordnung gesichert sei. Angreifbar ist Fukuyamas These weniger in Hinsicht auf die seitherigen historischen Entwicklungen als vielmehr aufgrund der Tatsache, dass sie gar nicht das Ende ›der‹ Geschichte postuliert, sondern allenfalls – mit Blick auf die Implikate der These – das Ende des o. g. Geschichtsverständnisses, das der Menschheitsgeschichte einen kohärenten und zielgerichteten Verlauf zuschreibt (↗ Apokalypse).

Lit.: L. Niethammer, Posthistoire. Ist die Geschichte zu Ende? (1989). – F. Fukuyama, The End of History. Das Ende der Geschichte. Wo stehen wir?

(1992). – M. Meyer, Das Ende der Geschichte? (1993).

K. V.

Entropie (von gr. trope = Umkehr), bezeichnet urspr. den im 2. Hauptsatz der Thermodynamik ausgedrückten Sachverhalt, dass eine zur Verfügung stehende Energiemenge nicht mehr vollständig in mechanische Arbeit umgewandelt werden kann. E. benennt den nicht mehr für die Arbeit nutzbaren Energieanteil. Wärme fließt immer vom Ort höherer zum Ort niedriger Temperatur und kann nur dann mechanische Arbeit verrichten, wenn entsprechende Niveauunterschiede existieren. Da bei in geschlossenen Systemen ablaufenden thermodynamischen Prozessen alles auf eine Nivellierung hinausläuft, steht am Ende irreversibel der Kältetod. – R. Clausius hat 1865 den Begriff der E. geprägt, ihn aber nicht vom griechischen Verb *entrepein* (= umkehren) abgeleitet, sondern sich ausdrücklich auf das Substantiv *tropé* bezogen und die Vorsilbe »En-« nur hinzugefügt, um einen Gleichklang mit dem Begriff Energie herzustellen. Der Physiker L. Boltzmann entdeckte Ende des 19. Jh. den Zusammenhang zwischen E. und Wahrscheinlichkeit und fasste E. als Maß für den Verlust an Information auf. Im Anschluss hieran wurde der Begriff in die Informationstheorie (R. V. L. Hartley, C. Shannon, W. Weaver) zur Bezeichnung von Unbestimmtheit eingeführt. Die diese Unbestimmtheit beseitigende Informationsmenge wird negative E. oder Negentropie genannt. Information kann also als negative E. bezeichnet werden. Mit E. wird dagegen der mittlere Informationsgehalt einer Zeichenmenge, also der Zustand der Gleichwahrscheinlichkeit bezeichnet. – Über die Informationstheorie dringt der Begriff seit Ende der 50er Jahre in verschiedene andere, zunehmend auch in geistes- und gesellschaftswissenschaftliche Disziplinen ein. In der Biologie wird der lebendige Organismus, der durch ein bestimmtes Maß an Ordnung und Organisiertheit definiert ist, als Widerstand gegen die fortschreitende E. bestimmt, da lebende Organismen nur in minimalem Umfang E. erzeugen und lange einen gleichmäßigen Zustand aufrechterhalten (A. Katchalsky, K. Lorenz). Zur Beschreibung der Auflösung von Strukturen und Ordnungen wird der Begriff zunehmend auch in einem metaphorischen Sinn verwendet. Insbes. bei semiotisch inspirierten poststrukturalistischen und postmodernen Theoretikern ist er zu einem Schlüsselbegriff zur Beschreibung der gegenwärtigen ästhetischen, gesellschaftlichen und anthropologischen Situation geworden (vgl. M. Serres). U. Eco verwendet den Begriff in seinem Werk *Opera aperta* (1962) bei der informationstheoretischen Bestimmung moderner Kunstkonzeptionen. Auch in der Literatur wird E. zum Symbol der Auflösung, etwa in Th. Pynchons Kurzgeschichte *Entropy* (1984).

Lit.: M. Planck, Vorlesungen über Thermodynamik (1964). – J. F. Young, Einführung in die Informationstheorie (1975). – P. Freese, From Apocalypse to Entropy and Beyond. The Second Law of Thermodynamics in Post-War American Fiction (1997).

K. W.

Erlebnisgesellschaft, der auf den Begriff gebrachte Versuch einer umfassenden »Kultursoziologie der Gegenwart«, wie sie der Soziologe G. Schulze in seinem gleichnamigen Buch vorgelegt hat. Als kultursoziologische Kennmarke konkurriert der Begriff ›E.‹ mit ähnlich konnotierten Bezeichnungen wie ›Freizeitgesellschaft‹ oder ›Postindustrielle Gesellschaft‹, deren gemeinsamer erkenntniskritischer Befund die technologisch-medialen Umbrüche, die Überwindung der traditionellen soziodemographischen Kategorien und Schemata sowie ein tiefgreifender gesellschaftlicher Wertewandel darstellen. Die E. repräsentiert nach Schulze das aktuelle kulturelle Übergangsstadium der bundesrepublikanischen Gesellschaft der letzten zwei Jahrzehnte, dem nach 1945 die restaurierte Industriegesellschaft sowie die »Gesellschaft des Kulturkonflikts« in den 60er und 70er Jahren vorausgegangen ist. Mit einer verstärkten Erlebnisorientierung und einer unaufhaltsamen »Ästhetisierung der Lebenswelt und des Alltagslebens« vollzieht sich Anfang der 80er Jahre endgültig der Wechsel von Arbeitsgesellschafts- und Lebensstandardphilosophie zu Lifestyle, Disneyfizierung und Entertainment mit dem ↗ Yuppie als repräsentativem Sozialtypus.

Die E. hat die vom Alltag getrennten Erlebnisbezirke gesprengt. Sie kennt nur noch eine globale Erlebnislandschaft jenseits natürlicher Grenzen und damit ein einziges ›Projekt des schönen Lebens‹. Die alten, künstlich produzierten Erlebniswelten wie z. B. die Landschaftsgärten des frühen 19. Jh. vermittelten sich über äußere Effekte, d. h., das Äußere wirkte auf das Innere durch bloße Eindrücke, die als Ergebnis eine Art *Erlebnisemotionalität* erzeugten. Alle Inszenierungskunst aber setzte auf Überraschung, Erstaunen und plötzliche Überwältigung von gefühlsmäßig zwar eingestimmten, doch auf das einzelne Erlebnis nicht vorbereiteten Menschen. Trotz des wirkungsästhetischen Kalküls klang auch im 19. Jh. noch das Ideal des emphatischen (Bildungs-)Erlebnisses aus dem 18. Jh. nach. Heute herrscht dagegen eine *Erlebnisrationalität* vor. Das Individuum weiß vorher bereits, was es als Erlebnis fühlen, sehen oder erkennen will. Der Mensch nimmt sich in der Überflussgesellschaft vor, was sich in ihm vollziehen wird. Er manipuliert bewusst sein Innenleben und betreibt dazu das notwendige Situationsmanagement.

Die Erlebnisrationalität des späten 20. Jh. vertraut auf keine überraschenden Effekte mehr. Die »innenorientierten Lebensauffasssungen, die das Subjekt selbst ins Zentrum des Denkens und Handelns stellen« (Schulze), scheuen Emphase und kontingente äußere Bedingungen. Das ›Projekt des schönen Lebens‹ entpuppt sich als Absicht, die Umstände so zu beeinflussen, dass man darauf in einer Weise reagiert, die man selbst als schön reflektiert. Der Einzelne will die vorher verbürgte Gewissheit des Erlebens nach dem Motto: »Erlebe dein Leben!« Was vor 200 Jahren noch den Ausnahmezustand inmitten eines prosaischen Alltags bedeutete und entweder überraschend eintrat oder in der Kunst gesucht wurde, repräsentiert in der Gegenwart ein durchaus anstrengendes Kompensationsprogramm angesichts wachsender Orientierungsnot und eines dynamischen Beschleunigungswandels. Die Außenwelt wird nach Maßgabe ihrer Eignung wahrgenommen, als ›schön‹ erlebt werden zu können. Die Arbeit am ›Gesamtkunstwerk Ich‹ rückt ins Zentrum aller Bemühungen. Heraus kommt dabei eine Form von ›Erlebnis-Technologie‹ des Einzelnen, der sich immer wieder die Schlüsselfrage der E. stellt: »Was will ich sein?« Die Antwort findet man auf einem prosperierenden Event- und Erlebnismarkt, auf dem der Einzelne scheinbar frei wählt, aber in Wirklichkeit immer öfter bloß kollektive Vorgaben übernimmt. Denn die reflexive Grundhaltung des erlebnissüchtigen Menschen, die dauernde Konzentration auf das Ich verunsichern ihn auch. So kommt es zu der paradoxen Situation, dass im individualisierten Erlebnisanspruch zugleich ein tiefer Ordnungsbedarf und ein kollektives Sicherheitsbedürfnis, eine Art *Enttäuschungsrisikominimierungswunsch* steckt. Nach diesem Schema funktionieren Konsum, Musicals oder Massen- wie Individual-Tourismus von heute: Sie befriedigen vorhandene Erlebniserwartungen, weil sie perfekt individuelle Erlebnisratio-

nalität und kollektives Gemeinschafts-
erlebnis in geordneten Bahnen anzu-
bieten wissen. Wer für »Cats«, »Club
Robinson«, den »Heidepark«, die Shop-
ping Mall, das Art-Hotel oder IMAX-
Kinos optiert, ist sich vorher seines
Erlebnisses sicher und kann kaum enttäuscht werden. Im Geflecht der alltags-
ästhetischen Schemata und Gemeinsamkeiten, Anschauungsweisen und
Szenen existiert eine vernunftbestimmte
Erlebnisgarantie. Schön ist, was positiv
als Erlebnis verbucht werden kann, und
das funktioniert immer dann, wenn
über Medien oder Milieukonsens die
Erlebnistauglichkeit kollektiv bestätigt
worden ist. Da fast alle alles haben,
triumphiert in der E. das Erlebnis über
die reine Bedarfsdeckung, denn das Erlebnis selbst wird jetzt zum Nutzen, es
ist fester Bestandteil von Lebensstil und
Selbstinszenierung.

Lit.: G. Schulze, Die Erlebnisgesellschaft. Kultursoziologie der Gegenwart
(1993). – M. Siemons, Schöne neue
Gegenwelt. Über Kultur, Moral und andere Marketingstrategien (1993). – N.
Bolz/D. Bosshart, Kult-Marketing
(1996).

K. S.

Esoterik (gr. esoterikos = innerlich),
urspr. eine Geheimlehre, die als innerer
Kern der Religion und Philosophie galt.
Esoterische Lehren werden nur im Ver-
borgenen übertragen (»Einweihung«)
oder in geheimen Gesellschaften tradiert. In neuerer Zeit ist E. der Name für
eine bunte Fülle von Methoden und
Anschauungen geworden, die den Charakter einer Geheimlehre völlig verloren
haben und ein nicht unbedeutender
Wirtschaftsfaktor geworden sind.

Die Logik der E. ist einfach zu beschreiben: Während die Wissenschaften
zwischen den verschiedenen Phänomenen nur jene Formen der Ursache-Wir-
kungs-Beziehung akzeptieren, die letztlich auf physikalische Gesetze reduzier-
bar sind, ist in der E. *jede* Form der

Kausalität erlaubt: Sterne wirken ebenso
auf die Seele wie Blütenblätter, Töne
oder Edelsteine. Alle Phänomene können in magischer Entsprechung stehen.
Ferner unterstellt man *geheime* Ursachen (wie Erdstrahlen, kosmische Felder, UFOs, Körperenergien etc.), deren
exakte Wirkung aber oft nur »Eingeweihten« bekannt ist.

Esoterische Lehren im urspr. Sinn
waren die griechischen Mysterienkulte,
die auch die Philosophie vielfältig beeinflusst haben. Riten und Lehren sind
nur bruchstückhaft überliefert. Im sieb-
ten Brief unterscheidet Platon eine innere (esoterische) und eine äußere Lehre. Damit hatte er das Modell aller künf-
tigen Geheimlehren formuliert. Man
kann die frühen Formen der E. weitgehend platonischem und neuplatoni-
schem Gedankengut zuordnen, auch
das *Corpus hermeticum*, das nur eine
kryptische Form der platonischen Lehre
von der Seele enthält. Was unter dem
Namen »Geheimlehren der Ägypter«
oder »Geheimnisse der Pythagoräer«
später in Umlauf kam, speiste sich fast
ausschließlich aus den Schriften Platons
und des Neuplatonismus, so auch *Über
die Geheimlehren* (*peri mysterion*) von
Jamblichus (gest. 330 n. Chr.). Charakteristisch für diese E. ist die Übernahme
der plotinschen Emanationslehre des
Göttlichen, das sich in mehren Stufen
bis zum Reich der Materie entfaltet.
Verschiedene Lehren knüpften daran
den Gedanken einer Umkehrung, eines
Aufstiegs zur Gottheit, in Geheimgesell-
schaften vielfach verkörpert als Hier-
archie der Einweihungsstufen.

Einen wichtigen Einfluss auf esoterische Lehren gewann auch die Gnosis,
die urchristliche Lehren mit dem Neuplatonismus und der Astrologie verband. Die Gnosis, bereits von der frühen christlichen Kirche heftig bekämpft,
war in den verschiedenen Ketzerbewe-
gungen des Mittelalters ein stets fort-
wirkender Strom an esoterischem Gedankengut. (Der Name »Ketzer« ist eine

Ableitung von »Katharer«, die Reinen, eine seit dem 11. Jh. verbreitete Religionsform im Süden Frankreichs und in Italien.) Diese Bewegungen hatten auch Einfluss auf die Reformation in ihren verschiedenen Formen. Für die E. gewann v. a. die Gesellschaft der Rosenkreuzer in ihren Manifesten eine besondere Bedeutung, eine Form »esoterischen Christentums« (*Fama Fraternitatis*, 1614; *Chymische Hochzeit*, 1616).

Die moderne E. hat ihren Ursprung nur teilweise in dieser älteren Tradition. Man kann drei weitere Einflüsse der modernen E. unterscheiden. Erstens ist die Geheimwissenschaft des 19. Jh. unverkennbar eine konservative Reaktion auf die Lehren der Frz. Revolution. Zweitens versuchte man gegen den Monismus der Physik ein eigenständiges geistiges Reich mit wissenschaftlichen Methoden nachzuweisen (»Geheimwissenschaft«, »okkulte Wissenschaft«, »Spiritualismus«); eine Fülle von Untersuchungen des Spuk-Phänomens und anderer, heute mit dem Terminus »Psi« bezeichneter Phänomene hat hier ihren Ursprung. Drittens gewannen die neuen Übersetzungen buddhistischer und hinduistischer Texte einen Einfluss. Die zentrale Figur für eine eklektische Synthese dieser Quellen war die Mitbegründerin der Theosophischen Gesellschaft Helena Petrowna Blavatsky, bekannt geworden durch ihre Hauptwerke *Isis Unveiled* (1877) und *The Secret Doctrin* (1888). Deutlich beeinflusst war sie hierbei von Eliphas Lévi, der die jüdische Geheimlehre (Kabbala) mit der Tarotkarten-Symbolik zu einer »weißen« Magie verknüpfte. Ein Kernsatz aus *Isis Unveiled* mit Modellcharakter für die E. lautet: »Moderne Forscher mögen dies bezweifeln und diese Behauptung verwerfen. – *Sie können sie aber nicht als falsch erweisen*.« Erst durch die Parapsychologie hat sich die E. den methodischen Prinzipien moderner Wissenschaften unterworfen. Die von H. P. Bla-

vatsky und H. S. Olcott 1875 gegründete »Theosophische Gesellschaft« erwies sich für die E. der Gegenwart als wichtigster Impulsgeber. Von der Theosophie beeinflusst ist auch die Anthroposophie Rudolf Steiners, der eine »Geheimwissenschaft« entwickelte, die sich aber nicht mehr als verborgenes Wissen begreift, sondern als »offenbares Geheimnis«.

Die zeitgenössische E. vereinigt in sich diese und weitere Quellen. Besonderen Einfluss gewann hierbei die in den USA entstandene Bewegung des ↗New Age. Die Anhänger des New Age gehen von einer universellen Spiritualität aus, die oft eine große Nähe zu verschiedenen Formen der ökologischen Bewegung zeigt. Die Erde erscheint als spirituelle Größe (Gaia-Hypothese), die durch den Rückgriff auf (angebliche) keltische, germanische oder indianische Rituale immer wieder versöhnt werden muss, um menschliche Zerstörung zu heilen. Die universelle Verbundenheit allen Lebens erscheint in der New-Age-Bewegung auch in der Übernahme der theosophischen Lehre von der Vergeltung der Taten (Karma) und einer stufenweisen Höherentwicklung des Menschen durch aufeinanderfolgende Reinkarnationen. Vorgeblich früherer Leben vergewissert man sich dabei durch »Rückführungen« unter Hypnose. Die Wiederbelebung von Naturheilverfahren und »geistigen« Heilmethoden ist ein weiterer Ausdruck des ganzheitlichen (holistischen) Weltbildes der zeitgenössischen E. Die Grenzen zwischen alternativer Medizin, Psychotherapie und E. sind hierbei häufig unscharf.

Charakteristisch für die neue Form der E. ist auch die gesuchte Nähe zu den Naturwissenschaften, v. a. zu Ökologie, ↗Systemtheorie, ↗Chaostheorie und Quantenphysik. F. Capra, selbst Kernphysiker, sieht auffallende Ähnlichkeiten zwischen moderner Physik und hinduistischen oder buddhistischen

Lehren, ein Hinweis auf ein sich abzeichnendes neues Paradigma für Natur und Gesellschaft (*Wendezeit*, 1984). Der Biologe R. Sheldrake entwickelte eine neue Theorie »morphogenetischer Felder«, die der Natur ein Gedächtnis und die Ausbildung von Gewohnheiten zuschreibt. Esoteriker greifen auf diese Theorie zurück, um die Wirkung magischer Praktiken oder von Fernheilungen zu erklären. – Eine weitere Einflussgröße auf die moderne E. ist die ↗ Technik. Die urspr. für therapeutische Zwecke verwendeten Biofeedback-Geräte wurden zu vielfältigen Mind Machines weiterentwickelt: Durch elektrische, optische oder akustische Reize soll hierbei ein Zustand höherer Gehirntätigkeit induziert werden, der das, was in spirituellen Traditionen durch Meditationspraxis erreicht wird, technisch substituiert. Auch die Astrologie wurde durch Computerprogramme zur automatisierten Erstellung eines Horoskops auf völlig neue Weise populär. Individuelle Horoskope können – wie auch Antworten des chinesischen Orakels *I Ging* – aus dem ↗ Internet tagesaktuell geladen werden. – Die nach dem Zweiten Weltkrieg (nach einem angeblichen Absturz eines außerirdischen Flugzeugs 1947 bei Roswell in New Mexico, USA) einsetzende UFO-Euphorie ist ein untrennbarer Bestandteil der modernen Esoterik. Die Verknüpfung mit traditionellen Denkmodellen gelingt durch die von Erich von Däniken formulierte These (*Zurück zu den Sternen*, 1968), die alten Mythen über Götter seien eigentlich hilflose Versuche, den Besuch der Bewohner anderer Sternsysteme auf der Erde zu beschreiben. Angebliche UFO-Sichtungen, Entführungen und Botschaften von Außerirdischen werden zu einem wichtigen Ideengeber der zeitgenössischen Populärkultur. Neue Theorien der Hochenergiephysik nähren diesbezügliche Spekulationen (schwarze Löcher, parallele Universen, Fernwirkungen ohne Zeit, Superstrings

usw.) und verwandeln Naturwissenschaftler immer häufiger in Kultfiguren der E.

Die Verdammung der E. durch Wissenschaft und Theologie verkennt, dass die Grenze zur E. sich oft verschoben hat. Die negative Definition von E. als Nicht-Wissenschaft wandelt sich mit der Wissenschaft selbst. Von kirchlichen Sinn-Angeboten unterscheidet sich die E. häufig nur durch ein anderes Marketing. »Sekte« ist eine Invektive, kein Funktionsbegriff. Wichtige wissenschaftliche und psychologische Konzepte verdanken sich der alten E. (Alchemie – Chemie, Astrologie – Astronomie, Hypnose – Tiefenpsychologie etc.). So kann man in der E. ein kreatives Experimentierfeld des Denkens sehen, das frei vom Methodenzwang neben Kuriositäten auch wertvolle Neuerungen hervorgebracht oder angeregt hat.

Lit.: W. F. Bonin, Lexikon der Parapsychologie (1976). – H. E. Miers, Lexikon des Geheimwissens (1993). – F. Capra, Wendezeit. Bausteine für ein neues Weltbild (1984).

K. H. B.

Esskultur. Die europäischen Speisegewohnheiten nach 1945 waren geprägt durch die Kompensation des zuvor erlittenen Mangels. Der Fleisch-, Südfrüchte- und Zuckerkonsum stieg in dem Maße, wie dies die industrielle Fertigung erlaubte, da es galt, zunächst grundsätzlich am Lebensmittelerwerb zu partizipieren. Die Entdeckung von bewusstem Essen und somit die Idee einer ›Kultur‹ entwickelte sich in Deutschland erst Ende der 60er Jahre. Der Zustrom der Gastarbeiter sowie die Erfahrung anderer E.en durch Reisen bedingte südländische Speisenangebote. Der Mittagstisch wich der Kantine und der generellen Integration von Gastronomie in den Alltag. 1971 eröffnete in Deutschland das erste Schnellrestaurant mit standardisiertem Fast Food, das sich zum Inbegriff dieser Gattung entwickelt hat. Die Integration von Kochrezepten bzw. kulinarischen Erlebnisschilderungen in die Feuilletons und Magazine der großen Zeitungen erlebte zu Beginn der 70er Jahre ihren Aufschwung (W. Siebeck). Kochbücher waren nicht mehr nur Ratgeber, sondern vermittelten die neu entdeckte E. als Lebensform. Diese fand insbes. mit D. Spoerri und dessen ›Eat Art‹ Eingang in die Kunst. Durch das Zusammentreffen von Künstlern (u.a. E. Williams, R. Filliou oder J. Beuys) im ›Restaurant Spoerri‹ in Düsseldorf oder im ›Restaurant de la Galerie J.‹ in Paris wurde Essen als Ereignis und Inszenierung zum Kulturthema. Dies gilt ebenso für O. Wiener, die ›Paris-Bar‹ oder das ›Exil‹ in Berlin: Essen erfuhr eine Aufwertung als integrativer Bestandteil von Kultur. Das alte Wort des Kulturphilosophen Brillat-Savarin »Sage mir was Du isst, und ich sage Dir, was Du bist« traf v. a. in den 80er Jahren den Kern einer sich exklusiv wähnenden Gesellschaft: Gezüchteter Lachs und Nouvelle Cuisine demonstrierten eine weltgewandte E. Die Vielfalt der heute angebotenen Speisen und die damit verbundenen Möglichkeiten kennzeichnen die eine, deren fragwürdige auratische Qualitäten die andere Seite gegenwärtiger E. Lebensmittel, die nicht vorrätig oder nicht mehr existent sind, werden durch Ersatzstoffe kompensiert oder von Grund auf biotechnisch hergestellt, so dass sie nur noch eine Reminiszenz an das Original verkörpern. Diese beliebige Verfügbarkeit der Speisen und somit deren Egalisierung bedingen die inszenierte, also künstliche Form der E., die nicht das Essen an sich, sondern das erzeugte Zeitgeist- und Lebensgefühl in den Mittelpunkt rückt.

Lit.: N. Elias, Über den Prozeß der Zivilisation (1978). – D. Spoerri, Gastronoptikum (o. J.). – J. Brillat-Savarin: Physiologie des Geschmacks (⁵1888).

S.Be.

Ethik. Geht es in der E. der antiken Philosophie durchweg um die Bestimmung des guten Lebens als Ziel (*telos*) menschlichen Handelns und werden die Gesetze (*nomoi*) als bloße Statthalter bzw. Supplemente des Guten unter den Bedingungen einer den Ideen abgewandten Welt begriffen, kommt es unter modernen Bedingungen – exemplarisch im Fall der praktischen Philosophie I. Kants – zu einer vollständigen Umkehrung der Beziehung zwischen dem Gesetz und dem Guten. Die Gesetze imitieren nicht länger das Gute, das Gute hängt vielmehr vom Gesetz und seinem ›Befehl‹ (kategorischer Imperativ) ab. Das Gesetz wird zur reinen Form, dem kein mögliches Objekt entspricht, es sagt uns nicht länger, *was* wir tun müssen, sondern an welche ›Maxime‹ wir uns zu halten haben, damit eine Handlung, ganz gleich welcher Art, dem Anspruch auf Moralität genügt. Moralisch ist jede Handlung zu nennen, deren Maxime ohne Widerspruch als *universell* gedacht werden kann, sofern sie durch kein empirisches Interesse, sondern allein durch die Achtung vor dem moralischen Gesetz veranlasst wird.

Allen Einwänden gegen den Formalismus dieser Konzeption zum Trotz hat sich im 20. Jh. keineswegs bloß in der Philosophie, sondern insbes. auch in den gegenwärtigen Debatten um die soziale Reichweite und Regulierungskraft der ↗Moral die kantsche Gesetzesethik als das maßgebende moralphilosophische Paradigma behauptet. Alle Versuche, die vielbeklagte ›Leerheit‹ des Gesetzesanspruchs durch die Reaktivierung von ›materialen Werte-E.en‹ (M. Scheler) zu ersetzen oder zumindestens zu ergänzen – eine Strategie, die heute von manchen Vertretern einer ›ökologischen E.‹ aufs Neue verfolgt wird –, gerieten in den Strudel des notorischen Wertepluralismus der modernen Gesellschaft und bezahlten ihre Nähe zu den kulturell kursierenden normativen

Überzeugungen mit dem Verlust jener interessentranszendierenden Verbindlichkeit, um die es Kant bei seinem Entwurf gegangen war. Wird, wie im Fall der Diskurs-E. (J. Habermas, K.-O. Apel), an dieser Verbindlichkeit festgehalten, sieht man sich daher genötigt, das kantsche Universalisierungsprogramm – also das Vertrauen in die Verallgemeinerbarkeit und Wahrheitsfähigkeit von Handlungsnormen – mit anderen philosophischen (in diesem Fall: sprachphilosophischen) Mitteln fortzuschreiben. Moralphilosophische Programme, die sich in der Nachfolge Kants darauf beschränken, gegebene Handlungsnormen kritisch zu überprüfen, blenden den ethisch entscheidenden Aspekt der Erzeugung und Veränderung moralischer Lebensformen aus, weil sie Fragen der Gerechtigkeit von denen des guten Lebens entsprechend der juristischen Unterscheidung von privat und öffentlich trennen. Während sich kognitivistische Moralphilosophen von einer sprach- und handlungstheoretisch begründeten Diskurs-E. Kriterien für das Geschäft einer Kritik der modernen Gesellschaft versprechen, werfen Soziologen im Gegenzug die Frage auf, ob eine E. überhaupt möglich ist, die den unübersichtlichen Verhältnissen der modernen Gesellschaft Rechnung trägt. Denn deren Zerfall in autonom operierende Funktionssysteme, die eigene, nur für sie gültige Rationalitätsstandards ausbilden, schließt eine Metaregulierung durch einen moralischen Code (gut/schlecht) aus. Empirisch scheint die Moral dieser Entwicklung auch schon längst Rechnung zu tragen, indem sie auf die Fiktion einer moralischen Integration der Gesellschaft verzichtet und statt dessen Sabotierungen der spezifischen Funktionsrationalitäten zum Problem macht (etwa: Korruption in der Politik, Doping im Sport, Plagiate in der Kunst, Fälschungen/Datenraub in der Wissenschaft etc.). Für eine Reflexionstheorie der Moral, die

die E. zu sein beansprucht, stellt sich daher nicht vorrangig die Frage nach der vernünftigen Begründung moralischer Urteile, sondern die nach den Grenzen des Anwendungsbereichs der Moral. Die in der Soziologie schon seit längerem diagnostizierte ethische Inkommensurabilität der modernen (Welt-)Gesellschaft, insbes. ihrer technisch-industriellen ›Superstruktur‹ (A. Gehlen), nimmt N. Luhmann zum Anlass, einer Moral der Moralabstinenz das Wort zu reden, weil man sich dort, wo es darauf ankäme, ohnehin nicht auf Moral verlassen könne. Die auf diese Weise in die Schranken gewiesene Moral taucht freilich an anderer Stelle der Gesellschaftstheorie wieder auf, nämlich dort, wo es darum geht, eine *E. des Systemvertrauens*, der generalisierten, gewissermaßen motivlosen ›Folgebereitschaft‹ als unabdingbare Voraussetzung für die Bildung stabiler Einstellungen in einer unüberschaubar komplexen und kontingenten Welt zu empfehlen.

Während die klassische Soziologie die gelungene Integration der komplexen Gesellschaft von der notfalls gewaltsamen Durchsetzung moralischer Normen abhängig machte, verzichtet die ↗ Systemtheorie im Gegenzug vollständig auf eine ethische Problematisierung des Prinzips funktionaler Differenzierung, weil auch sie ihren Begriff von E. implizit an der kantschen Figur der rationalen Normenbegründung orientiert. Von einer »Moral der Funktionalität«, wie sie Z. Bauman im Zusammenhang seiner Untersuchungen zum Verhältnis von ↗ Moderne und Holocaust beschrieben hat, spricht Luhmann zwar nicht. Den Sachverhalt registriert er jedoch sehr genau, wenn er der funktional differenzierten Gesellschaft einen »Menschentyp mit hohem Potential für ›Dahingestelltseinlassen‹« zuordnet. Die Produktion eines solchen Menschentyps, die man exemplarisch an der Herausbildung ästhetisch überhöhter, neusachlicher ›Verhaltenslehren der Kälte‹ in den 20er Jahren dieses Jahrhunderts studieren kann (H. Lethen), ermöglicht allererst das Phänomen der ›Neutralisation‹, in dem Bauman die unabdingbare ethische Voraussetzung für die spezifischen Grauen der Moderne, insbes. des Holocausts, sieht. Statt wie Luhmann der Moral entweder keine oder allenfalls eine polemogene soziale Wirkung zuzuschreiben, erkennt Bauman in dem Vertrauen auf die implizite Moralität und Zivilität funktionaler Differenzierung den entscheidenden Grund für die Neutralisierung präsozialer, anthropologisch oder affektiv tiefsitzender moralischer Impulse. Um die Wirkung der Moral sogar im sozialen Nahbereich auszuschalten, für den sie soziologischer Auffassung nach durchaus zuständig ist, waren totalitäre Regime keineswegs auf eine maximale Mobilisierung heterophober Affekte angewiesen. Die totalitären Machthaber vertrauten vielmehr nahezu ausschließlich auf die ›Sachlichkeit‹ und Leistungsfähigkeit organisatorischer Prozeduren, mit deren Hilfe sie stigmatisierte Bevölkerungsteile zunächst aus dem Alltags- und Berufsleben entfernten, um sie dann zu ›konzentrieren‹ und schließlich zu vernichten. Die soziale Wirksamkeit der Moral erkennt man nicht zuletzt an dem Aufwand, den die totalitären Regime betreiben, um den ›Realkontakt‹ zwischen den Opfern staatlicher Maßnahmen und der übrigen Bevölkerung zu erschweren und schließlich ganz zu unterbinden.

Gegen die keineswegs gebannte Gefahr der sozialen Neutralisierung ethischer Impulse helfen daher nicht, worauf insbes. E. Lévinas aufmerksam gemacht hat, die Restauration sittlicher Lebensformen, die Verbesserung moralischer Sozialisation oder die philosophische Behauptung der Wahrheitsfähigkeit moralischer Urteile. Vielmehr besteht eine Lehre, die aus jenem moralischen Interregnum der 30er und 40er Jahre zu ziehen wäre, in der vollständigen Entkopplung des Moralischen von seiner institutionellen Sanktionierung sowie in der Ausbildung einer eigensinnigen ›Urteilskraft‹ (H. Arendt), die nicht darunter leidet, dass sich die Moral »in keiner objektiven Ordnung mehr spiegelt oder bestätigt« (Lévinas). Eine solche durch keinen Moralkodex gedeckte Urteilskraft könnte daher auch auf die Autorität des Gesetzes sowie auf das Bündnis mit dem modernen sozialplanerischen ›Gesetzesstaat‹ verzichten.

Lit.: J. Habermas, Diskursethik – Notizen zu einem Begründungsprogramm. In: Ders., Moralbewußtsein und kommunikatives Handeln (1983). – N. Luhmann, Paradigm lost: Über die ethische Reflexion der Moral. Rede von Niklas Luhmann anlässlich der Verleihung des Hegel-Preises 1989 (1990). – Zygmunt Bauman, Vorüberlegungen zu einer soziologischen Theorie der Moral. In: Dialektik der Ordnung. Die Moderne und der Holocaust (1992).

F. B.

Ethnizität, die Identifikation und die Zuschreibung zu einer Ethnie (gr. ethnos = Volk, Stamm, Gruppe mit einheitlicher Kultur), die explizit oder implizit von einer anderen Gruppe abgegrenzt wird. Der Begriff E. ist dynamisch und unterliegt kontextuellen Reinterpretationen. Die im Prozess der E. hergestellte Grenze zwischen Wir- und Sie-Gruppe wird in der Praxis zumeist ungeachtet ihrer Durchlässigkeit für Personen, Ideen und Artefakte aufrechterhalten. In der Umgangssprache, der Populärkultur und den Medien entspricht E. jedoch weitgehend dem Begriff ›Volkszugehörigkeit‹ und wird als natürliche und essentielle Kategorie verstanden (Abstammungs- und Kulturgemeinschaft). Dabei kann auf herrschende politische Strukturen und veraltete wissenschaftliche Ansätze zurückgegriffen werden, z. B. auf das Selbstbestimmungsrecht der Völker und die herdersche Vorstellung von Eigenwert und Eigenart jedes Volks. Herders Idee fand v. a. bei den Eliten der Völker ohne eigene politische Organisationsform Widerhall. Im 19. und 20. Jh. sammeln Folkloristen, Linguisten und Historiker Artefakte und geistige Produkte, greifen jedoch nicht auf alle verfügbaren Ressourcen zurück, sondern heben bestimmte Merkmale hervor und vernachlässigen andere. Heldenlieder, Volkssagen und Märchen in der Sprache des Volks gelten als Essenzen des Volksgeistes und dienen als Nationalmythen zur Legitimierung des Anspruchs auf einen eigenen Nationalstaat. Man kann zu Recht von der Erfindung der Tradition und der Konstruktion von Ethnien durch die frühe Volks- und Völkerkunde sprechen.

In den 70er Jahren fordern politische Regionalbewegungen in Westeuropa eine Dezentralisierung, häufig unter Rückgriff auf ethnische Motive, v. a. auf die Verwurzelung in einer territorial definierten Kultur. Sie betonen die freundliche, bunte und friedliche Seite der Differenz. Heute stellt der Rückgriff auf ethnische Motive oft eine Absage an die Moderne dar. So wird für die Vergangenheit die Existenz geschlossener Ethnien postuliert, die als Bollwerk gegen eine als unübersichtlich, zersplittert und entfremdet konzipierte Gegenwart dienen soll. Im 20. Jh. werden sog. ›ethnische Säuberungen‹ mit vorgeblich essentieller Differenz und dem Rückgriff auf Folklore und als uralt imaginierte Traditionen begründet, wobei Kultur, E., Blut und Boden weitgehend synonymisiert werden. Der kulturrelativistische Ansatz, seines liberalen Kontextes entkleidet, kann so zur Begründung eines Nebeneinander klar voneinander geschiedener Ethnien (Ethnopluralismus) dienen, etwa im Apartheidsystem Südafrikas und in manchen Ansätzen der deutschen Multikulturalismusdebatte (↗ Multikulturalität). Neue ethnologische Ansätze über den Zusammenhang von Kontextualität und Prozessualität werden dabei ignoriert.

Lit.: F. Heckmann, Ethnos, Demos und Nation, oder: Woher stammt die Intoleranz des Nationalstaats gegenüber ethnischen Minderheiten? In: U. Bielefeldt (Hg.), Das Eigene und das Fremde (1991). – M. McDonald, The Construction of Difference: An Anthropological Approach to Stereotypes. In: S. Macdonald (Hg.), Inside European Identities – Ethnography in Western Europe (1993). – V. Stolcke, Kultureller Fundamentalismus. In: R. Lindner (Hg.), Die Wiederkehr des Regionalen – Über neue Formen kultureller Identität (1994).

D. Ha.

Event (engl. = Ereignis), ein zu Werbezwecken inszeniertes Ereignis bzw. Erlebnis, das ein Produkt entweder direkt einbezieht oder eine Rahmenhandlung bildet, die den Unterhaltungswert des Einkaufs selbst erhöht und im Extrem selbst zum Produkt wird. Der engl. Begriff ist in den 90er Jahren des 20. Jh. zu einem Modebegriff auch der deutschsprachigen Gegenwartskultur geworden. Insbes. im Dienstleistungsgewerbe hat der E. breite Verwendung als Instrument zur Kunden- und Besucherbindung gefunden, indem z. B. in Kaufhäusern Tanzgruppen zum Zuschauen und Mitmachen einladen oder Museen den Besucher mit interaktiven Elementen aktiv in die Ausstellungen einbeziehen. Hier wie dort handelt es sich um Ereignisse, denen eine hohe Unterhaltungs- und Erlebnisqualität für den Rezipienten unterstellt wird und deren inszenierter Charakter jedem bewusst ist. – In der Soziologie spricht man von einem Wechsel vom Versorgungs- zum Erlebniskonsum und diagnostiziert eine ↗ »Erlebnisgesellschaft« (G. Schulze), in der die Erzeugung von Gefühlen und Stimmungen nicht mehr Sache des Einzelnen ist, sondern gezielt von E.s hervorgerufen wird. Der E. wird zur Dienstleistung, die dem Menschen zunehmend die Notwendigkeit eigenkreativer Freizeitgestaltung abnimmt. – Darüber hinaus ist der E. ein Schlüsselbegriff der philosophischen ↗Moderne und bezeichnet ein unvorhersagbares *Ereignis*, das eine gegebene Denkstruktur nachhaltig verändert. In ähnlichem Sinn wird der Begriff E. in der Kunst verwendet. So zeigt G. Brecht in Arbeiten wie *Nine Event Glasses* (1986), dass bei aktiver Teilnahme buchstäblich alles zum E. werden kann, und richtet sich damit gegen eine passive Konsumhaltung von E.s. In der Architektur prägte B. Tschumi den Begriff der *E.-Cities* (1994), der die Veränderung der Städte zu Erlebnis-Landschaften bezeichnet.

Lit.: G. Schulze, Die Erlebnisgesellschaft. Kultursoziologie der Gegenwart (1992). – G. Eder, Der Trend zum Event (1998). – M. Heidegger, Beiträge zur Philosophie (1989).   D. T.

Experiment, Kunstkonzeption und -praxis, die ihre Gestaltungsregeln im Material selbst findet und auf diese Weise konventionalisierte Rezeptionsmuster und -handlungen unterläuft und verändert. Gleichzeitig wenden E.e sich gegen die Abbildästhetik und den Kult des autonomen subjektiven ›Schöpfers‹. – ›E.‹ wird bes. in den 50er und 60er Jahren als programmatisch-ästhetischer Kampfbegriff verwendet. Der Begriff verliert aber spätestens infolge der ›postmodernen‹ Privilegierung des ↗Codes über seine Benutzer und der nicht mehr lenkbaren Auffächerung und Offenheit der Kunstproduktion sowie der Aufmerksamkeit seine spezifische Referenz. Er erscheint deshalb heute nicht mehr abgrenzungstauglich. Darüber hinaus ist er kein verlässliches Indiz mehr für ästhetische Provokation. Eine wesentliche Zielsetzung von E.en in Kunst und Literatur ist das Aufdekken und Durchbrechen sozialer und ästhetischer Tabus. Zunehmende Publizität und im Ergebnis ein relatives Überangebot solcher Versuche haben jedoch eine Routinisierung zur Folge. Dies kann dazu führen, dass Kritiker, aber auch Künstler das E. als ›gescheitert‹ ansehen, falls der erwünschte Affront ausbleibt. Experimentalkünstler glauben daher z. T. ihr ›Publikum‹ erziehen zu müssen. Sie erheben mitunter den ideologiekritischen Anspruch, emphatische Begriffe von Verstehen, Schönheit, Kunst, ›Erbauung‹ usw. ihrer ›Aura‹ zu entkleiden und sie aufzulösen sowie Kunst als in Grenzen ›rational machbares‹ und wesentlich vom Rezipienten mitbestimmtes ›Allgemeingut‹ erfahrbar zu machen. Wer sich den vermeintlichen Eigengesetzlichkeiten des Materials aussetzt, macht eine paradoxe Erfahrung. Auch eine rationale Wahl von Gestaltungsmitteln und -verfahren vermag die historische Determiniertheit weder des Materials noch des Subjekts zu hintergehen. Ein nach strengen Regeln verfasster Text wie z. B. G. Perecs Lipogramm-Roman *La disparition* (1969) entwickelt eine unkontrollierbare semantische Eigendynamik. J. Cage verwendet beim Komponieren Zufallsverfahren, die die Intentionalität des Künstlers neutralisieren sollen. Jede Rezeption erzeugt aber Bedeutungsstrukturen, die den Zufallscharakter schnell der Wahrnehmung entziehen. E.e greifen reduktiv in Parameter ein, welche den Kunstprozess zwischen Produktion und Rezeption bestimmen. Sie postulieren außerdem eine Neusynthese dieses Prozesses von einem fiktiven Punkt Null aus. Beides hat zur Folge, dass E.e keine tradierten Medien- und Gattungsgrenzen einhalten und ihr Ort von diesen her allenfalls negativ bestimmt werden kann. E.e sind intermedial. Im Gegensatz zum naturwissenschaftlichen E. dient das ästhetische E. nicht dem Überprüfen einer Hypothese. Kunst ›befragt‹ nicht die Natur im Rahmen einer explizierbaren Theorie. Eine plausible Klärung des Verhältnisses des kunstbezogenen E.-Begriffs zu dem der neuzeitlichen Naturwissenschaften ist nie geglückt. Entgegen verbreiteter Annahmen gelten bei E.en in der Kunst Theorie und Praxis als gleichwertig; Erstere ist kein Selbstzweck, sondern schafft erst die Voraussetzungen für eine ›produktive Rezeption‹.

I. E. vor 1945: Historisch ist der Begriff E. nur unter Verzerrungen an einzelne Personen rückzubinden. Man setzt sich dabei der Gefahr aus, taktische Begriffsbesetzungen zu wiederholen. Mit dieser Einschränkung finden sich Belege u. a. bei den Frühromantikern (Novalis, in sehr enger metaphorisierender Anlehnung an naturwissenschaftliche Vorstellungen), bei E. Zola, A. Holz und B. Brecht. G. Stein bezeichnete u. a. ihre 53 Prosastücke der Sammlung *Geography and Plays* (1922; dt. *Portraits und Stücke*) als »Xperimente aller Art«. Tatsächlich bilden sie eine Art Katalog für phonetisch restringierte Texte, Erprobungen syntaktischer Muster und semantischer Kontextbeschränkungen sowie listenähnlicher und quasi-dramatischer Textaufsprengungen. Als prototypische ›Experimentatoren‹ können V. Chlebnikov, R. Hausmann und K. Schwitters gelten.

II. E. nach 1945: J. Gerz bewegt sich mit seinen Texten, Fotos, Installationen und Monumenten (»negatives Mahnmal«, 1995) sowie den begleitenden theoretischen Reflexionen auf einem schmalen Grat zwischen Abbildverweigerung und Abbild, Eingeschlossensein in die Medien und Selbstausschließung aus ihnen. Für Gerz sind antimimetische Praxis und eine (auch politisch) radikale Zeitgenossenschaft eins, Kunst soll über sich hinausweisen und sich selbst zum Verschwinden bringen. – H. Heißenbüttel arbeitet als Textbuch-, Langtext- und Hörstück-Autor ebenso sinnlich-persönlich wie reflektiert-formbewusst. Als bedeutender Vermittler und Theoretiker in den Bemühungen Nachkriegsdeutschlands, die Tradition der klassischen Moderne nach der NS-Zeit wieder aufzunehmen, hat er

über die sog. Stuttgarter Gruppe konkreter Poeten hinaus Bedeutung. – F. Mon entwickelt sich in seinen Arbeiten von quasi-surrealer Lyrik über Konkrete Poesie zu einer eigenwilligen Integration von persönlichen und geschichtlichen Inhalten und formorientiertem E., klarer Verständlichkeit und kompromissloser Unverständlichkeit. Graphisch-visuelle, auditive und textförmige Arbeiten sind zusammengehörige Fragmente seiner Einkreisungsbewegungen um sinnlich wie begrifflich nicht reduzierbare ›Fundstücke‹ und Materialien. – G. Rühm experimentiert in seinen Prosa-, Bühnen- und Hörstücken, gestischen und konzeptionellen (automatischen, Hand-, Körper- und Schrift-)Zeichnungen, Fotomontagen, konkreten und visuellen Gedichten, (auch visuellen und seriellen) Musikstücken und seiner »auditiven poesie« (darunter »lautgedichte«) mit unterschiedlichen Ausdruckstypen, semiotischen Entgrenzungen und psychophysischen Dispositionen. Methodisch erfindungsreich und theoretisch reflektiert, entwickelt Rühm hierbei verschiedene, z. T. sehr reduktionistische Gestaltungsmodelle und Strategien des wechselseitigen formalen und Medientransfers wie z. B. die Transformation von Sprache und Bild in Musik und umgekehrt. – R. Priessnitz erreicht in Prosastücken und Gedichten unter selbstgewählten, z. T. streng reduzierenden Vorgaben und in genauer Textarbeit eine ungewöhnlich dichte und selbstreflexiv differenzierte Darstellungsform experimenteller Autobiographie. – O. Pastior ist in buchstabengenauer Arbeit einer der in der Tradition der klassischen Moderne sprachschöpferischsten experimentellen Autoren. Für Pastior existiert kein Unterschied zwischen theoretischem und poetischem Text. Durch eine Art neuer Rhetorisierung experimenteller Poesie erforscht er die erhellenden wie erheiternden Paradoxien der Selbstbezüglichkeit.

III. Typologie. 1. Ein Typ von E. verändert planmäßig nur einen oder wenige der Faktoren, die den Produktionsvorgang bestimmen, z. B. Art und Intensität des Wahrnehmungsangebots, während dieses in einem offenen Prozess entsteht. Dieser Typ stellt gleichsam die auch in naturwissenschaftlichen E.en denkbare Frage nach den Konsequenzen: »Was passiert dann?« Beispiel: G. Rühms »so lange wie möglich« (1962) demonstriert den Klang einer maximal langen, nicht forcierten Exspiration bei gleichzeitiger Vokalisation auf dem Laut »a«. Hier lassen sich auch eine Art Experimentieranweisung und ein durch sie erzeugtes ›Ergebnis‹ unterscheiden. 2. Anordnungen, die ein Erproben von Alternativen in der Rezeption ermöglichen. H. Gappmayr z. B. rückt die Wörter »wahrnehmung« und »erinnerung« so weit auseinander, dass sie nicht gleichzeitig fokussierbar sind. Es bleibt den Betrachtern freigestellt, wie sie das Pendeln ihrer Blicke inszenieren und die Wörter inhaltlich füllen. 3. Anordnungen, die in Produktions- wie Rezeptionsebene eingreifen, indem sie z. B. die Rezeption vom ›Zufall‹ steuern lassen und in der Produktion einen oder mehrere Parameter wiederum regelhaft manipulieren, z. B. bei Klanginstallationen: Besucher bewegen sich ungeregelt im Raum; die Klangemissionen werden dagegen z. B. vom Sonnenlichteinfall auf ein Gerät gesteuert, das die Besucher willentlich oder nicht ›beschatten‹ können. 4. Ein E. als ›Selbstexperiment‹ (C. Claus) versucht Eingriffe ins eigene psychophysische System rückzukoppeln mit begleitender Selbstwahrnehmung und Reaktionen darauf. C. Claus treibt diesen Ansatz in visuellen und akustischen Arbeiten sowie in der Wechselwirkung beider und in der theoretischen Reflexion am radikalsten voran. Selbst-E.e schließen häufig auch das Erproben von Drogenwirkungen ein (H. Michaux). 5. E. als ›Erforschung‹ von extremen Möglichkeiten menschlicher

Ausdrucksvermögen (A. Artaud, J.-L. Brau, F. Dufrêne, D. Stratos) oder als äußerste Reduktion des Wahrnehmungsangebots (P. Garnier, I. Klein, P. Kubelka, L. Novák, S. Reich, J. Gerz). Die Reduktion kann bis zur Ersetzung eines zu realisierenden Werks durch ein Konzept oder eine Arbeitsanweisung vorangetrieben werden (›concept art‹, J. Kosuth; Gruppe ›Art and Language‹). 6. E. als Inter- und Hypermedialität. Ein frühes Beispiel ist R. Hausmanns »Optophonie«-Konzept. In handgezeichneten und typographischen Schriftfilmen und in »handmade films« wird vorgefundenes Filmmaterial z. B. durch Destruktion von Bild- und/oder Tonspuren skriptural verarbeitet (M. Adrian, K. Kren, L. Lye, P. Sharits, D. Roth). In der Filmvorführung probiert der lettristische (handmade und Schrift-)Film die Substitution von Elementen des Projektionsvorganges (I. Isou, M. Lemaître, R. Sabatier, Gil J. Wolman); zum Konzept des »Expanded Cinema« gehört die Störung und Erweiterung des sozialen Ereignisses Kinovorführung (N. J. Paik, V. Kristl, P. Kubelka, P. Weibel). Bei der Holopoetry von E. Kac vollziehen sich Textwahrnehmung, -betrachtung und -lektüre abhängig von der körperlichen Bewegung des individuellen Teilnehmers im Raum. In den interaktiven und poetischen Installationen von J. Shaw bewegt sich der Körper des Benutzers z. B. auf einem Fahrrad (*The Legible City*) oder in einem Sessel (*The Virtual Museum*) im physischen Raum der Installation und zugleich in einem dreidimensionalen virtuellen Textraum.

IV. Relevanz: E. ist ein stets umstrittener, heute praktisch nicht mehr analytisch verwendbarer Begriff zur Bezeichnung der angedeuteten Einstellungen in Kunst und Literatur und ihrer Folgen (Aufspüren von ›Eigengesetzlichkeiten‹ des Materials, Reduktionen, hohe Ansprüche an die Rezipienten). Zur Abwertung des Begriffs tragen bei: 1. die

Übermacht eines an Mimesis und autonomem Schöpfertum orientierten Kunstverständnisses, zumindest in Europa und den USA; 2. die Praxis, stets mit zweierlei Maß zu messen, denn die wiederholte Erfüllung des mimetisch-genialischen Musters wird nie kritisiert, während man von den erklärten Abweichlern von diesem Muster, eben von den ›Experimentellen‹, permanent ›Neues‹ fordert.

Lit.: H. Scheugl/E. Schmidt jr., Eine Subgeschichte des Films. Lexikon des Avantgarde-, Experimental- und Undergroundfilms (1974). – S.J. Schmidt (Hg.), Das Experiment in Literatur und Kunst (1978). – F.W. Block, Beobachtung des ›ICH‹. Zum Zusammenhang von Subjektivität und Medien am Beispiel experimenteller Poesie (1999).

M.Le./M.M.

Fankultur, die Gesamtheit von Interaktionsformen und ästhetischen Produktionen (Fanartikel, Fanzines etc.), die im Zusammenhang mit der kulthaften Verehrung von Personen und Artefakten v.a. der populären Massenkultur stehen. – Während das Wort ›fan‹ im Englischen (als Abkürzung abgeleitet aus fanatic = Fanatiker, Eiferer, Schwärmer) auch unspezifisch zur Kennzeichnung eines begeisterten Anhängers einer Person oder Sache i. Allg. verwendet wird, konzentriert sich die deutsche Bedeutung von Fan auf die Rezeptionsformen der populären Massenkultur v.a. im Bereich des Sports und der Musik. Daneben haben seit den 70er Jahren das ↗ Kino und das ↗ Fernsehen zunehmende Bedeutung gewonnen für das von den Sozial- und Kulturwissenschaften seit einigen Jahren als F. nachdrücklich thematisierte Phänomen der intensiven und oftmals organisierten Anhängerschaft an Sportler, Popstars, Kultfilme oder Fernsehserien mit Kultstatus. Der Begriff F. signalisiert, dass die neueren Versuche einer wissenschaftlichen Annäherung darum bemüht sind, traditionelle Abwertungen des Fans als eines passiven und potentiell devianten Sozialcharakters, der sich über Gebühr kulturell wertlosen und trivialen Gegenständen widmet, zu korrigieren. Insbes. im Hinblick auf die Fangemeinden, die sich um Filme und Fernsehserien scharen, wird etwa von R. Winter die Aktivität und Kreativität im Umgang mit den kulturindustriellen Vorgaben hervorgehoben. So gehört neben dem umfangreichen Erwerb von Primär- und Kontextwissen über das jeweilige Kultobjekt das Um- und Fortschreiben der vorgegebenen ›Plots‹ und die Neubewertung der Charaktere zu den selbstverständlichen Aktivitäten der Fangemeinden von Fernsehserien und Daily Soaps. In diesen lustbetonten und ehrfurchtslosen Produktionen zeigt sich die Ausprägung einer kritischen Medienkompetenz, in der die F. über die traditionellen Interessen der überwiegend jugendlichen Fans an Gruppenzugehörigkeit, Abgrenzung gegenüber der Erwachsenenwelt und außeralltäglichen Erfahrungsräumen hinausweist. Eine besondere Rolle spielt für die F. die zuerst in der Punkbewegung entwickelte Institution der Fanzines, die als nichtkommerzielle Eigenproduktionen von Fans für Fans meist privat zum Austausch von Insiderinformationen vertrieben werden und ihrem urspr. Anspruch nach einem radikaldemokratischen Öffentlichkeits- und Politikverständnis entsprechen. Indessen können die teilweise euphorischen Würdigungen der F., die in dieser nicht selten die Einlösung poststrukturalistischer Text- und Gesellschaftstheorien erkennen, kaum darüber hinwegtäuschen, dass zu einem vollständigen Bild der F. auch die dumpfen Erscheinungen des Hooliganismus und der kommerziell organisierten Vermarktung von Fangemeinden gehören.

Lit.: L.A. Lewis (Hg.), The Adoring Audience. Fan Culture and Popular Media (1992). – J. Neumann (Hg.), Fanzines (1997). – R. Winter, Medien und Fans – Zur Konstitution von Fan-Kulturen. In: SpoKK (Hg.), Kursbuch Jugendkultur (1997).

F. St.

Feminismus. Der Neologismus ›F.‹ ist in seiner urspünglichen Bedeutung ein medizinischer Fachbegriff, der 1870 eingeführt wird, um damit einen an Tuberkulose erkrankten und Anzeichen von Weiblichkeit aufweisenden jungen Mann zu etikettieren. Bereits unmittelbar danach wird der Begriff auf die sog. emanzipierte Frau übertragen, der, weil sie sich nicht der etablierten Geschlechterordnung gemäß verhält, maskuline Eigenschaften nachgesagt werden. F. bedeutet also, dass sich die Opposition zwischen Männern und Frauen aufzulösen beginnt und das als typisch männlich und typisch weiblich Angesehene ineinander übergeht. Die Übertragung des urspr. medizinischen Begriffs auf die Verhaltensweisen einer emanzipierten Frau hat zur Voraussetzung, dass die biologische Differenz zwischen Mann und Frau mit kulturellen Deutungsmustern aufgeladen ist: Dem biologischen Unterschied zwischen den Geschlechtern korrespondiert eine soziokulturelle Interpretationsgeschichte der Geschlechtskörper.

Einflussreich gewordene Studien von Th. Laquer (*Auf den Leib geschrieben – Die Inszenierung der Geschlechter von der Antike bis Freud,* 1990) und C. Honegger (*Die Ordnung der Geschlechter,* 1991) haben in Übereinstimmung mit den bereits in den 70er Jahren veröffentlichten Studien von K. Hausen darauf aufmerksam gemacht, dass mit Blick auf die westliche Kultur das 18. Jh. einen zentralen Stellenwert für die Interpretation der biologischen Geschlechtskörper besitzt. Gelten Frau und Mann von der Antike bis ins 18. Jh. als nur anatomisch verschieden, so geht man im letzten Drittel des 18. Jh. davon aus, dass es in Übereinstimmung mit dem unterschiedlichen Körperbau grundlegende Wesensverschiedenheiten zwischen den Geschlechtern gibt. Aus der biologischen Differenz zwischen Mann und Frau wird performativ auf geschlechtsspezifische Charaktereigenschaften geschlossen. Der Mann – Repräsentant der Aufklärung – nimmt für sich in Anspruch, vernunftbegabt und kulturschaffend zu sein, während die Frau als Differenz zum Mann gedeutet und auf Gefühl und Natur festgelegt wird. Historische Konsequenz des Nachdenkens über die Wesensverschiedenheiten zwischen den Geschlechtern ist, dass die Frau aus dem öffentlich-politischen Leben ausgeschlossen und auf den häuslich-familiären Bereich festgelegt wird.

Erste feministische Proteste gegen das kulturelle Deuten einer biologischen Differenz finden sich im Aufklärungskontext der Frz. Revolution. Die Französin O. de Gouges fordert 1791 eine *Erklärung der Frauenrechte/Déclaration des Droits de la Femme,* und die Irin M. Wollstonecraft publiziert ein Jahr später – nach einem Aufenthalt in Paris – eine *Rechtfertigung der Frauenrechte/A Vindication of the Rights of Women.* In den 40er Jahren des 19. Jh. erklärt schließlich L. Otto-Peters, die Gründerin der deutschen Frauenbewegung: »Die Teilnahme der Frauen an den Interessen des Staates ist nicht ein Recht, sondern eine Pflicht.« Otto-Peters wie überhaupt die erste Generation der Feministinnen glaubt, dass Selbständigkeit und Mündigkeit der Frau sowie Gleichberechtigung zwischen den Geschlechtern nur über das Recht auf Bildung und Arbeit zu erreichen seien. Widerspruch gegen diese Forderungen kommt in erster Linie von Männern, die z. T. mit ›wissenschaftlichen‹ Untersuchungen die geistige Unfähigkeit der Frau zu beweisen suchen. Aber auch viele Frauen distanzieren sich vom F., da sie an dem als ›gottgewollt‹ interpretierten Deutungsmuster des Geschlechtskörpers nichts auszusetzen haben.

Um 1900 ändert sich die realgeschichtliche Situation der Frau grundlegend. Sie darf die externe Reifeprüfung ablegen und wird zum Studium zugelassen, der Erste Weltkrieg forciert ihre Berufstätigkeit, Bemühungen um eine Verbesserung ihrer Rechtsstellung und Wahlrechtsreformen ermöglichen eine zunehmende Teilnahme am öffentlichen Leben. Gleichwohl sind dies zunächst lediglich Ansätze. Erst am Ende des 20. Jh. ist – zumindest mit Blick auf die westliche Welt – davon auszugehen, dass Frauen tatsächlich nicht länger auf den häuslich-familiären Bereich reduziert werden und nahezu mit gleichen Chancen an der Gestaltung des öffentlich-politischen Lebens teilnehmen. Noch immer aber interessiert die Frage, was die Geschlechter ihrem Wesen nach sind und ob und worin sie sich ihrem Wesen nach unterscheiden. Ganz unterschiedliche Erklärungsmodelle konkurrieren miteinander, wobei sich die unüberschaubare Vielfalt auf zwei grundsätzlich voneinander verschiedene Positionen reduzieren lässt: das Gleichheits- und das Differenzpostulat. Das Gleichheitspostulat meint, dass aus dem biologischen Unterschied der Geschlechter kein Wesensunterschied folge; dagegen steht das Differenzpostulat, das über den biologischen Unterschied hinaus eine Verschiedenheit im Denken und Fühlen behauptet.

Versucht man die Relation zwischen Gleichheits- und Differenzpostulat historisch zu spezifizieren, dann können für den sog. neuen F. der 2. Hälfte des 20. Jh. verschiedene Etappen voneinander abgegrenzt werden. Zunächst beherrscht das Gleichheitspostulat den F., der in den 60er Jahren als Teil der Bürgerrechtsbewegung in den USA beginnt und sich dann rasch internationalisiert. Trotz vieler Unterschiede sind sich die Vertreterinnen des F. in Europa – die Engländerin S. James, die Italie-nerin M. Dalla Costa, die Deutsche A. Schwarzer – mit den Amerikanerinnen – B. Friedan, S. Firestone, S. Hite – in einem einig: Es geht um die Selbstbewusstwerdung der Frauen. Diesem Ziel dient das Engagement für eine Legalisierung der Abtreibung, die Einrichtung von Frauenhäusern, die Gründung von Frauenverlagen, Frauenbuchhandlungen und feministischen Zeitschriften, die Entstehung einer Feministischen Literaturwissenschaft sowie die Institutionalisierung von interdisziplinären Frauenforschungszentren an verschiedenen Universitäten. Grundlagentext der ersten – vom Gleichheitspostulat ausgehenden – Generation des neuen F. ist ein Buch, das bereits 1949 erschienen ist: *Das andere Geschlecht – Sitte und Sexus der Frau* von S. de Beauvoir. In diesem Buch wird die These vertreten, dass Weiblichkeit keine angeborene Eigenschaft ist. Mitte der 70er Jahre ändert sich das Klima grundlegend. Das Gleichheitspostulat wird durch das Differenzpostulat in Frage gestellt: Kulte neuer Weiblichkeit, die Vergötterung des Mütterlich-Naturhaften und das Ausleben weiblicher Religiosität, Hexengruppen, Lesben- und Stilgruppen betonen gerade nicht die Gleichheit, sondern die Differenz der Geschlechter. Es geht um ein essentiell Weibliches, das dem Männlichen entgegengestellt wird. Seit Ende der 70er Jahre sind die Gruppierungen innerhalb des F. unüberschaubar. Dieser Vielfalt an feministischen Positionen folgt in den 80er Jahren ein zunehmendes Desinteresse am F. Sieht es Ende der 70er Jahre noch danach aus, als solle F. ein Alltagsbegriff werden – die feministische Zeitschrift *Emma* bringt es im deutschen Sprachraum auf über 300 000 Leserinnen, das amerikan. Magazin *Ms* auf mindestens 400 000 –, so ist die Haltung der jüngeren Generation ab Mitte der 80er Jahre als Post-F. zu bezeichnen. Frauenministerien und Gleichstellungsstellen – und die damit vorgeblich garantierte Gleichberechtigung – haben das Ende des aktiven F. eingeleitet. Neue Interessengruppen und neue Lebensziele – Friedensengagement und Umweltschutz, Lifestyle und Karrieredenken – haben den Stellenwert des F. relativiert. Gender Studies haben die Frage nach der Spezifik der weiblichen Geschlechtsidentität durch den Blick auf die soziokulturelle Interpretationsgeschichte der sexuellen Differenz zwischen Frauen und Männern ersetzt.

Lit.: G. Duby/M. Perrot, Geschichte der Frauen, Bde. 4 u. 5 (1995).

W. W.

Fernsehen, über Funk, Kabel oder Satellit verbreitete Sendungen von Bild- und Toninformationen. Versuche der drahtlosen Übertragung von Bildsignalen reichen bis ins 19. Jh. zurück. In den 30er Jahren werden nach Erprobungsphasen regelmäßige Übertragungen in Großbritannien, Deutschland, Frankreich, den USA und der UdSSR aufgenommen. In den 50er Jahren beginnt das F. zum Massenmedium (↗ Massenmedien) zu werden und übertrifft seit den 60er Jahren den Film in Hinsicht auf Zuschauerzuspruch und Einfluss. Charakteristisch für dieses Massenmedium ist die individuelle Nutzung (nur anfangs treffen größere Personengruppen in speziellen Lokalitäten zusammen, um gemeinsam Sendungen zu verfolgen). Zugleich bildet die Masse der vereinzelten Zuschauer ein (virtuelles) kollektives Publikum, das zur gleichen Zeit die gleichen Sendungen betrachtet, was in den 60er Jahren zum Phänomen der »Straßenfeger« (Sendungen mit bes. hohen Zuschauerquoten wie die Krimi-Mehrteiler nach Vorlagen von F. Durbridge oder Übertragungen von Spielen der Fußballnationalmannschaft) führte. Mit der Vervielfachung der Programme (ein Prozess, der in der BRD in den 80er Jahren beginnt) und der damit gegebenen größeren Auswahl, auch der Diversifizierung der Zuschauergruppen,

bilden sich bis auf wenige Ausnahmen (namentlich bei bes. populären Sportübertragungen) eher unterschiedlich zusammengesetzte und verschieden große Zielgruppen-Kollektive. Die rechtliche und inhaltliche Konstitution des F.s folgt in den verschiedenen Ländern in der Regel der Organisation des Rundfunks. Neben privatwirtschaftlich organisierten Formen des F.s (paradigmatisch sind die USA) stehen am Beginn auch solche der öffentlich-rechtlich strukturierten, von staatlichen Einflüssen weitgehend unabhängigen Sender (wie die engl. BBC oder die ARD) und solche der von der Regierungspolitik deutlich abhängigen Anstalten (wie das F. in der UdSSR, doch ist staatliches F. auch für Frankreich lange kennzeichnend geblieben). Die öffentlich-rechtliche Organisationsform des F.s blieb bis 1984 in der Bundesrepublik die einzige Angebotsform, mit den Programmen der ARD (seit 1954), des ZDF (1963) und den regional verbreiteten Dritten Programmen (ab 1964). Auch danach garantierte eine veränderte Rechtsprechung des Bundesverfassungsgerichts, mit der private Programm-Anbieter (wie von wirtschaftlichen Gruppen und der Regierung Kohl/Genscher gewünscht) zugelassen wurden, den Bestand der öffentlich-rechtlichen Sender. Seither existiert in der Bundesrepublik ein sog. duales System. Der Erfolg der Privatsender (sowohl wirtschaftlich wie in der Publikumsakzeptanz) hatte Rückwirkungen auf die öffentlich-rechtlichen Anstalten, die unter der neuen Konkurrenz ihre Programmpolitik einschneidend im Hinblick auf zu erzielende Zuschauerquoten änderten.

Für das F. typisch ist die Möglichkeit, sowohl Ereignisse zeitgleich zu übertragen (Live-Berichterstattung) wie Aufzeichnungen unterschiedlichster Art zu senden. Es ist daher sowohl ein »schnelles« Medium, das politische, sportliche etc. Ereignisse ohne Zeitverlust zur Kenntnis der Öffentlichkeit bringen kann, wie es über ein großes Formenrepertoire vorproduzierter Sendungen verfügt. Es kann dabei den Aspekt der Aufzeichnung (zeitversetzte Übertragung von Theater-, Opern-Aufführungen etc.) oder den der eigenständigen Produktion betonen. Das F. nutzt, adaptiert und verändert dabei in großer Zahl Formen, die zunächst in anderen Medien entstanden waren (Vorbilder aus dem Journalismus, dem Hörfunk, dem Film, aber auch den Programmen von Unterhaltungskünstlern). So können Features auf Entwicklungen des Kulturfilms wie des Hörfunk-Features zurückgeführt werden, stammen die Fernsehserien aus der Tradition der Serials und Serien in Film und Rundfunk, Fernsehspiele aus denen des Kinofilms. Daneben bildet das F. eigene Formen aus, zu denen Talkshows, Quiz- und Spielshows, Magazinsendungen, Nachrichten-Magazine, »Endlos-Serien« u. a. gehören. F. ist ein Programm-Medium, das im Laufe eines Tages, meist bei demselben Sender, unterschiedlichste Publikumsinteressen und -gruppen anspricht. Nachrichtensendungen, Dokumentationen, Quiz- und Unterhaltungsshows, diverse Serien, Ratgebersendungen und Talkshows machen, zusammen mit aktuellen Live-Berichten und der Werbung, das Programm aus. Dabei ist F. zu einer Einrichtung geworden, die 24 Stunden am Tag Programme auf über 30 Kanälen bietet. Die Differenz zwischen der Laufzeit des Fernsehapparats und der tatsächlichen individuellen Sehdauer signalisiert dabei die aus dem Alltag kaum noch wegzudenkende Bedeutung des F. s. Die in den Anfangsjahren des Mediums typische Nutzung, die in der Betrachtung jeweils vollständiger Sendungen bestand, ist durch eine stärker selektive (»zappen«), dabei jedoch deutlich zeitintensivere Konsumform ersetzt worden. Dies, sowie die Kommerzialisierung des F.s auch in Ländern mit öffentlich-rechtlichen Organisationsstrukturen, hat zu verschiedenen kulturkritischen Diagnosen des Fernseh-Einflusses auf moderne Gesellschaften geführt. Dabei stehen v. a. die ausgedehnte Darstellung von Sexualität und Gewalt, die Tendenz, nur bebilderbare Entwicklungen für relevant zu halten, sowie die Gefahr einer Simulation von Wirklichkeit durch Bilder im Mittelpunkt. Als Schutzmechanismus dient in der Bundesrepublik eine freiwillige Selbstkontrolle, die dafür Sorge tragen soll, dass als jugendgefährdend eingestufte Sendungen bzw. Szenen nur zu späten Abend- und Nachtzeiten ausgestrahlt werden. Die Berichterstattung unterliegt der (nachträglichen) Kritik und Bewertung durch Aufsichtsgremien und den Presserat. Gegen die These von der Manipulierbarkeit lässt sich jedoch auch eine im Konsum gewachsene Kompetenz der Zuschauer feststellen. Eindeutige Rückschlüsse von Einflüssen des F.s auf das Verhalten der Rezipienten lässt die Wirkungsforschung kaum zu, doch ist in einer allgemeineren Hinsicht dieser Einfluss, der sowohl den Zugang zu Informationen, die Veränderung von Wahrnehmungsgewohnheiten als auch die Gestaltung der Freizeit angeht, unstrittig. In allen diesen Bereichen wirkt das F. als Leitmedium. Es ist zugleich zu einem wichtigen ökonomischen Faktor geworden. Die Betreiber des privaten F.s sind große Medien-Konzerne, die z. B. auch in Printmedien, Buch- und Zeitungsproduktion, in der Vermarktung von Fernsehrechten an Sportereignissen, der Film-, Video- und Musikproduktion engagiert sind. Dabei spielen zunehmend internationale Verflechtungen eine bestimmende Rolle.

Lit.: K. Hickethier, Geschichte des deutschen Fernsehens (1998). – K. Kreimeier, Lob des Fernsehens (1995). – P. Bourdieu, Über das Fernsehen (1998).

R. R.

Föderalismus (lat. foedus = Bund), politische Organisationsform, durch die sich einzelne Staaten oder Länder zu einem Gesamtstaat (Bundesstaat) zusammenschließen, ohne ihre Hoheitsrechte oder Kompetenzen im Ganzen aufzugeben. Diese allg. Definition schließt unterschiedliche föderalistische Systeme ein. So kann ›föderativ‹ in einem engeren Sinn den Zusammenschluss von Gemeinden oder Verbänden zu einer übergeordneten Einheit, in einem weiteren Sinn auch den Zusammenschluss europäischer Länder zu einer Union (z.B. EU) bedeuten. Entscheidend ist in allen Fällen die Zuordnung von Teilelementen zu einem Gesamtzusammenhang nach funktionalen Gesichtspunkten. Diese Entscheidung setzt die politische Überzeugung voraus, durch eine inhaltlich und institutionell abgestimmte Wahrnehmung von Teilaufgaben sachgerechter und effizienter handeln zu können. Auf diese Weise soll einerseits die Gesamtstruktur einer staatlichen oder kommunalen Einheit gestärkt, andererseits das Subsidiaritätsprinzip (= Stärkung strukturell oder finanziell schwacher Teilbereiche) gefördert werden. Verfassungsrechtlich hat dies zur Folge, dass Strukturelemente wie Legislative, Exekutive und Jurisdiktion in föderalistischen Staaten auf den Ebenen sowohl des Gesamtstaats (z.B. Bundesrepublik) als auch der Teilstaaten (z.B. Bundesländer) vertreten sind, während bestimmte staatliche Hoheitsbefugnisse (z.B. Außenpolitik, Grenzschutz, Militär) ausschließlich in die Kompetenz des Gesamtstaates fallen. – Die Idee des F. geht auf Montesquieu zurück, der in seinem Werk *De l esprit des lois* (1748; dt. *Vom Geist der Gesetze*) die bis heute gültige Idee der ›horizontalen‹ Gewaltenteilung zwischen Legislative, Exekutive und Jurisdiktion entwickelt hat. Das föderalistische Prinzip wurde zuerst 1787 in den Vereinigten Staaten mit der Konstituierung eines Bundesstaates (= ein aus mehreren Staaten zusammengesetzter Bund) angewandt, mit einem Nebeneinander unterschiedlicher gesetzlicher Regelungen und staatlicher Organe in den Teilstaaten. In den USA diente der F. zunächst v.a. der Sicherung der äußeren Grenzen, dem Aufbau eines Binnenmarktes und der Erschließung des westlichen Territoriums. Weitere föderalistische Staaten, die sich verfassungsrechtlich z.T. am amerikan. Vorbild orientiert haben, sind z.B. Australien, Belgien, Kanada, Österreich und die Schweiz. Zerfallen sind inzwischen die urspr. föderalistischen Staaten UdSSR und Jugoslawien. In Deutschland war der föderalistische Zusammenschluss zum Deutschen Bund (1866) aufgrund der zahlreichen Fürstentümer und Kleinstaaten eine historische Notwendigkeit. Seither ist das staatliche System Deutschlands – abgesehen von der Zeit des Nationalsozialismus (1993–1945) – föderalistisch strukturiert geblieben, seit 1949 verfassungsrechtlich festgeschrieben durch das Grundgesetz der Bundesrepublik Deutschland mit der Gewaltenteilung zwischen Bund und Ländern (Bundestag/Bundesrat). Auch der Beitritt der neuen Bundesländer erfolgte auf föderativer Grundlage (Verfassungsgrundsätze-Gesetz vom 17. Juni 1990, Einigungsvertrag vom 3. Oktober 1990), doch wurden die Bundesländer an diesen vertraglichen Regelungen nur am Rande und verspätet beteiligt (H.P. Schneider. In: Evers [Hg.] 1994). – Im Hinblick auf die politische Qualität des F. kann man generell von einem »asymmetrischen Dualismus« (Kilper/Lhotta) sprechen, bei dem sich zwei Elemente aufeinander beziehen, die je nach politischem und rechtlichem Kontext von unterschiedlichem Gewicht sein können. Einerseits bedeutet der F. die Fortentwicklung der ›horizontalen‹ Gewaltenteilung durch ein ›vertikales‹ Prinzip, das die staatliche Macht auf binnenstaatlicher Ebene teilt und untergliedert. Auf diese Weise schafft er die konstitutionellen Voraussetzungen, um auch religiösen oder ethnischen Minderheiten ihre Rechte zu sichern. Ebenso wird auf diese Weise die Kulturhoheit der Bundesländer garantiert, die für Kultur- und Bildungsangelegenheiten (einschl. Schul- und Hochschulwesen) verantwortlich sind – nach einer Entscheidung des Bundesverfassungsgerichts ein »Kernstück der Eigenstaatlichkeit der Länder« (BVerfGE Bd. 6, 346 f.). Der Bund hingegen nimmt in Kulturfragen die Außenrepräsentanz der Bundesrepublik wahr (Goethe-Institute/Inter Nationes), besitzt im Übrigen aber nur eine Rahmenkompetenz, deren inhaltliche Ausfüllung und strukturelle Gewichtung den Ländern obliegt, die sich ihrerseits in wichtigen Sachfragen untereinander verständigen müssen (Kultusministerkonferenz). Andererseits versucht der Bund stets auch Einfluss auf die Kulturpolitik der Länder zu gewinnen, etwa über die Kontrolle finanzieller Zuwendungen des Bundes an die Länder für kulturelle Zwecke. Zudem führte die Bildung der Regierungskoalition aus SPD und Bündnis 90/Die Grünen 1998 zur Schaffung eines Staatsministeriums für Kultur, eine Entscheidung, die unverkennbar eine Tendenz zur Stärkung der Kulturkompetenz des Bundes signalisierte. Auch neigen Bundesregierungen grundsätzlich dazu, ihnen für eigene Gesetzesvorhaben hinderlich erscheinende Mehrheitsverhältnisse in der Ländervertretung (Bundesrat) durch Modifikationen von Gesetzesvorlagen zu umgehen. – Insgesamt hat sich der F. jedoch als hinreichend flexibler und praktikabler Mechanismus zur Steuerung und Sicherung gesamtstaatlicher Prozesse und zur Kontrolle und Begrenzung von Machtkonzentration erwiesen. Gerade deshalb stellt sich die Frage, inwieweit der europäische Einigungsprozess und die politische Praxis der EU in Zukunft nicht nur die Staaten, die ihr angehören, sondern auch die Regionen und (Bun-des-) Länder in einem föderalistischen Sinn an der politischen Willens- und Entscheidungsbildung beteiligt werden.

Lit.: T. Evers (Hg.), Chancen des Föderalismus in Deutschland und Europa (1994). – H. Kilper/R. Lhotta, Föderalismus in der Bundesrepublik Deutschland. Eine Einführung (1996).

R.Sch.

Fotografie (gr. phos, Gen. photos = Licht und graphein = schreiben), Bildtechnik zur Herstellung dauerhafter, durch Strahlung (Infrarot-, Ultraviolett-, Röntgen-, Gamma- und Elektronenstrahlen) erzeugter Bilder. Die Untersuchungen zu den Repräsentations- und Kommunikationsformen des fotografischen Bildes stehen in engem Zusammenhang mit seiner technischen Genese, sind jedoch keineswegs darauf beschränkt. Der mechanische Herstellungsprozess begründet eine Auffassung von F. als naturgetreues Abbild der Wirklichkeit und impliziert zugleich, dass das Bild ohne selektiven Eingriff durch das Auge oder die Hand des Künstlers hervorgebracht wurde. F. wird in diesem Sinn als Abdruck der Sache selbst verstanden, als ›acheiropoieton‹ (gr. = nicht von Menschenhänden gemacht), wie z. B. das Antlitz Christi im Leichentuch der heiligen Veronika. Diese technische Übertragung steht bereits im 19. Jh. mit dem Medienwechsel Malerei/Fotografie im Zentrum zahlreicher Debatten (G. Plumpe, A. Scharf), ist in neuerer Zeit aber auch im Hinblick auf die Frage nach dem ›dokumentarischen Realismus‹ der F. oder der ›fotografischen Wahrheit‹ computergenerierter Bilder wieder relevant geworden (M. Lister), v. a. im Bereich des Fotojournalismus. – Für die F. kennzeichnend ist ihr Auftauchen in den unterschiedlichsten Feldern von Wissen, Repräsentation und Ästhetik. Dennoch gibt es bislang keine übergreifende Theoriegeschichte (vgl. W. Kemp, H. v. Amelunxen). Wesentliche Impulse dazu kommen seit den 60er Jahren aus den Literatur-, Geschichts-, ⁷ Kultur-, Kunst- und Medienwissenschaften, der Soziologie, Ethnologie und den ⁷ Cultural Studies. Im Unterschied zu einer an kunstgeschichtlichen Methoden ausgerichteten Fotogeschichtsschreibung, die ihr Hauptgewicht auf technik- oder stilgeschichtliche Aspekte legt (H. Gernsheim, B. Newhall, E. Stenger), sind v. a. die theoretischen Ansätze des Strukturalismus, der Phänomenologie, der Semiotik, der ⁷ Psychoanalyse und der ⁷ Dekonstruktion von Relevanz. Basis der Analysen bildet die technische Verfasstheit des Bildes auf der einen sowie ihre formalen, konzeptuellen, perzeptuellen und ideologischen Kodierungen auf der anderen Seite. – Nachhaltigen Einfluss auf die Interpretationen der technischen Modalitäten der Bildkonstitution haben die Ausführungen von Ch. S. Peirce zur F. als indexikalischem Zeichen. Für Peirce definiert sich F. nicht durch den Ähnlichkeitsbezug zu dem abgebildeten Objekt, sondern durch den unmittelbar konkreten Verweis auf das betreffende singuläre Objekt. F. ist insofern nicht Mimesis, sondern Spur des Realen. Diese Position aktualisiert sich auch in W. Benjamins *Kleiner Geschichte der Photographie* (1931) und seiner darin beschriebenen Wahrnehmungsweise von F. als »Hier und Jetzt«, ein Merkmal, das A. Bazin in seiner *Ontologie des fotografischen Bildes* (1945) nachdrücklich auf die »Übertragung der Realität des Objekts auf seine Reproduktion« zurückführt. Das technische Verfahren stellt auch R. Barthes in seinen semiotisch ausgerichteten Texten *Die Fotografie als Botschaft* (1961) und *Rhetorik des Bildes* (1964) in den Mittelpunkt und entwickelt die These von der ›F. als Paradoxon‹, das in der Koexistenz einer unkodierten Botschaft (des fotografischen Analogons) und einer kodierten Botschaft (Stil, Bildrhetorik) zum Ausdruck komme.

Zentral für die Reflexionen zur F. ist allerdings Barthes' letztes Buch *Die helle Kammer* (1980), in dem er das ›Wesen‹ der F. als ihr »Es-ist-so-gewesen« beschreibt. F. ist danach »das Vergangene und das Wirkliche zugleich« und bezeugt dadurch die magische Präsenz des Abwesenden. In Erweiterung einer ausschließlich auf die Bildherstellung konzentrierten Analyse schlägt P. Dubois eine »Pragmatik des Index« vor. F. gilt es demnach als Produkt (die fertige Mitteilung) und als Prozess (der generierende Akt in seinem Vollzug) zu verstehen. – Einen weiteren Strang in der Beschäftigung mit der F. bilden Texte, die gesellschaftliche, politische, ökonomische und ästhetische Kontexte der F. reflektieren und damit formale, soziale und ideologische Rahmenbedingungen ihrer Produktion, Distribution, Präsentation und Rezeption thematisieren. Bedeutsam sind in diesem Zusammenhang – neben der These U. Ecos, dass das Verstehen von F. in direkter Abhängigkeit von ihrer kulturellen Ordnung zu sehen ist – die zahlreichen Aufsätze S. Sontags zu den unterschiedlichen Gebrauchsweisen von F. (Erinnerungsbild, Dokumentation, Werbung, Kunstwerk), die Analysen von A. Sekula und J. Tagg, die, in Anlehnung an M. Foucaults Theorien, F. als Gegenstand und Mittel der Inventarisierung, Vermessung, Kontrolle und Verwaltung untersuchen, ferner die Arbeiten von S. Regener zur ästhetischen Konstruktion von Differenz im Bild (in der Kriminalistik), die Überlegungen R. Arnheims zu den Wahrnehmungseffekten von F., die soziologischen Analysen P. Bourdieus zur F. als »illegitimer Kunst«, die ideologisch ausgerichteten Arbeiten von H. Damisch zu den ästhetischen Voraussetzungen einer (vermeintlichen) Neutralität der Apparatur, V. Flussers Perspektivierungen einer von Machtinteressen unabhängigen Bildproduktion durch Entzifferung der F. als Maschine mit intendierten Effekten und die wissenschaftshistorisch ausgerichteten Analysen von J. Crary zum apparativen Sehen. Aufschlussreich sind darüber hinaus die Ausführungen von G. Batchen, der, in deutlicher Distanzierung zu einer Zweiteilung der F. in Deixis und Ikon, den Voraussetzungen dieser Einordnungen in ihrer historischen Entwicklung nachgeht. – Eine weitere zentrale Funktion hat die F. als theoretisches Objekt innerhalb modernistischer und postmodernistischer Kunstkritiken. Schlüsseltext ist W. Benjamins Aufsatz *Das Kunstwerk im Zeitalter seiner technischen Reproduzierbarkeit* (1936), in dem die Auswirkungen der neuen Reproduktionstechniken auf die traditionellen Formen der Kunst sowie deren zeitgenössische Rezeption betrachtet werden. Zentral ist die These der Unterwanderung der Autorität des Originals durch dessen reproduktive Vervielfältigung, insbes. durch die F. Für R. Krauss bildet der Verfall der ›Aura‹ den Ausgangspunkt ihrer Analysen zum Einsatz der F. in der Kunst, insbes. in solchen Arbeiten, die die fotografischen Realitätseffekte in den Vordergrund stellen (u. a. D. Hockney, A. Rainer, A. Warhol). Wichtig sind ebenso die kritischen Essays von D. Crimp zu den kunstbetrieblichen Mechanismen und deren kategorialen Bestimmungen von F. als Kunstwerk oder Dokument wie auch die Ausführungen von B. Groys zur Infragestellung des Wertesystems ›Malerei‹ durch die F. – Mit Beginn der 60er Jahre wird die Frage nach der Signifikanz von F. als Massenmedium und/oder Kunst zentraler Bestandteil künstlerischer Praxen. Die Arbeiten reichen von der Problematisierung von Begriffen wie ›Sinn‹ und ›Autorschaft‹ (S. Polke, R. Rauschenberg) über die Thematisierung von F. als Sprache/ Grammatik (J. Baldessari, J. Hilliard, E. Ruscha) oder als ↗Archiv bzw. Gedächtnis durch Konfiszieren und Ansammeln bereits vorhandener Bilder (C. Boltanski) und die gezielte Demonstration des Seriellen (B. u. H. Becher) bis zur Zur-

schaustellung formaler und fotochemischer Prozesse (A. Müller-Pohle, F. Neusüss, K. Rinke). In den postkonzeptuellen Arbeiten der 80er Jahre ist das Oppositionspaar Original/Kopie weniger wichtig. Die Künstler befassen sich mit den vielfältigen Repräsentationsmodi der F., indem sie theatralisch-filmische Arrangements entwerfen (B. Charlesworth, Les Krims), F. als Instrument zufälliger Beobachtung einsetzen (L. Baltz, S. Calle), typische, durch die Kunstgeschichte tradierte Bildkompositionen aufgreifen (M. Clegg & M. Guttmann, T. Ruff, J. Wall) oder populäre Varianten der F. als Identifikationsmittel erforschen (R. Prince, C. Sherman). In den 90er Jahren steht, neben der Verwendung von F. im Rahmen digitaler Bildverarbeitungsverfahren (M. Mori, I. van Lamsweerde), die Logik des ›Crossover‹ im Vordergrund. Kennzeichnend dafür ist die gleichzeitige Präsentation der Arbeiten in unterschiedlichen Kontexten wie Mode und Kunst (S. Maisel, W. Tillmans) oder das Aufgreifen prototypischer Stile der F., die mit neuen Sujets besetzt werden (R. Billingham, N. Goldin).

Lit.: P. Dubois, Der fotografische Akt. Versuch über ein theoretisches Dispositiv (1998). – M. Frizot, Neue Geschichte der Fotografie (1998). – W. Kemp (Hg.), Theorie der Fotografie, Bde. 1–3 (1980, 1979, 1983).

Ch. K.

Freizeitkultur. Freizeit wird allg. definiert als die Zeit, die bewusst mit Tätigkeiten verbracht wird, die eine positive Wirkung (Erholung, Spaß, Zufriedenheit) erwarten lassen. Es handelt sich dabei um den Zeitraum außerhalb der Arbeitszeit (Erwerbsarbeit, Hausarbeit) und außerhalb der Zeit, die für physische Notwendigkeiten (Schlaf, Hygiene) gebraucht wird.

F. wird hier verstanden als eingebettet in den gesamten Kontext einer Kultur. Der Begriff steht in Verbindung mit anderen Normen- und Wertelagen eines Milieus, einer Gesellschaft oder einer Epoche. Sieht man die F. in einem solchen kultursoziologischen Zusammenhang, zeigen sich einzelne Freizeitphänomene in ihrem kulturspezifischen Kontext. So betrachtet G. Schulze (*Die Erlebnis-Gesellschaft*, 1992) die Gegenwartsgesellschaft Deutschlands als erlebnisorientierten, von existentiellen Sorgen befreiten sozialen Raum, in dem Biographien zu individuellen Erlebnisprojekten werden. In diesem Kontext rückt der Erlebnischarakter der Freizeit allgemein in den Vordergrund, so dass dieser Bereich des Lebens mittlerweile größere Bedeutung für Identitätskonzeption und Selbstverständnis des Einzelnen hat, als Beruf und Arbeitswelt (Opaschowski, 1995). Parallel zu dieser Entwicklung zeichnet sich die Kommerzialisierung der F. hin zu einem Freizeitmarkt ab, der dem Konsumenten vielfältige und neue Erlebnisangebote bietet.

Diese Situation ist das Ergebnis eines tiefgreifenden sozialstrukturellen Wandels, der sich in Europa seit der Nachkriegszeit durchgesetzt hat. Während des Wiederaufbaus stand die F. unter anderen Zeichen: Das Leben breiter Bevölkerungsschichten war fixiert auf äußere Belange, Arbeit, die Versuche, materielle Knappheit zu überwinden, Aufbau und Absicherung der Existenz. Das Freizeitangebot und damit das Spektrum der F. war dementsprechend weitaus kleiner als heute (v. a. Kino, Volksfeste), freie Zeit hatte den Sinn der Erholung und der Regeneration von Arbeitskraft und wurde v. a in der Familie verbracht (Sonntagsausflüge, Heimabende, Radio, Fernsehen).

Mit zunehmendem materiellen Wohlstand, dem Rückgang der Arbeitszeit und steigender Toleranz gegenüber nonkonformen Lebensweisen vollzog sich ein Wertewandel, der es dem Einzelnen heute überlässt, weitgehend befreit von sozialen und materiellen Zwängen eine individuelle Lebensauffassung zu verwirklichen. Nicht mehr in der Bewältigung äußerer Probleme, der Arbeit, sondern in der Auseinandersetzung mit der eigenen Person, dem Erleben des Lebens (Schulze) und somit der Freizeit liegen die individuellen Präferenzen. Ein Ergebnis dieses Prozesses ist die Herausbildung von sog. Lebensstilen oder Stilmilieus, wobei hier ↗ Markt und ↗ Medien die wesentlichen Orientierungshilfen bieten.

Die Gegenwartsgesellschaft und mit ihr der Bereich der F. differenziert sich in fünf solche, sich untereinander signifikant unterscheidende Stilmilieus, wobei die Zugehörigkeit weniger vom Einkommen als vielmehr von Alter und Bildung abhängig ist. Bei den über Vierzigjährigen werden drei Milieus unterschieden. Das *Niveaumilieu*: gehobene Bildungs- und Einkommensschichten, anspruchsvolle Freizeitgestaltung (Theater- und Galeriebesuche), durch die Wahl exklusiver Beschäftigungen (Golf, Segeln) bewusste Abgrenzung v. a. vom *Harmoniemilieu* mit niedrigem Bildungs- und Einkommensniveau: Die Freizeitgestaltung orientiert sich nicht an hohen Ansprüchen, im Vordergrund steht der Wunsch nach Gemütlichkeit und Harmonie, das ↗ Fernsehen steht im Zentrum des Interesses (bes. Quiz- und Volksmusiksendungen). Zwischen diesen beiden Gruppen liegt das *Integrationsmilieu*, gekennzeichnet durch eine Vermischung von Aspekten der beiden anderen Milieus; daneben werden soziale Kontakte (Nachbarschaft, Vereine) ausgiebig gepflegt. Bei Personen unter 40 Jahren lassen sich zwei Milieus unterscheiden. Zum einen das *Unterhaltungsmilieu*: niedriger Bildungsdurchschnitt und eine aktionsorientierte Freizeitgestaltung (Diskobesuche, Auto, Motorrad); zum andern das *Selbstverwirklichungsmilieu*: durchschnittlich höhere Bildung, neben Aktion (ähnlich dem Unterhaltungsmilieu) wird auf anspruchsvolle Freizeitgestaltungen (Literatur, Konzert- und Theaterbesuche) Wert gelegt. Wobei innerhalb dieses Milieus sehr viel Zeit und Energie in das Training und die Kultivierung des eigenen Körpers (Bodyculture) investiert wird. Gerade bei den unter Vierzigjährigen wird nach neuen und immer spannungsreicheren Freizeiterlebnissen gesucht, dementsprechend hoch spezialisiert und schnelllebig ist der Freizeitmarkt, ausgefallen und abenteuerlich sind die Aktivitäten. Zur Erklärung dieser Trends, v. a. des Extremsports, wird in der Freizeitforschung auf anthropologische Modelle zurückgegriffen: Der überflüssig gewordene Kampf ums Überleben wird fortgesetzt im Überwinden der Angst und der Leistungsgrenzen des eigenen Körpers.

Lit.: G. Schulze, Die Erlebnis-Gesellschaft: Kultursoziologie der Gegenwart (1996). – H. W. Opaschowski, Freizeitökonomie: Marketing von Erlebniswelten (1995).

I. U.

Fundamentalismus, politisch-kultureller Feind- und Ausgrenzungsbegriff für Gruppierungen, denen antimoderne, radikal-religiöse, irrationale Motive und Ziele unterstellt werden, vielfach als impliziter oder expliziter Gegenbegriff zu ›Realismus‹ (Politik) und ›Moderne‹ (Kultur) gebraucht. Seine Aufladungen hat der Begriff im Kontext der radikal-islamischen persischen Revolution nach 1979 erhalten. Von da ist er in der politischen Kommunikation auf den linken Flügel der Grünen übertragen worden. Die haben ihn als (leicht ironische) Selbstbezeichnung übernommen (›Fundis‹ vs. ›Realos‹; vgl. Wagner 1992, 300 f.) und sich entlang der damit markierten Sollbruchstelle mehrfach von ›fundamentalistischen‹ Gruppierungen getrennt. F. konnotiert Fanatismus, antidemokratische und antipluralistische Ziele, Ablehnung der Welt, ›wie sie nun einmal ist‹, und Bereitschaft zu rück-

sichtslosem Vorgehen, was den Ausdruck F. nach dem weitgehenden Verblassen des kommunistischen Feindbildes für eine Hauptrolle im Feld der politischen Fremdbezeichnungen (neben ›Extremismus‹, ›Totalitarismus‹) prädestiniert. – Seit den 20er Jahren gibt es F. auch als Selbstbezeichnung namentlich radikal-protestantischer Sekten in den USA, welche die Säkularisierung des Alltagslebens ablehnen und die Verbindlichkeit biblischer Grundsätze in allen weltlichen Lebensfragen behaupten und praktizieren. Als pejorative Fremdbezeichnung impliziert F. jedoch eine politisch expansive Lehre mit Verbindlichkeitsanspruch für alle. So wird der Ausdruck nicht nur für den politischen Islamismus, sondern auch für die ultraorthodoxen Parteien Israels und für die politisch organisierten ›Bibeltreuen‹ in den USA verwandt und behält eine religiöse Komponente auch da, wo er einfach nur dem politischen Gegner angeheftet wird. – Von der Bezeichnungsfunktion für (mehr oder minder reale) politische Gruppierungen ist der diskursive Gebrauchswert des Begriffs F. zu unterscheiden. Der ist apologetisch und legitimatorisch für eine ›Moderne‹, die gegen den F. in Stellung gebracht wird (und vice versa). Die Unterstellung eines ›antimodernen‹ Charakters des F. aus westlicher Sicht ignoriert den Umstand, dass radikal-religiöse Gruppierungen, wo immer sie erfolgreich agieren, sich der technischen und propagandistischen Mittel der ↗›Moderne‹ ganz selbstverständlich bedienen. Zudem gibt es Markt- und Menschenrechts-F. im Sinne einer rücksichtslosen und expansiven Lehre mit Totalitätsanspruch auch innerhalb der ›Moderne‹. Dennoch scheint der Begriff in der politischen Gegenwart weitgehend ›immunologisch‹ und ausschließend zu funktionieren, weil – nach anfänglichen Versuchen, einen positiven Konnotationsraum aufzubauen (bei den Grünen: fundamental = grundsätz-

lich oppositionell und alternativ gegenüber den etablierten Parteien) – die
nicht identifikationsfähige Lesart des
Begriffs sich in der Öffentlichkeit
durchgesetzt hat. Politologische Bestim-
mungsversuche des F. sind vielfach bloß
Rationalisierungen und Systematisie-
rungen des diskursiven Gebrauchswerts
(z. B. Meyer 1989) von F.

Lit.: GegenModerne? Über Fundamentalismus, Multikulturalismus und
moralische Korrektheit. Sonderheft
522/23 des »Merkur« (1992). – Th.
Meyer, Fundamentalismus. Aufstand
gegen die Moderne (1989). – B. Wagner,
Im Dickicht der politischen Kultur
(1992).
C. K.

Gegenkultur, auch ›Alternativkultur‹,
setzt sich in Opposition zur Lebensweise der etablierten Kultur und ist auf
der Suche nach Alternativen zu der als
verkrustet geltenden Welt der Erwachsenen. G. knüpft an Experimente der
amerikan. ↗ Beat Generation mit alternativen Gesellschaftsformen an, die sich
von einer entmenschlichten Zivilisation
abgrenzen will und unter Konsumver-
zicht auf herrschaftsfreie Alternativ-Ge-
meinschaften setzt. Leistungsdruck wird
abgelehnt, soziale Ungerechtigkeit ange-
prangert und ethnische, sexuelle oder
soziale Diskriminierung bekämpft. Als
Feinde der G. gelten Technokratie und
technokratische Herrschaft. Aufgrund
ihrer gesellschaftskritischen Einstellung
ergeben sich direkte Verbindungen zur
↗ Subkultur und zum Bereich der ↗ Jugendkultur. Seit den 60er Jahren treten
G.en in unterschiedlichen Strömungen
auf, die sich in der Bewegung gegen den
Vietnamkrieg kurzzeitig überlagern.
Mit der Anti-Rassismus-Bewegung,
dem *free speech movement* und der amerikan. Studentenbewegung bildet sich
eine politische Kontinuität zur 68er-
Bewegung in Deutschland, der dann die
Stadtindianer- und die TUNIX-Grup-
pen als politische Bewegungen folgen.

Diese Linie kann weitergezogen werden
zu Selbsthilfe-Initiativen, zur Umwelt-
bewegung und zur autonomen Szene.
Daneben verläuft ein ›romantischer‹
Traditionsstrang, getragen von dem
Wunsch des Ausstiegs aus den Zwängen
der bürgerlichen Gesellschaft. Die Hippies der 60er und 70er Jahre begaben
sich auf die Suche nach Glückseligkeit
auf individueller Ebene. Bewusstseins-
erweiterung mit Drogen und östlicher
Philosophie, gepaart mit psychedeli-
scher Musik, sowie die pazifistische
Grundhaltung des *make love, not war*
bildeten ihr Credo, begleitet vom *drop
out, tune in, turn on* des LSD-Apologe-
ten T. Leary. Schon mit den Hippies
setzt die Landkommunebewegung ein,
die bis heute herrschaftsfreie Lebensformen und autarke Produktionsweisen
anstrebt und starke Impulse durch die
Einsicht in *Die Grenzen des Wachstums*
bekam. Ohne Zweifel haben G.en mit
ihrer *Underground*-Musik, ihrer *Underground*-Literatur (Ginsburg, Castaneda)
und neuen Lebensformen, gegen ihren
Willen und ihr Selbstverständnis, einen
zentralen Beitrag zur heutigen Kultur
geleistet. R. D. Brinkmann z. B. machte
mit zwei Anthologien (*Silverscreen*,
1969; *Acid. Neue amerikanische Szene*,
1969) deutsche Leser mit neuer amerikan. Literatur bekannt. Zudem entstand neben alternativer Literatur eine
alternative Presselandschaft, die z. T. als
Raubdruckpresse mit eigenen Vertriebs-
strukturen (Verkauf vom Büchertisch)
auftrat. Mit der Pluralisierung kultureller Stile verliert der Begriff der G. in den
90er Jahren jedoch zunehmend an em-
pirischer Substanz. ↗ Alternative Kultur;
↗ 68er

Lit.: Deutscher Werkbund (Hg.),
Schock und Schöpfung. Jugendästhetik
im 20. Jh. (1986). – W. Ferchhoff, Jugendkulturen im 20. Jh. (1990). – W.
Ferchhoff/G. Neubauer, Patchwork-Ju-
gend (1997).
A. B.

Generation. *I. Theorie.* Die theoretische Fundierung der G.s-Konzepte des 20. Jh. geht auf K. Mannheims Aufsatz *Zum Problem der G.en* (1928) zurück. Mit seiner dezidiert soziologischen Perspektive weist Mannheim sowohl über den biologistisch-objektivierenden Ansatz der Positivisten (A. Comte, J. Dromel, F. Mentré) als auch über die subjektivierende, innerzeitliche Konzeption von W. Dilthey und W. Pinder hinaus, indem er das Augenmerk auf die gesellschaftlichen Kräfte und ihre Auswirkungen auf das G.s-Phänomen richtet. Mit den drei Kategorien G.s-Lagerung, G.s-Zusammenhang und G.s-Einheit, die auf der Grundlage historisch-sozialer und individueller Gegebenheiten verschieden starke Formen jahrgangs- und gruppenspezifischer Verbundenheit bezeichnen, liefert Mannheim ein Instrumentarium zur Beschreibung sozialer und kultureller Dynamiken, das die Vorstellung einer naturgegebenen, durch den biologischen Rhythmus determinierten Formation von G.en hinter sich lässt. In diesem neuen Kontext ergeben sich Verbindungen zu verwandten, kulturwissenschaftlich relevanten Fragestellungen wie der nach der Fortschreibung und Pflege des kulturellen Gedächtnisses (J. und A. Assmann). Denn die aus dem Ausscheiden früherer und dem Auftreten neuer Kulturträger sich ergebende G.en-Folge beeinflusst die Überlieferung des kulturellen Wissens in entscheidender Weise. Der Prozess der Tradierung (↗ Tradition) vollzieht sich in einem Wechselspiel von Erinnern und Vergessen, Selektion, Rekonstruktion und rückblickender Sinngebung sowie Innovation. Mit Hilfe dieser Mechanismen schafft sich die jeweils nachkommende G. ein eigenes Identitätsprofil. Die im intergenerationellen Transfer vollzogene Neuperspektivierung befördert den kulturellen Wandel. G. und Kultur stehen also in einem wechselseitigen Konstruktionsverhältnis: Aus einer speziellen gesellschaftlich-kulturellen Konstellation heraus formiert sich eine neue G., die ihrerseits ihre spezifische Identität dadurch gewinnt, dass sie Kultur in eine für sie charakteristische Sinnstruktur einbindet und damit zu ihrer eigenen Form der Weltdeutung findet. In neuerer Zeit ist G. verstärkt mit anderen Identitätskategorien verknüpft worden, so mit ↗ Ethnizität und v. a. mit Geschlecht (Gender Studies). Hinsichtlich der Geschlechterfrage sind zwei Forschungsfelder zu verzeichnen: die generationsspezifischen Erfahrungen von Frauen und die Neubewertung bereits konzeptualisierter G.s-Phänomene unter dem Aspekt der Geschlechterdifferenz, was v. a. im Hinblick auf die G. des Nationalsozialismus und die ↗ 68er-Bewegung zu neuen Perspektiven geführt hat.

II. Verwendung. Neben der starken Alltagspräsenz des G.s-Begriffs zur Erfassung von sozialen und ökonomischen Beziehungen oder Spannungen zwischen altersdifferenten Gruppen (vgl. ›G.en-Vertrag‹, ›G.s-Konflikt‹ oder gar ›Krieg der G.en‹) findet der Terminus auch im Wissenschaftsdiskurs breite Verwendung. Die Wissenschaftsgeschichte reflektiert ihre eigene Entwicklung im Sinne einer durch G.s-Wechsel hervorgebrachten Dynamik, und die einzelnen Disziplinen bedienen sich der Kategorie G. zur Beschreibung unterschiedlicher Phänomene. In der Kunstgeschichte kommt sie trotz W. Pinders 1926 vorgelegtem Entwurf einer Kunstgeschichte nach G.en, die er in ein komplexes Verhältnis zu den verschiedenen Stilen setzt (*Das Problem der G. in der Kunstgeschichte Europas*), nur vereinzelt zum Tragen, so etwa in Bezug auf die Ende der 70er Jahre wiederentdeckte ›verschollene G.‹ des Expressiven Realismus (deutsche und österreichische Maler, geb. zwischen 1890 und 1905). Für die Literaturgeschichte gewinnt der G.s-Begriff ab dem Ende des 19. Jh. an Bedeutung, und zwar als Deutungsmuster zur Erklärung des Werte- und Formenwandels in der Literatur. Im 20. Jh. werden damit, zum Teil in Anlehnung an die Selbstdefinition einer Gruppe von Autoren, die Mitglieder einer literarischen Strömung charakterisiert (z. B. ›Lost Generation‹, eine Gruppe von amerikan. Schriftstellern der 20er Jahre; ↗›Beat Generation‹). Eine solche Gruppendefinition ist meist mit der Ablehnung vorangegangener literarischer Formen und früherer Werte verbunden, denen das Profil neuer künstlerischer Gestaltungsweisen entgegengesetzt wird, so dass sich unter diesem Blickwinkel literarischer Wandel als Abfolge gegensätzlicher Impulse konturiert, in der das Alte in regelmäßigen Abständen durch das Neue abgelöst wird, eine Denkfigur, die in radikalisierter Form v. a. das Selbstverständnis der künstlerischen ↗Avantgarden im 20. Jh. prägt. Eine ähnliche Funktion erfüllt das G.s-Prinzip in manchen Theorien literarischer Kreativität, etwa bei H. Bloom (*The Anxiety of Influence*, 1973), der im Rückgriff auf Freuds ↗Psychoanalyse Literaturgeschichte als ein Nacheinander von ›großen Dichtern‹ konstruiert, in dem sich der jeweils Jüngere in einem quasi-ödipalen Vater-Sohn-Konflikt gegen seinen mächtigen Vorfahren durchsetzen muss. Insbes. die Feministische Literaturwissenschaft entwarf davon abweichende Modelle, die Verbindungslinien zwischen Autorinnen verschiedener G.en aufdecken, um so eine weibliche Schreibtradition zu begründen. Im sozialwissenschaftlichen Bereich fungieren G.s-Einheiten als sozial- und kulturgeschichtliches Klassifikationsprinzip; sie werden häufig als zeitgeschichtliche G.en gefasst, z. B. ›NS-G.‹, ›Flakhelfer-G.‹, ›Nachkriegs-G.‹, ›68er-G.‹, neuerdings auch ›78er-G.‹, ›89er-G.‹ und ›Generation X‹. Des Weiteren wird der G.s-Begriff auch zur Differenzierung von Gruppierungen innerhalb von sozialen Bewegungen herangezogen, z. B. der Neuen Frauenbewegung, die in drei G.en eingeteilt worden ist: die der ›Gründerinnen‹, die der ›Macherinnen‹ und die der ›Konsumentinnen‹ (I. Stoehr; ähnlich H. Landweer). Diese Reihungen zeigen, dass die schnelle Aufeinanderfolge gesellschaftlich-kultureller Umbrüche eine Vielzahl von sich z. T. überschneidenden G.s-Zusammenhängen hervorbringt, die den G.s-Begriff immer unschärfer werden lassen und die sich etwa im Bereich der Jugendkultur teilweise mit dem Konzept des Lebensstils decken. – Die trotz seiner mangelnden Trennschärfe anhaltende Beliebtheit des Begriffs lässt sich auf zwei wichtige Funktionen zurückführen, die er erfüllt: die Reduktion gesellschaftlicher oder ganz allgemein lebensweltlicher Komplexität und die Stiftung sowohl individueller als auch kollektiver Identität. Sein suggestives Deutungspotential bezieht er dabei aus seiner biologischen Fundierung, die seine Perspektiviertheit und damit die Ebene seiner interessegeleiteten Konstruktion gerade ausblendet.

III. Kritik und neuere Entwicklungen. Allerdings ist auch verschiedentlich auf die Problematik und die Unzulänglichkeit des G.s-Konzepts hingewiesen worden. Zum einen wird es als vereinfachtes Erklärungsmuster für gesamtgesellschaftliche Probleme kritisiert (C. Leggewie; S. Coppersmith u. a.). Zum andern zeichnen sich Akzentverschiebungen in Bezug auf den Untersuchungsgegenstand ab. Statt einzelne G.en zu bestimmen und G.s-Folgen zu beschreiben, wird, unter Bezugnahme auf W. Pinders Vorstellung der ›Ungleichzeitigkeit des Gleichzeitigen‹ oder der ›Gleichzeitigkeit des Verschiedenaltrigen‹, dafür plädiert, der *Koexistenz* historisch unterschiedlicher, generationsabhängiger Muster der Weltwahrnehmung Rechnung zu tragen (J. Matthes; A. Göschel), um damit das komplexe Ineinandergreifen differenter kultureller Standpunkte innerhalb einer Gesellschaft präziser zu erfassen. In diese Richtung gehen auch neuere theoriegeschichtliche Ansätze. So wird etwa für den Bereich der Gender Studies eine Abkehr von einem linearen G.s-Folgenmodell diskutiert, da dieses immer auch Vorstellungen von Fortschritt, Höherentwicklung oder gar Teleologie impliziert. Das G.s-Konzept wird statt dessen, in Anlehnung an J. Kristevas Definition, als ›Signifikationsraum‹ (*Le temps des femmes*, 1979) verstanden, eine Metapher, mit der die zeitgleiche Verflechtung voneinander abweichender theoretischer Positionen sowie ihr jeweiliger Anspruch auf Deutungsmacht in einem sich immer wieder neu strukturierenden gesellschaftlich-kulturellen Kräftefeld klarer in den Blick genommen werden kann (G. Pollock).

Lit.: W. Erhart, Generationen – zum Gebrauch eines alten Begriffes für die jüngste Geschichte der Literaturwissenschaft. In: J. Schönert (Hg.), Literaturwissenschaft und Wissenschaftsforschung (2000). – E. Kilian/S. Komfort-Hein (Hg.), GeNarrationen. Variationen zum Verhältnis von Generation und Geschlecht (1999). – R. Sackmann, Das Deutungsmuster »Generation«. In: M. Meuser/R. Sackmann (Hg.), Analyse sozialer Deutungsmuster. Beiträge zur empirischen Wissenssoziologie (1992).

E. K.

Gentechnologie, Veränderung des Erbguts von Zellen durch chemische oder physikalische Eingriffe. Alle Lebewesen auf der Erde sind nach einem Baukastenprinzip aus Zellen aufgebaut. Die verschiedenen Erscheinungsformen des Lebens sind allerdings außerordentlich vielfältig. Dagegen sind sich menschliche, tierische und pflanzliche Zellen sehr ähnlich. Auf dem Niveau der Moleküle ist diese Ähnlichkeit noch viel ausgeprägter. In der atomaren Struktur der Zellen sind schließlich die Bausteine für alle Lebewesen identisch. Die Bauanleitung für alle Organismen ist in der

Desoxyribonukleinsäure (DNS) des Zellkerns, dem Hauptbestandteil der Chromosomen, festgelegt. Aber nicht nur die chemische Struktur der Erbsubstanz ist in allen Organismen gleich, sondern auch die Art, wie die Erbanlagen (Gene) auf der DNS angeordnet sind. Unter Genen versteht man dabei ganz bestimmte Abschnitte (Sequenzen) der DNS. Der genetische Code verwendet also nicht nur das gleiche Alphabet für alle Organismen, sondern es wird auch überall die gleiche Sprache geschrieben. Diese Universalität des genetischen Codes ist ein überzeugender Beweis für den gemeinsamen Ursprung aller Lebensformen. – Die Struktur der molekularen DNS-Blaupause, in der die Konstruktionsmerkmale jedes Individuums verzeichnet sind, wurde 1953 von F. Crick und J. Watson entdeckt. Das Riesenmolekül DNS hat die Form einer Doppelhelix. Nachdem der Bauplan des Lebens gefunden war, lag die Idee nahe, durch Veränderung des Erbguts neue Lebensformen zu schaffen. Durch Fortschritte in der experimentellen Biologie war es möglich, die Sprache der einzelnen Gene zu entziffern und bestimmte Gene zu isolieren. Ist die Feinstruktur der DNS aber einmal entschlüsselt, so ist sie auch zu verändern – und damit das Leben selbst. Die G. leistet nun die Isolierung eines Gens aus einem Organismus und seine Vermehrung in einem anderen. Dies gelang St. Cohen und seinen Mitarbeitern im Jahre 1972. Damit ermöglicht die G. mit der gezielten Veränderung des Erbgutes von Organismen durch die Addition artfremder Gene einen nachhaltigen Eingriff in die Natur. – Da die Erbinformation in den Zellen kodiert ist, ist es auch möglich, aus einem lebenden Organismus einen Zellkern zu isolieren und ihn der fortgesetzten Zellteilung zu unterwerfen. Auf diese Weise können ungeschlechtlich erbgleiche Lebewesen (Klons) gezüchtet werden. Die Hauptanwendungen der G.

liegen auf dem Gebiet der Medizin. Als Beispiel sei die gentechnische Herstellung von Insulin zur Behandlung von Diabetes und die gentechnische Erzeugung von Erythropoetin zur Förderung der Bildung von roten Blutkörperchen genannt. Daneben gibt es bereits vielversprechende Erfolge in der Gentherapie zur Bekämpfung von schwer heilbaren Krankheiten (Hepatitis-B, Aids). Die G. stellt aber auch Verfahren bereit, menschliche Keimzellen gezielt zu verändern und damit Menschen mit ganz neuen Eigenschaften zu züchten. Zwar sind gentechnische Manipulationen an menschlichen Keimzellen per Gesetz verboten, aber man muss daran erinnern, dass jede Technologie nicht nur zum Vorteil, sondern auch zum Schaden der Menschheit eingesetzt werden kann. Es bleibt abzuwarten, ob der Mensch die großen Möglichkeiten, die die G. bietet, zu seinem Vorteil nutzen kann, ohne gezielt oder durch Betriebsunfälle gentechnische Monster zu erzeugen, die er nicht wieder in den Griff bekommt.

Lit.: E. L. Winnacker, Gene und Klone. Eine Einführung in die Gentechnologie (1990). – H. Zankl, Genetik. Von der Vererbungslehre zur Genmedizin (1998).

C. G.

Globalisierung, Leit- und Selbstbeschreibungsbegriff der kapitalistischen Gesellschaften, aus der Familie der neuzeitlichen Bewegungsbegriffe (›Fortschritt‹, ›Aufklärung‹, ›Bildung‹ etc.) mit fortdauernder Hochkonjunktur seit Anfang der 90er Jahre. Die (für den Verkehrswert von G. freilich unerhebliche) Quelle ist die ökonomische Management-Ideologie, alle Produktions- und Vermarktungsentscheidungen vom Standpunkt der globalen Konkurrenz zu denken. Für G. gibt es ein breites Spektrum z. T. widersprüchlicher Verwendungsweisen. Plausibilisiert werden sie von der allgegenwärtigen Erfahrung wachsender ökonomischer und kommunikativer Verflechtung: vom weltweiten Agieren transnationaler Konzerne (›global players‹); von der Internationalisierung der Finanzmärkte und -ströme; von Markenwaren, die in jedem Winkel der Erde angeboten werden; von einer Massenkultur, die von vornherein auf weltweite Vermarktung ihrer Produkte setzt; von verkürzten Verkehrs- und Kommunikationswegen; von der Internationalisierung politischer und militärischer Macht, die zunehmend im Namen ›globaler‹ Akteure und Werte operiert. Der Begriff G. suggeriert den galoppierenden Machtverlust für alle Akteure, die lokal oder national gebunden sind, nicht zuletzt für den Nationalstaat selbst, dem die Fähigkeit zur Steuerung und Besteuerung des internationalen Kapitals zusehends abhanden kommt. Nach dieser Seite ist der Topos vom ›Standort‹ untrennbar verbunden mit dem G.s-Motiv: Politische Körperschaften (Gemeinden, Nationalstaaten) codieren sich selbst als untereinander konkurrierende Anbieter attraktiver Verwertungsbedingungen für potentielle Kapitalinvestoren. Die ›globale Konkurrenz‹ legitimiert so den Abbau sozialstaatlicher und korporatistischer Regelungen durch die vermeintlichen Sachzwänge der Konkurrenz. Waren es bisher die Kapitalien, die untereinander zu konkurrieren schienen, so sind es nun, im Zeitalter der G., die ›Standorte‹, welche um die Gunst der Kapitalien konkurrieren. Dieser Mechanismus garantiert die Umsetzung ökonomischer Verwertungsimperative als ›Sachzwänge‹ in der politischen Sphäre, während sich die ›global players‹ zunehmend erfolgreich jeder demokratischen Kontrolle entziehen. Nicht zufällig häufen sich triumphalistische Äußerungen aus der Wirtschaft, welche die G. als endgültiges Ende staatlicher Interventionsmöglichkeiten im Felde der Ökonomie feiern (z. B. Biskup 1996). Während der Kapitalismus bis zum Ende der Blockkon-frontation auf den politisch-militäri-schen Schutz der Nationalstaaten ange-wiesen war, scheinen sich die Verhält-nisse jetzt, nach dem Ende jeglicher staatlich organisierten Gegenmacht, umgekehrt zu haben: Die Nationalstaa-ten sind zu ihrem Überleben auf das Wohlwollen der Investoren angewiesen. Investitionen erfolgen nur dann, wenn Staatstätigkeit, Lohnquote und Sozial-system den Investoren wohlgefällig sind. G. steht insofern für die umfassende Politisierung der Ökonomie und die Ökonomisierung der Politik. Der Topos G. steht für politische Geschichten mit beträchtlichem Droh- und Verhei-ßungspotential. Einmal nährt er die (insbes. von der Ökologiebewegung for-cierte) Vorstellung von der ›einen Welt‹ und der gemeinsamen Verantwortung für sie, zum anderen dient er dem Auf-bau ökonomischer Drohkulissen, in de-nen die G. von Produktion und Arbeits-markt ›unseren‹ Reichtum bedrohen (Martin/Schumann, *Die Globalisie-rungsfalle*, 1996). – Die G. schillert zwi-schen Verhängnis und Verheißung. An-ders als die Bewegungsbegriffe ›Fort-schritt‹ oder ›Aufklärung‹ muss man die G. nicht wollen, aber es ist gegen sie auch kein Kraut gewachsen. Einmal ruft sie die ›globalen Probleme‹, ›das Zu-sammenrücken der Menschheit‹ jenseits aller Klassen, Rassen und Nationen auf, das in den fröhlich-multikulturalisti-schen Werbebildern von Mode, Sport und Massenkultur kodiert ist. Sie ko-diert aber auch namentlich unsere öko-nomische Lage als ein Ensemble von Sachzwängen, dem sich bei Strafe des Untergangs keiner entziehen kann. Das Schlagwort G. beschwört die Erfahrung, dass die Wirkungen von Ereignissen und Handlungen sich in der ›Risiko-gesellschaft‹ (Beck 1986) nicht begren-zen lassen. – Die universalistisch-pro-grammatische Komponente von G. be-steht in der Unterstellung, der Prozess unterwerfe einen wachsenden Teil der Weltbevölkerung den gleichen Lebens-bedingungen und schaffe damit mehr Gerechtigkeit. Tatsächlich scheint G. eher die Fanfare zu sein, hinter der sich die transnationalen Konzerne und ihre politischen Organisationen (IMF, Welt-bank) eine Welt nach ihrem Bilde schaf-fen, in der das ständig wachsende Machtgefälle zwischen den Teilnehmern des Weltmarktes als einziges Modell für ›Gleichheit‹ und ›Gerechtigkeit‹ übrig-bleibt. Zu den rhetorischen Vorzügen des G.s-Topos gehört, dass alle national-staatlichen Schutzmaßnahmen für die jeweils eigene Bevölkerung als (sei es unbezahlbare, sei es nationalistische) Sonderwege, als Ausscheren aus der So-lidarität der ›freien Länder‹, kodiert werden können. Strittiger als der pro-pagandistische Wert des Begriffes G. ist dessen diagnostische Potenz. Zweifellos bringt G. einen höchst widersprüchli-chen Prozess auf eine (zu) einfache For-mel (vgl. Weiss 1998). Was die Inter-nationalisierung der Produktion be-trifft, so gibt es gewiß Waren und Dienstleistungen, deren Fertigung pro-blemlos in jeden Winkel der Welt verlegt werden kann, wenn dort die Arbeits-kräfte billiger sind. Es gibt aber auch den gegenläufigen Prozess: Für hoch-technologische Fertigungsprozesse sind die Anforderungen an Infrastruktur, Bildungsstand und Disziplin der Be-schäftigten, Rechtssicherheit und Marktnähe so gewachsen, dass eine pro-fitable Produktion nur noch an ganz wenigen Stellen möglich ist. Wie viele ›Standorte‹ gibt es für den Flugzeug- und Computerbau, für die moderne Automobilproduktion? Manche Öko-nomen sind der Ansicht, dass die inter-nationale Verflechtung des Produkti-onskapitals in diesem Jahrhundert kaum zugenommen hat, unstrittig ist dagegen die vollständige Denationali-sierung der Finanzmärkte und der spe-kulativen Zirkulation.

Lit.: E. Altvater/B. Mahnkopf, Gren-zen der Globalisierung (1996). – M.

Beisheim u. a., Im Zeitalter der Globalisierung? Thesen und Daten zur gesellschaftlichen und politischen Denationalisierung (1999). – U. Beck: Risikogesellschaft (1986). – H.-P. Martin/H. Schumann, Die Globalisierungsfalle. Der Angriff auf Demokratie und Wohlstand (1996). – L. Weiss: The Myth of the Powerless State. Governing the Economy in a Global Era (1998).

C. K.

Graffiti, anonyme Markierungen (Zeichen, Bild und/oder Text) an und in (halb)öffentlichen Stätten. Das Spannungsverhältnis von Anonymität und Selbstdarstellung, Intimität und Öffentlichkeit, Verbot und Übertretung pointierten bereits griechische und römische Wandkritzeleien (z. T. obszöne Symbole, Worte, Kurzmitteilungen, z. B. 590 v. Chr. an Statuen von Abu Simbel, auch in Pompeji). G. sind in dieser Form (in Toiletten, Gefängnissen, Schulen, an Denkmälern) bis heute zu finden. Im späten 19. Jh. beginnen Kriminologie, Psychologie, später auch die Soziologie, aus G. Rückschlüsse auf Persönlichkeitsstrukturen zu ziehen. Die ästhetische Bewertung setzt zeitgleich im Hinblick auf (›primitive‹) Volkskunst und Kinderzeichnungen ein. – Im 20. Jh. werden G. in öffentlich mitteilender Funktion wirksam (z. T. radikale politische Meinungsäußerung außerhalb offizieller Kommunikationsmedien). Bürgerrechts- und Studentenbewegungen der 60er Jahre, Frauen- und Friedensbewegung der 70er und 80er Jahre prägen auch humoristisch-nonsenshafte Parolen (›Sponti-Sprüche‹). – Weniger auf Mitteilung als auf die ästhetisch attraktive Präsentation von Spitznamen und Pseudonymen zielen die ab ca. 1970 im puertoricanisch-afroamerikan. Milieu New Yorks auftauchenden Sprühlack-G. ab. Mit bunten, bis zur Unleserlichkeit ornamentierten Schriftzügen an Bahnstrecken und auf (U-Bahn-)Zügen erheischen G.-*writers* (oft Banden) Aufmerksamkeit von Passanten und von anderen Sprayern. Von New York aus verbreiteten sich G. ohne größere stilistische Unterschiede weltweit (seit den 80er Jahren v. a. über die HipHop-Kultur, ↗ Black Music). Umstritten bleiben G., da sie gleichermaßen der Kriminalität (Sachbeschädigung), der Kunst (Ästhetik- und Individualitätsvorstellungen der Moderne), dem (Kunst-)Markt (›Galerie-G.‹; G. in der Werbegraphik) und gesellschaftlichen Phänomenen (z. B. Rassendiskriminierung) zurechenbar sind. Die Untrennbarkeit ihrer politischen, ästhetischen und sozialen Dimensionen, die Aura des Obszönen und ihr hybrider Schrift-Bild-Charakter weckten das Interesse von Theoretikern der ↗ Postmoderne und der ↗ Cultural Studies (J. Baudrillard, S. Hall), die jedoch selten über widersprüchliche bis naive Apologien (›G. als Akt der Subversion‹) hinausgelangten.

Lit.: K. Varnedoe/A. Gopnik, Graffiti. In: Dies., High and Low. Moderne Kunst und Trivialkultur (1991).

N. G.

Großstadt. Die G. ist quantitativ wie qualitativ bestimmbar, statistisch spricht man von G. bei mehr als 100 000 Einwohnern. Zusätzlich unterscheiden von der G. kann man: Millionenstädte (mit mehr als 1 Mio. Einwohnern), Mega-Städte (mit mehr als 10 Mio. Einwohnern) sowie Hauptstädte und Global Cities. Die Geschichte der G. ist eng verbunden mit der Geschichte der Industrialisierung und Modernisierung und der Landflucht zwischen 1860 und 1914. Der Anteil der Gesamtbevölkerung, der in Städten lebt, wächst zu dieser Zeit von 4,8 auf 21,3% bei einem Bevölkerungswachstum von ca. 35 Mio. (1850) auf ca. 67 Mio. (1913). Von 1950 bis 1995 steigt der Anteil an Stadtbewohnern weltweit von 29% auf 45%. Nach Schätzungen der UNO wird im Jahr 2005 mehr als die Hälfte der Weltbevölkerung (ca. 3,3 Milliarden Menschen) in Städten und städtischen Ballungsräumen wohnen. Die bevölkerungsreichste Mega-Stadt weltweit ist Tokio mit ca. 25 Mio. Einwohnern (1990). Ein Hauptproblem der Großstädte ist die Schaffung und der Erhalt von Wohn- und Arbeitsplätzen. Etwa jeder vierte Stadtbewohner in Lateinamerika und Asien sowie ca. 42% der schwarzafrikanischen Stadtbevölkerung leben in Armut. Ein Kennzeichen der G. in qualitativer Hinsicht ist ihre Komplexität oder »unvollständige Integration« (H. P. Bahrdt), d. h. die Unabhängigkeit von professionellen Funktionssystemen untereinander im Verhältnis zur Gesellschaft insgesamt (Wirtschaft, Verwaltung, Politik, Kultur etc.) sowie die Unabhängigkeit der Einwohner voneinander. War die griechische Polis in der Lage, die Menschen und Funktionen einer Stadt zu trennen und zu verbinden, um einen »Weltraum« des gemeinsamen Austausches und der gemeinsamen Auseinandersetzung zu bieten, der politische Macht durch Nähe schafft und begrenzt (H. Arendt, *Vita activa*, 1958), so wird dieser »Weltraum« in der G. durch einen Funktionsraum ersetzt, der auf Bindung und Begrenzung verzichten können soll. Moderne Großstädte, wie sie seit dem 19. Jh. in Europa entstehen, brauchen keine Nähe und gehen nicht auf die Initiative eines Gründers (eines Fürsten, des Klerus oder der Hochfinanz) zurück, sondern folgen den Standorten der Industrie und günstigen Handelswegen. Ihre Planung antwortet funktional auf die Bedürfnisse der zentralen Arbeitgeber. – An der G. lässt sich gerade seit dem 19. Jh. auch immer wieder der Ablauf der ↗Modernisierung der Gesellschaft insgesamt beschreiben. So wird die G. für die neu entstehende Soziologie um 1900 (bei Durkheim, Simmel, Sombart, Weber, Tönnies etc.) ebenso wie für die Kunst und Literatur zum zentralen Paradigma. Sie wird gleichermaßen als Befreiung wie als Bedrohung beschrieben, als Einheit von Individualisierung und Anonymisierung (Durkheim), von Mobilität und Orientierungsverlust, von Gleichgültigkeit und Sensibilisierung (Simmel). Die G. ist ein ein »social laboratory« (R. E. Park), so die Soziologen der Chicago-School Ende der 20er Jahre, in dem sich die Geheimnisse menschlicher und gesellschaftlicher Natur erforschen lassen.

Die deutschen Großstädte nach 1945 sind wesentlich durch den Wiederaufbau geprägt. Mehr als 20% aller Wohnungen waren durch den Krieg zerstört worden. In funktionalistischer Tradition wurden die Städte wiederaufgebaut (Trennung von Arbeiten, Wohnen, Konsumieren, Infrastruktur), z. T. in direktem Anschluss an Traditionen vor 1945. Während in den 60er Jahren eine *Unwirtlichkeit unserer Städte* (A. Mitscherlich, 1965) diagnostiziert wird, die die funktionale Ausdifferenzierung als Entfremdung von Geselligkeitsstrukturen beschreibt, steigert sich die Kritik der G. in den 80er Jahren zur Diagnose der *Unwirklichkeit der Städte* (K. Scherpe, 1988): Die moderne Stadt gilt als unanschaulich, azentrisch, geschichtslos und austauschbar. Am Beispiel von J. Portmans *Bonaventura Hotel* in Los Angeles hat F. Jameson (*Zur Logik der Kultur im Spätkapitalismus*, 1986) beschrieben, wie es der Architektur eines Hauses durch perfekte Symmetrie gelingt, dem Besucher die Lokalisierung und Orientierung unmöglich zu machen. Der »Hyperraum« des Hauses wie der Stadt insgesamt wird in den 80er Jahren zu einer indifferenten Zone, die v. a. deterritoriale Dienstleistungen, Arbeits- und Konsummöglichkeiten anbietet. Im Zuge der Globalisierung der Wirtschaft sind neben und in den Großstädten seit den 70er Jahren sog. *Global Cities* entstanden, die als Kommunikationsknotenpunkte ihre Identität nicht mehr national, sondern international gewinnen (z. B. Frankfurt im Unterschied zu

Köln). Anders als erwartet, führt die Nutzung der Telekommunikation jedoch nicht notwendig zu einer weiteren Steigerung von Indifferenz der G., sondern macht im Gegenteil »den persönlichen Kontakt und die räumliche Nähe immer wichtiger« (S. Sassen, *Metropolen des Weltmarkts*, 1996). Große Unternehmen haben in den *Global Cities* einen eigenen »Weltraum« hergestellt, der die G. mit der Welt in selektiver und privatisierter Form verbindet. Daneben bietet sich in Gestalt des ↗ Internet eine Möglichkeit für einen öffentlichen, aber medialen Zugang zur Welt. Soziologen wie Richard Sennett plädieren unter dem Eindruck der Veränderung der Gesellschaft von einer Waren- zu einer Informationsökonomie trotz aller Ausdifferenzierung nicht für eine modernistische Kultur der ↗ Collage des heterogenen Nebeneinander, sondern für eine Kultur der Nicht-Indifferenz und der Konfrontation mit Konflikten, um die G. als Ort des »Miteinander« (H. Arendt) und nicht des ohnmächtigen Nebeneinander möglich bleiben zu lassen.

Lit.: H. P. Bahrdt, Die moderne Großstadt (1961). – R. Sennett, Fleisch und Stein. Der Körper und die Stadt in der westlichen Zivilisation (1995). – C. Zimmermann, Die Zeit der Metropolen. Urbanisierung und Großstadtentwicklung (1996). – H. Hansruedi u.a. (Hg.), Capitales Fatales (1995).

St. H.

Happening (engl. = Ereignis), Begriff für künstlerische Veranstaltung, eingeführt vom amerikan. Aktionskünstler A. Kaprow Ende der 50er Jahre. H.s sind nachgewiesen seit 1957 in Japan (Osaka), Zentren der H.-Bewegung in den USA (A. Kaprow, C. Oldenbourg, J. Dine u.a.) und in Europa (Frankreich: J.-J. Lebel, J. Tinguely; Westdeutschland: W. Vostell, B. Brock). Dadaistische Einflüsse, Nähe zu Fluxus. Radikalisierung der Konfrontation von künstlerischer und außerkünstlerischer Realität mit dem Ziel, die Trennung von ›Kunst‹ und ›Leben‹ (Vostell) zu überwinden. Da die Form der Kunst gegen »nicht-komponiertes Leben« stehe, müsse diese zerschlagen werden. Hierzu dient die Einführung des Zufalls als künstlerische Methode. Aus dem Selbstverständnis des H.s als Anti-Kunst erklären sich auch die autodestruktiven Aktionen wie das Zertrümmern von Instrumenten, das Zerstören von Leinwand usw. Vostell formuliert als Kriterien eines H.s: »1. Einmaligkeit des Geschehens, 2. Ereignis findet draußen an verschiedenen Stellen statt, 3. Publikum beteiligt sich am Geschehen.« Die postulierte Aufhebung der Trennung von Produzent und Rezipient transportiere »einen allgemeinen Traum in die Erscheinung« (J.-J. Lebel) und realisiere situativ eine gesellschaftliche Utopie: »Es gibt kein Publikum mehr, keine Schauspieler, keine Exhibitionisten, keine Zuschauer, jeder kann sein Verhalten nach Belieben wechseln. Jedem einzelnen sind seine Grenzen und seine Verwandlungen überantwortet.« (Lebel). Als Anti-Kunst konstituiert sich das H. jenseits der traditionellen Kunstgattungen und ihrer medialen Orte, während eine disziplinär organisierte und orientierte Kritik es jeweils von einer bestimmten Kunstgattung her zu begreifen suchte. So beschrieb S. Sontag das H. als »Weiterentwicklung in der Malerei«, M. Esslin sah es als »Theaterstücke«, J. Kott u.a. stellten es in Beziehung zur Literatur der ↗ Moderne. Mitte der 60er Jahre erreichte das H. in Deutschland seine größte Wirksamkeit. Als Höhepunkt gilt die von Vostell organisierte, vom Stadttheater Ulm veranstaltete Aktion »In Ulm, um Ulm und um Ulm herum«. Dieses H. führte zu einer breiten Diskussion um den ›Kunstcharakter‹ des Genres, an der sich auch die repräsentative Theaterzeitschrift *Theater heute* (Mai 1965) beteiligte. Das H. wird nun thematisiert, auch von namhaften Autoren (H. Böll: *Ende einer Dienstfahrt*). Kritik am H. übt P. Weiss vom Standpunkt des Dokumentartheaters mit dessen Neuformulierung des Verhältnisses von »Literatur« und »außerliterarischer Wirklichkeit«: Das H. sei die »Illusion eines Engagements am Zeitgeschehen.« Einen Einschnitt für das H. brachte 1965 zudem das Erscheinen der Dokumentationen *Happenings* von J. Becker und W. Vostell im Rowohlt-Verlag und *Happenings – An Illustrated Anthology* von M. Kirby. Hatte das H. zunächst programmatisch auf einen materialen Träger von ›(Anti-)Kunst‹ verzichtet, um einer Vereinnahmung zu entgehen, waren es jetzt die ›Dokumente‹, über die die Happenisten in den bürgerlichen Kulturbetrieb zurückfanden. Abschluss dieser Re-Integration und zugleich das Ende des H.s als Anti-Kunst bildete eine Retrospektive im Kölner Kunstverein (1970), bei der berühmt gewordene H.s ihre Wiederaufführung ohne Publikumsbeteiligung erlebten.

Lit.: J. Becker/W. Vostell (Hg.), Happenings. Fluxus, Pop Art, Noveau Réalisme (1965). – M. Kirby (Hg.), Happenings – An Illustrated Anthology (1965). – W. Vostell (Hg.), Aktionen. Happenings und Demonstrationen seit 1965 (1970).

P. S.

Hippiekultur, in den 60er Jahren von den USA ausgehende Jugendkultur, die den repressiven Tendenzen der bürgerlichen Leistungsgesellschaft das Streben nach persönlichem Glück und individueller Selbstverwirklichung entgegensetzte. – Wesentliche Inhalte der H. sind bereits von der amerikan. ↗ Beat Generation (A. Ginsberg, J. Kerouac) der 50er Jahre formuliert worden: das freie Ausleben von Sexualität, der Gebrauch von bewusstseinserweiternden ↗ Drogen, die Hinwendung zu fernöstlichen Weisheitslehren und Meditationstechniken sowie die große Bedeutung populärer Musik, die dem neuen Lebens-

gefühl seinen genuinen Ausdruck verlieh. Während die Beats allerdings ein vagabundierendes Leben am Rand der Gesellschaft führten und wenig Spielraum für Veränderung sahen, waren die Hippies optimistischer und versuchten, eine Gesellschaft in der Gesellschaft zu etablieren. Sie erprobten Formen großfamilialen Zusammenlebens in Kommunen und Hausgemeinschaften, eröffneten Läden für Kleidung, Schmuck und Kunsthandwerk und gründeten eigene Theater. Die H. wurde auf diese Weise schnell ein Massenphänomen mit Zentren wie Haight-Ashbury in San Francisco oder East Village in New York, die Jugendliche aus allen Teilen des Landes anzogen. – Obwohl es durchaus gerechtfertigt ist, die H. als Ausdruck des ↗ Protests gegen die bürgerliche Gesellschaft zu verstehen, darf nicht verkannt werden, dass dieser Protest kaum politisch reflektiert wurde, sondern intuitiv erfolgte. Im Unterschied zu den Aktivisten der Protestbewegung haben die Hippies kaum gegen die Strukturen der bürgerlichen Gesellschaft opponiert. Nur ein vergleichsweise kleiner Teil, die in der *Youth International Party* (YIP) zusammengeschlossenen Yippies, stellte theoretische Überlegungen zur Veränderung der Gesellschaft an und war politisch aktiv. – Im Bewusstsein einer breiten Öffentlichkeit kursiert heute ein verzerrtes Bild der H., das einerseits auf deren vereinnahmende Kommerzialisierung durch die bürgerliche Kulturindustrie zurückgeht, andererseits aber auch auf ein illusionäres Selbstverständnis der Hippies selbst, die die Diskrepanz zwischen Anspruch und Wirklichkeit ignorierten. Indem sie sich Blumenkinder nannten, betonten sie die Sonnenseite ihres alternativen Lebens und verdrängten die Tatsache, dass die neuen Formen des sozialen und sexuellen Zusammenlebens bei vielen psychische Wunden hinterließen, während die schwer zu kontrollierenden Experimente mit Drogen zu chronischer Abhängigkeit führten und nicht selten mit dem Tod endeten. ↗Gegenkultur; ↗Subkultur; ↗Alternative Kultur

Lit.: W. Hollstein, Die Gegengesellschaft. Alternative Lebensformen (1979). – K. Mehnert, Jugend im Zeitbruch. Woher – wohin? (1976).

B. W.

Historikerstreit, in verschiedenen Zeitungen und Zeitschriften Ende der 80er Jahre geführte Auseinandersetzung um die ›Historisierung‹ des Nationalsozialismus und die Kontinuitätskonstruktion deutscher Geschichte. Zu den wesentlichen Streitpunkten gehörte die Frage, in welcher Weise ein Vergleich der nationalsozialistischen Verbrechen mit den Verbrechen anderer Diktaturen für die historische Erkenntnis sinnvolle Perspektiven eröffnen könne. Ausgangspunkt des Streits war die These E. Noltes, »dass die sogenannte Judenvernichtung des Dritten Reiches eine Reaktion oder verzerrte Kopie und nicht ein erster Akt oder das Original war« (*Historikerstreit*, 1987, 33), dieses sei vielmehr in den Verbrechen der Bolschewiken zu finden. Auf diese These reagierte J. Habermas in einer Polemik, die in der *Zeit* erschien und in der er zugleich die Historiker M. Stürmer, A. Hillgruber und K. Hildebrand als Repräsentanten einer neuen, von ihm als neokonservativ und revisionistisch eingeschätzten »Geschichtspolitik« kritisierte. Am H. beteiligten sich zahlreiche namhafte Historiker, Philosophen und Journalisten. Seine Bedeutung lag von Beginn an in der Überschreitung der einem Fachpublikum bekannten, von der weiteren Öffentlichkeit aber kaum rezipierten Periodika. Die Debatte, der ein polemischer Ton eigen blieb, gewann ihre Schärfe nicht zuletzt aus den nicht immer eingestandenen politischen Implikationen der unterschiedlichen Positionen und ihrer Beziehung zu der als Wende bezeichneten Regierungs-

politik des Kanzlers Kohl. Zentral blieb die Frage, inwiefern eine Historisierung des Nationalsozialismus die Singularität der nationalsozialistischen Verbrechen relativiere. In der Konsequenz enthielten die gegensätzlichen Antworten darauf auch gegensätzliche Vorstellungen über eine konsensfähige historische Kontinuitätsdefinition deutscher Geschichte. Kennzeichnend war, dass diese Implikationen nicht bei allen Diskutanten auch offen ausgesprochen wurden. Für die meisten Historiker waren Noltes Thesen nicht wegen des Vergleichs der nationalsozialistischen Massenmorde mit den Verbrechen des Stalinismus problematisch, sondern wegen der von ihm hergestellten Verknüpfung. Die Singularität der nationalsozialistischen Verbrechen (↗Auschwitz) räumte Nolte ein, sah sie aber als eine »aus Angst geborene Reaktion auf die Vernichtungsvorgänge der Russischen Revolution« (ebd. 32). Der Behauptung einer nicht nur zeitlichen, sondern auch kausalen Abhängigkeit des NS-Verbrechen von den zeitlich früheren Massenmorden in der Sowjetunion mochten andere Historiker letztlich kaum zustimmen. Die in der Kontroverse bemühten Vergleiche mit anderen Massenmorden des 20. Jh. erschienen als Versuche der Relativierung, da ein Verweis auf die Vernichtung der Armenier, die Ausrottungspolitik Pol Pots oder anderer kaum geeignet waren, neue Erkenntnisse zur Spezifik des Nationalsozialismus beizutragen. In einem Versuch, die Debatte zu resümieren, sprach Ch. Meier dies aus. »Selbst wenn die deutschen Verbrechen nicht einzigartig gewesen wären, was wäre für uns und unsere Stellung in der Welt damit gewonnen? Was nützt es uns, wenn die Judenvernichtung neben der Kulakenverfolgung und -liquidation oder den Ausrottungen des Herrn Pol Pot ins Glied tritt?« (ebd. 210) Tatsächlich war die Frage, ob und in welcher Hinsicht die nationalsozialistischen Verbrechen einzigartig waren, nicht von der geschichtspolitischen Kontroverse, die der H. v. a. darstellt, zu trennen (↗ Aufarbeitung der Vergangenheit). Es ging, auch in der Polemik von Habermas gegen Nolte, nicht allein um den Streit zwischen einer möglicherweise verharmlosenden und einer kritischen Deutung der Besonderheit des Nationalsozialismus, sondern auch um die Frage, ob eine neue oder veränderte historische Kontinuitätsvorstellung für die Bundesrepublik anzustreben sei. In diesem Sinn war der H. ebenso symptomatisch für die Wende wie die Auseinandersetzungen um die beiden neu gegründeten Geschichtsmuseen in Bonn und Berlin. In ihm wurde jedoch deutlicher, dass das Verhältnis zum Nationalsozialismus für das kulturelle und historische Selbstverständnis der Bundesrepublik zentral blieb. Dies belegten auch die späteren kulturpolitischen Kontroversen über die Ausgestaltung der Neuen Wache und das Holocaust-Mahnmal in Berlin, die nach der deutschen Einigung ähnlich gegensätzliche Standpunkte zeigten.

Lit.: »Historikerstreit«. Die Dokumentation der Kontroverse um die Einzigartigkeit der nationalsozialistischen Judenvernichtung (1987). – E. Nolte, Das Vergehen der Vergangenheit (1988). – H. U. Wehler, Entsorgung der deutschen Geschichte? (1988).

R. R.

Homosexuellenkultur, im Rahmen von interdisziplinär arbeitenden Queer, Gender und Gay and Lesbian Studies untersuchte Gesamtheit der Lebensäußerungen von weiblichen und männlichen Homosexuellen innerhalb zeitlicher und räumlicher Grenzen. Während ältere Untersuchungen, die meist von Repräsentanten der auf Abschaffung der Strafbarkeit homosexueller Handlungen abzielenden ersten Homosexuellenbewegung (K. H. Ulrichs, H. Hössli, E. v. Kupffer, M. Hirschfeld) stammten, die Phänomene und Prakti-

ken der H. auf eine vorausgesetzte homosexuelle ›Natur‹ bezogen und die H. als ungerecht diskriminierte Erscheinung eines sozial und moralisch Guten beschrieben, setzen neuere Forschungen (D. Altman, M. Foucault, J. Butler u. a.) bei der konkreten Art und Weise der kreativen Verwendung und Ummodelung von Elementen der hegemonialen Kultur durch Homosexuelle an und interpretieren Strategien schwuler und lesbischer Selbstkonstitution und -begründung. Breitere Aufmerksamkeit erhielt die H. durch die starke Wirkung von S. Sontags subtilem Essay *Anmerkungen zu ›Camp‹* (1964), der eine spezifische ästhetische Erlebnisweise (»Gleichwertigkeit aller Objekte«, »das Kunstmäßige als Ideal«, »Identifizierung mit extremen Gefühlslagen«, »Befreiung von moralischer Relevanz«) als Ausdruck einer konkreten historischen Ausprägung homosexueller Kultur in Europa und den USA vorstellte und als Versuch beschrieb, die ablehnende Haltung der Mitwelt gleichzeitig zu besänftigen und zu kritisieren.

Tatsächlich hat die Homosexualitätenforschung es angesichts der synchronen und diachronen Vielzahl von Homosexualitätskonzepten mit ganz unterschiedlichen H.en zu tun. Eine H. umfasst sowohl die Formen der alltäglichen Selbstrepräsentation und Gruppendarstellung als auch der Kunstproduktion und -rezeption von Homosexuellen. Sie ist gebunden an die jeweiligen historisch wirkungsmächtigen diskursiven und praktischen Konstruktionen von Homosexualität. Die H. der westlichen Industriestaaten beruht zum einen auf der sich im subjektivierenden Bekenntnis manifestierenden modernen Rückbindung der individuellen Identität an die Form des sexuellen Begehrens, zum anderen auf den im 19. Jh. entwickelten objektivierenden medizinisch-psychiatrischen Definitionen des schwulen Mannes und der lesbischen Frau, die Homosexuelle zur stigmatisierten »Spezies« (M. Foucault) machten, die quer zur ›natürlichen‹ Ordnung steht. Erst das Zusammenwirken objektivierender und subjektivierender Praktiken ermöglicht eine H., deren Mitglieder sich in ständigem Konflikt mit gesellschaftlichen Geschlechterrollen befinden und sich als Angehörige einer Gruppe, der »Community«, verstehen und darstellen. Innerhalb der H., zu der die privaten und öffentlichen Bereiche der ↗Subkultur (Bars, Discos, Saunen, öffentliche Bedürfnisanstalten, Schwulen- und Lesbenzentren u.s.w.) ebenso gehören wie die in die Leitkultur hineinwirkenden Bereiche politischer Selbstdarstellung (Christopher-Street-Paraden, Mardi Gras) und die Performanzen homosexueller Wahrnehmung innerhalb und außerhalb der Institution Kunst, entwickeln Homosexuelle, die ihre Rollenmodelle nicht in der Mehrheitskultur vorfinden, eigene Verhaltens- und Kommunikationsweisen, Kulturmuster, ästhetische Normen und sexuelle Rollen. In der Analyse der H. westlicher Industriestaaten haben sich die Christopher-Street-Unruhen von 1969 – eine sich an eine Razzia in der Bar »Stonewall Inn« anschließende Straßenschlacht – als Zäsur durchgesetzt, der die Periodisierung in eine Prä-Stonewall-H. und eine Post-Stonewall-H. entspricht. Die ältere H. ist gekennzeichnet durch die Absonderung von Homosexuellen in den Bereich des sittlich, sozial und ästhetisch Unzulässigen, in dem sie ihre kulturellen Strategien entwickeln mussten. Merkmale dieser H. sind: manieristische Formensprachen; die Inszenierungen von Geschlechterdiffusionen (Transvestitionen, mimische, gestische Imitationen u.s.w.); karnevalistische Selbstdarstellung und Kunstproduktion; Rückbezug auf vermeintlich tolerantere Vergangenheiten (Antike, höfische Welt); Identifikationstoleranz; strikte Trennung von gesellschaftlicher und subkultureller Existenz und den jeweils zugehörigen Verhaltensweisen; Affinität zu uneigentlichen Redeweisen, Ironie, Sarkasmus; Distanz zu den Essentials aufklärerischer Ästhetik (Wahrscheinlichkeit, Vorbildhaftigkeit der Natur, Mäßigung in Darstellung und Selbstdarstellung, ethische Verantwortlichkeit, Homogenität). Merkmale der Integration, ›Normalisierung‹ und bürgerliche Gleichstellung befürwortenden Post-Stonewall-H. sind: Übernahme ästhetischer Normen aus der Leitkultur; Performanz des biologischen Geschlechts; Rückbezug auf Natur; Identitätsstrategien; Ideal der Einheit von öffentlicher und privater Rolle; Distanzierung von der Subkultur; Affinität zu konsumistischen Verhaltensweisen; Verwendung ›authentischer‹ Redeformen; Selbstverpflichtung auf die ethischen Normen der Leitkultur. Diese mit der politischen Entwicklung der Homosexuellenbewegung einhergehende Neuformierung der H. (bei faktischem Fortbestehen zahlreicher Muster der alten H.) ist nicht ohne kritische Reaktion geblieben: Sowohl die verbliebenen Vertreter einer ›linken‹ Homosexuellenbewegung als auch diskursanalytisch und konstruktivistisch argumentierende Anhänger von »Queer«-Konzepten greifen die subversiven, theatralischen und selbstbezüglichen Muster der verschiedenen H.en wieder auf, um sie gegen universalisierende, moralisierende und kategorisierende Ordnungssysteme ins Spiel zu bringen. Sontags Herausarbeitung dieser Elemente stiftete auch außerhalb homosexueller Zusammenhänge eine Tradition kulturkritischer Beschäftigung mit H.en, in der z.B. J.-F. Lyotard, O. Marquard, M. de Certeau und R. Sennett stehen, die sich für Möglichkeiten der praktischen Veränderung »imperialer Diskurse« (Lyotard) interessieren.

Lit.: D. Altman, The Homosexualization of America [Kap. 5: The Birth of a Gay Culture] (1982). – K. Plummer, Modern Homosexualities. Fragments of Lesbian and Gay Experience (1992). –

M. Herzer (Hg.), 100 Jahre Schwulen-
bewegung (1998).

D. L.

Hypertext, die Verknüpfung von In-
formationsstücken durch elektronische
Verweise, die dem Leser/Nutzer dieses
Elektronischen Textes den einfachen
und unmittelbaren Zugriff auf die verknüpfte Informationseinheit erlaubt.
Der Begriff geht auf Th. H. Nelson zurück, der ihn 1965 als ›nicht-sequen-
tielles Schreiben‹ definiert. Gleichzeitig
stellt er eine Verbindung zur Struktur
der menschlichen Gedanken her, die er
als ›nicht sequentiell‹ kennzeichnet.
Beim Schreibprozess – so seine These –
versuche der Autor diese Struktur der
Gedanken auf den Text zu übertragen.
Aus dieser Ursprungsdefinition wird
deutlich, dass es weniger um das Schreiben von Texten geht, sondern um die
Organisation von Ideen, um Informa-
tionsmanagement. H.-Systeme können
deshalb immer auch als assoziative Da-
tenbanksysteme verstanden werden. In
diesem Sinn geht die Konzeption eines
alternativen Informationsmanagements
auf V. Bush zurück, der bereits 1945 eine von der hierarchischen Struktur
beispielsweise der Bibliothekserschlie-
ßungssysteme abweichende assoziative
Organisation der Informationen vorgeschlagen hatte. Bereits in seinem Artikel
»As we may think« von 1945 beschreibt
Bush eine Apparatur (Memex), die eine
assoziative Verknüpfung von Informationseinheiten ermöglichen soll. Neben
Texten werden ausdrücklich auch
Zeichnungen und Abbildungen als
mögliche Informationseinheiten angesprochen. Als Speichermedium sah
Bush den Mikrofilm vor. Für die Selektion der gespeicherten Informationen
orientierte er sich an der Struktur des
menschlichen Gedächtnisses: Den Hier-
archiebäumen der bibliothekarischen
Erschließung stellt er die ›andere‹ Struktur des menschlichen Gedächtnisses,
das Verknüpfungen zwischen Informa-

tionseinheiten über assoziative Verbindungen herstellt, gegenüber. H. schließt
von den ersten Anfängen bereits die
bildliche Darstellung in Form einfacher
Graphiken mit ein. Erst beim Hinzu-
treten weiterer Dokumenttypen (Ton-
dokumente, Fotos, Bewegtbilder etc.)
wird dann von Hypermedia gesprochen. Th. Nelson entwickelte aus dieser
Idee allerdings das Konzept eines geschlossenen globalen Publikationssys-
tems, bei dem jegliche Information nur
einmal elektronisch abgelegt werden
muss. Jedes Zitat, jeder Verweis etc. wird
dann als elektronischer Verweis auf die
urspr. Quelle realisiert. Da es sich bei
dem von ihm »Xanadu« getauften
System um ein geschlossenes System
mit Zugangskontrollen handeln sollte,
konnte er in diesem elektronischen Pu-
blikationsmedium auch eine Lösung für
die Frage der Entrichtung von Tantie-
men vorsehen. Eine erste breitenwirk-
same Umsetzung dieses Konzeptes stellte die von der Firma Apple mit ihrem
Betriebssystem kostenlos zur Verfügung
gestellte Software »Hypercard®« dar. Basierend auf der Metapher der Kartei-
karte konnten Informationen ›karten-
weise‹ abgelegt und in vielfältiger Weise
verknüpft werden. Noch bevor weitere
lokal operierende H.-Systeme marktreif
entwickelt werden konnten, verhalf die
Etablierung des World Wide Web
(WWW) als ›die‹ Oberfläche des ↗Inter-
ternets der Konzeption des Hyperlink-
ing zum allgemeinen Durchbruch. Die
Verknüpfung von Informationen durch
einen ›link‹ gilt seither als signifikantes
Merkmal des WWW. Dabei stellt die
Funktionalität des ›linking‹ nur einen
Teilaspekt der Seitenbeschreibungsspra-
che HTML (Hyper Text Markup Language) dar, die ihrerseits die Grundlage
der Datenkommunikation mittels der
die Informationen interpretierenden
›browser‹ darstellt. Links können dabei
auf Informationen innerhalb des gleichen Dokuments, auf Informationen
auf dem gleichen Server oder auf In-

formationsangebote auf anderen Rechnern verweisen. Die Übertragung der Informationen und die Anzeige auf dem Bildschirm wird dabei vom Browser bewerkstelligt. Der Nutzer braucht zur Aktivierung der Links lediglich den Ausgangspunkt der Verknüpfung, den lokalen Anker, durch Mausklick zu aktivieren.

Den Möglichkeiten der Navigation durch scheinbar unendliche Daten- und Informationsräume stehen die Gefahren des Verlustes der Orientierung gegenüber. Mit diesem auch als ›lost in ↗cyberspace‹ bezeichneten Phänomen geht die Gefahr der (bereits 1945 von V. Bush beklagten) Informationsüberflutung einher. In der Konsequenz dieser Gefahren wurde in den 80er Jahren und bis zur Mitte der 90er Jahre über Probleme der Nutzerführung ebenso nachgedacht wie über die Notwendigkeit einer eigenständigen H.-Rhetorik. Mit dem Übergang von der Bezeichnung H./Hypermedia zu Multimedia endete diese Diskussion abrupt, und so ist auch heute noch ein erhebliches Defizit in der Berücksichtigung der Interessen der Nutzer von H.-Systemen zu beklagen.

In der theoretischen Diskussion wurde zu Recht darauf hingewiesen, dass der Akt des Navigierens durch ein H.-System eine weiter reichende Qualität aufweist als das sequentielle Lesen von Texten. Die individuellen Auswahlentscheidungen des Navigierenden (›Surfer‹) konstituieren einen eigenen ›Text‹ (im Sinne eines weiten Text-Begriffs). Die Grenzen zwischen Autor und Rezipient werden nicht nur in dieser Hinsicht fließend. Auf der Seite der Informationsanbieter (Autoren) müsste dieser Nichtvorhersagbarkeit der Reihenfolge der Informationsaufnahme der einzelnen Informationseinheiten eine Veränderung des Zuschnitts dieser Einheiten und der Formulierungsebenen entsprechen. Die derzeit nach wie vor im Vordergrund des Interesses und der Diskussionen stehenden technischen Fragen der Ausweitung der multimedialen Fähigkeiten des WWW, der Verbesserung der Übertragungskapazitäten und -geschwindigkeiten mit dem Ziel der allgemeinen problemlosen Integration von Tönen und Bewegtbildsequenzen (↗Video, ↗Fernsehen im Netz) lassen dabei diesen fundamentalen Aspekt der Informationsvermittlung in den Hintergrund treten. Parallel zu dieser, v. a. auch die Voraussetzungen der Hard- und Software betreffenden Diskussionen wird aber auch die These von der sog. Konvergenz der Medien (Fernsehen und Internet) geführt. Neben dem WWW hat die H.-Technologie v. a. auch im Bereich der elektronischen Hilfesysteme im ↗Computer sowie in Nachschlagewerken z. B. auf ↗CD-ROM Einzug gehalten und ist derzeit dabei, die ›klassischen‹ Informations- und Hilfsmittel in den Hintergrund zu drängen.

Lit.: V. Bush, As We May Think. In: Atlantic Monthly. 176/1 (July 1945). – Th. Nelson, Computer Lib/Dream Machines (1987). – J. Nielsen, Multimedia, Hypertext und Internet (1996).

M. K.

Ideologie (gr. idea = äußere Erscheinung, logos = Wort). Gegenwärtig ist der I.-Begriff durch eine große Unschärfe geprägt. Er überspannt ein Feld, das von weltanschaulichen Aspekten bis zum Vorwurf fundamentalistischer Verstocktheit reicht. Allgemein aber steht zur Debatte, ob I.n im Gefolge des als ›postmodern‹ postulierten Endes der großen Meta-Erzählungen (J.-F. Lyotard) oder angesichts eines liberal-pragmatischen Ironiebewusstseins (R. Rorty) nicht überflüssig geworden sind. Im 18. Jh. entsteht die I. im Zuge des frz. Materialismus und versteht sich dort als *Wissenschaft der Ideen*. Hinter diesem Programm versammelt sich die Gruppe der *Idéologistes* (Ideo-Logiker), deren Vordenker A. Destutt de Tracy der I. in seinem *Projét d éléments d idéologie*

(1801 ff.) erste Konturen verleiht. Er beschreibt I. als ein erkenntnistheoretisches Konzept, das die Erforschung menschlicher Ideen nach naturwissenschaftlichem Vorbild erlauben soll. Damit zunächst erfolgreich, geraten die Ideo-Logiker jedoch bald in den Strudel napoleonischer Machtpolitik, die den republikanischen Gehalt der I. als staatsgefährdendes Element brandmarkt. Hauptvorwurf ist hier, dass I. einer systematischen Weltfremdheit gegenüber empirischen Verhältnissen Vorschub leiste. In dieser Form übernehmen K. Marx und F. Engels den Begriff in ihre *Deutsche Ideologie* (1846), die I. im Kontext eines »falschen Bewusstseins« (Engels) begreift, das bes. in seinen historischen Funktionen zu analysieren ist. Ausgangspunkt dafür ist die berühmte These, dass nicht das Bewusstsein das Sein, vielmehr das Sein das Bewusstsein bestimme. In den späteren Schriften modifiziert Marx seinen Standpunkt zugunsten eines erweiterten I.-Konzepts. Dieses bezieht sich v. a. auf die strukturellen Machtverhältnisse innerhalb einer Klassengesellschaft. I. dient hier dazu, die Hegemonie der herrschenden Klasse sicherzustellen, da sie direkt auf eine Verdinglichung der Warenzirkulation einwirkt. Zugleich ist damit die Trennung zwischen richtigem und falschem Bewusstsein teilweise aufgehoben. Denn insofern I. dazu beiträgt, ein System realer Repression einzurichten, ist sie nicht mehr nur im Sinne einer Weltfremdheit konnotiert. Sie bewegt sich von ihrem abstrakt-wissenschaftlichen (epistemologischen) Grund auf eine lebensweltliche Signifikanz zu. Aus dieser Perspektive hält der Wissenssoziologe K. Mannheim in *Ideologie und Utopie* (1929) fest, dass »man zu einer *allgemeinen* Fassung des *totalen* Ideologiebegriffs [gelangt], wenn man den Mut hat, nicht nur die gegnerische, sondern prinzipiell alle, *also auch den eigenen Standort*, als ideologisch zu setzen« (zit. n. Sandkühler 1990, 633). Mit

dieser Einsicht erweist I. sich als grundlegend paradox. Zwar impliziert sie immer auch einen ideologischen Schein, doch wird dieser andererseits auch praktisch-konkret, wenn niemand sich gänzlich von ihm freisprechen kann. I. erweist sich als soziale Größe, die in ihrem Vorurteil dennoch nicht folgenlos für gesellschaftliche Praxis bleibt: Sie täuscht (sich) und ist dennoch wirklich, insofern sie wirkliche Handlungen betrifft und hervorruft. Das ist zugleich ein markanter Einsatz neuerer I.-Theorie und -Kritik, die nach 1945 in den Vordergrund tritt. Th. W. Adorno bezeichnet I. als ein Identitätsdenken, das seine Brüche willkürlich einebne. I. vereinheitliche die Welt, indem sie aus ihr jegliche Heterogenität verabschiede. Daher erfordert I.-Kritik eine negative Dialektik, welche gegen die ideologische Schließung deren innere Differenz, ihre Nichtidentität markiert: »Was ist, ist mehr, als es ist« (Adorno). In diesem Sinne beispielhaft fungieren für Adorno die Werke avancierten Kunstschaffens, da sie sich der ideologischen Glätte einer profanen Warenlogik nicht beugen. Einflussreich für eine Theorie der I. sind nach 1945 auch L. Althussers Texte, u. a. sein Essay *Idéologie et appareils idéologiques d Etat* (1970; dt. 1977). Althusser hält fest, dass die Menschen »in der I. nicht ihre Verhältnisse zu ihren Existenzbedingungen aus[drücken], sondern *die Art*, wie sie ihr Verhältnis zu ihren Existenzbedingungen leben« (zit. n. Eagleton 1993, 167). I. entspricht hier einer materiellen Praxis, die sich aus einem produktiven Imaginären speist, das diese Praxis überdeterminiert bzw. steuert. Im Moment der *Anrufung* erkennt sich das Subjekt im Rahmen einer I., um sich ihr auch in seinen Handlungen zuzuzählen. Dabei verweist der Begriff des Imaginären auf die von Althusser verarbeiteten ↗ psychoanalytischen Einsichten (Freud, Lacan), also darauf, dass I. weniger eine Angelegenheit des Bewusstseins als vielmehr des

Unbewussten ist. Ein Subjekt kann I. nur *leben*, wenn es ihre Merkmale selbst verdrängt. Darin wird I. einem psychischen Symptom vergleichbar. Sie etabliert eine geschlossene Wiederholungsstruktur, die sie gleichzeitig ermöglicht und erhält: Die Apparate des Systems einer I. umstellen das Subjekt gleich einem Netzwerk, sie fixieren ein überpersonales »SUBJEKT«, dem Folge zu leisten Pflicht ist. Mit dieser nochmaligen Zuspitzung wird jedoch fraglich, ob es überhaupt eine Emanzipation aus den Zwängen der I. geben kann. Dennoch benennt der Gedanke, dass I. immer auch eine *Politik der Psyche* (T. Lipowatz) ist, hier eine mögliche Chance, falls nämlich von einem Unbewussten ausgegangen wird, das in den Verklammerungen der I. nicht vollends aufgeht. In diesem Sinne meint J. Habermas, dass die systematisch verzerrte Kommunikation der I. in der Aufdeckung und Analyse ihrer immanenten Fehlleistungen, Auslassungen, Widersprüche in Frage gestellt werden kann. Doch verlässt seine *Theorie des kommunikativen Handelns* (1981) diese Ebene, wenn sie dies vor einem potentiell herrschaftsfreien, d. h. an sich ideologiekritischen Sprachhorizont denkt. In seinem Buch *The Sublime Object of Ideology* (1989) relativiert S. Zizek sowohl Habermas' Vernunftgläubigkeit als auch Althussers These einer radikalen Verdinglichung des Unbewussten in der I. Für ihn basiert I. auf einer phantasmatischen Konstruktion, die »als eine Art Unterstützung unserer ›Realität‹ [...] dient: Eine ›Illusion‹, die unsere konkreten, gesellschaftlichen Verhältnisse strukturiert und daher einen unerträglichen, unmöglichen, realen Kern verbirgt« (zit. n. Eagleton 1993, 212). I. verdankt sich einem unbewussten Phantasma, dessen innere Verfassung selbst in gewisser Weise I. ist, da es anstelle der Unmöglichkeit eines perfekten Sozialen auftaucht. Darin situiert I. sich primär in einem Kontext der

Öffnung von Subjekten zu/in ihrer Umwelt: Nur wenn jene das Trauma des urspr. Entzugs verdrängen, können sie sich ihren Mitmenschen zuwenden, d. h. sich mit anderen verständigen. Diesen konstitutiv blinden Fleck am Urgrund der Gesellschaft aber macht jedes Phantasma indirekt geltend, bevor es zu doktrinärer Verfestigung tendieren kann. So erweist I. sich als wesentlich ambivalent besetzt. Zum einen unterstützt sie unsere Weltsicht, ohne sie dabei schon zu vervollkommnen. Diesbezüglich deutet I. auf eine Heterogenität. Zum anderen unterliegt sie beständig der Gefahr abstrakter Fixierung, also der Möglichkeit, eine eingeschränkte Öffnung zur Realität in repressive Sinnverhältnisse zu übertragen. Diese Spaltung der I. an ihrer Wurzel ermöglicht nun eine Revision des Konzepts. Sie erlaubt es beispielsweise T. Eagleton, I. sowohl vor der Behauptung ihres Endes als auch vor dem Postulat ihrer erdrückenden Omnipräsenz (Diskursivierung der Macht) in Schutz zu nehmen. Da I. jetzt eine phantasmatische, mithin immer zwiespältige Identifizierung von Wirklichkeit bezeichnet, unterscheidet sie sich von I. als organisierter Verleugnung dieser Kluft. Zugleich aber behält sie jene aktive Trennschärfe bei, welche I. von bloßer Weltanschauung, Parteilichkeit oder Meinungsbildung scheidet. In dieser Form, d. h. unter der Voraussetzung, dass die der I. eigene »Ambivalenz« (H. K. Bhabha) in ihr *nicht* verworfen wird, kann sie als Interventionsmittel gegen totalitäre Verhältnisse aufgeboten werden.

Lit.: H. Bay/C. Naumann (Hg.), Ideologie nach ihrem ›Ende‹ (1995). – T. Eagleton, Ideologie (1993). – H. J. Sandkühler, Ideologie. In: Ders. (Hg.), Europäische Enzyklopädie zu Philosophie und Wissenschaft, Bd. II (1990).

G.Schw.

Informationstechnologie, Speicherung, Verarbeitung und Weitergabe elektronisch kodierter Daten mit Hilfe vernetzter Rechner. Die Automatisierung von Zahlen- und Datenverarbeitung hat die Entlastung des Menschen von monotonen Arbeitsprozessen und damit die Maximierung seiner kreativen und innovativen Leistungen zum Ziel. Der antike Abakus mag als ein früher Vorläufer solcher Bestrebungen gelten, doch sein Benutzer ist während der gesamten Rechenoperation gefordert. Der Traum einer Entbindung von dieser Notwendigkeit durch eine Apparatur, die eine vom Menschen vorgegebene Aufgabenstellung gleichsam selbständig bearbeitet und deren Lösung ausgibt, wird erst im Jahr 1941 Wirklichkeit, als der deutsche Bauingenieur K. Zuse seine »Z3« vorstellt: das erste programmgesteuerte Rechengerät der Welt. Gemeinhin gilt Zuse damit als Vater der I. Während sein Rechner in Relaistechnik ausgeführt ist, also auf elektrischen Schaltungen und damit auf Strom- bzw. Spannungsänderungen beruht, legte der engl. Mathematiker Ch. Babbage bereits im 19. Jh. den Entwurf einer mechanischen progammgesteuerten Rechenmaschine (Analytical Machine) vor. Die Umsetzung dieser Pläne wurde aufgrund der außergewöhnlich aufwendigen und teuren Konstruktion jedoch erst über 100 Jahre später möglich. Die erste und bisher einzige funktionsfähige Analytical Machine nach Babbages Entwurf entstand in den 1990er Jahren im Londoner Science Museum und damit ironischerweise erst 50 Jahre nach Zuses elektronischer Variante. – Obwohl programmgesteuerte Rechner schon in den ersten Nachkriegsjahren wichtige Regelungs-, Steuerungs- und Simulationsaufgaben in Industrie und Wissenschaft übernahmen, erlaubte erst die Miniaturisierung der I. ihren wirtschaftlichen Einsatz im Alltag und damit den endgültigen Durchbruch. Große und wartungsanfällige Röhren, die als Schaltele-

mente der ersten Anlagen dienten, wurden durch Transistoren und diese wiederum durch integrierte Schaltkreise in Form der Computerchips abgelöst. 1981 stellte die International Business Machines Corporation (IBM) ihren ersten Personalcomputer (PC) auf der Basis des 8088-Prozessors aus dem Hause INTEL und des Betriebssystems MS-DOS (Microsoft Disk Operating System) vor. Während frühere Großrechenanlagen ganze Räume oder gar Häuser füllten und für den Einzelanwender unbezahlbar waren, hatte dieser PC auf einem Schreibtisch Platz (Desktop Computing) und wurde zu einem sensationellen Inklusivpreis von 1 565 US $ verkauft. Allein im ersten Jahr gingen mehr als 100 000 Einheiten über den Ladentisch, und der Erfolg mit Nachfolgemodellen und kompatiblen Rechnern konkurrierender Hersteller ist bis heute ungebrochen. Nach Beobachtungen des amerikan. Hardware-Experten G. Moore, Mitgründer und langjähriger Vorstandsvorsitzender der INTEL Corporation, folgt die Hardware-Entwicklung von hochintegrierten Mikroprozessoren, auf denen der PC und verwandte Home- oder Desktop-Computer beruhen, einem einfachen Gesetz: Bei mehr oder weniger konstanten Preisen für komplette Systeme verdoppelt sich deren Rechen- und Speicherkapazität etwa alle zwei Jahre (Moore's Law). – Diese rasante Entwicklung hat für eine Explosion der Anwendungen sowohl im professionellen als auch im privaten Bereich gesorgt. Architekten und Entwickler bedienen sich computergestützter Entwurfs- und Fertigungsanlagen (CAD = Computer Aided Design; CAM = Computer Aided Manufacturing), Forscher können insbes. mit Hilfe parallel geschalteter Prozessoren Modelle und Simulationen selbst hochkomplexer Systeme wie etwa des Klimas entwikkeln. Aber auch dem Klein- oder Einzelnutzer erschließen sich immer mehr ehemals ausschließlich professionelle

Anwendungsbereiche, zumal die Steigerung der Prozessorleistung und Speicherkapazität seit einiger Zeit den Einsatz bedienungsfreundlicher graphischer Benutzeroberflächen erlaubt. Neben Textverarbeitung, Datenbankverwaltung oder Buchhaltung (Tabellenkalkulation) bietet manche Software abhängig von den angeschlossenen Geräten inzwischen die Leistung einer Druckerei (Desktop-Publishing), eines Reprolabors (Bildbearbeitung) oder eines Ton- und Videoschnittplatzes. Die politischen Auswirkungen dieser technologischen Demokratisierung sind noch ungenügend erforscht. Welche neuen Einsatzgebiete die Vereinigung von Informations- und Telekommunikationstechnologie, wie sie das Internet darstellt, etwa auf den Gebieten der Wissensverwaltung, des Handels und der Telearbeit hervorbringen wird, ist noch kaum abzusehen. ↗ Computer; ↗ Digitalisierung

Lit.: P. G. W. Keen, Informationstechnologie (1992). – D. Pattow/W. Wresch, Communicating Technical Information: A Guide for the Electronic Age (1997).

C. G.

Installation. Seit der Mitte des 20. Jh. gehören I.en zu den wichtigsten Ausdrucksformen der künstlerischen ↗ Moderne, wobei sie den klassischen Werkbegriff in mehreren Hinsichten aufheben. Einerseits besitzen viele I.en keine festen Werkgrenzen mehr, wie sie in der Malerei oder Bildhauerei selbstverständlich waren; vielmehr bestehen sie oft aus einer Mehr- oder Vielzahl von Elementen, die über einen größeren Raum verteilt oder auch als Interventionen im öffentlichen Raum angebracht sein können. Was zur I. gehört und was bereits vorhanden war, ist für den Betrachter häufig nicht eindeutig zu entscheiden, zumal wenn es sich um Arbeiten handelt, die konkret Bezug auf eine bestimmte (vorgegebene) Raumsituation nehmen und einzelne ihrer Merkmale zitieren, hervorheben oder negieren. Insofern sind I.en nicht nur Arbeiten im Raum, sondern thematisieren diesen auch und versuchen, ihn in seinem jeweils eigenen Charakter erfahrbar zu machen. Andererseits setzen sich I.en dadurch über den traditionellen Werkbegriff hinweg, dass ihre Elemente vom Künstler oft nicht eigens gestaltet, sondern ›lediglich‹ als bereits vorgefertigte Stücke arrangiert werden. Objekte und ästhetische Phänomene aus sehr unterschiedlichen Lebenswelten (z. B. Naturwissenschaft, Technik, Massenkultur, Kitsch) gelangen auf diese Weise in den Kontext der Kunst. I.en stehen somit in der Tradition der Readymades von M. Duchamp und beziehen ihren künstlerischen Wert häufig aus der überraschenden Kombination bzw. Konfrontation verschiedener Materialien, Formsprachen oder Gegenstände. Es handelt sich bei ihnen gleichsam um dreidimensionale ↗ Collagen oder auch um großangelegte Assemblagen, was sowohl den Dadaismus als auch den Surrealismus als ideengeschichtliche Paten der I. ausweist. So können Objekte von S. Dali aus den 30er Jahren als Vorbilder für I.s-Künstler wie L. Bourgeois oder R. Horn angesehen werden. Das wohl erste bedeutende Beispiel für eine I. ist der Merz-Bau von K. Schwitters (1923 ff.). Weitere Anknüpfungspunkte boten in den 50er und 60er Jahren Action Painting sowie die Kunst der ↗ Performance. Wird hier das Werk als Prozess oder temporäres Ereignis interpretiert, so beziehen auch I.en teilweise Bewegung in sich ein (z. B. die Maschinen von J. Tinguely), besitzen interaktive Elemente und fordern den Rezipienten zu Beteiligung auf (z. B. bei Arbeiten von Ch. Burden) oder sind von vornherein als zeitlich befristete Aktionen konzipiert (z. B. Verpackungen von Christo & Jeanne Claude). Ferner gibt es I.en, die als Ergebnis bzw. Relikt einer künstlerischen Aktion oder eines ↗ Happenings entstanden sind

(z. B. bei J. Beuys). Dabei werden sie häufig zum Ausdruck individueller Mythologien (z. B. bei N. Lang oder W. Pichler). Seit den 70er Jahren haben auch die ⁊Neuen Medien bevorzugt in Form von I.en Eingang in die Kunst gefunden, wobei v. a. die Videokunst zu einem wichtigen Bereich wurde (z. B. N. J. Paik, B. Nauman, B. Viola). – Wegen der Offenheit der Form ist ›I.‹ zu einem Sammelbegriff vieler künstlerischer Ansätze und Experimente geworden und kaum noch auf einen kleinsten gemeinsamen Nenner zu bringen. So gelten großdimensionierte Arbeiten der Land Art (z. B. von W. de Maria oder J. Turrell) ebenso als I.en wie kleine, kaum bemerkbare Eingriffe in den öffentlichen Raum (z. B. von M. Asher oder A. Slominski). Auch fallen komplett nachinszenierte Räume (z. B. von I. Kabakov oder B. Bloom), Gestaltungen von Wänden (z. B. durch G. Merz oder L. Baumgarten) sowie in der Tradition der Minimal Art stehende Ensembles (z. B. von S. LeWitt oder R. Long) gleichermaßen unter den Begriff ›I.‹. Damit wird fast alles, was herkömmliche Werk- und Gattungsvorstellungen durchbricht, als I. bezeichnet. Dies ist nicht zuletzt eine Folge des erweiterten Kunstbegriffs, demzufolge es keine Materialien, Verarbeitungsweisen und Formsprachen mehr gibt, die grundsätzlich nicht kunstwürdig sind.

Lit.: N. de Oliveira/N. Oxley/M. Petry, Installation Art (1994). – Blurring the Boundaries. Installation Art 1969–1996, Museum of Contemporary Art, San Diego (1997).

W. U.

Inszenierung in einem engeren Sinne ist ein zentrales Verfahren der mimetischen Künste Theater (in allen Ausprägungen), Film und Fernsehen. Die theatrale I. ist – als szenische Interpretation und Realisierung eines Bühnenstückes – die Grundlage der Aufführung (wobei jede einzelne Aufführung die I. variiert), die filmische I. (*mise-en-scène*) – auf der Basis des Drehbuchs – die Grundlage der Aufnahme durch Kamera und Mikrophon (*mise-en-cadre*) und der anschließenden Montage. I.en sind das Ergebnis oft langfristiger künstlerischer Arbeitsprozesse (Proben), an denen – neben den Darstellern (Schauspieler, Sänger, Tänzer) – beim Theater Intendanz, Dramaturgie, Regie, Szenographie, Bühnentechnik, evtl. Musik- und Tanztheater, musikalische Leitung und Choreographie bzw. beim Film Produzent (*producer*), Regisseur (*director*) und Ausstatter (*art director*) und Kameramann beteiligt sind. In diesem Arbeitsprozess kommt der Regie nicht nur eine koordinierende Funktion zu; seit Beginn des 20. Jh. (Stanislawski; M. Reinhardt; Theater des Expressionismus) ist der Regisseur darüber hinaus für die künstlerische Konzeption der I. in allen ihren Aspekten zuständig (dies kommt auch in der durch W. Wagner eingeführten Formel »Regie und I.« zum Ausdruck); im Ensemble- und Gruppentheater geht die Rolle des Regisseurs an das Kollektiv aller an der I. Beteiligten über. Die Mittel der I. sind mimetischer Art; sie erstrecken sich auf die räumliche Konzeption (Bühnenbild, Requisiten, Licht, Farbe; Auswahl der Drehorte), auf den Schauspieler (physische Erscheinung und Stimme; Maske und Kostüm; Gestik, Mimik, Proxemik; Koordination von Bewegung und Raum), auf den Text (Texteinrichtung; Sprache) sowie auf Musik und Ton (Geräusche). I.en unterscheiden sich stilistisch aufgrund der Selektion und Kombination der inszenatorischen Mittel. Was das Theater betrifft, so wird im Laufe des 20. Jh. – auch als Konsequenz eines Prozesses der Mediendifferenzierung, als Reaktion auf das ›realistische‹ Kino (und, v. a. seit den 60er Jahren, auf das Fernsehen) – ein älterer, teilweise noch im 19. Jh. entwickelter realistisch-naturalistischer I.s-Stil durch unterschiedliche Formen der Abstraktion

(E. G. Craig, A. Appia; Jeßner; W. Wagner) und eines antiillusionistischen Theaters (Brechts Episches Theater) abgelöst; neben Formen eines ›reichen‹ Theaters und seinen ›kulinarischen‹ I.en (M. Reinhardt) behauptet sich ein ›armes‹ Theater in unterschiedlichen Ausprägungen (Grotowski, P. Brook), neben einem ›Theater der Bilder‹ entsteht ein ›Theater der Körper‹; am Ende des 20. Jh. steht dem Theater eine Vielzahl von I.s-Möglichkeiten zur Verfügung, die v. a. im deutschsprachigen Theater konsequent als Mittel der kritischen Überprüfung und Re-Interpretation des klassischen Repertoires genutzt werden (↗ Regietheater). In der 2. Hälfte des 20. Jh. werden auch neue interästhetische Formen der I. wie ↗ Happening und ↗ Performance entwickelt. – In einem weiteren Sinne ist I. jede Form einer planmäßigen Organisation von Wirklichkeit mit mimetischen Mitteln. I.en (Gestaltung von Räumen, Einsatz von Licht und Farbe, von Musik und Ton, Rollenzuweisungen an die Beteiligten, Einsatz von ›Kostümen‹ etc.) bestimmen nicht nur kultische und soziale Rituale (liturgische Feiern und Begehungen, Prozessionen, Paraden, Umzüge, Gerichtsverhandlungen, Bälle etc.) und das politische und soziale Zeremoniell (Staatsempfänge, Parlamentseröffnungen, das jährliche ›Trooping the Colour‹ der britischen Königin u. a. m.); gerade am Ende des 20. Jh. werden sie auch als Mittel der Marketing-Strategie entdeckt eingesetzt (Konstruktion sog. ›Erlebniswelten‹: Einkaufsmalls und ›Themenkaufhäuser‹, Discos, Kinozentren, Freizeit-, Vergnügungs- und Erlebnisparks, ›Themenparks‹, Werbekampagnen von Camel u. a., Museumsgestaltung; letztlich alle Formen der ›Event-Kultur‹ bis hin zu Großereignissen wie der Expo 2000).

Lit.: M. Esslin, Die Zeichen des Dramas (1989).

J. K.

Interkulturalität, Konzept, das von einem dynamischen Interaktionsverhältnis der Kulturen ausgeht und Zielvorgaben hinsichtlich der Qualität dieses Kontaktes macht. Solche sind z. B. prinzipielle Gleichberechtigung der Kulturen, Wahrung der kulturellen Eigenart sowie friedliche Konsensfindung. Erste Konzeptionen von I. stehen historisch im US-amerikan. Kontext, in dem *intercultural* neben *cross-cultural* zwischen den Weltkriegen eine erste Konjunktur erlebte. Um in gesellschaftspolitischer Absicht nach Beschreibungen für die Prozesse der Kulturbegegnungen zu suchen, hatten diese Theorien in erster Linie die Funktion, politisch realisierbare Konzepte für Konfliktlösungen in der *nation of immigrants* zu erarbeiten. Erste Studien zur I. legte die UNESCO für den Zeitraum 1976–1980 vor. Der Fokus richtete sich auf Prozesse der Kulturvermischung in Regionen mit starken Bevölkerungsbewegungen und gesellschaftlichen Umbrüchen, wie z. B. im Sahel, Ostafrika, dem Indischen Ozean und der Karibik. Durch die zunehmende Vernetzung von Wirtschaft, Politik und Kulturen, die durch die Entwicklung der Kommunikations- und ↗ Informationstechnologie beschleunigt wird, wächst in den letzten Jahrzehnten auch in Europa das Wissen über andere Kulturen sowie die Erkenntnis, dass diese im Austausch stehen und sich in ihrer Entwicklung gegenseitig beeinflussen. Während erste Überlegungen zur I. in Deutschland im Bildungsbereich, bes. im fremdsprachlichen Deutschunterricht (seit Ende der 60er Jahre durch den Bedarf an Ausbildung von Gastarbeitern und der Zunahme multikultureller Lernergruppen) entstanden, so ist I. heute zur Forschungsfrage vieler wissenschaftlicher Disziplinen geworden (Interkulturelle Philosophie, Interkulturelle Psychologie, Interkulturelle Germanistik, Interkulturelle Wirtschaftskommunikation u. a.). - *I. Theorien von I.:* Systematische Erschließungen des Begriffs I. verbunden mit Konzepten wie interkulturelles Verstehen, interkulturelle Begegnungssituation und interkulturelle Kompetenz lassen sich folgendermaßen zusammenfassen: I. ist ein theoretisches Modell für menschliches Verhalten in kulturellen Begegnungssituationen. Dabei wird von einem Konzept ausgegangen, das Kulturen nicht als geschlossene, in sich homogene Entitäten begreift, sondern als offene Regelsysteme, die sich wechselseitig konstituieren, auf Austausch angelegt sind und sich ständig wandeln. Auch die Deckungsgleichheit von Kultur mit Nationalstaat wird durch diesen Prozess in Frage gestellt. Nationalstaaten erkennen ihre zunehmende innere Pluralisierung an, die nicht nur regional geprägt ist, sondern sich bes. in den urbanen Zentren als ein Miteinander der Kulturen darstellt. Die Qualität kultureller Begegnungen wird durch das Präfix *inter* verdeutlicht. Es hat semantisch die Bedeutung von ›zwischen‹, ›miteinander‹ und ›reziprok‹ und beschreibt den Standort, den Modus und die Gerichtetheit der kulturellen Beziehungen (Wierlacher). I. erfordert deshalb nicht nur das Wissen um den Anderen als Fremdkulturwissen (↗ Alterität), sondern v. a. auch das Wissen um das Eigene als Eigenkulturwissen und das Bewusstsein der Kulturalität des Verstehens. Von I. ist ein Verhältnis also dann geprägt, wenn es (1) Begriffe nicht als binäre, sondern als relationale auffasst, (2) in das Verstehen des Anderen das Verstehen der eigenen Position, des eigenen Blickwinkels mit einschließt, (3) jede Beziehung also auch zu einer Selbstaufklärung durch Distanzierung und Selbstkritik führt, (4) diese Selbstkritik eine Selbstveränderung impliziert und (5) diese Selbstveränderung zu einem qualitativ neuen Verhältnis zwischen den Kulturen führt. Somit ist I. auch charakteristisch für eine Haltung und Einstellung, deren Ziel die Überwindung des Ethnozentrismus, der Polylog der Kulturen und die Möglichkeit der Konsensfindung bei differenten Positionen ist. Dahinter steht das Erfordernis nach Dialog und kritischem Konsens in einer vernetzten Welt, in der sich Probleme nicht mehr in nationalstaatlichen Grenzen bändigen lassen (z. B. ökologische Gefahren, Datensicherheit, Migrationsbewegungen etc.). Interkulturelle Kommunikation eröffnet einen neuen Raum. Die dadurch entstehende partielle Gemeinschaft ist weder als bloße Addition der kulturellen Identitäten zu verstehen noch als Selektion von Teilen aus ihnen, sondern stellt sich als eine neue Welt für sich dar, die zerfällt, sobald das gemeinsame Handeln endet. Zurück bleibt das Erfahrungswissen um diese Begegnungen, die spätere Situationen mit konstituieren werden. Demzufolge ist interkulturelle Kompetenz die Fähigkeit, einen solchen, den Dialog ermöglichenden Zwischenraum zwischen den Menschen verschiedener Kulturen durch Offenheit, Empathie und Toleranz zu schaffen und produktiv auszugestalten. I. zeigt einen dritten Weg zwischen Universalismus und Kulturrelativismus auf. Weder ein transkulturelles Netzwerk als Verbindung zwischen den Kulturen, das letztlich den Okzident zum Sprecher dieses Netzwerks machen will, ist das Ziel, noch ist das Modell vergleichbar mit Ideen von ↗ Multikulturalität als einem unverbundenen Nebeneinander der Kulturen, deren Toleranz sich als Indifferenz gegenüber dem Anderen entpuppt. – *II. I. als Spezifizierung von Umständen, Vorgängen oder Sachverhalten:* Die Praxis der Kommunikation zwischen den Kulturen führt vor Augen, dass gelungene friedfertige Verständigung eher die Ausnahme ist und zudem von Missverständnissen dominiert wird, die ein Indikator für kulturelle Differenzen sein können. Nicht jede Begegnung von Kulturen ist an sich schon interkulturell. Strukturelle Asymmetrien, Dominanzen, inkompatible Macht-

und Rechtsansprüche und universalistische Auffassungen stellen das Konzept der I. vor eminente Praxisprobleme, wovon einseitige Annexionen und Einverleibungen einer Kultur in eine andere dominante Kultur zeugen. Beispiele dafür sind Kriege, Kolonialisierung, Okkupation, einseitige Integrationsforderungen an Migranten (Kopftuchaffäre), Exotismus als Form der unreflektierten Aneignung des Fremden (Tourismus), Einwanderungspolitik oder der Umgang mit nationalen Minderheiten (Reservate in den USA). Das militärische Eingreifen der NATO in die ethnischen Konflikte auf dem Balkan ist die jüngste Kapitulation der Welt vor dem schwer einzulösenden Ideal der I. Die Begründbarkeit von Menschenrechten und die Geltungsreichweite von Normen und Gesetzen sind heute Fragestellungen, die im Zusammenhang mit I. diskutiert werden und zeigen, wie schwierig ein Konsens verschiedener, Gleichberechtigung einfordernder Kulturen ist.

Lit.: C. Albrecht, Überlegungen zum Konzept der Interkulturalität. In: Y. Bizeul u.a. (Hg.), Vom Umgang mit Fremden (1997). – A. Wierlacher, Interkulturalität. In: H. de Berg/M. Prangel (Hg.), Interpretationen 2000: Positionen und Kontroversen (1999). – A. Wierlacher/G. Stötzel (Hg.), Blickwinkel (1996).

A. H.

Internet. Netz zur Verbindung von ↗Computern unterschiedlicher System-Plattformen. Die Funktionalität beruht auf einem Adressierungssystem und der Festlegung eines Übertragungsprotokolls (TCP/IP [Transmission Control Protocol/Internet Protocol]) für diesen ›Paketvermittlungsdienst‹. – Alle an das Internet angeschlossenen Netzwerke und Computer müssen über eine weltweit einmalige IP-Adresse verfügen. Während die Übertragung sich an den Ziffern der IP-Adressen orientiert, wur-

de zusätzlich ein System von Domain-Namen etabliert, das eine Memorierbarkeit der Adressen gewährleistet. Die Endungen der Namen geben einen Hinweis auf die Art des Betreibers oder den Standort des Rechners. So weist z.B. die Endung .com auf einen kommerziellen Anbieter, die Endung .edu auf eine Ausbildungsinstitution, während die Endung .de eine Adresse in Deutschland kennzeichnet. Die Umwandlung der auch als URL bezeichneten Domain-Namen in die IP-Adressen erfolgt mit Hilfe von Name-Servern. Zur Verbindung zwischen den einzelnen Rechnern oder den zu lokalen Netzen zusammengeschlossenen Rechnern können alle Arten von Kommunikationseinrichtungen herangezogen werden, von der Telefonleitung über Glasfaserkabel bis hin zu Funk- und Satellitenverbindungen. Dabei wird im Regelfall keine feste Verbindung zwischen den kommunizierenden Rechnern aufgebaut. Die Übermittlung der Informationen erfolgt vielmehr durch Übertragung einzelner Datenpakete, die sich, da die Pakete eine Information über die Zieladresse, die absendende Adresse und die Position innerhalb der Gesamtinformation im sog. ›header‹ enthalten, den Weg vom Sender zum Empfänger selbst suchen. Zur Nutzung dieses Netzes stehen eine Reihe von Diensten zur Verfügung, von denen der Versand von elektronischen Mitteilungen (E-Mail), die Übertragung von Dateien (ftp) und das World Wide Web (WWW) die wichtigsten Komponenten sind. Erst mit der Einrichtung des WWW wurde das Internet von einer breiten Öffentlichkeit wahrgenommen und hat seitdem eine rasante Verbreitung gefunden.

Als Vorläufer des heutigen I.s ist das ARPANET anzusehen. Die 1958 gegründete Advanced Research Projects Agency (ARPA) hatte den Auftrag, den technologischen Vorsprung der USA zu sichern, und unterstützte zahlreiche technologisch interessant erscheinende

Projekte sowie auch Grundlagenforschung. 1968 wurde mit der Entwicklung des ARPANET begonnen, um u. a. eine bessere Ausnutzung der vorhandenen Rechnerkapazitäten zu erreichen. Ende 1969 waren die ersten vier unterschiedlichen Rechnerplattformen verbunden. Von Anfang an wurde den militärisch interessierten Auftraggebern gegenüber betont, dass die nichthierarchische Struktur des Netzes eine hohe Sicherheit im Falle eines krisenbedingten Teilausfalls von Rechnern böte. Die ersten beiden Anwendungen innerhalb des Netzes waren ein Programm zur Steuerung von Rechnern an einem anderen Ort (telnet) und ein Programm zum Austausch von Dateien (ftp [file transfer protocol]). Den Durchbruch bei den Anwendungen brachte der 1971 eingerichtete E-Mail-Dienst. Die Fachöffentlichkeit nahm die neue Netzwerktechnologie v. a. durch die Präsentation des ARPANET auf der International Conference on Computer Communications im Herbst 1972 wahr. In der Folge nahm das Datenaufkommen im Netz stark zu. Den entscheidenden Schritt zur Entwicklung des I.s stellt die Entwicklung eines neuen Protokolls für die Verbindung von unterschiedlichen lokalen Netzen dar. Das Transmission Control Protocol (TCP) wurde 1975 erstmals zur Verbindung unterschiedlicher Netze eingesetzt. Dieses Protokoll wurde 1980 dahingehend modifiziert, dass das ›routing‹, d. h. die Aufgabe, die Pakete für die Übermittlung zu erstellen und den Datenfluss zu überwachen, in einem eigenen Protokoll – dem I.-Protokoll – geregelt wurde. Seit dieser Zeit bildet das sog. TCP/IP den Kern der Vermittlungsstruktur des seither auch abkürzend so bezeichneten ›I.s‹. Hierunter wird heute ganz allgemein die Summe derjenigen Teilnetze verstanden, die zu Kommunikationszwecken das TCP/IP verwenden und durch sog. Gateways miteinander verbunden sind. Auf der Basis dieser technischen Kommunikationsstruktur haben sich eine Reihe von Anwendungen etabliert. Neben den bereits erwähnten telnet, ftp und E-Mail, die nach wie vor Verwendung finden, waren es Bulletin-Boards und News-Groups, die mit zur Akzeptanz in der wissenschaftlichen Öffentlichkeit beitrugen. Den entscheidenden Schritt zu einem öffentlichen Medium löste aber die Einführung des World Wide Web (WWW) aus. Aus dem von T. Berners-Lee urspr. für interne Zwecke des CERN in Genf entwickelten ↗Hypertextsystem entwickelte sich durch die kostenlose Verbreitung von entsprechenden Browsern seit Ende 1993 in rascher Abfolge das heute sog. ›Netz der Netze‹. Der Erfolg dieser speziellen graphischen Oberfläche beruht auf der leichten, intuitiven Bedienbarkeit einerseits und der Möglichkeit, mit einfachen Mitteln selbst als Informationsanbieter im Netz auftreten zu können andererseits. Mit der Wandlung von einem wissenschaftsorientierten zu einem für die allgemeine Öffentlichkeit zugänglichen Netz war sowohl eine starke Ausweitung der Informationsmenge als auch eine Kommerzialisierung verbunden. Neben der Bereitstellung von Informationen und der Übertragung von Daten gewinnt somit auch die Anbahnung und Abwicklung von Geschäften auf elektronischem Weg an Bedeutung. E-Commerce ist zum Schlagwort für eine große Zahl von Anbietern im Netz geworden, wobei die juristischen und sicherheitstechnischen Probleme – zumindest aus der Sicht vieler (potentieller) Nutzer – derzeit noch nicht ausreichend behoben sind. Wesentliche Aufgabe der Nutzer ist demgegenüber die Suche nach den geeigneten Informationen. Als Hilfsmittel hierzu haben sich die Suchmaschinen etabliert, die neben den redaktionell betreuten Informationsseiten einen gezielten Zugriff auf die gewünschten Informationen versprechen. Die ›klassischen‹ Suchmaschinen haben sich zunehmend zu sog. ›Portal-Sites‹ weiterentwickelt, die als ›Tore in die digitale Welt‹ fungieren sollen und gleichzeitig die Nutzer an die Angebote eines Providers binden sollen. Durch Angebote zur Individualisierung dieser Oberflächen wird gleichzeitig versucht, detailliertere Informationen über das ›unbekannte Wesen Netz-Nutzer‹ zu erlangen, Daten, die wiederum kommerziell genutzt werden können.

Lit.: S. Bollmann/Ch. Heibach (Hg.), Kursbuch Internet (1999). – J. Nielsen, Multimedia, Hypertext und Internet (1996). – F. Rötzer: Megamaschine Wissen: Vision: Überleben im Netz (1999).

M. K.

Intertextualität. Als literaturwissenschaftlicher Begriff setzt I. (›Zwischentextlichkeit‹) im engeren Sinne die Feststellung voraus, dass der Sinn eines jeweiligen Textes mit dem Sinn anderer Texte verwoben ist. Im Zuge des *linguistic turn*, der Bedeutungsausweitung des Begriffs Text und dem Erfolg des Metaphernfeldes eines inneren und äußeren Schreibens hat sich eine kultur- und subjekttheoretische Totalisierung dieses Grundgedankens etabliert. Kultur wird dann als Intertext in den Modi der Verräumlichung und Verzeitlichung verstanden (J. Derrida, *Randgänge*, 1988). I. dient in diesem Zusammenhang der theoretischen Marginalisierung von Autorintentionalität und tritt tendenziell an die Stelle von Sozialität, historischer Bedingtheit und (Inter-)Subjektivität. Derjenige, der schreibt, ist demzufolge »selbst nur ein Text, der sich aufs neue liest, indem er sich wieder schreibt« (J. Kristeva, *Wort, Dialog und Roman bei Bachtin*, 1967). Im literarischen Feld ist der Gedanke der I. (im engeren Sinne) nicht neu:»Wir verstehen die Kunst, aus ein paar alten Büchern ein neues zu machen« (G. Ch. Lichtenberg, *Sudelbücher*, 1776). In der Sprach- und Kulturkrise der literarischen ↗Moderne wurde zuweilen ein Leiden am Phänomen der I. (als eines Kulturzustands, der sub-jektive Authentizität verhindere) artikuliert:»Wenn wir den Mund aufmachen, reden immer zehntausend Tote mit« (H. v. Hofmannsthal). Auf der anderen Seite wird aber in der Moderne das Prinzip der I., einer aus Literatur gemachten Literatur, durch den Einsatz von literarischer Vielstimmigkeit und Allusion, durch solche Stilmittel wie Parodie, Pastiche, Anagramm, Palimpsest, Verfahren der Zitation und die Forcierung von Polyvalenz (bei Autoren wie L. Sterne, J. Joyce, A. Schmidt u. a.) ästhetisch und poetologisch produktiv. Als Klassiker einer Theorie der I. gilt der russische Literatur- und Kulturtheoretiker M. Bachtin (Pseudonyme: Volosinov, Medvedev). Diese Bezugnahme ist jedoch häufig nicht frei von Rückprojektionen, insofern Bachtin, in dessen Werk der Begriff I. nicht auftaucht, noch nicht im Paradigma einer universalisierten (auf Sozialität und Subjektivität ausgedehnten) Texttheorie gedacht hat. Das Phänomen I. erscheint bei Bachtin unter dem Titel der Dialogizität und ist an den Kontext der Romanästhetik und an das Interesse an der Karnevals- bzw. Lachkultur des Volkes gebunden. Dialogizität bezieht sich bei Bachtin weniger auf (ästhetisch markierte literarische) Zwischentextlichkeit als vielmehr auf die innere Redevielfalt des sog. »polyphonen Romans« (*Probleme der Poetik Dostojevskijs*, 1929; dt. 1971; für Deutschland nennt Bachtin u. a. Hippel und Jean Paul). In solchen Romanen erlangen die Stimmen der Romanfiguren Selbständigkeit und treten überdies in ein Überlagerungsverhältnis zur Erzählinstanz. Dadurch werden die im Roman artikulierten Positionen in sozialer und stilistischer Hinsicht reflexiv gebrochen. Jedes Wort ist »eine kleine Arena, in der sich verschiedengerichtete soziale Akzente überschneiden und bekämpfen« (Volosinov, *Marxismus und Sprachphilosophie*, 1929; dt. 1975). Bes. im humoristischen Roman (bei Rabelais, Gogol u. a.) erzeuge der Kontakt unpublizierter, nichtliterarischer Redesphären und -gattungen im Verhältnis zur Hochsprache eine »Zone des Lachens«. Die als Dialogizität begriffene Eigenart des Stils hat für Bachtin antiautoritäre und anarchische Wirkungsmacht. Abgelesen ist dies an der Karnevalskultur bzw. am »Lach-Wort« des Volkes. Es untergräbt die »toten, veräußerlichenden Schichten der Sprache«, als deren soziale Träger Kirche und Staat erscheinen. Schon Bachtin selbst hat das Prinzip der Dialogizität später in Richtung auf eine zugleich soziale wie stilistische Perspektivenpluralität verallgemeinert. (Im direkten Anschluss an Bachtins Ausführungen hat G. Deleuze für das Medium Film analoge Verfahren stilistischer Markierung einer inneren Perspektivenpluralität in der filmischen Bildorganisation untersucht, *Cinéma 1. L image-mouvement*, 1983; dt. *Das Bewegungsbild*, 1987.) Analytisch-deskriptive Theorien in der Literaturwissenschaft (z. B. Z. Ben-Porat, *The Poetics of Literary Allusion*, 1976; U. Broich, M. Pfister, *I.*, 1985) und der Textlinguistik (z. B. R. de Beaugrande, W. Dressler, *Introduction to Text Linguistics*, 1980) haben verschiedene Grade und Qualitäten der I. beschrieben, von der allgemeinen Implikativität von Texten bis zu den verschiedenen Formen der Allusion auf andere literarische Texte, ihrer Markierung im manifesten Text sowie der semantischen bzw. ästhetischen Wirksamkeit der latenten Referenztexte. I. ist in diesem Zusammenhang ein spezifisches, unter Umständen skalierbares Phänomen. Die Slawistin R. Lachmann hat die Leistung der Literatur nach dem Verschwinden der Mnemotechnik (Gedächtniskunst) mit Hilfe des Begriffs I. zu bestimmen versucht: »Das Gedächtnis des Textes ist seine I.« (R. Lachmann, *Gedächtnis und Literatur*, 1990). Das theoretische Prinzip einer unausweichlichen I. folgt aus der literaturwissenschaftlichen Bewegung vom (geschlossenen) Werk zum Text. Demnach

lässt sich I. als Bedingung eines jeden Textes »nicht auf das Problem von Quellen oder Einflüssen reduzieren«, vielmehr fügt der Begriff I. »der Texttheorie den Raum des Sozialen« hinzu (R. Barthes, *Théorie du Texte*, 1972). Die unausweichliche soziale bzw. diskursive Bedingtheit eines jeden Textes wird tendenziell schon von R. Barthes selbst, stärker noch von J. Kristeva und anderen der Avantgarde-Gruppe TEL QUEL nahestehenden Theoretikern ihrerseits texttheoretisch artikuliert. Sinn ist für diese und andere Theoretiker (J. Derrida, J. Lacan u. a.) nie als Präsenz oder prädiskursive Wirklichkeit gegeben, die es nur noch darzustellen gilt. Sprache und Text sind auf der anderen Seite nicht als transparente Instrumente vorzustellen, die sich kollektiv oder individuell zwecksetzender Subjektivität unterwerfen ließen. I. wird vor diesem Hintergrund zum Namen für eine bestimmte Auffassung von Sinnproduktion, bei der Sinn durch Schrift (oder andere Zeichen) und ihre Eigendynamik allererst konstituiert wird, also stets in Textform vorliegt und immer schon als Transformation, Auflösung, Be- und Verarbeitung vorhandener Texte in Erscheinung tritt. V. a. J. Kristeva hat Bachtins Theorie der Dialogizität im Paradigma des Textes so verallgemeinert, dass I. schließlich jeden Akt eines (metaphorisch ausgeweiteten) Schreibens, d. h. jeden Akt der Sinnproduktion »zugleich als Subjektivität und als Kommunikativität« bezeichnen kann.

Lit.: M. Angenot, L'»intertextualité«: enquête sur l'émergence et la diffusion d'un champ notionell. In: Revue des sciences humaines, no. 1 (1983), 121–135. – U. Broich/M. Pfister (Hg.), Intertextualität (1985). – R. Lachmann, Gedächtnis und Literatur (1990).

W. Kö.

Jugendkultur, eigenständiger und selbstorganisierter Teilbereich jugendlicher Lebenswelt, der sich in Verhaltensnormen, Wertvorstellungen, Lebensformen und Lebensstilen von anderen abzugrenzen versucht. Durch die weitgehende Freistellung junger Menschen von körperlicher Arbeit kommt es historisch zur Ausbildung von Jugend als biologisches und zeitliches Stadium des Übergangs zum Erwachsensein. Im Sinne eines Schonraums für Heranwachsende bezieht sich die Jugendphase zunächst auf die begüterte städtische, männliche Jugend. Die soziale und zeitliche Ausdehnung der Jugendphase in der zweiten Hälfte dieses Jahrhunderts basiert auf der Verlängerung von Ausbildungszeiten, längerem Verweilen in der Herkunftsfamilie und Ausgrenzung Jüngerer aus der Erwachsenenwelt (Jugendarbeitslosigkeit). Die eigentliche Jugendphase reicht von der Pubertät bis zum 18. Lebensjahr. In der Jugendforschung hat sich der Begriff der Post-Adoleszens eingebürgert für die 18- bis 29-Jährigen, die als junge Erwachsene ohne wirtschaftliche Grundlage gekennzeichnet sind. Die längere Jugendphase mit ihren Frei(zeit)räumen für eigene Gestaltungsmöglichkeiten ohne Kontrolle von Erwachsenen bildet die zentrale Voraussetzung für die Entstehung von J.en. Jugendliche können sich als eigene Altersgruppe verstehen, die sich mit eigenen Problemen, Wertvorstellungen und Erwartungen von der Erwachsenenwelt abgrenzt. Die Geschichte moderner J. beginnt in den 50er Jahren mit den ›Halbstarken‹ als Ausdruck der Rock'n'Roll-Rebellion und den Teenagern als der Soft-Variante auf Vespa-Rollern. Mit Rockern, Mods, Teddy Boys, Hippies, Gammlern der 60er über Punks, Skinheads, Grufties, Hooligans der 70er und 80er Jahre setzt sich die Geschichte der J. bis zu heutigen Rappern, Ravern und Skatern fort. Die Abgrenzung von J.en untereinander und zur Erwachsenenkultur erfolgt weniger auf der Basis politischer Ideen als auf der Basis von Stilen. Durch Aufgreifen und Verändern von Objekten ihrer Umwelt – mit C. Lévi-Strauss als *bricolage* bezeichnet – bilden J.en eigene Stile aus, die als Differenzierung nach innen und außen fungieren. Der Stil bezieht sich nicht nur auf Objekte, die mit neuen Bedeutungen versehen werden wie das Motorrad und die Kutte (Nietenjacke) der Rocker, die Sicherheitsnadeln der Punks, der Parka und die Vespa der Mods, sondern Stil umfasst auch Verhaltensweisen und Einstellungen z. B. zu Drogen und Eigentum. Im Stil drücken sich Normen und Werte von J.en aus, die im Rahmen von Jugendprotest als symbolischer Widerstand eingesetzt werden (Kleidung und Musik sind hier von zentraler Bedeutung). Konnten in den 60er und 70er Jahren J.en noch als ↗Subkultur (Mods, Rocker, Teds) oder ↗Gegenkultur (↗Hippiekultur) mit Widerstand gegen die etablierte Kultur verstanden werden und sich in Beziehung setzen lassen zur klassen-, schicht- oder milieuspezifischen Herkunft ihrer Träger, so setzt seit den 80er Jahren eine Veränderung ein, die auf Ausdifferenzierung, Globalisierung und Erlebnisorientierung basiert. J.en scheinen sich aufzulösen in eine Vielzahl von Jugendszenen und Stilen, die eher räumlich als sozial geprägt sind und die Wahlmöglichkeiten von Jugendlichen erhöhen. Neben der eigenen Musik als Ausdruck jugendlichen Lebensgefühls und jugendlicher Probleme haben Medien für J.en eine besondere Bedeutung, sowohl als Multiplikatoren als auch in Form jugendspezifischer Angebote: ›Piratensender‹, RTL mit britischen Charts, Radiothek des WDR; SWF 3 und Eins Live als jugendausgerichtete Vollprogramme; Radio Bremen strahlt von 1965 bis 1971 den »Beat-Club« aus mit der Stilisierung einer J., die als ↗Protest gedacht wird. Heute bieten Musikkanäle wie MTV und VIVA Videoclips rund um die Uhr; auch das

Medium Film steht in Relation zur J., sei es, dass J.en thematisiert werden oder dass Filme in J.en Kultstatus erreichen (*The wild one, Rebell without cause, Easy Rider, Quadrophenia, The Wanderers, Grease*). Medien sind auch beteiligt an der Ausbreitung und am Verfall von J.en. Dieser Prozess lässt sich modellhaft in vier Phasen beschreiben. Zunächst wird auf den Stil, durch den eine J. geprägt ist, in der Öffentlichkeit mit Empörung und Entrüstung reagiert. In einer zweiten Phase werben v. a. Pädagogen um Verständnis, und das vermeintliche Problem entschärft sich durch Gewöhnung. Mit Erwachsenen, die auf ein jugendliches Outfit ausgerichtet sind, und einer kommerziellen Abschöpfung durch die Konsumgüterindustrie, die zu diesem Zweck heute spezielle Trendscouts ausschickt, wird der Stil zur Mode verallgemeinert. Die den Stil prägenden Normen und Wertvorstellungen werden somit entwertet, die J. löst sich in die Gesellschaft auf. Dieser Abnutzungsprozess zeigt sich nicht nur in der Mode; auch die Musikindustrie ist seit jeher daran interessiert, neue Stile aufzusaugen und zu vermarkten. Die Jugendlichen selbst befinden sich in einem Dilemma, das zwischen ↗Authentizität (mit geringer Reichweite) und Kommerzialisierung (mit großem Publikum) besteht. Die Spannung zwischen J.en und Konsumindustrie besteht spätestens seit den Zeiten der *Carnaby Street* (60er Jahre) und einem speziellen Modeangebot für Jugendliche. In der Jugendforschung finden sich unterschiedliche Ansätze, die J. und Gesellschaft in ein je spezifisches, z. T. ambivalentes Verhältnis bringen. J. wird zunächst gesehen als Ausdruck abweichenden Verhaltens, dann als Durchlaufphase zur Erwachsenenkultur. J. als Subkultur, als eigenständige Teilkultur und als Teil multipler Kulturen bilden weitere Varianten.

Lit.: W. Ferchhoff, Jugend an der Wende vom 20. zum 21. Jh. (1999) – K.

Jahnke/S. Niehues, Echt abgedreht. Die Jugend der 90er Jahre (1995). – SpoKK (Hg.), Kursbuch JugendKultur. Stile, Szenen und Identitäten vor der Jahrtausendwende (1997).

A. B.

Kanon, urspr. ein gerade gewachsenes Rohr, aus dem Körbe und Messruten hergestellt wurden. Im Griechischen entwickelt sich die konkrete Bedeutung des ›Richtscheits‹ über die eines Maßstabs idealer Proportionen (*Kanon des Polyklet*) zu der einer allgemein gültigen ›Idee‹ des ›Richtigen‹ (etwa in Rhetorik, Ethik und Politik). Seinen Bezug auf ein Korpus von Texten und die bis in die neueste K.-Diskussion hinein zumindest implizite Bedeutung der symbolischen Repräsentanz allgemein verbindlicher und geheiligter Werte erhält der Begriff durch seine theologische Verwendung in Judentum und Christentum, wo er, neben der Gruppe der kanonisierten Heiligen, dem Kirchenrecht (*Codex Juris Canonici*) und dem mittleren Teil der katholischen Messe (*Canon missae*), die verbindliche Form und Zusammenstellung der Thora bzw. der christlichen Bibel bezeichnet. Im Zuge der Säkularisierung kultureller Wert- und Identitätsvorstellungen wird der K.-Begriff im 18. Jh. auch für literarische Werke und Autoren verwandt. Insbes. in einer »verspäteten« Nation wie Deutschland wird die Bildung eines literarischen K.s zum Instrument der Konstruktion und Rechtfertigung von nationaler Identität. Die z. B. in den literarhistorischen Vorlesungen A. W. und F. Schlegels oder in G. G. Gervinus' *Geschichte der deutschen Dichtung* (1835–42) nach ästhetisch-politischen Kriterien formulierte Zusammenstellung eines Literatur-K.s, der die eigene kulturelle ↗Tradition repräsentieren und sie zugleich gegen andere, etwa die des frz. Klassizismus, abgrenzen soll, wird zum Mittel der kulturellen und nationalen Selbst(er)findung und Selbstvergewisserung. Beide Formen der K.-Bildung, die theologisch-religiös und die national-kulturell motivierte, machen Charakteristika jedes (insbes. literarischen) K.s deutlich, an denen sich K.-Kritik und K.-Debatten bis in die Gegenwart hinein entzünden. – Jeder Text-, Bild- oder »materielle K.« impliziert und transportiert einen »ideellen K.« (vgl. z. B. A. u. J. Assmann), bestehend aus denjenigen Normen, Wertvorstellungen und Interpretationsmustern, die seiner Auswahl zugrunde liegen und aus denen sich seine Symbolisierungs- bzw. Repräsentanzfunktion für eine gesellschaftliche Gruppe konstituiert. Der K. schafft Identität, indem er eine gemeinsame Kommunikationsgrundlage bietet, die wiederum gemeinsame Wertvorstellungen und Handlungsgrundlagen repräsentiert. K.-Bildung ist ein Vorgang der Inklusion und der Exklusion. Ebenso, wie ein Text-K. alle anderen Texte tendenziell als Apokryphen definiert, macht seine Repräsentanzfunktion für eine gesellschaftliche Gruppierung alle außerhalb dieser Gruppierung Bleibenden tendenziell zu ⁊ Außenseitern. Die Bildung eines K.s wird ebensosehr von immanenten (innerästhetischen) wie von ideellen bzw. ideologischen und gesellschaftlichen Kriterien bestimmt. Seine Durchsetzung vollzieht sich im Kontext institutioneller, wissenschafts- und kulturpolitischer Interessen und Mechanismen. Der Ein- und Widerspruch, die Forderung und Formulierung von Sub- und Gegen-K.s, den anerkannte K.s provozieren, bewegen sich ebenfalls sowohl auf ästhetischer und ideeller als auch auf institutioneller und gesellschaftlicher Ebene. Gegenbewegungen stellen nicht unbedingt in erster Linie den (Text-)K. selbst in Frage, sondern v. a. die Kriterien, nach denen er erhalten und für repräsentativ erklärt wird. Der bildungsbürgerliche Literatur-K. der Jahrhundertwende findet z. B. in Symbolismus oder Expressionismus nicht zuletzt deshalb so pole-

misch vertretene Gegenentwürfe, weil er die politische und wirtschaftliche Dominanz des wertkonservativen Bürgertums auf kultureller Ebene repräsentiert und dementsprechend auch den Kulturbetrieb und das schulische und universitäre Curriculum dominiert. Ein zu erfüllender »Kanonisierungsbedarf« (W. Erhart) ergibt sich in Deutschland nach dem Zweiten Weltkrieg dadurch, dass die von den Nationalsozialisten verbotene, vertriebene und verbrannte ⁊ Moderne und ⁊ Avantgarde – ein Extrembeispiel ideologisch gesteuerter und machtpolitisch durchgesetzter ›Negativ-Kanonisierung‹ – nach 1945 in den K. des neu zu formulierenden kulturellen Selbstverständnisses zu integrieren waren. Das wiederum geschieht in DDR und Bundesrepublik nach den Kriterien der jeweiligen Gesellschafts- und Geschichtsauffassung. – Die erste große K.-Debatte in der BRD, die im Kontext der Ideologiekritik der späteren 60er Jahre insbes. an den Universitäten steht, fragt nach dem Missbrauch und der Missbrauchbarkeit der den Kultur- und Bildungsbetrieb nach wie vor dominierenden »Klassiker« durch den Nationalsozialismus und fordert die Öffnung des herkömmlichen Literaturbegriffs und -K.s für kämpferisch emanzipative Formen wie Reiseliteratur, Flugschrift, Pamphlet, politische Satire und politisch kritische Epochen wie Aufklärung, Jakobinismus und Vormärz. Im Anschluss an die De-Kanonisierung der Elitekultur und die Forderung nach Aufhebung der Gattungsgrenzen, wie sie die Programmatiker der frühen ⁊ Postmoderne (etwa S. Sontag und L. Fiedler) fordern, werden die dominierenden Bildungs- und Erziehungs-K.s seit den 80er Jahren von der Feministischen und der postkolonialistischen Literaturwissenschaft (⁊ Postkolonialismus) als Instrument der systematischen Ausgrenzung und Unterdrückung weltweit an den Rand der Gesellschaft gedrängter Gruppen wie der Frauen und der kolonial unterdrückten Kulturen durch den »male white« kritisiert. Insbes. in der multikulturellen und pluriethnischen Bevölkerung der USA, wo zudem schulische und universitäre Ausbildung eng verzahnt sind und curriculare Fragen auf didaktischer wie theoretischer Ebene diskutiert werden, hat sich die K.-Diskussion zu einer Auseinandersetzung um die gesamtgesellschaftliche Repräsentationsfähigkeit der Bildungsinhalte ausgeweitet, die auch Selbstverständnis und Leistungsfähigkeit der USA als Nationalstaat insgesamt betrifft.

K.-Debatten entzünden sich dort, wo die Existenz und Durchsetzung eines K.s gesellschaftlich relevant ist, wie es insbes. im Bildungs- und öffentlichen Kulturbetrieb der Fall ist. Sie reichen von Reflexionen innerästhetischer und interpretatorischer Art, deren Positionen sich gerade an einem gleichbleibenden K. konturieren können (z. B. in den dekonstruktivistischen Re-Lektüren eines P. de Man), über die angesichts kultureller und ethnischer Migrationen und globaler Vereinheitlichungstendenzen stets neu zu reflektierende Frage nach dem kulturellen Selbstverständnis und seiner Repräsentanz in Schrift- und Medienkultur – einschließlich der strukturellen Verschiebungen von deren gesellschaftlicher Funktion – bis hin zur Frage nach einem gesellschaftlich notwendigen Minimum gemeinsamer kultureller Verständigungsgrundlagen, die z. B. E. D. Hirsch 1987 in seiner Studie *Cultural Literacy: What Every American Needs to Know* provokativ gestellt hat. K.-Forschung öffnet den Blick sowohl für das Zusammenwirken kultureller und institutioneller Kommunikationszusammenhänge als auch für Funktion, Vieldimensionalität und Leistungsfähigkeit von kulturellen Identitätsbildungen in Vergangenheit und Gegenwart.

Lit.: R. v. Heydebrand (Hg.), Kanon – Macht – Kultur. Theoretische, histori-sche und soziale Aspekte ästhetischer Kanonbildungen (1998). – J. Gorak, The Making of the Modern Canon. Genesis and Crisis of a Literary Idea (1991). – A. Assmann/J. Assmann (Hg.), Kanon und Zensur (1987).

A. M. J.

Kino, ständige und ortsfeste Abspielstätte für Filme mit meist täglichem Spielbetrieb. – Nach der ersten Phase der Filmgeschichte, in der Vorführungen in Gaststätten, Varietés etc. stattfanden oder durch wandernde Schausteller ausgerichtet wurden, kommt es um 1905 zu ersten ortsfesten K. s. Diese in Deutschland als Ladenkinos bezeichneten Einrichtungen stellten eine noch improvisierte Form dar, für die Räumlichkeiten genutzt wurden, die urspr. zu anderen Zwecken errichtet worden waren. Um 1912 gab es ca. 3 000 bis 4 000 solcher Ladenkinos in Deutschland. In den USA entsprachen ihnen die Nickelodeons (um 1910 ca. 10 000), die bereits einen hohen Prozentsatz der Bevölkerung zu erreichen vermochten. Um 1915 kommt es auch zu den ersten repräsentativen K.-Bauten, die sich bald zu aufwendig ausgestatteten Kinopalästen entwickelten. Die Größe dieser Bauwerke bot gelegentlich mehr als 1 000 Zuschauern Platz, die größten K.s entstanden dabei in den 20er Jahren für mehrere tausend Zuschauer. Mit der Etablierung des Verleihsystems bilden sich verschiedene Typen von K.s heraus. In der Anfangszeit kauften die K.-Besitzer Filmkopien und stellten sie zu Programmen zusammen. Mit der Ausbildung des abendfüllenden Films verliehen die Produzenten diese an die Abspieler. Es entstehen Erstaufführungs-K.s in den großen Städten und Nachspiel-K.s. Die Produktionsfirmen kontrollieren dabei bald auch den Verleih, es bilden sich vertikal gegliederte Konzerne (in Deutschland z. B. die Ufa). Das K. wird zum populärsten Ort der Freizeitgestaltung, auch kleine Städte verfügen in der Zeit ab ca. 1920 über diese Einrichtung. Nur temporär genutzte Formen des Abspiels von Filmen bleiben auf spezifische Angebote (Bildungseinrichtungen, Parteien, Vereine) und ländliche Regionen beschränkt. Die Konkurrenz des ↗ Fernsehens, aber auch die weiterhin v. a. auf standardisierte Genreprodukte (Heimatfilme, Karl-May-Verfilmungen, Krimis) setzende Produktionspolitik führt seit den 60er Jahren zu einer einschneidenden Krise der gesamten Filmbranche. Der K.-Besuch geht kontinuierlich zurück und fällt in der Bundesrepublik Ende der 80er Jahre auf nur noch knapp über 100 Mio. verkaufte Karten pro Jahr (im besten Jahr, 1956, wurden dagegen über 800 Mio. Karten verkauft). In der DDR setzt eine ebenfalls auf veränderte Freizeitgewohnheiten zurückgehende Entwicklung etwa zeitgleich, doch nicht in der gleichen Schärfe ein. Hier liegt der Besucherhöhepunkt bei 316 Mio. (1957) und geht bis 1989 auf 65 Mio. zurück. Die Zahl der Kinos verringert sich entsprechend: von über 7 000 (BRD 1959) bzw. über 1 400 (DDR 1958) auf 3 200 (BRD) bzw. 800 (DDR) im Jahr 1989. Während die Konsequenzen für die Ausgestaltung der K.s in der DDR eher gering bleiben, reagiert die Branche in der Bundesrepublik mit der Umwandlung ehemals großer Säle in mehrere kleine »Schachtelkinos«, um das Angebot diversifizieren zu können. Damit gehen hohe Verluste an Komfort und technischer Qualität einher. Die mangelnde Vielfalt des K.-Angebots, in dem fremdsprachige Originalfassungen, Beispiele aus der Filmgeschichte oder wenig bekannte neue Filmformen weitgehend fehlen, schlägt sich auch in der Bildung von Programm-K.s (Abaton in Hamburg, Eröffnung am 31. 10. 1970) und der Einrichtung von Kommunalen K.s (Gründungen in Berlin, Frankfurt a. M., Duisburg, Mannheim 1970/71) nieder. Die anhaltende Krise und der ungeminderte Zuschauerschwund führt in-

nerhalb der K.-Branche zu einer veränderten Politik, die in den 90er Jahren mit der Errichtung von Multiplexen (durchweg Neubauten von K.s mit mehreren, unterschiedlich großen, jedoch technisch hochwertig ausgestatteten Sälen) den Besucherrückgang stoppen kann. Mit den Multiplexen knüpfen die K.s teilweise an die Funktion der K.-Paläste an, in denen Gaststätten und Restaurants integriert waren. Die wünschenswerte Programmvielfalt bleibt im Zuge der Konzentration in der Branche jedoch weiterhin ein Problem. Neben den auf übliche Filmformate eingestellten Abspielstätten gibt es auf Sonderformen wie Cinerama oder eine Rundum-Projektion eingerichtete K. s. Mit IMAX haben sich erfolgreich verschiedene Spezialverfahren des hochauflösenden Films (180-Grad Projektion, 3-D-Filme) in eigens dafür entworfenen K.s durchgesetzt. Deren Architektur beruht auf einer veränderten Relation von Leinwand und Zuschauerraum. Statt der lange Zeit üblichen, vergleichsweise schmalen, dafür tiefen Zuschauerräume sind IMAX-K.s deutlich breiter als tief, was die ohnehin großen Leinwände auch für die am weitesten entfernten Reihen noch imposant wirken lässt. Diese Architektur findet sich auch in den modernen Multiplexen wieder.

Lit.: R. Merritt, Nickelodeon Theaters 1905–1914. In: T. Balio (Hg.), The American Film Industry (1976). – K. Witte (Hg.), Theorie des Kinos (1973). – R. Rother, Jahrmarkt der Bilder. Über Schauwerte im IMAX-Kino. In: Merkur Nr. 569 (1996.)

R. R.

Körperkunst. Der (menschliche) Körper wurde im letzten Drittel des 20. Jh. als Thema innerhalb der Kunst so wichtig, dass sich ›K.‹ als eigener Terminus etablieren konnte. Damit ist jedoch weniger die abbildende Darstellung des Körpers in der Malerei oder Bildhauerei als vielmehr seine Einbeziehung als Teil eines Kunstwerks bzw. seine Inszenierung zum Kunstwerk angesprochen. Zuerst gelangte der Körper bei ↗ Happenings oder ↗ Performances in den Mittelpunkt der Aufmerksamkeit, so etwa bei den Anthropometrien von Y. Klein (1960), bei denen sich nackte und mit Farbe bestrichene Frauen unter Musikbegleitung vor Publikum über Leinwände wälzten, um Abdrücke ihre Körperformen herzustellen. In den 60er Jahren machten v. a. die Wiener Aktionisten (G. Brus, O. Mühl, H. Nitsch, R. Schwarzkogler) mit spektakulären und existentialistisch motivierten Happenings auf sich aufmerksam, wobei sie selbst vor der Verstümmelung des eigenen Körpers nicht zurückschreckten. In einer zunehmend technisierten Welt, in der Körpervergessenheit sowie Körperverachtung große Verbreitung besitzen, erkannten gerade Künstler das Provokationspotential und die Faszination, die vom Körper als nicht-mechanischem Organismus ausgehen. Gezielt werden dabei auch Ekelgrenzen überschritten, so wenn mit Ausscheidungen gearbeitet wird. Z. T. lässt sich die K. als Protest gegen die zunehmende Vereinnahmung des Körpers durch Schulmedizin und Naturwissenschaft interpretieren, oft werden aber auch Entwicklungen der Biotechnologie, Medizin sowie Computer- und Kommunikationstechnik bereits plakativ vorweggenommen. So erweitert der australische Performance-Künstler Stelarc seinen biologischen Körper um technische Apparaturen, behauptet die Antiquiertheit von »Meatware« und proklamiert ein neues Körperdesign. Auch von anderen Künstlern wird der Körper als beliebig formbarer Werkstoff verstanden, was oft futuristisch anmutet. Die frz. Künstlerin Orlan unterzieht sich etwa immer wieder Operationen, um ihr Aussehen jeweils nach der Vorlage computergenerierter Bilder neu zu gestalten. Ähnliche Phänomene gibt es innerhalb der Popkultur, so bei Madonna oder M. Jackson, die ihr Erscheinungsbild ebenfalls wiederholt geändert haben. Dies ist zugleich typisch für die ↗ Postmoderne, in der die Person als plural, wandelbar und selbstbestimmt verstanden wird und man Abschied nimmt von eindeutigen und konstanten Identitäten bzw. Rollenbildern.

Lit.: J. Deitch, Post Human (1992). – Die Zukunft des Körpers. In: Kunstforum International 132/133 (1996).

W. U.

Krise (gr. krisis) bezeichnet einen entscheidenden Moment oder Zeitraum, der durch unerwartete oder unkontrollierbare Faktoren das als normal vorausgesetzte Funktionieren einer biologischen, gesellschaftlichen oder ähnlichen Struktur wesentlich beeinträchtigt. Um sich neu stabilisieren zu können, ist die Struktur gezwungen, sich selbst zu modifizieren. Ausgehend von seiner auf den menschlichen Körper bezogenen Verwendung in der Medizin, weitete sich der Begriff im 17. Jh. auch auf Ökonomie, Psychologie und Geschichte aus; seit dem 19. Jh. ist er als Schlagwort in der Alltagssprache gebräuchlich. Konkret bedeutet er in der Medizin die plötzliche positive oder negative Veränderung des Gesundheitszustandes; nur im negativen Sinn spricht die Wirtschaftstheorie von einer K., wenn eine Hochkonjunktur sich in ihr Gegenteil verkehrt. Die Psychologie versteht unter einer K. alle ausnahmehaften Lebensphasen, die in der Entwicklung des einzelnen Menschen auftreten können, wie z. B. die Pubertät oder die *MidlifeCrisis*. – Darüber hinaus ist die als selbsterzeugt begriffene und fast nur noch negativ konnotierte K. ein Schlüsselbegriff der ↗ Moderne, die häufig als Zustand einer »permanenten K.« (R. Koselleck) charakterisiert wird und für die i. Allg. zwei Hauptfaktoren angenommen werden:

(1) Als gewissermaßen materieller Grund wird die zuerst von J. Burckhardt

diagnostizierte und von den technisch-wissenschaftlichen Innovationen ausgelöste ↗ Beschleunigung der Kultur seit dem letzten Drittel des 19. Jh. angeführt, die die Welt schneller verändert, als der Mensch sich auf sie einstellen kann. Die für die positive Bewältigung einer K. notwendige Zeitdauer steht nicht mehr zur Verfügung, so dass der Mensch in einer Dauer-K. gefangen bleibt. – (2) Von entscheidenderer Bedeutung für die K. als Konstituens der Moderne ist die Tatsache, dass der Mensch der westlichen Zivilisation seit der Aufklärung zunehmend dazu überging, sich selbst als Schöpfer und Richter verbindlicher Werte anzusehen. Indem er sukzessive alle übergeordneten Werte ablehnte, geriet er in eine Haltung der völligen Relativierung, die F. Nietzsche als ›Nihilismus‹ bezeichnete und als das Schicksal der Menschen des 20. Jh. voraussagte. Tatsächlich hat die Auflösung fester Orientierungspunkte wie der Glaube an Gott oder das verantwortliche Subjekt, aber auch der Verlust objektiver Wahrheit in den Naturwissenschaften das kulturelle Selbstverständnis der abendländischen Moderne stark geprägt. Insbes. die Umwälzungen in der Kunst des vergangenen Jahrhunderts sind nur vor der Folie dieser K. des menschlichen Selbstverständnisses zu verstehen. Kulturpessimisten sehen die politischen Katastrophen des 20. Jh. als Folge dieser K. – In der Philosophie war es seit den 30er Jahren v. a. die Phänomenologie E. Husserls, die die *Krisis des europäischen Menschentums* (1935) im Verlust der unmittelbaren »Lebenswelt« durch die steigende Bedeutung technischer Medien und leerer Formalismen begründet sah und damit auf den Anteil der Wissenschaften an der Verunsicherung vertrauter Wahrheiten hinwies. Daneben war es in der Nachkriegszeit v. a. die Kritische Theorie, die sich intensiv mit dem positiven Potential der K. in kulturkritischer Absicht auseinandergesetzt hat. Dabei blieb die Beurteilung der Auswirkungen dieser K. aber bis heute ambivalent. Sah z. B. die Literaturtheorie in dem »Ende der großen Erzählungen« (J.-F. Lyotard) eine notwendige und durchaus positive Konsequenz der K., so diagnostizierte andererseits das für die Kunstkritik der Zeit nach 1945 einflussreiche Werk *Verlust der Mitte* (H. Sedlmayr, 1948) die K. in der Kunst zwar als Folge des Verlusts verbindlicher Werte und Hierarchien, betrachtete dies aber als zu überwindendes Problem. Spätestens seit der ↗ Postmoderne scheinen sich jedoch diese kritischen Positionen zu marginalisieren.

Lit.: R. Koselleck, Kritik und Krise (1959). – M. Prisching, Krisen (1986).

D. T.

Kulturkritik, Argumentationsfigur im Schema des Gegensatzes von ›Kultur‹ und ›Zivilisation‹. K. bildet sich im späten 18. Jh. heraus, erlebt einen ersten Höhepunkt in der Romantik und besitzt ihre größte Verbreitung in den ersten Jahrzehnten des 20. Jh. Die Entstehung des Gegensatzpaars ›Kultur‹ und ›Zivilisation‹ wurde zuerst von dem Soziologen N. Elias erforscht (*Über den Prozeß der Zivilisation*, 1936), der darin eine spezifische Denkform des Bildungsbürgertums erkannte. Um sich zuerst vom Adel und dann von Großindustriellen und Kapitalisten abzusetzen, mit denen man ökonomisch jeweils nicht konkurrieren konnte, reklamierte der gebildete Bürger für sich kulturelle Werte bzw. Geistesadel. Emphatisch wurde das wahre Leben in den Künsten, der Philosophie oder auch der Religion angesiedelt, während man der höfischen Gesellschaft, dem Geldadel sowie den um technischen Fortschritt bemühten gesellschaftlichen Kräften Oberflächlichkeit und eine einseitige Orientierung an materiellen Werten vorwarf. Aus dieser auch von Ressentiments geprägten Einschätzung ergab sich eine Reihe von Dichotomien, die innerhalb der K. bald zu Topoi wurden. Faktenwissen wurde als minderwertig gegenüber Bildung beurteilt, korrekt-höfliches Verhalten als Schwundstufe gegenüber moralischer Gesinnung, Sport als degenerierte Form gegenüber ritterlichem Heroismus, das mechanisch Funktionierende als leblose Simplifizierung gegenüber dem organisch Gebildeten, Gesellschaft als veräußerlichte Form einer Gemeinschaft etc. Meist beschränkt sich K. nicht auf einen spezifischen gesellschaftlichen oder ideologischen Bereich, sondern konstatiert einen allgemeinen Verfall der Kultur zur bloßen Zivilisation. Die Kritik verfolgt dabei das Ziel, den Verfall zu stoppen und die Menschen zu einer Rückkehr zu den alten, ›eigentlichen‹ Werten zu bewegen. Das Denken der K. ist insofern immer mit einem Programm der ↗ Antimoderne verbunden. Ferner fällt es mit einem Geschichtsdenken insbes. neuplatonischer Tradition zusammen, das entsprechend den drei Zeitstufen drei Epochen unterscheidet: den guten Ursprung (= Vergangenheit), den Abfall vom Ursprung und damit den Niedergang (= Gegenwart) und die Rückkehr zum Ursprung (= Zukunft). K. ist als Kritik an Kapitalismus und Ökonomie mit dem Kommunismus und linken Weltanschauungen vereinbar (z. B. E. Bloch, S. Kracauer), während sie als Drang nach echtem und heroischem Leben sowie nach Gemeinschaft ebenso mit völkischen und faschistischen Ideologien kompatibel ist (z. B. A. Rosenberg, A. Bäumler). Insbes. das Denken von F. Nietzsche, O. Spengler, L. Klages, M. Scheler, aber auch von Autoren wie F. Tönnies (*Gemeinschaft und Gesellschaft*, 1887) oder J. Langbehn (*Rembrandt als Erzieher*, 1890) hatten während des ersten Drittels des 20. Jh. großen Einfluss und machten die Topoi der K. zu den geläufigsten Deutungsmustern der modernen Welt. So finden sie sich in scheinbar so gegensätzlichen Strömungen wie dem Expressionismus,

dem Bauhaus oder der Jugendbewegung. In den Jahrzehnten nach dem Zweiten Weltkrieg bleiben die Topoi der K. wirksam, spezifizieren sich jedoch z. T. und werden zu genaueren Analysen von Aspekten der modernen Welt ausgebaut. Zu unterscheiden sind etwa Technik- und Wissenschaftskritik (G. Anders, M. Heidegger, I. Illich, E. Chargaff), Medienkritik (G. Steiner, P. Virilio), Kritik an der ›Kulturindustrie‹ (Th. W. Adorno, M. Horkheimer, H.-J. Syberberg) oder Kritik am Umgang mit Natur (K. M. Meyer-Abich, J. Beuys, G. Nenning). Mit Aufkommen und Verbreitung der ↗ Postmoderne verliert die K. seit den 80er Jahren an Bedeutung und lebt eher in einzelnen Motiven denn als feste Denkhaltung fort. So ist postmodernem Denken die teleologische Geschichtsvorstellung der K. fremd; ferner steht das postmoderne Plädoyer für Pluralität der K. entgegen, da diese die ›hohe‹ und ›wahre‹ Kultur immer als ein singuläres und überzeitlich bindendes Zentrum bzw. als den einen Ursprung begreift, zu dem es als Alternative nur Verfall und Veräußerlichung gebe. Deshalb erscheint die K. der Postmoderne als Variante metaphysischen Denkens, und ihre Dichotomien werden in Analogie zu klassischen Gegensatzpaaren wie ›Ding an sich – Erscheinung‹, ›Substanz – Akzidens‹ oder ›Idee – Abbild‹ dekonstruiert. Wie fremd und vielen kaum noch nachvollziehbar die Denkfiguren der K. mittlerweile geworden sind, wurde 1993 deutlich, als der Schriftsteller Botho Strauß mit einem kulturkritischen Manifest (*Anschwellender Bocksgesang*) eine heftige Debatte auszulösen vermochte.

Lit.: S. Aschheim, Nietzsche und die Deutschen. Karriere eines Kults (1996). – W. Ullrich, Zentrifugalangst und Autonomiestolz. Ein Nachruf auf die Kulturkritik. In: Neue Rundschau 110/2 (1999).

W. U.

Kulturmanagement bezeichnet sowohl die Führung und Steuerung von arbeitsteiligen Institutionen und Unternehmungen des Kulturbetriebs als auch eine Hochschuldisziplin, die sich in praxisorientierter Lehre und Forschung seit Ende der 70er Jahre im deutschsprachigen Raum an Kunsthochschulen und Universitäten etabliert hat. Dabei gilt es grundsätzlich zu unterscheiden zwischen dem aufgabenbezogenen K. (K. als Funktion), das sich nach dem Vorbild der klassischen Managementlehre der Planung, Organisation, Führung und Kontrolle kultureller Einrichtungen des Profit- wie Non-Profit-Bereichs widmet und damit strategisch-operative Aufgaben (Marketing, Kommunikation usw.) einschließt, und einem personenbezogenen Verständnis von K. (K. als Institution), das nach den Eigenschaften, Qualifikationen und dem Berufsbild des Kulturmanagers fragt. Vor dem Hintergrund eines wachsenden Ökonomisierungsdrucks und des Professionalisierungsbedarfs im staatlich geförderten öffentlichen Kultursystem, aber auch der gestiegenen Anforderungen des auf Wettbewerb und Gewinnerzielung gründenden kommerziellen Kulturmarkts haben sich in den letzten Jahren Wertschätzung und Akzeptanz des K.s/Kulturmanagers in Kulturbetrieb wie Medien zum Positiven hin verändert. Selbst wenn in einer funktionalistischen Engfassung die Fachdisziplin K. auf die »Erstellung von institutionellen, rechtlichen, ökonomischen und organisatorischen Rahmenbedingungen, um Kultur ermöglichen zu können« (W. Heinrichs), begrenzt und v. a. auf prozessuale Steuerungs- und zielgruppenspezifische Vermittlungsleistungen beschränkt wird, hat sich im kultur- und gesellschaftspolitischen Diskurs K. längst zu einer Schlüsselqualifikation innerhalb facettenreicher Erlebnismärkte mit Event- und Festivalcharakter emanzipiert. K. wird in Zeiten leerer öffentlicher Kassen verstärkt als effizienz- und ressourcensicherndes Instrument gesehen. In diesen Kontext gehören letztlich auch erste Versuche, kommunale Kulturverwaltungen in K.-Büros (z. B. in Bremen) teilweise zu transformierern, so dass die traditionellen Grenzziehungen zwischen staatlichen und privaten, Non-Profit- und kommerziellen Management-Sphären fließend geworden sind.

Die Ursachen und Gründe für den K.-Boom seit Anfang der 90er Jahre ergeben sich aus dem kulturellen Paradigmenwechsel der 80er Jahre, als das kulturpolitische Credo einer ›Kultur für alle‹ (H. Hoffmann) mehr und mehr von einer Ästhetisierung der Lebenswelt, d. h. von ›Alles mit Kultur‹-Konzeptionen überlagert wurde. Die Entdeckung von Kultur als Wirtschafts-, Standort- und Stadtmarketingfaktor, die integrative Vernetzung von Kultur und Wirtschaft sowie eine explizite Erlebnisorientierung im Konsum-, Freizeit- und Kulturverhalten (↗ Erlebnisgesellschaft) schufen schließlich Ende der 80er Jahre den Nährboden für das Hochschulangebot K. Obwohl bis heute als Collagedisziplin ohne verbindliche wissenschaftstheoretische Grundlagen und – je nach Studienort – mit unterschiedlichen curricularen Schwerpunkten versehen, erfreut sich das Fach nach Anfängen in Wien (1979) seit 1988 u. a. in Hamburg, Berlin oder Ludwigsburg an der Schnittstelle von Wissenschaft und Berufspraxis großer Nachfrage – als studienbegleitende sowie postgraduale Ausbildung mit Praxisbezug und guten Chancen auf dem akademischen und kulturellen Arbeitsmarkt. Neben Seminaren zu institutionellem und Projekt-Management werden in der Regel Kulturmarketing, Kommunikation, Kultur- und Medienrecht sowie Finanzmanagement vor dem Hintergrund künstlerisch-kultureller Zusammenhänge praxisnah gelehrt. K. in diesem Verständnis ist vorrangig »kommerzialisierte Wissenschaft« (H. F. Spinner), die in ihren

Hochschulkontexten zwar Elemente ›reiner‹ und ›angewandter‹ Wissenschaftsformen einzubinden weiß, sich aber letztlich stärker über ⊅ Markt-, Nachfrage- und Leistungs- statt über theoretische Wissenschaftsorientierung verständigt. Bemühungen um eine eigenständige »Kulturbetriebslehre« (W. Hasitschka) vermögen – vorläufig – weder den heterogenen, vollends konturenlosen Kulturbegriff noch die verschiedenen konkurrierenden Managementansätze auf den übergreifenden theoretischen Punkt zu bringen, so dass K. heute bevorzugt in arbeitsmarkt-, hochschul- sowie kulturpolitischen Verwertungszusammenhängen diskutiert und gewürdigt wird.

Lit.: M. Fuchs (Hg.), Zur Theorie des Kulturmanagements (1993). – W. Heinrichs, Kulturmanagement. Eine praxisnahe Einführung (1999). – K. Siebenhaar, Kultur & Management. Positionen. Tendenzen. Perspektiven (1992).

K. S.

Kulturwissenschaft, diffuser Sammelbegriff für unterschiedliche Forschungsrichtungen, Methoden und Theorien der Geisteswissenschaften, der einen programmatischen Anspruch auf Interdisziplinarität, methodische Innovation und Gegenstandserweiterung artikuliert. Um die Jahrhundertwende dient K. bei Dilthey, Windelband oder Rickert (ähnlich wie Geisteswissenschaften und häufig damit synonym) als Gegenbegriff zu den Naturwissenschaften, um die Spezifik der verstehenden Ereigniswissenschaften gegenüber den erklärenden Gesetzeswissenschaften zu begründen. Die mit K. verbundene Reintegration und Reformulierung des Kultur-Begriffs vollzieht sich auf zwei Ebenen. Zum einen zielt K. wissenschaftstheoretisch-formal auf die Gemeinsamkeiten geisteswissenschaftlicher Fächer, auf deren Erkenntnismöglichkeiten, Wertbeziehungen und Verfahrensweisen. Zum anderen steht K. für eine materiale

Ausweitung des Gegenstandsbereichs geisteswissenschaftlicher Fächer (Lamprecht, Simmel). M. Weber charakterisiert K. als »Wirklichkeitswissenschaften« und bestimmt Kultur als die Fähigkeit des Menschen, einem endlichen Ausschnitt aus der Sinnlosigkeit der Weltgeschichte Sinn zu verleihen. Gerät Kultur zum Bestimmungswort für einzelne Fachwissenschaften wie Kulturgeschichte, Kulturphilosophie oder Kultursoziologie, so wird innerhalb verschiedener Bindestrichwissenschaften bis heute (Medienkulturwissenschaft) das vorangetrieben, was die Berufung auf die Kultur verhindern sollte: das Anwachsen der Wissensbestände zu unübersichtlichen Segmenten.

In jüngster Zeit ist K. (wie Sozialwissenschaften in den 70er Jahren) nahezu zum Modewort geworden. In ihrem Namen soll die Krise der Geisteswissenschaften, ihre disziplinäre Zersplitterung und Blindheit gegenüber neuen Problemlagen überwunden werden. Es gibt allerdings keine festumrissenen Fragestellungen, Theorien, Methoden und Gegenstandsbereiche der K. – im Gegensatz zu den in Großbritannien entwickelten ⊅ Cultural Studies, die sich in der Tradition der politischen Linken auf die Populärkultur, die Medien- und Ideologiekritik konzentrieren. Doch lässt der Begriffsgebrauch drei unterschiedliche Verwendungsebenen und einen gewissen Minimalkonsens erkennen. K. kann (1) eine Art modernisierte Volkskunde sein (so das von H. Bausinger gegr. »Ludwig-Uhland-Institut für Empirische Kulturwissenschaft«); (2) wird mit K. der Anspruch erhoben, den Gegenstandsbereich einzelner Philologien zu erweitern (Kanonrevision, ⊅ Massenkultur, ⊅ Neue Medien, Abkehr vom Eurozentrismus, kulturgeschichtliche Kontexte) und die damit verbundene Interdisziplinarität herzustellen; (3) im weitesten Sinn steht K. für den fachübergreifenden Anspruch, einen allgemeinen Bezugsrahmen für alle geisteswissenschaftlichen Fächer zu bieten. Die K. operiert mit einem nichtnormativen Kulturbegriff, der von der Pluralität der Kulturen ausgeht, deren mentale und soziale Dimension erkunden will und ein besonderes Interesse für kollektive Sinnkonstruktionen, für Symbole, Diskurse und Deutungsmuster entwickelt. Von daher ergeben sich Berührungspunkte mit der Begriffs- und Diskursgeschichte, der neueren Kultur- oder ↗ Mentalitätsgeschichte. – Der Begriff K. ist analytisch vage, aber programmatisch vielversprechend. Der herrische Singular sollte nicht dazu verleiten, K. als Großtheorie mit Themenhoheit, Sinnstiftungs- und Synthesenanspruch zu etablieren. K. weist aber als Such- und Reflexionsbegriff ein beachtliches heuristisches und interdisziplinäres Potential auf. Der Rekurs auf einen weiten internationalen Kulturbegriff, der nicht mehr auf Geist und Bildung eingegrenzt wird, und die methodischen Anleihen aus avancierten Theorien (wie Symboltheorie, Semiotik oder Diskursanalyse) können ein Problembewusstsein schärfen, das in der Lage ist, die Eigenlogik des jeweiligen Fachs auf transdisziplinäre Problemlagen und interdisziplinäre Zusammenarbeit auszurichten.

Lit.: R. Glaser/M. Luserke (Hg.), Literaturwissenschaft – Kulturwissenschaft. Positionen, Themen, Perspektiven (1996). – D. Mühlberg, Kulturwissenschaften. In: H. J. Sandkühler (Hg.), Europäische Enzyklopädie zu Philosophie und Wissenschaften, Bd. 2 (1990). – W. Müller-Seidel: Kulturwissenschaften – Geisteswissenschaften – Humanwissenschaften. Eine kritische Einführung. In: Akademie-Journal 1/2000.

G. B.

Künstliche Intelligenz (KI), Forschungsgebiet der Informatik, das sich mit der Konstruktion von Rechenmaschinen und Softwaresystemen befasst, die ein Verhalten erzeugen, für das der Mensch allg. Intelligenz benötigt. Die Idee einer grundsätzlichen Analogie zwischen menschlichem Denken und der Funktionsweise von regelgeleiteter Symbolverarbeitung von Rechenprogrammen nahm in den 40er Jahren, kurz nach Erfindung der ersten ↗ Computer, ihren Anfang. Der Begriff KI als Forschungsgebiet etablierte sich 1956 mit dem Dartmouth Summer Research Project on Artificial Intelligence. Drei grundsätzliche Ziele treiben seither die Entwicklung voran: die menschliche Intelligenz nachzubilden und möglicherweise zu ersetzen; Erkenntnisse über das menschliche Denken anhand von Computersimulationen zu gewinnen; intelligente Systeme zu entwickeln, die die bisherigen Grenzen rationaler Problemlösung hinausschieben. Die Überlegung, wie man zu einem Begriff maschineller Intelligenz kommen kann, ist: Wenn sich eine Maschine intelligent verhält, dann muss man ihr Intelligenz zugestehen, gleich wie dieses Verhalten zustande kommt. Die ersten Schritte wurden demzufolge auf Feldern unternommen, von denen man annahm, dass sich auf ihnen hervorragende Intelligenz zeige wie beim automatischen Beweisen mathematischer Sätze oder beim Schachspiel. Dieser Weg erwies sich jedoch als Sackgasse, denn weniger die Modellierung einer logoszentrierten Intelligenz hat sich als Prüfstein der KI erwiesen, sondern die Bewältigung von Alltagstätigkeiten wie Bild- oder Spracherkennung, die auch Personen mit eher beschränkter Intelligenz leichtfällt. Seit Ende der 80er Jahre orientiert sich die sog. »neue« KI an Ansätzen der Kognitionswissenschaften und modelliert kognitive Prozesse wie Wahrnehmen, Denken, Lernen oder Sprechen als informationsverarbeitende, in ihre Umwelt eingebettete und mit dieser interagierende Prozesse. Diese Erweiterung des Blickfeldes hat eine Hinwendung zur Robotik und experimentellen Roboter-Architekturen bewirkt wie auch

zu Konzeptionen virtuell agierender Softbots (*software robots*) oder Netzagenten geführt. – Von Beginn an war die KI von stark emotionalen und persönlichen Auseinandersetzungen zwischen KI-Forschern (A. Newell, H. A. Simon, M. Minski) und ihren Kritikern begleitet. Die kritischen Diskussionen zielen zum einen auf die Unerreichbarkeit von KI, weil menschliche Geistestätigkeit nicht erschöpfend formalisiert werden könne (J. R. Searle, H. L. Dreyfuss), zum anderen auf ihre Amoralität, da sie ein inhumanes Menschenbild schaffe und die Gesellschaft vor unlösbare Verantwortungsprobleme stelle (J. Weizenbaum, T. Winograd, F. Flores). ↗Cyborg
Lit.: R. Penrose, The Emperor's New Mind: Concerning Computers, Minds, and the Laws of Physics (1989). – R. Kurzweil, The Age of Intelligent Machines (1990). – A. Clark, Being There: Putting Mind, Body and World Together Again (1997).

N. A.

Kunstmarkt, die Gesamtheit aller mit der Wertbildung und der ökonomischen Vertreibbarkeit von Kunst befassten Prozesse, Instanzen und Faktoren. – Mit dem Aufstieg des Bürgertums im 17. und 18. Jh. entstand jenseits des höfischen und des religiösen Bereichs ein neuartiger Abnehmerkreis für Kunst. Kunst als Ware wurde auf Märkten oder (neben Kunstgewerbe und Kuriositäten) in Kunsthandlungen angeboten. Im 19. Jh. entwickelte sich das Ausstellungswesen als zentraler Bestandteil des K.s, als die Werke zunächst in den Akademie-Ausstellungen (Salons), ab 1826 in neuentstandenen Kunstvereinen, in Verkaufsausstellungen und Kunst-Tombolas der Öffentlichkeit offeriert wurden. Durch internationale Wanderausstellungen und Messen wurde der Grundstein gelegt zu einem internationalen K., der sich v. a. nach 1945 rasant entwickelte.

Dem Erwerb von Kunst liegen äußerst unterschiedliche Motivationen zugrunde, wie z. B. das Streben nach ästhetischem Genuss, Dekoration, Information, Statussymbolen und Imagesteigerung. In den 80er Jahren wird Kunst in zunehmendem Maße auch Spekulationsobjekt. Klassiker der Moderne verzeichneten einen zum Teil erheblichen Wertzuwachs, was 1987 durch den Kauf des mit 72,5 Mio. DM bis zu diesem Zeitpunkt teuersten Kunstwerks, Van Goghs *Sonnenblumen*, durch die japanische Versicherungsgesellschaft Yasuda ins Bewusstsein der Weltöffentlichkeit rückte. Auch bislang unbekannte, junge Künstler (in Deutschland v. a. die Neuen Wilden) erzielten in einigen Fällen immense Wertzuwächse. Gegen Ende der 80er Jahre kam es in Teilbereichen zu Einbrüchen des Markts, was in der Folgezeit abschreckend auf Spekulanten wirkte. – Außenstehenden erscheinen die Mechanismen des K.s bes. hinsichtlich der Preisgestaltung von Kunstwerken oftmals irrational und willkürlich, obwohl es sich tatsächlich um ein feinverzweigtes und vielfach gestaffeltes Geflecht von aufeinander einwirkenden Faktoren handelt, deren Resultate sich einem rationalen Nachvollzug nicht verschließen, auch wenn sie im Voraus nur schwer kalkulierbar sind. Ein weitverbreitetes Misstrauen dem K. gegenüber leitet sich auch davon her, dass der Warencharakter von Kunst ihrem Anspruch, v. a. Träger einer geistigen Botschaft zu sein, entgegenzustehen scheint. Generell folgt der Vertrieb von Kunst den Regeln, die auch für andere Güter gelten. Trotzdem weist der ↗Markt allerlei Besonderheiten auf, was u. a. mit dem spezifischen Charakter der Produktion und Konsumption von Kunst zusammenhängt. So zeichnen sich viele Werke durch ihren Unikatcharakter aus, bei sachgemäßem Umgang gibt es so gut wie keinen Verschleiß und die Herstellung ist von einer stark individuellen, oft auch handwerklichen Herangehensweise geprägt. – Der Verkauf von Kunstwerken erfolgt durch Kunsthandlungen und -messen, Galerien, Art-Consulting-Unternehmen sowie Auktionshäuser. Kunsthändler und Galerist unterscheiden sich v. a. darin, dass Letzterer einen festen Künstlerstamm mit programmatischer Zielsetzung über einen längeren Zeitraum intensiv betreut und – als prozentual am Verkaufserlös beteiligter Agent – am Markt durchzusetzen versucht, während sich Ersterer eher einem wechselnden Tagesgeschäft widmet. Auf Kunstmessen präsentieren sich Kunsthändler und Galeristen dem Fachpublikum sowie einer breiteren Öffentlichkeit, wobei die Zugangsberechtigung zu diesen Messen für die Anbieter zum Teil stark reglementiert ist, womit sich die Etablierten gegen neu am Markt auftauchende Konkurrenten absichern. Im oberen Marktsegment entspricht die Zwischenschaltung eines professionellen Vermittlers zwischen Produzent (Künstler) und Konsument (Käufer) der Regel. Doch gibt es auch Atelierverkäufe, Künstlermessen, auf denen die Künstler selber ihre Arbeiten anbieten, sowie von Künstlern betriebene Produzentengalerien, in denen sie ihre eigenen und die Werke von Kollegen ausstellen. Als in den 80er Jahren in zunehmenden Maße Banken und andere Unternehmen begannen, als Corporate Collectors eigenständige Kunstsammlungen aufzubauen, bildete sich das neue Berufsprofil des Art Consultant, der sich als freier Agent auf die Kunstberatung von Unternehmen spezialisierte und Verkäufe an sie tätigt. Von dem Boom der 80er Jahre profitierten in starkem Maße die Auktionshäuser (u. a. Christie's und Sotheby's mit weltweiten Dependancen), die mit hochangesetzten Schätzwerten die Kunstpreise in die Höhe trieben. Die ↗Neuen Medien eröffnen neue Möglichkeiten. Online-Kunstauktionen und unterschiedlich professionell angelegte ↗Internet-Auftritte der Galerien und Händler verleiten bislang jedoch eher

zum Sondieren des Angebots, ohne den direkten Kontakt mit vertrauenswürdigen Mittlern und dem Kunstwerk ersetzen zu können. – Nicht direkt Orte des Verkaufs von Kunstwerken sind Museen, Kunstvereine oder von Kuratoren betreute Großausstellungen. Trotzdem kommt ihnen eine wichtige Funktion innerhalb des K.s zu. Denn die Präsenz eines Künstlers in bedeutenden Sammlungen und Ausstellungen steigert seine Reputation und insofern den Marktwert seiner Werke. In besonderem Maße gilt dies für international bekannte Kunstereignisse wie z. B. die Biennalen in Venedig und São Paulo oder die Documenta in Kassel. Eine in diesem Sinn legitimierende Funktion haben auch Kunstpreise sowie Würdigungen und Rezensionen in Fachzeitschriften und anderen Medien. Das Verhältnis zwischen institutioneller Präsenz und Marktwert in eine Formel zu bringen, versucht seit Ende der 60er Jahre die Zeitschrift *Capital* mit ihrem *Kunstkompass*, der jährlich nach Auswertung von über 700 verschiedenen ›Tatbeständen‹ durch Punktevergabe eine Rangliste der jeweils 100 großen, zeitgenössischen Künstler veröffentlicht. Die 10 maßgeblichen Preisfaktoren: Qualität, Rarität, Entstehungszeit, Datierung, Signatur, Provenienz, Technik, Format, Sujet, Markt- und Auktionsfähigkeit verdeutlichen, dass *Kunstkompass* nur bestimmte Kunstformen – beispielsweise Bilder und Skulpturen – berücksichtigt, die aufgrund ihres Objektcharakters den allgemeinen Erfordernissen eines auf Verkauf und Kauf ausgerichteten Markts insofern optimal angepasst sind, als sie problemlos demontierbar, lagerbar und weiterveräußerbar sind. Für andere Kunstformen, die sich v. a. seit den 60er Jahren herausgebildet haben, gilt dies aufgrund ihres zeitlich begrenzten oder kontextbezogenen Charakters nur mit Einschränkungen, so zum Beispiel für aktionistische, performative, projektorientierte oder ortsbezogene, installative Arbeiten. Um dieses Manko auszugleichen, wurden diverse Strategien entwickelt, die auch eine ökonomische Verwertung solcher Arbeiten zulassen. Es werden z. B. Aktionsutensilien, Dokumentationsfotos oder an verschiedenen Orten ausführbare Konzepte als Repräsentanten der eigentlichen Kunstwerke veräußert. Kulturstiftungen ermöglichen die Realisation von Projektvorhaben wie z. B. bedeutende Land-Art-Werke. Wo keine Stiftungen oder die öffentliche Hand als Geldgeber zur Verfügung steht, sind es v. a. Firmen, die als Sponsoren (↗ Sponsoring) Mittel für Arbeiten mit Ereignischarakter bereitstellen (↗ Event). Der Künstler, der in diesen Fällen ja kein veräußerbares Produkt schafft, erhält dabei ein Honorar. Ein besonderes Marktkonzept entwickelte der Künstler Christo, der mittels Poster, Postkarten und anderer Merchandising-Produkte seine Projekt-Ideen vermarktet und damit die finanzielle Grundlage für ihre Realisation schafft. Eine derartige Nebenverwertung von Kunst wird in einem Kunstbetrieb, der mit Massenphänomenen wie z. B. dem Museumstourismus einhergeht, ein immer ernstzunehmenderer ökonomischer Faktor, wofür die mittlerweile florierenden Museumsshops Zeugnis ablegen.

Lit.: Ch. Herchenröder, Die neuen Kunstmärkte. Analyse, Bilanz, Ausblick (1990). – H. Bonus/D. Ronte, Die Wa(h)re Kunst. Markt, Kultur und Illusion (1997).

C. H./M.Scha.

Kybernetik (gr. kybernetike techne = Steuermannskunst). *I. Anfänge der Kybernetik.* N. Wiener führte 1947 die K. als die Wissenschaft von der Regelung und Nachrichtenübertragung in Lebewesen und in der Maschine ein. Er fasste unter K. Untersuchungen zu Statistik, Informationstheorie, *computing machines* sowie Forschungen über das Nervensystem, über Ökonomie, Soziologie, Psychopathologie und Linguistik zusammen. Die K. entstand zu einer Zeit, als Selbstregulierung, Selbstautonomie sowie organisatorische und funktionale Abhängigkeiten innerhalb von Organismen vermehrt untersucht wurden. In der zweiten Ausgabe seines Buches *Cybernetics* (1948) bezog sich Wiener dann auf sich selbst organisierende und reproduzierende Systeme, die in der Folgezeit mit K. assoziiert wurden. – II. *Grundströmungen.* Man kann in der K. zwei Richtungen unterscheiden: (1) die Konzipierung und Planung technischer Systeme, die auf den Mechanismen der Selbstregelung mit Hilfe von Rückkopplung, interaktiver Anpassung und kreisförmiger Kausalität beruhen. Ein Beispiel: Ein Autopilot hält eine bestimmte Lage und Richtung des Flugzeugs durch ständige Anpassung an die weiter eingehenden Daten. Sinkt das Flugzeug ab, reagiert der Autopilot und stellt selbstständig die alte Lage des Flugzeugs wieder her, d. h., er reguliert seine Lage durch Rückkopplung der ständig abgefragten Daten. Daraus ergibt sich eine zirkuläre Kausalität, da immer derselbe Zustand bzw. ein Gleichgewicht durch Anpassung über eine Steuerung wiederhergestellt wird. Das Regelungssystem wird nur dann aktiv, wenn eine Diskrepanz (negative Rückkopplung) zwischen dem auftritt, was es wahrnimmt (das sensorische Signal, hier die Daten über das Absinken des Flugzeuges), und dem, was es wahrnehmen soll oder möchte (hier die gleichbleibende Höhe oder Richtung des Flugzeugs). Diese Reaktionsschemata werden zu einem Modell für erfolgreiches Fliegen zusammengefasst. Der Autopilot weiß aber nur, *wie* er reagieren muss, um seinen Ausgangszustand wiederherzustellen, und nichts über die Realität als solche. K. ist entsprechend diesem Beispiel die allgemeine Wissenschaft von der Struktur, den Relationen und dem Verhalten dynamischer Systeme. (2) Ein anderer Teil der K. konzentriert sich auf die allgemeinere Frage nach dem menschlichen Wissen und Lernen. Der Autopilot im Beispiel lernt nicht, sondern reagiert jeweils auf jede Situation neu. Lernen hieße, aus Störeinwirkungen der Umwelt nach einer Speicherung in einem Gedächtnis Konsequenzen für späteres Verhalten zu ziehen und so unerwünschten Abweichungen vorzubeugen. Negative Rückkopplung wird dann als zu speichernde und wieder abrufbare Information verstanden. Die K. der zweiten Richtung versteht Wissen demgegenüber nicht als Abbild einer objektiven Realität, sondern als Organisierung der Erfahrungen von Menschen. H. Maturana und F. J. Varela entwickelten entsprechend eine Biologie der Kognition für lebende Organismen. H. von Foerster sowie E. von Glasersfeld versuchten, sowohl den Fehlschlüssen eines naiven Realismus in Bezug auf die Existenz der Welt als auch den Schwierigkeiten von solipsistischen Weltbildern (alles sei Vorstellung eines Ich) zu entgehen. Realität wird entsprechend dem kybernetischen Modell interaktiv konzipiert, da Beobachter und Beobachtetes ein wechselseitig voneinander abhängiges Paar bilden (Subjekt-Objekt-Spaltung). Auch hier herrschen die Prinzipien der Selbstregelung, der Autonomie (d. h. der Erhaltung des Systemzustandes) und des geschlossenen Systems. Wie der Autopilot nur die Informationen bekommt, die ihm seine Instrumente liefern, erhält der Mensch durch seine Sinne nur eine bestimmte Bandbreite von Informationen, kann sich jedoch durch Anwendung von Modellen in der Welt zurechtfinden. Scheitert ein Modell, wird er dies Scheitern bzw. diese negative Rückkopplung als Information auswerten und durch induktives Lernen sein Modell verändern. – *III. Ethische Konsequenzen.* Da die Annahme objektiver Gesetze und Zwänge, denen sich der Mensch zu unterwerfen hat, zumindest in Frage gestellt werden kann, muss der Mensch

Verantwortung übernehmen. Da er Wirklichkeit ständig neu entwerfen muss und entwirft, kann er sich nur noch schlecht auf unumstößliche Werte wie eine göttliche und damit objektiv vorgegebene Schöpfung oder unbefragbare, ewige moralische Werte zurückziehen. Die Objektivität im traditionellen Sinn ist »die kognitive Version des blinden Flecks im Auge: Wir sehen nicht, was wir nicht sehen. Objektivität ist die Selbsttäuschung eines Subjekts, dass es Beobachten ohne ein Subjekt geben könne. Die Berufung auf Objektivität ist die Verweigerung der Verantwortlichkeit – daher ihre Beliebtheit« (von Glasersfeld, 242). Der ethische Anspruch der K. hat Auswirkungen bis etwa in die Ethnologie (Relativität der Erkenntnisse des Forschers, ständiger Zwang zur erneuten Überprüfung, so etwa von den Kritikern von C. Geertz) oder die Literaturwissenschaft (vgl. etwa S. J. Schmidts Theorie über den Interaktionszusammenhang der verschiedenen Teilnehmer am Prozess der literarischen Kommunikation).

Lit.: H.-J. Flechtner, Grundbegriffe der Kybernetik (1984). – E. von Glasersfeld, Radikaler Konstruktivismus (1989). – C. V. Negoita (Hg.), Cybernetics and Applied Systems (1992).

H. F.

Literaturbetrieb, auch literarisches Leben, Bereich der Herstellung, Verbreitung und Aufnahme von Literatur. Der saloppe Begriff drückt den vielfach spontanen, ungeordneten, widerspruchsvollen und hektischen Charakter der Produktion, Distribution und Rezeption von Literatur aus. Zum L. zählen Autoren und Schriftstellerverbände, Verlagswesen, Buchhandel und Buchgemeinschaften, Buchmessen und Autorenlesungen, Bestseller und Alternativverlage, Schreiben, Lesen und ↗Neue Medien, Literaturkritik und Literaturförderung, ↗Kulturkritik und Kulturzeitschriften, literarische Sozialisationsinstanzen wie Deutschunterricht und Hochschulgermanistik, Theater und Bibliotheken. Der Begriff L. erfasst insoweit die Betriebsamkeit, die mit dem Markt-Aspekt der Literatur verbunden ist. – Dazu zählt zunächst die Korrektur des Bildes vom ›freien Autor‹, der sich im literarischen Leben vom Schreiben ernähren könne. Sozialwissenschaftliche Untersuchungen haben schon vor mehr als einem Vierteljahrhundert ergeben, dass Autoren ohne zusätzliche Einkünfte durch die ↗ Massenmedien, durch Vorträge und Lesungen, durch neben- oder gar hauptberufliche Tätigkeit unterhalb eines existenznotwendigen Minimums leben müssten (*Autorenreport*, 1972). Die Produktion literarischer Werke, die gemeinhin als das entscheidende Kennzeichen schriftstellerischer Tätigkeit angesehen wird, ist tatsächlich nur ein Tätigkeitsbereich neben anderen und keineswegs der quantitativ gewichtigste. Viele Autoren arbeiten zusätzlich – oder sogar hauptsächlich – als Journalisten, als freie Mitarbeiter bei Verlagen, Presse und Hörfunk, als Wissenschaftler, Publizisten oder Übersetzer. Sie nehmen Vermittlertätigkeiten wahr (Diskussionsleitung, Beratung, Gesprächsteilnahme). Sie stellen Texte mit einem gewissen Gebrauchswert für die Öffentlichkeit her (Dokumentationen, Reportagen, Kommentare, Gutachten, Interviews). Sie betätigen sich in verwandten Berufen (Regisseur, Sprecher, Redakteur etc.). Die Hörfunk- und Fernseh-Anstalten lassen sich insoweit als Mäzene des modernen L.s ansehen. Und auch der immer mehr sich verzweigende und differenzierende Markt der ↗ Neuen Medien (↗ Internet) dürfte die Literatur, die er bedroht, zugleich auch fördern, da er ihren Autoren neue, existenzsichernde Arbeitsmöglichkeiten und Arbeitsformen bietet. Diese marktbestimmte Tätigkeit und die mit ihr verbundene soziale Unsicherheit hat dazu geführt, dass 1983 auf Initiative von Schriftstellerverbänden und einzelnen Autoren wie dem damaligen Bundestagsabgeordneten D. Lattmann ein Künstlersozialversicherungsgesetz verabschiedet worden ist mit dem Ziel, die freischaffenden Schriftsteller, Künstler und Musiker in das gesetzliche System der Kranken- und Rentenversicherung einzubeziehen. Seither brauchen auch die ›freien Autoren‹ nurmehr die Hälfte ihrer Kranken- und Rentenversicherungsbeiträge selbst zu bezahlen. Die andere Hälfte wird durch einen Bundeszuschuss und durch eine ›Künstlersozialabgabe‹ finanziert, welche die Abnehmer und Verwerter der literarischen Produkte (Verlage) aufbringen müssen (5% ihrer Honorarzahlungen). Neben dieser gesetzlichen Absicherung bestehen weitere Sozialeinrichtungen wie das ›Autorenversorgungswerk‹ das Zuschüsse zu den Renten- und Krankenkassenbeiträgen gewährt, ferner der ›Sozialfonds‹, der in Not geratene Autoren unterstützt. Auch diese Beispiele einer sozialen Vorsorge machen deutlich, dass man von ›freien Schriftstellern‹ nur im Fall jener Star-Autoren sprechen sollte, die von ihren hohen Einkünften leben können. – Den komplementären Faktor zum Autor bildet innerhalb des L.s nicht der Leser, sondern der Verlag. Er ist es, der aus einem Manuskript ein Buch macht. Der Autor reicht sein Manuskript bei einem oder mehreren Verlagen ein, z. T. vermittelt über professionelle Literaturagenturen, die den Kontakt zu einem Verlag herstellen und am Verkaufserfolg eines Werks beteiligt sind. Lektorat, Herstellung, Vertrieb und Werbung bilden die verschiedenen Stufen, die ein Buch anschließend zu durchlaufen hat, bevor es die Öffentlichkeit erreicht. Die entscheidende Instanz dabei ist das Lektorat, das darüber befindet, ob ein Manuskript überhaupt veröffentlicht wird. Diese Entscheidung fällt in einem dem Publikum undurchschaubaren Vorfeld verlagsstrategischer und kalkulatorischer Überlegungen, die keineswegs der literarischen, sachlichen oder wissenschaftlichen Qualität eines Werks allein verpflichtet sind. Schätzungen besagen, dass nur etwa ein Prozent der den Verlagen eingesandten Manuskripte tatsächlich auch gedruckt wird. Die Entscheidungsgründe für und wider stehen in einem ökonomischen Kontext, der die wirtschaftliche Existenz und das Wachstum, die Rentabilität und den Umsatz, den Gewinn und die Investitionen eines Verlages umfasst. Das Buch ist ist eine Ware, die verkauft werden muss, und ein Verlag ist ein Wirtschaftsunternehmen, das Gewinne zu erzielen und dementsprechend Strategien, Konzeptionen und Programme an kapitalistischen Grundsätzen zu orientieren hat. – Der L. ist der Transmissionsriemen der Literatur zum Publikum. Doch auf dem Weg zum Leser spielen eine Fülle weiterer Faktoren eine Rolle, die über Erfolg und Misserfolg entscheiden. Unter ihnen repräsentieren die ›klassischen‹ Agenten des Buches wie die Literaturkritik, der Renzensionsteil der Tages- und Wochenpresse, die entsprechenden Magazinsendungen des Hörfunks und des Fernsehens oder die Bestseller- und Bestenlisten von Sendeanstalten oder Wochenmagazinen nur einen kleinen Teil. Wichtiger für die gegenwärtige Struktur des L.s ist die Tatsache, dass sich die Literatur insgesamt in Kokurrenz zu anderen Medien befindet, v. a. zum Fernsehen. Seit dem Siegeszug des Fernsehens, also spätestens ab Mitte der 60er Jahre, und seit der Vervielfachung des Programmangebots durch die privaten Sender seit Mitte der 80er Jahre hat die für Lektüre zur Verfügung stehende Zeit deutlich abgenommen. Ein hohes Bildungsniveau und eine entsprechende familiale Sozialisation allein können eine bestehende Lesekultur nicht garantieren. Die Literatur in der Mediengesellschaft bedarf der Vermittlung von Literatur durch die Medien, wenn dem Buch eine Zukunft gesichert werden soll. Deshalb sind auch populäre TV-Sendungen wie *Das literarische Quartett* ein Faktor des L.s, so wie der L. seinerseits zu einem Ferment der Literaturgeschichte und der Ausbildung eines literarischen ⁊ Kanons geworden ist.

Lit.: R. Schnell, Geschichte der deutschsprachigen Literatur seit 1945 (²2003).

R.Sch.

Literaturhäuser sind öffentliche Spielstätten der Literatur, die sich (trotz ihres Einstiegs ins Internet und trotz der immer öfter Büchern beigelegten, Autorenlesungen eigentlich erübrigenden Tonträger) vornehmlich in gedruckter Form an Leser wenden. Veranstaltungen in L.n geben deutsch- und fremdsprachiger Literatur ein Stück ihrer ursprünglichen Mündlichkeit zurück (⁊ Oralität), befriedigen ein begreifliches Interesse der Leser an Stimme, Intonation und physischer Erscheinung der Autorin oder des Autors, werben für das eher einsame Erlebnis des Lesens, vermitteln in Vorträgen, Diskussionen oder Moderationen ein besseres Verständnis literarischer Werke sowie ihrer Entstehungsprozesse, stellen Literatur in Beziehung zu Zeitgeschichte, Politik, Philosophie, Urbanistik, Soziologie und Naturwissenschaften, verknüpfen sie mit Musik, Bildender Kunst und Architektur. L. dienen der Reproduktion und Verbreitung von Literatur wie deren Produktion, indem sie Aufträge an Autoren, Übersetzer, Kritiker, Wissenschaftler, Schauspieler bzw. Sprecher und Regisseure vergeben. Mit Tagungen, Literaturausstellungen, Vorträgen und Lesungen wird gegenwärtige Literatur in den Kontext der Literaturgeschichte und der Literaturtheorie gestellt. L. wenden sich mit ihren Programmen an eine interessierte Öffentlichkeit, die bereits über einige, meist den Feuilletons zu entnehmende Vorinformationen verfügt. Sie reagieren auf Neuerscheinungen und arbeiten insofern mit Verlagen zusammen, verstehen sich jedoch nicht als verlängerter Arm von deren Werbeabteilungen, selbst dann nicht, wenn eine Kostenbeteiligung der Verlage angestrebt wird. Die Programmgestaltung beruht auf Lektüre, Textbeurteilung, Unterscheidung und Auswahl. Die mit Honorarzahlungen geleistete indirekte Autorenförderung fußt auf dieser überprüfbaren Programmarbeit. – Literaturbüros, die zuerst 1980 in Düsseldorf und Erlangen gegründet wurden (spätere Gründungen in NRW: Unna 1985, Gladbeck, Detmold und Bonn 1986), haben urspr. als den Schriftstellerverbänden (VS), den Bundesländern oder den staatlichen Kulturämtern nahestehende Institutionen der Beratung von Nachwuchsautoren, Hobbyschreibern oder einzelnen Lesern gedient. Heute sind sie Planer und Veranstalter von Literaturprojekten oder Fördervereinigungen für die Verbreitung von Literatur wie zum Beispiel die Neue Gesellschaft für Literatur (NGL) in Berlin. Sie arbeiten im Unterschied zu den L.n meist »dezentral«, d. h., sie verfügen über ein »Büro«, das sich seine Veranstaltungsorte suchen muss. Zu den Ausnahmen zählt das Hessische Literaturbüro im Mousonturm (Frankfurt a.M.), das über einen festen Veranstaltungsort verfügt. Das Hessische Literaturbüro gilt als musterhaft in der Förderung von Nachwuchsautoren, denen es ein Vorlektorat ihrer Texte durch erfahrene Schriftsteller vermittelt. Ein Literaturhaus, dessen Name sich mit dem der Stadt verbindet, wurde zuerst im Juni 1986 in Berlin (West) als ein zentral, in Nachbarschaft des Kurfürstendamm gelegener zweiter Ort der Literatur neben dem 1963 von Walter Höllerer gegründeten Literarischen Colloquium Berlin (LCB) eröffnet. In den 80er Jahren reifte die Neigung, Literatur aus den Kellern und Industrieruinen in die Beletage zu befördern. 1989 folgte das Literaturhaus Hamburg, 1991 das Literaturhaus Frankfurt, 1997

das Literaturhaus München. Alle diese Einrichtungen verfügen über eine Grundzuwendung der Städte bzw. Länder, die jedoch die Anwerbung zusätzlicher Mittel für alle größeren Aktivitäten (z. B. die Ausstellungen und Buchpublikationen des Literaturhauses Berlin) unerlässlich macht. 1999 kam das Literaturhaus Köln hinzu, das nicht über ein ganzes Haus mit angegliedertem Café/Restaurant (wie in Berlin, Frankfurt a. M., Hamburg, München) und eine Buchhandlung (Hamburg und Berlin), sondern über den Teilbereich einer Loftetage verfügt und ohne städtische Zuwendung von einem Förderverein betrieben wird. Im November 2001 folgte dann das Literaturhaus Stuttgart und im Juli 2005 das Literaturhaus Leipzig. Beide Häuser verfügen über ein Restaurant bzw. Café, dem Stuttgarter ist auch eine Buchhandlung angegliedert. Die genannten Häuser bilden eine Interessengemeinschaft der deutschen L. und verwirklichen als solche gemeinsame, die Bundesländer übergreifende Projekte. Assoziiert ist das Literaturhaus Einzenbergerhof in Salzburg. Das Literaturhaus Wien beruht auf einer anderen Konstruktion: Es wird mehr bespielt, als dass es eigene Programme realisiert. Die meisten L. werden durch Gastprogramme zusätzlich genutzt; meist ist die Raumvergabe eine Einnahmequelle für die Finanzierung des Eigenprogramms. Es gibt L. auch in Kiel, Magdeburg oder Rostock. Der nicht geschützte Name erfreut sich allgemeiner Beliebtheit und gilt häufig als Sammelbegriff für literarische Einrichtungen verschiedenster Art. L., wie sie in der Interessengemeinschaft der deutschen L. vertreten sind, setzen eine großstädtische Bevölkerung voraus, deren literaturinteressierte Teile nicht ein bloß regional, sondern international orientiertes Programm zu nutzen wünschen. Berlin ist wegen seiner Größe die einzige deutsche Stadt, in der es neben dem Literaturhaus noch vier andere ausschließlich der Literatur dienende Einrichtungen gibt: Literarisches Colloquium Berlin, Literaturforum im Brecht-Haus, literaturWERKstatt berlin sowie das Kinder- und Jugendbuchzentrum LesArt.

H. W.

Markt (lat. mercatus = Handel). Das verbindende Zentrum jeder größeren sozialen Gemeinschaft ist der M., d. h. ein Ort des Austauschs und Handels von Waren und Informationen. War der M. über Jahrhunderte hinweg ein konkreter Ort, der innerhalb einer Stadt oder an anderen verkehrsmäßig wichtigen Knotenpunkten lag, hat sich dieses Charakteristikum durch die Weiterentwicklung der Transport- und Kommunikationsmedien wesentlich gewandelt, wobei traditionelle Formen wie der Wochen-M. bis heute an seine Ursprünge erinnern. – *I. M. in ökonomischer und technischer Hinsicht.* In der modernen Ökonomie versteht man unter M. allgemein jede regelmäßige Verbindung zwischen Käufern und Verkäufern zwecks Ausgleichs von Warenangebot und Warennachfrage. Dass diese Definition keinen konkreten Handelsort mehr einbezieht, beruht auf medientheoretisch zu beschreibenden Faktoren: Die Einführung des Geldes bereits in der Antike und seine sukzessive Erweiterung zum überregionalen und schließlich universellen Tauschmedium entlastet die Märkte immer mehr von der Notwendigkeit der unmittelbaren Präsenz der Waren und erlaubt den globalen Warenhandel mit einfacheren und in ihrem Wert festgelegten Stellvertretern. Diesem Prozess der Abstraktion von der realen Ware durch das Geld entspricht die durch technische Medien wie Telegrafie, Telefon oder heute dem ↗ Internet möglich gewordene Trennung von Transport- und Kommunikationsmedien, durch die die räumlichen Entfernungen der Handelspartner immer unwichtiger und die Dislozierung

des M.s gefördert wird. Die letzte Konsequenz dieses von den realen Waren abstrahierten M.s ist die Börse, an der Gewinne und Verluste in erster Linie durch den globalisierten Handel mit dem Geld selbst erzielt werden, dessen Nennwert den Gesamtwert der Waren mittlerweile bei weitem übersteigt. – *II. M. in gesellschaftlicher Hinsicht.* (1) Die Tatsache, dass die Organisationsprinzipien des M.s als gesellschaftliches Zentralmedium alle sozialen Bereiche durchdringen, hat seit der Antike zu Diskussionen über die Art der besten Organisation geführt. Prinzipiell gibt es zwei grundsätzlich verschiedene M.-Formen, die in der Realität aber ausschließlich in Mischformen existieren. Während die M.-Wirtschaft auf der freien Entfaltung des M.s basiert, d. h. dem selbständigen Ausgleich von Angebot und Nachfrage, wie es A. Smith mit dem Bild der ordnenden *invisible hand* beschrieben hat, besteht das konkurrierende Modell der Planwirtschaft in der Aussetzung des Handels durch eine zentralistisch bestimmte Produktion und Verteilung von Waren. Diese v. a. von K. Marx und F. Engels in der Mitte des 19. Jh. entwickelte M.-Form galt lange Zeit als Utopie einer nicht-kapitalorientierten und damit möglicherweise gerechteren Form der Ökonomie. Heute sind jedoch weit über zwei Drittel der Welthaushalte nach marktwirtschaftlichen Prinzipien organisiert, und das von F. Fukuyama angesichts des Untergangs der kommunistischen Welt konstatierte ↗ Ende der Geschichte fasst die weitverbreitete Ansicht zusammen, dass der Kapitalismus mit seinen selbstregulierenden Kräften diejenige Endform des M.s darstellt, die zwar weiterhin optimiert, aber nicht mehr grundsätzlich in Frage gestellt werden kann. – Gleichwohl verändern sich aufgrund der ↗ Globalisierung und der damit verbundenen notwendigen Liberalisierung der Märkte auch ökonomisch-politische Systeme wie die in Deutschland geltende ↗ Soziale M.-Wirtschaft, deren Wohl-fahrtsprinzipien zunehmend unter Druck geraten. Der Soziologe U. Beck hat mit dem Begriff »Risikogesellschaft« (1986) angedeutet, wie sich dabei die Veränderungen des M.s konkret auf die Gesellschaft auswirken. Dazu zählt neben der immer wichtiger werdenden sozialen Selbstabsicherung insbes. die Veränderung des Arbeits-M.s, der den Menschen eine größere zeitliche und räumliche Flexibilität abverlangt und damit die bestehenden Sozialstrukturen tiefgreifend verändert. Die sich globalisierenden medialen Strukturen des M.s spiegeln sich dabei in den Anforderungen an die Menschen: Das Ideal des »flexiblen Menschen« (R. Sennett, 1998) fordert Arbeitskräfte (*human ressources*), die so ungebunden und vielseitig einsetzbar sind wie die Geld- und Datenströme, die heute den Welt-M. dominieren. – (2) Der Verlust der urspr. Bedeutung des M.s und der Handel mit nur virtuellen Werten ist für Theoretiker wie J. Baudrillard paradigmatisch und konkretes Vorbild für die ↗ Postmoderne, die sich durch einen allgemeinen Sinnentleerungsprozess und eine bloße Simulation der realen Ereignisse auszeichnet. Die moralische Einschätzung eines Sachverhalts oder die Beurteilung eines Kunstwerks beruhen ebensowenig wie die Transaktionen auf den Märkten noch auf einer realen Basis, sondern sind zu einem reinen Spiel mit Zeichen geworden. Ähnlich interpretierte bereits Th. W. Adorno unter dem Stichwort Kulturindustrie die Totalisierung des M.s, der den gesamten Bereich der Kultur funktionalisiere und durch seine Reduktion auf die Frage nach ökonomischer Verwertbarkeit nachhaltig deformiere. Weniger kritisch betrachtet B. Groys (*Über das Neue. Versuch einer Kulturökonomie*, 1992) die Situation von Kunst und Kultur innerhalb des sich totalisierenden M.s. Zwar unterstehen auch sie den ökonomischen Gesetzmäßigkeiten (↗ Kunstmarkt), zu-

gleich besitzen sie jedoch eine irreduzible Eigenständigkeit, kommt ihnen doch die Rolle eines Innovationsmotors zu, der ein für das Funktionieren eines kapitalistischen M.s unverzichtbares Potential zur Ausdifferenzierung und Erschließung neuer Bereiche darstellt.

Lit.: M. Weber, Wirtschaft und Gesellschaft (1922). – N. Luhmann, Die Wirtschaft der Gesellschaft (1988). – J. Baudrillard, Der symbolische Tausch und der Tod (1991).

D. T.

Massenkultur. Konstitutiv für die Kultur der ↗ Moderne ist ihre Spaltung in Hochkultur und M. (*High culture/Low culture*). Explizit beschrieben und reflektiert wurde diese Spaltung erstmals in der Zeit nach dem Ersten Weltkrieg, wobei sie als eine der Moderne inhärente Figur schon im gesamten 19. Jh. präsent ist, etwa in den Werken von Marx, Nietzsche oder Freud. Dabei ist der Terminus M. als solcher sehr viel jüngeren Datums als die Beschreibungen des Phänomens einer Kunst oder Kultur für die Massen. Explizite Untersuchungen zur M. (als Übersetzung von *Low culture*) wurden erstmals im Rahmen der U. S.-amerikan. ↗ Cultural Studies unternommen. Zu den Genres der heutigen M. zählen u. a. Hollywood-Kino (↗ Kino), Fernsehserien (Talkshows, Soap Operas, Sitcoms, Reality-TV), Boulevardtheater, Musicals, Hochglanzmagazine, Belletristik, ↗ Comics, ↗ Popmusik, ↗ Videoclips, ↗ Events (Festtagsparaden, Love-Parade), Folklore, Sportveranstaltungen, Internet-Chats (↗ Internet). Aus der Perspektive soziokultureller Analyse heraus betrachtet, ist der gesellschaftliche Träger von M. keine homogene oder sonst wie geartete ›Masse‹, sondern eine extrem pluralisierte Gesellschaft. M. ist Kultur für ein radikal heterogenes, anonymes Publikum, also eine Kultur des kleinsten gemeinsamen Nenners. – Historisch lässt sich die Spaltung der modernen

Kultur, die tief in der bürgerlich-kapi-
talistischen Wirtschaftsform verankert
ist, mit der Etablierung des ↗ Kunstmarktes datieren, die sich in mehreren
Schüben vollzog. Die Konfrontation mit
dem Kunstmarkt stellte den (aus kirch-
lichem wie weltlichem Mäzenatentum
entlassenen) Künstler vor die Entscheidung, für den Markt, d.h. für ein anonymes Publikum zu arbeiten, dessen
Geschmack zu erforschen und zu bedienen und dadurch zu kommerziellem
Erfolg zu gelangen – oder aber gegen
den Markt, d.h. gegen den Geschmack
zu arbeiten (eine Option, die v.a. die
radikalen ↗ Avantgarden realisierten).
Als erste Revolte gegen den Konsumenten im Sinne einer Marktverweige-
rungsstrategie kann die Romantik gesehen werden (Projekt einer nicht-bür-
gerlichen Kunst). Ein zweiter Kommer-
zialisierungsschub geschieht um die
Mitte des 19. Jh. im Zuge von Industrialisierung und massiver Urbanisierung,
wobei zumeist Paris als Entstehungsort
der M. beschrieben wird (etwa bei W.
Benjamin, der Baudelaires Flanerie in
eins setzt mit dessen Prostitution vor
einer Menge potentieller Käufer seiner
Kunst). Ein weiterer Schub lässt sich
Ende des 19./Anfang des 20. Jh. an-
siedeln mit der Verbreitung von Jugendstil, Art déco, Symbolismus und Dekadenz (Ästhetisierung der Lebenswelt),
industrieller Zeitungs-, Zeitschriften-
und Filmproduktion. Der letzte große
Schub fällt in die Zeit nach dem Ersten
Weltkrieg, in der auch die ersten avantgardistischen Entwürfe einer Neuorga-
nisation der Welt nach ästhetischen
Prinzipien entstehen. Aus der Folgezeit
datieren mehrere Reflexionen über M.,
etwa bei S. Kracauer (*Das Ornament der
Masse*, 1927), der beschreibt, wie die
vom kapitalistischen System eingesetzte
Herrschaft der Abstraktion zu einer Abstraktion vom Menschen führt, der nur
noch als Baustein abstrakt-geometri-
scher, universalverbreiteter Massenor-
namente (Tillergirls, Stadionbesucher)

vorkommt. 1936 bedenkt W. Benjamin
(*Das Kunstwerk im Zeitalter seiner technischen Reproduzierbarkeit*) die Masse
als Publikum und Auftraggeber der
Kunst. Das Massenpublikum praktiziere
anstelle einer optischen eine taktile Rezeption in der Zerstreuung: Es werde
von der Apparatur abgetastet und teste
seinerseits das Kunstwerk. Die erste explizite Beschreibung der Dichotomie
von Hochkultur und M. leistet C.
Greenberg (*Avantgarde und Kitsch*,
1939), der die populäre, kommerzielle
Kunst mit dem deutschen Wort Kitsch
bezeichnet. Kitsch – eine mechanische,
synthetische Kunst, bestehend aus bloßen Simulakren der Kultur und dafür
umso größere Unmittelbarkeit sugge-
rierend – sei fester Bestandteil des kapitalistischen Produktionssystems und
habe wie andere Massenprodukte des
westlichen Industrialismus eine trium-
phale Reise um die ganze Welt ange-
treten, um zur ersten universalen Kultur
überhaupt zu werden. Während die
Avantgarde die Verfahrensweisen der
traditionellen Kunst imitiere (Reflexion
der Verfahrensweisen und Regeln der
Kunst; Beschränkung auf die medien-
spezifischen Eigenschaften der jeweiligen Kunst wie die Flächigkeit des Ge-
mäldes, die Lautlichkeit des Wortes
usw.), imitiere der Kitsch deren Wirkungen. Auch M. Horkheimer und
Th. W. Adorno haben 1947 (*Dialektik
der Aufklärung*) in ihrer Charakterisierung der sog. Kulturindustrie die Spaltung der Kunst in eine »leichte« und
eine »ernste« als unüberwindbar beschrieben, wobei gerade die Kulturindustrie eine trügerische Überwindung
dieser Spaltung vorspiegele. 1951 veröffentlichte M. McLuhan mit *Die mechanische Braut* seine Ikonographie der
»industriellen Volkskultur«. – Charakteristisch für M. ist die Inszenierung
von Unmittelbarkeit und Urspr.keit
mittels eines enormen technisch-medi-
alen Aufwands an Vermittlung, außerdem ihre universale Verbreitung im Sin-

ne einer Überwindung aller Grenzen, was gleichzeitig ihren Inhalt darstellt. Themen der Verbindung, Öffnung, Kommunikation, Einbeziehung des Anderen und des Fremden (z.B. *Aliens*), Überschreitung von Tabus und Grenzen (v.a. körperlicher Grenzen: Liebe, Sex, Kampf, Krieg) sind klassische Themen der M. – In jüngster Zeit mehren sich die Behauptungen, die Grenze zwischen Hochkultur und M. sei eingebrochen und die beiden Bereiche seien zu einer einzigen, homogenen Kultur verschmolzen. Schon C. Greenberg hat darauf hingewiesen, dass in Zeiten gesellschaftlicher und politischer Stabilität die kulturelle Dichotomie an Schärfe verliert, ohne sich allerdings aufzulösen. So lässt sich entgegnen, dass die Grenze sich zwar verschieben oder überschreiten lässt (wie im Ready-made-Verfahren, in der Pop Art oder in der Kunst der 90er Jahre, wo M.-Elemente übernommen, zitiert, appropriiert werden), gerade durch ihre Überschreitungen aber erneut bestätigt wird. Während Hochkultur ihre Legitimation allein im theoretischen Diskurs hat, besteht die Legitimation von M. allein im kommerziellen Erfolg.

Lit.: V.R. Schwartz, Spectacular Realities. Early Mass Culture in Fin-de-Siècle Paris (1998). – G. Debord, Die Gesellschaft des Spektakels (1996). – J. Naremore/P. Brantlinger (Hg.), Modernity and Mass Culture (1991).

B.K.

Massenmedien, alle ↗ Medien, die den Prozess der Massenkommunikation transportieren bzw. in Gang setzen, indem sie sich monologisch/eindirektional (d.h. im Unterschied zur persönlichen *Face-to-Face*-Kommunikation ohne die Möglichkeit einer unmittelbaren Rückkopplung) und zeitlich indifferent an ein größeres Publikum wenden, d.h. prinzipiell für alle Rezipienten zugänglich sind. Zu den M. im engeren Sinn zählen Buch, Zeitschrift,

Zeitung, Hörfunk, ↗ Fernsehen, Film und Schallplatte. Im weiteren Sinn werden auch die sog. ↗ Neuen Medien (z.B. Multimedia-Produkte, Datenbanken, ↗ Internet u.a.) als M. verstanden, obwohl diese sich durch andere Rezeptionsmöglichkeiten (z.B. Interaktivität, nicht zwangsläufig zeitversetzt) von den M. im engeren Sinn unterscheiden.

I. Entwicklungsgeschichtliche Tendenzen. Die Geschichte der M. kann unter verschiedenen Aspekten beschrieben werden: als Technik-, Produkt-, Personen-, Sozial-, System-, Institutionen- oder Rezeptionsgeschichte. In technischer Hinsicht zeigt sich eine Entwicklungslinie von den auditiven über die (audio)visuellen zu den multimedialen Medien, d.h. eine zunehmende Dominanz der Bildschirmmedien. Dabei beschleunigt sich die Entwicklung ständig, d.h. neue Medien etablieren sich in immer kürzeren Abständen. Rezeptionsgeschichtlich werden dadurch immer größere Wirklichkeitsbereiche nur noch indirekt, durch Medien gefiltert wahrgenommen und erschlossen. Die Kluft zwischen einem sich permanent ausdehnenden Medienangebot und der zwangsläufig beschränkten Möglichkeit der Mediennutzung wächst beständig. Die Mediennutzung hat bereits 1990 bei 49% der erwachsenen Bevölkerung der Bundesrepublik die 8-Stunden-pro-Tag-Grenze überschritten und ist damit zur bestimmenden Freizeitbeschäftigung geworden. Dadurch ist die Rezeption der M. geprägt von einer zunehmenden Selektivität, Beiläufigkeit und Geschwindigkeit. Es entsteht das Bedürfnis nach Meta-Medien (z.B. Kommentaren einerseits, Programmzeitschriften oder Datenbanken andererseits), die Orientierungswissen vermitteln und den gezielten Medienkonsum bei Bedarf erleichtern. Kommunikationsgeschichtlich hat sich jedoch gezeigt, dass die M. die informelle Kommunikation nicht ersetzt haben, sondern dass sich (z.B. duch Kontaktanzeigen, Interviews oder Talkshows) beide Formen ergänzen. Hinsichtlich der Produktgeschichte zeigen sich anstelle der kulturpessimistisch auch in der Vergangenheit immer wieder befürchteten Verdrängung traditioneller Medien durch neue technische Entwicklungen tatsächlich nur jeweils deutliche Funktionsverlagerungen bei den einzelnen M. So verlagerte sich die Unterhaltungsfunktion der Druckmedien in der Nachkriegszeit zunehmend auf Hörfunk und Fernsehen. Inzwischen wird auch ihre Speicherungs- und Informationsfunktion allmählich von der Computer- und Netzkommunikation übernommen, während dem Buch möglicherweise eine elitäre Bildungsfunktion bleibt. In der Systemgeschichte des 20. Jh. zeigt sich neben den dominanten Trends der Kommerzialisierung (bes. durch Einführung des privaten Rundfunks) und der Internationalisierung der Programme und Produkte zugleich eine Tendenz zu Segmentierung und Individualisierung (z. B. in Form des sich ständig erweiternden Marktes von Special-Interest-Zeitschriften auf Kosten der General-Interest-Titel oder in Form der Möglichkeit eines individuell gestaltbaren Fernsehprogramms im Pay-TV). Auf der Anbieterseite lässt sich v. a. eine supranationale Konzentration der Medienbetriebe in Großkonzernen feststellen, was zu Diskussionen über das politische und kulturelle Einflusspotential einzelner »Medienmogule« führt. – *II. M. in Gesellschaft, Wissenschaft und Kunst.* M. sind aufgrund ihrer dominanten Rolle innerhalb der gesellschaftlichen Kommunikation und bei der Wahrnehmung und Konstruktion von Wirklichkeit Gegenstand der verschiedensten Fachwissenschaften und Diskurse. Medientheorien setzen sich z. B. mit der gesellschaftlichen Funktion der M. auseinander. Die Medienethik fragt nach der Verantwortung der M., nach Formen der Selbstkontrolle und dem Verhältnis von Rechten (in Form von innerer und äußerer Pressefreiheit) und Pflichten. Medienökonomie, Medienpolitik und Medienrecht beschäftigen sich mit den M. im nationalen und internationalen System, mit Aspekten wie Fusionskontrollen und der zunehmenden Kommerzialisierung der Programme, mit der Dominanz der Industriestaaten im internationalen Kommunikationssystem und damit auch in der Nachrichtenauswahl und der Konstruktion von Wirklichkeit (bes. Ende der 70er Jahre in der von der UNESCO angeregten Diskussion um eine neue internationale Informationsordnung anstelle des den Westen begünstigenden Prinzips des »free flow of information«). Themen der Medienpsychologie sind der alltägliche Umgang mit M. und die Wirkungsforschung (z. B. zum Zusammenhang von Medien und Gewalt, Medien und Kindern, Medien und Geschlechterbildern). Unter den Stichwörtern Medienästhetik und Medienkultur geht es v. a. um den Kunstcharakter von Medienprodukten und den Zusammenhang von Medien und Kultur, der sehr unterschiedlich bewertet wird. Neben ausgeprägtem Kulturpessimismus (z. B. bei Th. W. Adorno, M. Horkheimer, N. Postman) finden sich euphorische Vorstellungen im Hinblick auf die scheinbar unbegrenzten Möglichkeiten bes. der Neuen Medien. Medienkultur kann verstanden werden als »Kultur vermittelt durch Medien« (instrumentalistisch), »Kultur geprägt durch Medien« (integrativ), »Kultur in Form von Medien« (deskriptiv, komparatistisch), »Kultur als Ergebnis von Medienhandeln« (normativ) oder »Kultur bedroht von Medien« (kritisch). Auch für die Kunst spielen die M. nicht nur eine entscheidende Rolle hinsichtlich Ankündigung und Vermittlung/Transportierung von ästhetischen Verdichtungen, sondern sie werden auch in vielfacher Weise in das Kunstschaffen selbst einbezogen und auf ihre Kunstfähigkeit hin erprobt (z. B. in den Videoinstallationen von J.

Beuys oder N. de Saint Phalle, in Internet-Literaturwettbewerben oder in künstlerischen Programmatiken wie denen der dänischen Kinoregisseur-Gruppe »Dogma«). – *III. M. und die Konstruktion von Wirklichkeit.* Seit Anfang der 90er Jahre werden M. zunehmend unter einer konstruktivistischen Fragestellung untersucht. »Medien-Ereignisse« wie die Barschel-Affäre, das Gladbecker Geiseldrama oder die Rolle der amerikan. Nachrichtenagentur CNN im Golfkrieg 1991/1992, aber auch die neuen Möglichkeiten der Computersimulation und Bildmanipulation haben die Diskussion über die Verantwortung der Journalisten und die Folgen von Nachrichtenselektion, »agenda setting« und Inszenierung von Medienereignissen neu entfacht. Dadurch, dass immer mehr Wirklichkeitsbereiche nur noch durch M. wahrgenommen werden, haben die Rezipienten immer weniger die Möglichkeit, die Informationsangebote der M. zu überprüfen, sind aber bei der Bewältigung der »Informationslawine« zugleich zunehmend auf deren Auswahl und Angebot von Wirklichkeitsentwürfen angewiesen. Untersuchungen zeigen, dass die Rezipienten sich tendenziell der Subjektivität dieser und ihrer eigenen Wirklichkeitskonstruktionen bewusst sind (Merten u. a.) und gerade deshalb gewissheitsverstärkende Strukturen (wie glaubwürdige und prominente Journalisten oder Politiker als Bürgen für Aktualität und Authentizität der Information) schätzen und wünschen. M., derzeit bes. das Fernsehen und zunehmend der Computer, sind damit nicht nur Vermittler von Wirklichkeit, sondern bieten Wahrnehmungshorizonte, die grundsätzlich und irreversibel die Form des Sehens und Erlebens von Wirklichkeit bestimmen. Die Risiken dieser von M. geprägten Informationsgesellschaft werden v. a. darin gesehen, dass persönliche Erfahrungen entwertet werden und dabei in Vergessenheit gerät, dass die durch M.

vermittelte Wirklichkeitserfahrung immer selektiv, konstruiert, bereits interpretiert und häufig v. a. nach ihrem Unterhaltungswert ausgewählt ist; dass ein Verlust sozialer und kommunikativer Kompetenz durch Rückzug in und eine Beschränkung auf die Mensch-Maschine-Kommunikation droht; dass es durch die wachsende Selektivität der Informationsnutzung zu einer ungleichen Verteilung von Wissen und damit auch zu ungleichen Chancen bei der politischen Mitsprache kommen kann.

Lit.: W. Faulstich, Grundwissen Medien (1994). – K. Merten/S. J. Schmidt/S. Weischenberg (Hg.), Die Wirklichkeit der Medien. Eine Einführung in die Kommunikationswissenschaft (1994). – P. Ludes, Einführung in die Medienwissenschaft. Entwicklungen und Theorien (1998).

N. J.

Medien (gr. meson, lat. medium = das Mittlere, auch Öffentlichkeit, Gemeinwohl, öffentlicher Weg) bezeichnen die Gesamtheit der Kommunikationsmittel. Der Begriff des Mediums entwickelt sich seit Mitte der 80er Jahre zum dominanten Konzept im kulturwissenschaftlichen Bereich. Er definiert den Begriff einer ›M.kultur‹ und stimuliert inter- und transdisziplinäre Forschungen u. a. mit sozialwissenschaftlichen, wirtschaftswissenschaftlichen, juristischen und technologischen Bereichen. Der historisch erweiterte Begriff des Mediums als Kommunikationsmittel und als Kommunikationsorganisation (nichttechnische und technische Speicher- und Verbreitungsmittel und soziale Organisationen, die ›mit einer Stimme sprechen‹) integriert die Gesamtentwicklung der Kommunikationstechniken von den oralen über die skripturalen Kulturen bis zu den modernen technischen Massen- und Individual-M. Als Basis-M. werden Bild, Ton und Text, die Elemente der Multimedia-Konfiguration, angesehen. Geruchs- und Tast-

M. dagegen treten, aus technischen und kulturhistorischen Gründen, in den Hintergrund. Gleichwohl beziehen moderne digitale M.-Konfigurationen inzwischen auch diese Kanäle der sinnlichen Wahrnehmung mit ein. – Im Rahmen der Begriffsentwicklung sind unterschiedliche M.-Begriffe zu bestimmen, die das Begriffsfeld unscharf erscheinen lassen. Die spezifische Unschärfe des Begriffs jedoch gehört zu seiner neueren Karriere als Integrationsbegriff. Die Bestimmung des M.-Begriffs ist Aufgabe einer umfassenden M.- und Kommunikationstheorie, die sich in den letzten Jahren als eigenes Teilgebiet neben M.-Geschichte, M.-Ästhetik und M.-Technologie im Rahmen der M.-Wissenschaften entwickelt hat. – Der ältere parapsychologische M.-Begriff bezieht sich auf magische Vermittlung: Ein Medium (als Person) wird gebraucht, um bei Hypnosevorgängen Kontakt zu einer anderen, fernen und fremden Welt herzustellen. Der technische Begriff des Mediums bezeichnet alle Träger physikalischer und chemischer Vorgänge. Tonvermittlung bedarf der Luft als Medium. Die modernen M. bedienen sich der elektronischen Technik (↗ Neue M.). – Der Begriff der Massen-M. (›Mass Media‹) als *plurale tantum* entwickelt sich in der ersten Hälfte des 20. Jh. als Inbegriff für die elektronischen, audiovisuellen M. Phonograph, Kinematograph und schließlich ↗ Fernsehen. Als erstes der modernen Massen-M. kann die Zeitung (das ›Printmedium‹) definiert werden. Das neue Digitalmedium (z. B. das ↗ Internet), simuliert alle ›alten‹ M.; es hat sich nicht nur als Individualmedium, sondern auch als Massenmedium ausgeprägt. Sein Kennzeichen ist, dass eine Botschaft ›an alle‹ gehen kann. Abgehoben wird auf die »Effekte« der M. auf ein nach Zielgruppen ausdifferenziertes »Publikum«. Messbar ist die Reichweite des jeweiligen Mediums als Kenngröße seiner (Werbe-)Wirksamkeit. – Der M.-

Begriff der Kommunikationstheorie verbindet das technische Modell mit seinem sozialen und psychologischen Umfeld. Er definiert M. als ›Kanäle‹ in einem Kommunikationsfluss vom ›Sender‹ zum ›Empfänger‹. Die ›Kanäle‹ entwickeln sich zu Kommunikationsorganisationen bzw. Sendeanstalten. – Der M.-Begriff der von M. McLuhan entworfenen diskontinuierlichen M.-Geschichte geht aus vom technischen Begriff der ›Kanäle‹, definiert sie als »Erweiterungen des Menschen« und erkennt den Zusammenhang der älteren Aufzeichnungs- und Verbreitungstechniken mit denen der modernen Massen-M. In jedem ›neuen‹ Medium stecken die älteren M., zurück bis zu den magischen Praktiken. – Der Begriff des Mediums als ›Dispositiv‹, wie er v. a. im Kontext des frz. (Post-)Strukturalismus und der Kinotheorie entwickelt worden ist, betrachtet die mediale Anordnung, in der der Rezipient Teilnehmer eines komplexen psychologischen Prozesses wird. U. a. hat F. Kittler diese Konzepte psychoanalytisch ausdifferenziert, technologiegeschichtlich spezifiziert und mit der (post)strukturalistischen Theoriebildung verbunden. – Der systemtheoretische und konstruktivistische M.-Begriff betrachtet die M. als Sozialsysteme, welche mit anderen Sozialsystemen als deren Umwelt interagieren. S. J. Schmidt schlägt eine Ausdifferenzierung des M.-Systems, am Beispiel des Printbereichs, nach »Materialien«, »technischen Einrichtungen«, »sozialen Organisationen« und »Resultaten« bzw. »Erzeugnissen« vor. – N. Luhmann hat einen doppelten M.-Begriff angesetzt: Er unterscheidet technische Verbreitungs-M. einerseits und symbolisch generalisierte Kommunikations-M. bzw. »Erfolgs-M.«, wie Geld, Macht, Wahrheit oder Liebe, andererseits. J. Habermas und R. Münch unterscheiden aus sozialwissenschaftlicher Sicht Verbreitungs-M. von normativen M. bzw. Orientierungsmitteln. – Die durch den erweiterten M.-Begriff stimulierte Kultur-bzw. Literaturgeschichte als M.-Ge-schichte kann von der Ausdifferenzie-rung der M.-Begriffe insofern Gebrauch machen, als sie die Entwicklung der M., im M.-Wandel und in M.-Umbrüchen, in unterschiedlichen historischen Bezü-gen beschreibt. Begriffe der Plurime-dialität, der Multimedialität, der M.-Koevolution (der systematischen und organisatorischen Interaktionen) und der Intermedialität (des produktiven In-und Miteinanders bzw. der Hybridisie-rung von M.) lassen die Erforschung von kulturhistorischen Konstellationen zu, welche die jeweilige M.-Umwelt be-schreibbar machen.

Lit.: H. Schanze, Medienkunde für Literaturwissenschaftler (1974). – N. Luhmann, Die Gesellschaft der Gesell-schaft (1997). – S. J. Schmidt, Die Wel-ten der Medien (1996). – D. Kloock/A. Spahr, Medientheorien. Eine Einfüh-rung (1997).

H. Sch.

Mentalitätsgeschichte, historiogra-phische Forschungsrichtung, die in Dis-tanz zur Politik- und Wirtschaftsge-schichte wie zur Philosophie- und Ideo-logiegeschichte kollektive Vorstellungen und Deutungsmuster untersuchen will, die das Handeln von bestimmten Grup-pen unter bestimmten historischen Be-dingungen motivieren. Mit dem kom-plexen Phänomen der Vorstellungen und Deutungsmuster beschäftigen sich schon (*avant la lettre*) J. Burckhardt, W. Dilthey, E. Durkheim, J. Huizinga, L. Lévy-Bruhl oder M. Weber. Im engeren Sinne fällt die Etablierung der M. mit der Gründung der Zeitschrift *Annales: Economies, Sociétés Civilisations* im Jah-re 1929 durch M. Bloch und L. Febvre zusammen. M. ist zunächst eine frz. Angelegenheit; sie wird auch von angel-sächsischen, italienischen und (verspä-tet) deutschen Historikern ›praktiziert‹. – Bis heute gibt es keine Theorie der Mentalitäten oder des mentalen Wan-dels. Doch weist Mentalität präzisere Merkmalszuweisungen auf als die sinn-verwandten Ausdrücke Weltanschau-ung, Weltbild oder Zeitgeist. Zahlreiche Definitionsversuche lassen einen ge-meinsamen Nenner erkennen. Dem-nach beschäftigt sich die M. mit dem Wie und Was kollektiven Denkens und Empfindens. Dies meint zum einen die zeit- und gruppenspezifische Art des (logischen oder assoziativen, induktiven oder deduktiven) Denkens und dessen konkrete Inhalte (Bilder, Allegorien, Überzeugungen, Imaginationen). Dabei ist die Grenze zwischen Theoriege-schichte und M., zwischen »bewusst« und »unbewusst« durchaus fließend. Was ehedem, wie z. B. im Fall von Bil-dung und Kultur, philosophische Stich-wortgeber wie Schiller oder W. v. Hum-boldt durchdenken, das kann, populari-siert und banalisiert, ein kollektives Deutungsmuster für Generationen von Bildungsbürgern bilden. Dies meint zum anderen unbewusste Wertungsmo-di gegenüber heterogenen Phänomenen (wie Kunstwerke, Gebrauchsgegenstän-de, aber auch Verhaltensweisen) und Empfindungsinhalten (Emotionen). Im Unterschied zum alles penetrierenden Zeitgeist gibt es nicht eine allgemeine geschichtsphilosophisch ausgewiesene Mentalität. Vielmehr gibt es (sozial und regional) die »Koexistenz mehrerer Mentalitäten« (J. Le Goff) von unter-schiedlicher Reichweite und Dauer. Die (in Anlehnung an F. Braudels »longue durée«) verbreitete Vorstellung von der Beharrungsmacht der Mentalitäten ist problematisch, können doch mit ihr gesellschaftliche und politische Revolu-tionen nicht erklärt werden. Es er-scheint deshalb sinnvoll, mit Ph. Ariès von einer Überlappung verschiedener mentaler Zeitordnungen auszugehen. Mentalitäten dokumentieren sich in Be-ziehungen und Verhältnissen, die Men-schen im Arbeitsprozess eingehen, in alltäglichen Umgangsformen, sozialen Praktiken, Bräuchen, in Texten und Gegenständen. Daraus ergeben sich eine interdisziplinäre Methodenvielfalt und ein Fundus unterschiedlichster Quellen, die alltägliche Schriftstücke (Testamente, Gerichtsprotokolle, Flugblätter, populäre Literatur), Kunstwerke, Gebrauchsgegenstände, Städtebau und Landschaftsgestaltung umfassen. Aus der spezifischen Fragestellung der M. und ihren heterogenen Untersuchungsfeldern (Sexualität, Körper, Kindheit, Zeit, Familie, Wahnsinn, Verbrechen, Arbeit u. a.) ergeben sich Überschneidungen und Berührungspunkte mit anderen Forschungsrichtungen und Fächern wie Psychohistorie, Diskurstheorie, Kulturgeschichte, historische Anthropologie, dem ⁊New Historicism, Intellectual History oder Literaturwissenschaft. Am ertragreichsten hat sich die M. bisher für eine Zeitspanne erwiesen, die vom Mittelalter bis zur Frz. Revolution reicht. Die M. verbinden wir mit einer beachtlichen Zahl von Einzelstudien, die »Zivilisationsgeschichten« (N. Elias, Ph. Ariès, J. H. van den Berg), Beiträge zu Sexualität und Wahnsinn (M. Foucault), zur mentalen Topographie eines spätmittelalterlichen Dorfes (E. Le Roy Ladurie) oder zum Kunstverständnis des deutschen Bildungsbürgertums (G. Bollenbeck) umfassen. – Auch wenn die Leitvorstellung, M. könne eine Art »histoire totale« der handlungsleitenden Vorstellungs- und Deutungsmuster rekonstruieren, inzwischen an Geltung verloren hat, so gilt es doch, die umfassenden Verweisungshorizonte der jeweiligen Mentalitäten zu erkunden. Die M. kann kein Erklärungsprivileg gegenüber der Sozial-, Wirtschafts- und Politikgeschichte behaupten. Aber sie ist die privilegierte Forschungsrichtung, die uns die »geistige Ausstattung« der historischen Akteure erschließt. Die Menschen machen ihre Geschichte selbst, aber auf Grundlage vorgefundener tatsächlicher Verhältnisse. Und dazu zählen auch die handlungsanleitenden Mentalitäten.

Lit.: P. Dinzelbacher (Hg.), Europäische Mentalitätsgeschichte. Hauptthemen in Einzeldarstellungen (1993). – U. Raulff (Hg.), Mentalitäten-Geschichte. Zur historischen Rekonstruktion geistiger Prozesse (1987).

G. B.

Migration. Zu den vielfältigen Motiven der M. (lat. migrare = wandern), die in den meisten Fällen in Form von Flucht stattfindet, zählen politische Unterdrückung, durch Umweltprobleme oder Kriege bedrohte Lebensbedingungen, ethnische oder geschlechtsspezifische Verfolgung und die Aussicht auf wirtschaftliche Besserstellung. Historisch betrachtet hat M. zu allen Zeiten stattgefunden. Erst mit der Entehung der Nationalstaaten im Laufe des 19. Jh. aber hat sich die nationale Identität (Staatsbürgerschaft) herausgebildet. Seitdem sahen diese sich veranlasst, ihre nationalstaatlichen Grenzen nach außen hin abzusichern und im Bedarfsfall für Immigranten zu schließen, also M.s-Kontrolle zu betreiben und Immigrationsgesetze zu verabschieden. Im 20. Jh. verursachten in Europa der Erste Weltkrieg und das in den Friedensverträgen festgeschriebene Selbstbestimmungsrecht der Völker mit seiner Fiktion der ethnischen Homogenität (›ein Volk – ein Staat‹) sowie der Zerfall der multiethnischen Imperien erste große M.en von Minderheiten, die bei der Neubildung von Nationalstaaten ›übriggeblieben‹ waren (Beispiele aus jüngerer Zeit: Auflösung der Sowjetunion, Zerfall Jugoslawiens). Mit dem Zweiten Weltkrieg und der nachfolgenden Etablierung des Ost-West-Gegensatzes fanden weltweit gewaltige M.s-Bewegungen statt, verursacht durch totalitäre Regime, Entkolonisierungsprozesse und damit verbundene Probleme der Nationenbildung (zwischenstaatliche und innerstaatliche Konflikte wie Bürgerkriege und Separatismus). Dazu kamen unmittelbar nach 1945 beträchtliche M.en von Kriegsflüchtlingen aus dem osteuropäischen Raum, aber auch die im großen Maßstab von den prosperierenden Wirtschaften Westeuropas betriebene Anwerbung von Arbeitsmigranten aus den süd- und südosteuropäischen Ländern, die Anfang der 70er Jahre (Ölkrise, Rezession) mit einem Anwerbestopp endete. Die zu Beginn der 80er Jahre einsetzende Tendenz zur ↗ Globalisierung der Wirtschaftsbeziehungen (Umstrukturierung der Wirtschaft, informationstechnologische Revolution) schuf neue Bedingungen für die internationale M., zumal sie einherging mit rapidem Bevölkerungswachstum, steigender politischer Instabilität und gigantischer Verschuldung auf Seiten der sog. Entwicklungsländer. Aktuelle Beobachtungen zeugen von einer weltweiten Zunahme der M. aufgrund militärischer, wirtschaftlicher, demographischer und ökologischer Probleme – wobei 90% der M.s-Bewegungen sich in den ärmeren Teilen der Welt abspielen und nur 5% der Migranten nach Westeuropa gelangen, während weitere 5% andere Wohlstandsinseln wie Nordamerika oder Australien erreichen. Angesichts der zunehmenden Öffnung und Liberalisierung der Märkte, der Massenmobilität, globalen Medialisierung und Vernetzung wird es zunehmend schwieriger, M.s-Kontrolle sowohl auf nationalstaatlicher als auch auf übernationaler Ebene durchzuführen (↗ Markt). Die Geschichte zeigt, dass M.s-Bewegungen nur durch Angleichung der Lebensbedingungen aufgehalten werden können – oder aber durch Blutvergießen bzw. militärischen Einsatz. Während einerseits das Ende der Nationalstaatlichkeit ausgerufen wird, reagieren andererseits die klassischen Einwanderungsländer auf den erhöhten M.s-Druck mit einer Verschärfung ihrer Immigrationsgesetzgebung und M.s-Kontrolle, wobei eine Zunahme xenophobischer Ressentiments bei Teilen ihrer Bevölkerungen zu beobachten ist. Neben ökonomischen und sozialstaatlichen Argumenten gegen die Immigration wird verstärkt das Argument der Gefahr einer Untergrabung der einheimischen Werte und Kultur vorgebracht. Ebenso wird das Scheitern von Integration, Assimilation und Akkulturation, Melting Pot und ↗ Multikulturalität prophezeit, mithin auf den von S. Huntington angekündigten »Zusammenstoß der Kulturen« verwiesen. Übersehen wird allerdings, dass es sich dabei zumeist weniger um kulturelle oder ethnische als vielmehr um soziale und ökonomische Probleme handelt. Die Befürworter der Immigration berufen sich auf deren positive Auswirkungen auf die Arbeitsmärkte und ihren bevölkerungsverjüngenden Effekt angesichts der drohenden Überalterung der Bevölkerung westlicher Industriestaaten. Gegen das Argument der kulturellen ›Überfremdung‹ weisen sie auf die befruchtende Wirkung von Immigrantenkulturen hin. Während die Gegner von ›Wellen‹, ›Fluten‹ und ›Überflutungen‹ sprechen, vergleichen die Befürworter die migrationsbedingte kulturelle Vielfalt mit der genetischen Diversität. So betont etwa der amerikan. Kulturwissenschaftler H. Bhaba, dass alle Formen von Kultur sich in einem andauernden Prozess der Hybridität, der Kreuzung und Vermischung befinden, wobei er mit der Hybridität einen »dritten Raum«, eine »dritte Kultur« jenseits der Grenzen des Nationalstaates gegeben sieht. In der ↗ Massenkultur zeugen v. a. *Alien*-Filme von einem großen Interesse am Gegenstand M.

Lit.: H. Bhaba, The Location of Culture (1994). – I. Chambers, Migration. Kultur. Identität (1996). – M. Fischer (Hg.), Fluchtpunkt Europa. Migration und Multikultur (1998).

B. K.

Moderne, künstlerisch. Der Beginn der M. wird in der Bildenden Kunst i. Allg. im späten 19. Jh. angesetzt. Als soziokulturelles Kriterium hierfür gilt die bis dahin entwickelte Autonomie der Kunst, die nicht mehr Funktionsbestandteil der höfischen Kultur ist. Vielmehr sehen sich die Künstler vor die Aufgabe gestellt, ihre Tätigkeit neu und selbständig zu definieren bzw. zu legitimieren. Die deshalb verstärkt ausgelösten Reflexionen über die Funktion der Kunst werden zum entscheidenden Merkmal der k.en M. Das künstlerische Werk wird mit Ambitionen verbunden, die über technisch-handwerkliche bzw. ikonographische Aspekte hinausgehen. So erhält z. b. in der Malerei zunehmend die Frage Bedeutung, was denn das ›richtige‹ Bild sei. Dabei geht es nicht um Richtigkeit im Sinne einfacher Mimesis, sondern um die Möglichkeiten einer genauen, auch auf physiologischem Wissen beruhenden Wahrnehmungswiedergabe (Impressionismus, Pointillismus), sodann – emphatischer – um die ›wahre‹ Repräsentation der darzustellenden Welt. Dass der Wahrheitsfindung Analyse, Meditation oder eine – der Genialität des Künstlers sich verdankende – Wesensschau vorauszugehen habe, ja die eigentliche Wahrheit gleichsam unter der sichtbaren Oberfläche verborgen liege, ist dabei als Grundüberzeugung leitend. Diese Einsicht führte zu verschiedenen Strategien der Abstraktion, d. h. der Durchdringung der gegenständlichen Welt bis hin zur Aufdeckung allgemeiner Konstruktionsprinzipien (z. B. Kubismus, De Stijl, Der Blaue Reiter). Doch nicht nur innerhalb der Abstrakten Kunst hatten sich metaphysische Denkfiguren der Kunst bemächtigt. Vielmehr sind fast alle Richtungen der k.en M., die mittlerweile als Klassische Moderne gelten, in ihren Formprinzipien und in ihrer Bildsprache viel stärker philosophisch-weltanschaulich fundiert als frühere Kunststile und -richtungen. Theosophisches Gedankengut (z. B. Kandinsky), Rückgriffe auf Platon oder Spinoza (z. B. Mondrian), das Menschenbild der

Psychoanalyse (z. B. Surrealismus, Art brut), Philosopheme Schopenhauers (z. B. Beckmann) etc. können hierbei als künstlerische Basis identifiziert werden. Infolge des Anspruchs auf Wahrheit traten viele Künstler der k.en M. dogmatisch oder gar, v. a. unter dem Einfluss Nietzsches, als Seher, Propheten und Religionsstifter auf. Dabei verband sich die Hoffnung auf Wahrheitsfindung mit Sehnsüchten nach Erlösung und Befreiung zu einer besseren Welt, die ausgehend von den in der Kunst freigelegten Formgesetzen aufgebaut werden sollte. Dem Eindruck eines Pluralismus der Kunstströmungen zu Beginn des 20. Jh. steht somit eine meist auf Ausschließlichkeit bedachte Haltung ihrer jeweiligen Vertreter entgegen. Diese Orientierung an Wahrheit – und an einem metaphysisch-monistischen Wahrheitsbegriff – trat erst in der zweiten Jahrhunderthälfte in den Hintergrund. Zuletzt maßgeblich war sie innerhalb des amerikan. Abstrakten Expressionismus (z. B. B. Newman, M. Rothko) sowie bei Künstlern, die in ihrer Kunst entwickelte private bzw. individuelle Mythologien als ›wahre‹ Lebensweise für die gesamte Gesellschaft ansahen (z. B. Y. Klein, J. Beuys). Hierbei meint Wahrheit nicht mehr Repräsentation von Wirklichkeit, sondern existentielle ↗Authentizität, d. h. Wahrhaftigkeit und damit v. a. auch moralische Integrität. Als Gegenbewegung zur metaphysischen Kunst trat in den 60er Jahren die Pop Art auf, die weder eine neue Welt schaffen noch neue Wahrheiten über die Welt mitteilen wollte. Vielmehr bezogen sich Künstler wie A. Warhol, R. Lichtenstein und T. Wesselmann auf die Bilder der ↗Massenmedien, die sie z. T. direkt übernahmen, z. T. zitierten oder in ihrer Machart kopierten. Diese Tendenz lässt sich als Reaktion auf die veränderten Wahrnehmungsbedingungen innerhalb der modernen Welt deuten, in der ohnehin das meiste bereits in der Vermittlungsform technischer Bilder erfahren wird. Zugleich steht die Pop Art einem Kunstverständnis nahe, das erstmals bereits in den 1910er Jahren von M. Duchamp mit den Ready-mades erprobt worden war. Bei diesen handelt es sich um Gegenstände, die vom Künstler nicht – oder nur unwesentlich – eigens gestaltet sind, sondern ihren Kunststatus allein dadurch erwerben, dass sie zur Kunst erklärt und in einen Kontext gebracht werden (Museum, Galerie, Ausstellungsraum), in dem das Publikum auch darauf vorbereitet ist, nur Kunst zu sehen bzw. alles in den Kategorien zu betrachten, in denen Kunst im Unterschied zu Nicht-Kunst wahrgenommen wird. So spielt das Ready-made mit der Differenz zwischen gesellschaftlich etablierten Wahrnehmungsmodi und lebt von dem Reiz, dass ein Stück Alltagswelt neu und anders erfahren wird, sobald es unter die Perspektive der Kunst gelangt. Diese Perspektive impliziert eine Betonung der jeweiligen Materialität und Form. Sie lässt das Objekt entfunktionalisiert oder auch in ungewöhnlicher Verbindung mit anderen Objekten erscheinen, was häufig eine Verfremdung oder eine Poetisierung bewirkt. Die Irritation der üblichen Wahrnehmung gehört in den letzten Jahrzehnten zu den großen Themen der k.en M. Insofern darin ein Mittel gesehen wird, die Betrachter auf die Wahrnehmungskonventionen innerhalb der modernen Zivilisation aufmerksam zu machen und sie so daraus zu befreien, zeigt sich noch eine Kontinuität zur Kunst der Klassischen Moderne, wenngleich das Pathos der ↗ Avantgarde weitgehend geschwunden ist. Vielmehr besitzen viele auf Verfremdung angelegte ↗ Installationen, die mit Objets trouvés arbeiten (z. B. L. Bourgeois, T. Cragg), Alltagsgegenstände vergrößert oder in verändertem Material nachbilden (z. B. C. Oldenbourg, G. Segal, K. Fritsch) oder temporär im öffentlichen Raum intervenieren (z. B. Christo & Jeanne Claude, D. Buren), eine ironische oder spielerische Dimen-

sion. Sie wollen eher entlasten und verblüffen als Kritik üben oder programmatisch Gegenwelten errichten. Oft geht es darum, die Wahrnehmung zu verwirren und herauszufordern (z. B. Op Art), zu täuschen (z. B. Fotorealismus), an Grenzen des Nicht-mehr-Wahrnehmbaren zu führen (z. B. Land Art) oder mit Extremen zu konfrontieren (z. B. ↗ Aktionskunst). Die k.en M. ist nicht nur wegen der Erkundung von Wahrnehmungsweisen häufig selbstreflexiv; auch die Thematisierung ihrer eigenen Rolle innerhalb der Gesellschaft hat großen Stellenwert (z. B. L. Lawler, Th. Huber). Konzeptionelle Kunst lebt z. T. sogar primär vom Reiz einer Idee bzw. einer philosophischen Denkfigur (z. B. I. H. Finlay, J. Holzer). Daneben ist seit den 80er Jahren auch eine Renaissance gegenständlicher Kunst zu beobachten, die v. a. die narrativen Defizite der Klassischen Moderne auszugleichen sucht. In der Malerei gibt es verstärkt Tendenzen zu einer Ikonographie der modernen Welt (z. B. D. Hockney, A. Katz, L. Freud, E. Fischl, J. Immendorff), wie auch die ↗ Fotografie in der k.en M. zunehmend Aufmerksamkeit findet (z. B. J. Wall, B. u. H. Becher, Th. Struth). Die ideologischen Debatten, die bis in die 60er Jahre im Namen der abstrakten Kunst geführt wurden, scheinen damit überwunden. Die Entideologisierung der Kunst zeigt sich auch daran, dass viele Künstler mittlerweile nicht mehr nur eine einzige Formsprache verwenden, sondern sich wechselnder Techniken und Strategien bedienen. Häufig wird dabei aus dem Repertoire der Klassischen Moderne geschöpft, ohne dass man deren metaphysische Dimensionen übernimmt (z. B. S. Polke, G. Richter, R. Trockel, F. Gonzalez-Torres). Damit gewinnt die einzelne Arbeit an Stellenwert gegenüber dem Entwurf eines Gesamtwerks aus einer einzigen Perspektive, Form oder Technik.

Lit.: Ch. M. Joachimides/N. Rosenthal/W. Schmied (Hg.), Deutsche Kunst im 20. Jh. (1986). – M. Wagner (Hg.), Moderne Kunst. 2 Bde. (1991). – Ch. M. Joachimides/N. Rosenthal (Hg.), Die Epoche der Moderne. Kunst im 20. Jh. (1997).

W. U.

Moderne, literarisch. Die Uneinheitlichkeit und Vielschichtigkeit, die den M.-Begriff generell, etwa den der Naturwissenschaften, der Philosophie und der Bildenden Kunst kennzeichnet, charakterisiert auch den Begriff der l.en M. Konsens besteht in der Forschung darüber, dass die 1687 in Frankreich einsetzende, mehr als zwei Jahrzehnte andauernde ›Querelle des Anciens et des Modernes‹ Vorläufer bereits von der Antike bis zur Renaissance aufweist, die M.-Diskussion selber also eine eigene, ›alte‹ Tradition besitzt. Doch weder herrscht in der wissenschaftlichen Diskussion Einigkeit über die Frage, wann der Beginn einer spezifisch l.en M. anzusetzen ist, noch darüber, wie sich ihre Identität bestimmen lässt, und ebensowenig findet sich Übereinstimmung hinsichtlich der Autoren und Schreibweisen, die zu ihr zählen. Die Schwierigkeiten einer präzisen Begriffsbestimmung erhöhen sich zudem durch den Einfluss, den philosophische und historische M.-Konzeptionen (M. Weber, F. Nietzsche, Th. W. Adorno, J. Habermas, O. Marquard, A. Giddens) auf ästhetiktheoretische Begründungsversuche einer l.en M. gewonnen haben. Und selbst dort, wo die l.e M. vornehmlich unter literaturwissenschaftlichen Aspekten diskutiert wird (H. Friedrich, P. Szondi, W. Jens, H. R. Jauß, P. Bürger, K. H. Bohrer, S. Vietta), weichen historischer Ansatz, inhaltliche Begründung und terminologische Grenzziehungen deutlich voneinander ab. – Es erscheint deshalb notwendig, den Blick auf die Entwicklung nach 1945 mit einem Rückblick auf die Vorgeschichte der l.en M. seit dem Ende des 18. Jh. zu beginnen, um auf diese Weise ihre Tra-ditionslinien und ästhetischen Spezifika nach inhaltlichen Kriterien zu bestimmen. Hierzu zählt zum einen der Aspekt der Autonomie, der die künstlerische Entwicklung seit I. Kants *Kritik der Urteilskraft* (1790) prägt. Zum anderen ist die Selbstreflexivität der poetischen Sprache hervorzuheben, die seit der ästhetischen Theorie der Frühromantik, seit F. Schlegels *Athenäums*-Fragmenten (A 116) und Novalis' Essay *Monolog* (1800) die literarische Entwicklung begleitet. Ferner lässt sich als prägnantes Charakteristikum die Tatsache benennen, dass sich die l.e M. ihr Medium, die Sprache, zugleich auch als Material aneignet, das ihr zum Thema und damit zum selbstbezüglichen Gegenstand poetischer Arbeit wird, in Ansätzen erkennbar bereits in Heines ironischen Destruktionen des romantischen Formenarsenals, deutlicher noch in Baudelaires Plädoyer für den transitorischen und flüchtigen Charakter moderner Kunst. Diese Tendenzen verbinden sich mit dem Bewusstsein einer Sprachkrise, die zur Sprachskepsis führt und zu Beginn des 20. Jh. ihren prägnantesten Ausdruck, den eines grundlegenden Sprachzweifels, in Hugo von Hofmannsthals ›Chandos-Brief‹ (*Brief des Philipp Lord Chandos an Francis Bacon*, 1902) gefunden hat. Nicht zuletzt kann als Kennzeichen einer l.en M. deren Absicht gelten, ihre literarische Technik im Hinblick auf die Strukturen ihrer jeweiligen Gegenwart einer unablässigen Prüfung und Modifikation zu unterziehen, wie dies etwa für die ↗ Avantgarden des 20. Jh. (Futurismus, Konstruktivismus, Dadaismus, Surrealismus) charakteristisch ist. Zu den Konzepten, gegen die sich eine so verstandene l.e M. wendet, zählen Realismusdoktrinen ebenso wie Mimesis-Postulate. Die fünf genannten Merkmalbestimmungen (Autonomie, Selbstreflexivität, Sprache als Material, Sprachkrise, literarische Technik) sind nicht als ein Instrumentarium zu verstehen, das in der l.e M. seinen Anwendungsbereich findet, sondern als die Quintessenz eines zwei Jahrhunderte während Versuchs, aus den inhaltlichen Normen und formalen Zwängen politisch-philosophischer Lehrgebäude oder systematisch orientierter poetologischer Vorschriften auf eine poetisch produktive Weise auszubrechen.

Diese Tendenz wird nach dem Ende des Zweiten Weltkriegs in Deutschland wieder aufgenommen. Nach 1945 besteht hier aufgrund der kulturpolitischen ›Gleichschaltung‹ durch den Nationalsozialismus eine Art kulturelles Nachholbedürfnis, das zu unterschiedlichen Konsequenzen in Ost und West führt. In der DDR wird in den 50er Jahren die traditionalistische Doktrin des ›sozialistischen Realismus‹ propagiert und kulturpolitisch durchgesetzt. In den Debatten über ›Formalismus‹ findet sich eine orthodox-marxistisch begründete Verdammung der l.en M., unter der auch aus dem Exil zurückkehrende Autoren wie B. Brecht und H. Eisler zu leiden haben. Behindert werden ebenso die progressive Dramatik von Autoren wie H. Müller und V. Braun, die in der Tradition einer klassischen l.en M. stehende Lyrik von P. Huchel und E. Arendt und die an W. Faulkner geschulte Prosa U. Johnsons. Verbote und Restriktionen richten sich auch gegen Repräsentanten einer ›gemäßigten‹ l.en M. wie Ch. Wolf, die sich mit einigen Werken inhaltlich und formal auf Traditionen der Romantik bezieht (*Nachdenken über Christa T.*, 1968; *Kein Ort. Nirgends*, 1977).

Dagegen knüpft man im Westen Deutschlands bewusst an im Dritten Reich verbotene oder unterschlagene Autoren an (J. Joyce, M. Proust, E. Hemingway), nimmt abgebrochene Entwicklungen wieder auf (so W. Borchert den Expressionismus) und postuliert einen entschiedenen literarischen Neuanfang, der mit der Metaphorik des ›Kahlschlags‹ (W. Weyrauch) und der ›Trüm-

merliteratur‹ (H. Böll) einhergeht. Eine Bilanz dieser Moderne-Tradition, die wegweisend für die Nachkriegsentwicklung ist, hat H. M. Enzensberger mit seiner Anthologie *Museum der modernen Poesie* (1960) gezogen. Die politisch-kulturelle Befreiung des Jahres 1945 setzt im Westen Deutschlands alte Potenzen und neue Kräfte frei, die sich beispielsweise in der Lyrik ausdrücklich auf die Tradition literarischer Autonomie und poetischer Selbstreflexivität beziehen (G. Benn), bis hin zur Selbstbezüglichkeit einer hermetisch sich verschließenden Poesie, deren sprachlich vermittelte Gesellschaftlichkeit jedoch nicht in Frage gestellt wird (P. Celan). Im Drama setzen sich existentialistische Konzepte (J.-P. Sartre, A. Camus) durch, daneben Entwürfe des Absurden Theaters (S. Beckett, E. Ionesco), die in der Tradition der Sprachskepsis stehen und erheblichen Einfluss auch auf deutsche Autoren gewinnen (W. Hildesheimer, G. Grass). In der Prosa ist die Wirkung von F. Kafka, J. Joyce und A. Döblin unübersehbar, so in W. Koeppens Romanen und im Werk Arno Schmidts, der seinerseits aus der Sprachkrise der Moderne den Funken einer eigenwilligen und radikalen poetischen Neuerung schlägt. – Wenn sich auf diese Weise die Aufnahme der l.en M. in den Jahren nach 1945 skizzieren lässt, so deren Fortführung, zumal unter dem Aspekt eines produktiv gewendeten Sprachzweifels und des Materialcharakters der Sprache, in den Aktionen der Wiener Gruppe und der Konkreten Poesie mit Wirkungen bis hin zu den Lautgedichten E. Jandls und der Prosa E. Jelineks, in der Lyrik der 60er und 70er Jahre mit Wirkungen bis zu den Sprachexperimenten H. Heißenbüttels und F. Mons und zur ›Alltagslyrik‹ R. D. Brinkmanns. In den bedeutenden Prosaarbeiten der 70er und 80er Jahre, zu denen v. a. U. Johnsons *Jahrestage* (4 Bde., 1970, 1971, 1973, 1983) und P. Weiss' *Ästhetik des Widerstands* (3 Bde.,

1975, 1978, 1981) zählen, wird das Verfahren der erzählerischen Selbstreflexivität strukturbildend für den narrativen Duktus, der immer wieder auf die Erzähler-Instanz verweist, diese in Frage stellt, sie ironisiert und kritisiert und ihr auf diese Weise auf der Metaebene des Erzählens eine neue Autonomie, gleichsam in zweiter Potenz, verschafft. Die Unterminierung realistischer Traditionen, die auf diese Weise geleistet wird, bietet auf andere Weise auch das Werk H. Müllers, der in Dramen wie *Philoktet* (1966) und *Hamletmaschine* (1977) Elemente der antiken Mythologie aufnimmt, um die unbefragbaren sozialistischen Gewissheiten einer fortschrittsgläubigen Gegenwart fragwürdig zu machen. Diese Strategie einer poetischen ↗Dekonstruktion hat Müller in Texten wie *Wolokolamsker Chaussee I–V* (1985–88) und *Germania 3 Gespenster am Toten Mann* (1996) radikalisiert.

Die genannten Entwicklungstendenzen und Stiltraditionen der l.en M. unterscheiden sich von denen der ↗Postmoderne der 90er Jahre dadurch, dass sie ihr poetisches Verfahren nicht als Spiel um des Spieles willen betreiben. Vielmehr begreifen sie ihre Schreibweise als ein Medium direkter oder indirekter Kritik an Geschichte, Gesellschaft und Bewusstsein, die sich in der ästhetisch differenzierten Sprache der Formen zur Geltung bringt. Dabei haben sich die Konzepte der l.en M. nach 1989 in dem Maß von Normierungen und Verpflichtungen befreit, wie die Bezugsmöglichkeiten auf ideologische oder geschichtsphilosophische Topoi entfallen sind. Nur ausnahmsweise (Ch. Wolf) erscheint die M. noch als ein »unvollendetes Projekt« (J. Habermas), das es im Sinne einer aufklärerischen Tradition zu vollenden gilt. H. Müllers desillusionierter, Blick auf die Geschichte des Marxismus/Kommunismus und auf die deutsche Geschichte insgesamt repräsentiert dagegen das dominante Wahrnehmungskonzept der l.en M. am

Ende des 20. Jh. Exemplarisch zeigt sich dieses auch in den Allegorien der Vernichtung und des Untergangs, das E. Jelineks Katastrophenroman *Die Kinder der Toten* (1995) charakterisiert: ein literarisches Verfahren, das historisch auf die dem Zeitalter der Aufklärung vorgelagerte Epoche des literarischen Barock zurückgeht.

Lit.: W. Welsch, Unsere postmoderne Moderne (⁴1993). – R. Grimminger/J. Murasov/J. Stückrath (Hg.), Literarische Moderne. Europäische Literatur im 19. und 20. Jh. (1995). – K. Riha, Prämoderne Moderne Postmoderne (1995).

R.Sch.

Moderne, musikalisch. Der Begriff einer m.en M. ist – terminologiegeschichtlicher Besonderheiten halber – *kein* Äquivalent zu den entsprechenden Begriffen in der Literatur oder Bildenden Kunst. Zweimal begegnet die Vokabel »modern« in der Musikgeschichte: »Musica moderna« bezeichnet um 1600 in Italien einen radikalen Wandel der Kompositionsweise hin zur Homophonie (akkordgestützte Oberstimmendominanz) bei gleichzeitiger Entstehung der Tonalität. Nach 1890 wird der Begriff m.e M. verwendet, um die zeitgenössischen Werke von R. Strauss, M. Reger, A. v. Zemlinsky und anderer zu charakterisieren, auf die die unten beschriebenen Merkmale einer m.en M. überwiegend *nicht* zutreffen (auf die genannten Komponisten wurden ebenfalls die Verlegenheitsvokabeln Spät- oder Nachromantik angewendet). Nach 1920 wird m.e M. ersetzt durch die Bezeichnung »Neue Musik«, die die tatsächlich modernen Werke von A. Schönberg, A. Berg, A. Webern oder I. Strawinsky aus den Jahren vor und nach dem Ersten Weltkrieg umfasst und die – zumindest in Deutschland – bis heute in Gebrauch ist. Ganz grob wenigstens sind die beiden Perioden der Neuen Musik vor und nach dem Zweiten Welt-

krieg zu unterscheiden. – Dem Phänomen der m.en M. im Sinne der Neuen
Musik liegt als historische Voraussetzung unabdingbar die Autonomie des
musikalischen Kunstwerks zugrunde,
wie sie sich seit der Klassik entwickelt
hat. Ohne Rücksichten auf Verwen-
dungszweck, Auftraggeber oder den
↗Markt zu nehmen, wurde der Komponist im 20. Jh. zur einzigen Instanz,
sämtliche Belange eines Werkes zu entscheiden. Daraus geht als übergeord-
netes Merkmal der m.en M. eine umfassende Selbstreflexivität hervor. Aus dem
Unbehagen an den zu Klischees erstarr-
ten sinnlichen Mitteln und der Weige-
rung der genannten Autoren, die syn-
taktischen Regeln der Tonalität weiterhin akademisch zu befolgen, resultiert
um 1910 ein Traditionsbruch. Obwohl
die m.e M. vielfältig mit der Tradition
verbunden blieb, lassen sich manche
Neuerungen, v. a. Schönbergs »Komposition mit zwölf nur aufeinander bezogenen Tönen« als konsequente *Negation
der Tradition* verstehen. Aufgegeben
wurde die Tonalität zugunsten einer
»Emanzipation«, genauer: Vorherrschaft der Dissonanz und später der
Gleichberechtigung des Geräuschs,
ebenso die Kategorien von Stil, Form
und Gattung. Ausgangspunkt der Komponisten war nicht länger eine vorgegebene musikalische Ordnung, sondern
eine Idiosynkrasie *gegen* jegliche Wiederholung im Ganzen wie im Einzelnen,
die sich in einem »Kanon des Verbotenen« (Th. W. Adorno) niederschlägt.
Zur m.en M. zählt seitdem die Sensitivi-
tät von Komponisten gegenüber der ge-
ringsten Tendenz zur normativen Verfestigung, auch und gerade im eigenen
– uvre, was nach 1960 etwa an L. Berio,
M. Kagel oder G. Ligeti zu beobachten
ist. Eine weitere Konsequenz der Selbstreflexivität liegt in einer maximalen Rationalisierung der Mittel, die noch dem
kleinsten Detail einer Komposition eine
Funktion zuweist. Dass Neuheit und
Individualität eines Werks zwangsläufig

das Ergebnis des beschriebenen kompo-
sitorischen Denkens sind, versteht sich
von selbst. Freilich sind die zuletzt genannten Merkmale – neben der in der
m.en M. weiter angewachsenen musikalischen Komplexität – die Ursache von
erheblichen Rezeptionsproblemen, die
die m.e M. seit den ersten Konzertskan-
dalen von Anfang an aufwirft und die
viele Komponisten auf dem Weg ver-
baler Werkkommentare zu mindern
suchten. Das Bewusstsein von Fort-
schrittlichkeit schließlich ist in der m.en
M. kein durchgängiges Merkmal; lange
vor der »Postmoderne« ist es jedenfalls
von bedeutenden Autoren (beispielsweise Strawinsky, B. A. Zimmermann
oder Kagel) geleugnet worden.

Betrachtet man die Merkmale der
m.en M.: Selbstreflexivität, Negation
der Tradition, Idiosynkrasie gegen Wie-
derholungen, Rationalisierung der Mittel, Neuheit und Individualität eines
Werks in wechselnder Akzentuierung,
so lässt sich – wie geschehen – der
Beginn der m.en M. auf das Spätwerk
Beethovens, auf Berlioz' *Symphonie fan-
tastique*, auf Wagners *Tristan und Isolde*
oder auf Liszts letzte Klavierstücke datieren. Solche retrospektiven Zuschreibungen sind stets eine Umdeutung der
Geschichte gemäß den Legitimations-
bedürfnissen einer jeweiligen Gegenwart. (Ein Beispiel dafür dürfte die Wie-
derentdeckung G. Mahlers und seine
Interpretation als Vorläufer der m.en M.
um 1960 bieten, als Montagetechniken
in der Musik aktuell wurden.) So umstritten wie ihr Beginn ist das Ende
der m.en M. Da auch ihre Geschichte
nicht linear und in klar markierten Zä-
suren verläuft, »die« m.e M. mithin
nicht existiert, ist eine Binnendifferen-
zierung des Begriffs notwendig. Als
tauglichstes Kriterium dazu erscheint
unter den genannten Merkmalen die
Negation der Tradition. Negation hat
um 1910 keineswegs bedeutet, alle Fäden zur Vergangenheit abzuschneiden.
Sie war allerdings – vergleichbar dem

Generationenkonflikt – um so entschiedener, je stärker die Übermacht der Tradition empfunden wurde, am stärksten bei Schönberg (der als wertkonservativer Revolutionär die Geschichte sehr viel genauer kannte und reflektierte als ihre strukturkonservativen Bewahrer). Als zu Beginn der zweiten Periode der m.en M. um 1950 P. Boulez rief: »Schoenberg est mort«, wurde allerdings eine weit radikalere Distanzierung von der Vergangenheit intendiert und realisiert. V. a. in der elektronischen Variante der Seriellen Musik, die unabhängig von herkömmlichen Instrumenten war, wurden die Merkmale der m.en M. auf ein Maximum getrieben (etwa bei K. Stockhausen). Hier sind die letzten Relikte aus Lied und Tanz und damit der Körperlichkeit von Musik, die noch in den Werken Schönbergs oder Strawinskys tradiert werden, zugunsten einer bis dahin unbekannten Abstraktion der Musik getilgt. Die ab 1960 beginnende, bis heute anhaltende Entwicklung lässt sich zumindest in weiten Bereichen der m.en M. als Negation der seriellen Tradition – so kurz sie auch dauerte – interpretieren, z. B. der scheinbar »postmoderne« Subjektivismus bei W. Rihm. Oft traditionalistisch wirkende Äußerlichkeiten (etwa in der Wahl historischer Gattungen) sollten nicht darüber hinwegtäuschen, dass die genannten Merkmale der m.en M. weiterhin Anwendung finden (wie sich auch die rückwärtsgewandten Positionen von Verdi, Brahms oder Strawinsky später als »modern« enthüllt haben). Solange Komponisten die Anstrengung nicht scheuen, im Konflikt mit der Geschichte das Neue zu suchen, ist ein Ende der m.en M. nicht in Sicht.

Eine Beschreibung der m.en M. wäre unvollständig, ohne das Verhältnis zwischen Komposition, Ideengeschichte und Gesellschaft zu erwähnen. Werden allgemeine Ordnungssysteme (Tonalität, Dodekaphonie, Serialität) aufgegeben, sind die Komponisten auf die Aus-

bildung ihrer eigenen Individualität verwiesen, wobei sie sich – gemäß biographischer Spezifika – auf außermusikalische Ideen stützen, auf solche der Philosophie (z. B. Zimmermann), der Mathematik (I. Xenakis, Ligeti), häufig auch der Literatur und Bildenden Kunst (die Mischung aus Pragmatismus, Zen-Buddhismus und idealistischer Philosophie bei J. Cage, dem einflussreichsten Komponisten der zweiten Jahrhunderthälfte, ist ein besonderer Fall tönender Ideenkunst). Eine weitere Quelle der Erfindung bieten die gesellschaftlichen Relationen, wo die kollektive Produktion von Musik – etwa die Beziehung von Solist und Orchester – als sozialer Prozess betrachtet wird (V. Globokar, H. Lachenmann, M. Spahlinger). Zum Verhältnis zwischen Gesellschaft und der zweiten Periode der m.en M. zählt schließlich ebenfalls, dass die Wahl von Textvorlagen – neben formaler Offenheit – durch Sozialkritik, die Erfahrung von Entfremdung und die Einsicht in das Katastrophische des 20. Jh. geprägt ist. Die m.e M. ist der Antagonismus zur Harmlosigkeit.

Lit.: Th. W. Adorno, Ästhetische Theorie (1970). – L. Neitzert, Die Geburt der Moderne und die Tonkunst (1990).

W. Kl.

Moderne, naturwissenschaftlich-technisch, Entwicklungen der Naturwissenschaft und Technik unter dem Aspekt der M. Im Gegensatz zu einer ›modernen‹ Naturwissenschaft steht hier die Wechselbeziehung zwischen Geisteswissenschaft, Naturwissenschaft und Technik im Zentrum. Die Entwicklung der ›modernen‹ Physik seit Ende des 19. Jh., als erkenntnistheoretische Grundlage aller Naturwissenschaften und der ›modernen‹ Technik, erlaubt eine deutliche Separation von Epochen. Nicht deckungsgleich aber in Korrelation hierzu lässt sich die n.-t.e M. sowohl als zeitlich beschreibbare Epoche etwa mit Beginn des Zweiten Weltkriegs bis heute definieren, oder als fast identisch mit der Epoche der gegenseitigen Beeinflussung von Gesellschaft und Individuum als ein Pol und Naturwissenschaft und Technik als der andere Pol.

I. M. – naturwissenschaftlich. Die moderne Physik hat Ende des 19. Jh. als Erweiterung die klassische Physik abgelöst, indem sie die Vorstellungen von Zeit und Raum auf die neue Basis der Relativitätstheorie (A. Einstein) stellte, die Vorstellung des Kontinuums konsequent zugunsten einer atomistischen (Quantenmechanik) aufgab (M. Planck) und damit den Verlust der Anschaulichkeit in Kauf nahm. Die mathematische Formulierung der statistischen Physik kollektiver Phänomene (L. Boltzmann) entmystifizierte den Zufall und machte ihn zu einer berechenbaren Größe (↗Entropie, ↗Chaostheorie). Ausgehend von diesen neuen Erkenntnissen wurden im ersten Drittel dieses Jahrhunderts die nach heutiger Sicht wichtigsten Grundlagen aller Bereiche der Naturwissenschaften (Physik, Chemie, Biologie) erarbeitet. Dabei stand die erkenntnistheoretische Deutung der Physik im Vordergrund, wobei das Problem des Welle-Teilchen-Dualismus durch das Prinzip der Komplementarität (N. Bohr) aufgehoben wurde und die Kraft (Wechselwirkung) durch Austauschteilchen gedeutet werden konnte (H. Yukawa). Tieferliegende Ordnungen der Natur wurden durch Entdeckungen von Symmetrien erkannt (P. Dirac, E. Noether, F. Klein). – Aus dramaturgischer Sicht lässt sich als Start für die n.e M. der 2. 12. 1942 angeben. An diesem Tag gelang erstmals eine nukleare Kettenreaktion in Chicago (E. Fermi), bei der die Erkenntnisse der modernen Physik konsequent als gestaltende Potenz des menschlichen Geistes für eine Entwicklung eingesetzt wurden, die einen wesentlichen Einfluss auf das Leben der Menschen und deren Bewusstsein hatte. Diese Tatsache veranlasste die Gesellschaft wiederum, aktiv die Wissenschaft zu beeinflussen. Dieser Kopplungsprozess manifestiert sich seither in der Einbeziehung der Naturwissenschaft in Krieg, Kalten Krieg, Wettrüsten, Wirtschaftsprogramme (Kernenergie), Politik (Proliferation) und Umweltprogramme. In der M. hat die Naturwissenschaft ihre Unschuld verloren, sie ist Teil des Systems ›Gesellschaft‹ geworden und unterliegt damit deren Widersprüchen. Ebenso erzeugte die Expansion der Wirtschaft während des Zweiten Weltkriegs und insbes. in der Nachkriegszeit einen Druck auf die Wissenschaft, die neugewonnene Macht der Erkenntnisse für die Umformung oder Stabilisierung des Lebensraums und den Konsum einzusetzen. Es entwickeln sich Festkörperphysik, Quantenoptik (Laser), Molekularbiologie und Materialwissenschaft, wobei die möglichen Nutzungen eine wesentliche Antriebskraft darstellen. Die Finanzierung der Grundlagenforschung bewegt sich aus den wissenschaftlich autonomen Instituten in staatlich und wirtschaftlich gelenkte Programme (Ökologie) und Großforschungseinrichtungen.

II. M. – technisch. Im Gegensatz zur physis (gr.) und natura (lat.), die das Sein und Werden beschreiben, akzentuiert techne (gr.) das gewollte Schaffen des Menschen. Anders als die erkenntnisorientierte Naturwissenschaft besaß die Technik in der Menschheitsgeschichte schon immer eine lebenswichtige Funktion. In der Neuzeit erlaubt das Zusammenwirken von Industrialisierung und Technik (Dampfmaschine, Kohle, Stahl) die Umschichtung erheblicher wirtschaftlicher Ressourcen und Produktionskapazitäten von der Nahrungsmittelproduktion in technische Produkte, so dass der Mensch sein natürliches Umfeld flächendeckend verändern kann (Verkehrswege, Wasserbau, Städtebau). Die t.e M. zeichnet sich dadurch aus, dass die Konsumentenbedürfnisse in den Vordergrund rücken gegenüber der staatlichen Nutzung mit dem Aspekt der Stärkung der politischen und militärischen Macht. Die Gründe dafür liegen in der verstärkten Demokratisierung und dem Nachholbedarf an ›Lebensqualität‹ nach dem Zweiten Weltkrieg. Ganz im Sinn der M. folgt dies auch der Abkehr vom Bedürfnis kollektiver Leitvorstellungen hin zum Individualismus, ein allerdings unvollständiger Prozess, aus dem neue Widersprüche entstehen: (1) Anspruch und Wirken des Individuums vs. kollektive Antworten und Ergebnisse, wie z. B. Ausbau des Individualverkehrs (Auto, Autobahn) mit erheblicher Umweltbelastung auf Kosten des gelenkten Verkehrs (Eisenbahn, Busverkehr), ferner Orientierung am ›Individualgeschmack‹ für die Nahrungsmittelproduktion, auch unter Einbeziehung von *food engineering* und der daraus resultierenden Massenproduktion mit weltumspannender Herstellerdominanz (Coca-Cola, Nestlé, Kellogs, McDonald's). Individueller Bedarf an Naturerlebnis erzeugt das Gegenteil, nämlich Tourismus und ↗Freizeitkultur einschließlich Freizeitindustrie mit Jumbo-Jet und Kohlefaser-Ski. Das Sicherheitsbedürfnis Einzelner verlangt die organisierte Überwachung technischer Produkte (DIN-Normen, *air bag*, zerstörungsfreie Werkstoffprüfung), während Unternehmen mit großer Kundennachfrage darauf keine Rücksicht nehmen müssen (z. B. Bau von Luxuswohnparks in landschaftlich reizvollen Gebieten Kaliforniens trotz Erdbebengefahr oder Entwicklung gefährlicher Sportarten wie Bergsteigen und Drachenfliegen). Der Gewinn an individueller Freiheit durch viele lebenswichtige technische Errungenschaften (Elektrifizierung der Haushalte, Luftverkehr) wird gleichzeitig durch eine für den Einzelnen nicht beeinflussbare Abhängigkeit von übergeordneten Organisationen erkauft. – (2) Erfolgreiche Umsetzung der Absichten

und Planungen vs. enttäuschende Resultate (scheinbarer Verlust der Kausalität). Einerseits hat die Technik im Dienste der Befriedigung von Konsumentenbedürfnissen nicht nur den hohen Lebensstandard breiter Bevölkerungsschichten und bis dahin unvorstellbare soziale Leistungen für Schwache und Behinderte ermöglicht, sondern auch Individualwünsche bis hin zu Gesundheit, physischer Lebenslust und Schönheit (Diagnostik, Antibiotika, Chirurgie, Organtransplantation, ›die Pille‹, Viagra) erfüllt. Andererseits aber ist der naive Glaube an den reinen Fortschritt durch Technik gebrochen. Die Frage nach Sekundäreffekten lässt eine nicht an Wachstum und Konsum orientierte Umwelttechnologie entstehen (Katalysator, *recycling*, Solarzellen). Diese Entwicklung erzwingt sogar den Ausstieg aus der Kernenergie, weniger aufgrund spektakulärer Unfälle (Three Mile Island, Tschernobyl), sondern eher aufgrund der ungreifbaren Radioaktivität und damit durch die als unlösbar definierte Frage der Entsorgung nuklearen Abfalls. Der Abschied von der Rationalität des gegenwärtigen Nutzens zugunsten der philanthropischen Übernahme der Verantwortung für entfernte Generationen gehört mit zu den Widersprüchlichkeiten der Moderne. Auch hat sich die ernüchternde Erkenntnis durchgesetzt, dass die naturbeherrschende Technologie zwar Verbesserungen schafft (Utopie, *Atomic Energy Act*, USA 1946), aber nicht das erwartete Paradies (Armut und Seuchen in den Entwicklungsländern, ↗AIDS, Kollaps des Sozialismus). Diese Ernüchterung führt zur Projektion von Hoffnungen auf die Zukunft (Technologiefolgenabschätzung), auch als Ersatz für religiöse Verheißungen (↗Ideologie). Dazu gehört auch die ↗Gentechnologie, mit der gezielt bisher in der Natur nicht existierende Arten von Lebewesen geschaffen werden, in der Erwartung umwälzender Verbesserungen in der Landwirtschaft und Medizin. Auf der anderen Seite führen Befürchtungen über unbekannte negative Auswirkungen zu deutlicher Ablehnung der Produkte in der Öffentlichkeit und sogar zu militanter Behinderung der Forschung und Entwicklung. – (3) Erkenntniserweiterung vs. Erkenntnis der Sinnlosigkeit. Die Elektronik hat die Gesellschaft der M. in den Industriestaaten am meisten beeinflusst, insbes. im Bereich der Unterhaltung (Radio, Hörfunk, Stereoanlage, Schallplatte, CD, ↗ Fernsehen, ↗ Video). Ebenso besitzen Mess-, Steuerungs- und Antriebsfunktionen heute erhebliche Bedeutung (Haushaltsgeräte, Klimaanlagen). Mit dem ↗ Computer werden Berechnungen und Simulationen (Finite-Elemente- und Monte-Carlo-Verfahren) komplizierter Vorgänge erstellt, so dass sich brauchbare Voraussagen machen lassen (technische Konstruktionen, Wetter, Klima, Wirtschaft). Die Mikroelektronik (Silizium-Chip) führt zur breiten Anwendung des Computers in der ↗ Informationstechnologie, wobei Maschinen erstmals in des Menschen ureigene Domäne, die ›Intelligenz‹ (↗ Künstliche Intelligenz, ↗ Virtuelle Realität; ↗ Cyborg) eindringen. Erstaunlich ist hier die widerstandsfreie Akzeptanz, bis hin zur begierigen Aufnahme der ↗ Neuen Medien (↗ Multimedia, ↗ Internet, in den USA auch Tele-Arbeit). Schließlich schafft sich der Mensch künstliche Augen, mit denen jeder Ort der Welt, auch bei Dunkelheit und Nebel, beobachtet werden kann (Radar, Satelliten, *GPS*). Die Raumfahrt erlaubt dem Menschen, die Erde zu verlassen. Sie wird von ihm aus der Perspektive des technologischen Übermenschen als kleine, verletzliche Oase des Lebens im unendlichen Weltraum erfahren.

Lit.: B. Heller, Grundbegriffe der Physik im Wandel der Zeit (1970). – E. Skasa-Weiß, Wunderwelt der Technik im Deutschen Museum (1975).

A. W.

Moderne, philosophisch. Der philosophische Begriff der M. ist ein europäisches Phänomen. Er steht zum einen für eine bestimmte kulturgeschichtliche Epoche, zum anderen aber auch für »die Kraft, die in dieser Epoche am Werke« (W. Benjamin), aber nicht strikt an sie gebunden ist. Im radikalisierten Begriff der M., der in den ästhetischen Diskursen um die Mitte des 19. Jh. entstand, sollte »modern« nicht mehr nur das Bewusstsein einer Epoche ausdrücken, die sich als Übergangszeit vom Alten zum Neuen begreift. Vielmehr wurde erstmals die historische Singularität der »Moderne« betont. M. Weber hat sie dementsprechend als das Zeitalter des okzidentalen Rationalisierungsprozesses bezeichnet. Dieser habe die Auflösung der Vorstellung einer Einheit der Welt bewirkt und dazu geführt, dass die normative Verbindlichkeit einheitlicher Weltdeutungen und ihre soziale Integrationskraft zerfiel und die Wertsphären Wissenschaft, Moral und Kunst sich auszudifferenzieren begannen. Es war ein Prozess, der von Anbeginn als höchst ambivalent erfahren worden war und bis heute zu einem verbreiteten philosophischen »Unbehagen an der M.« (Ch. Taylor) geführt hat.

Die Säkularisierung, die Individualisierung und die wachsenden sozialen Probleme der Industrialisierung in Europa waren im 19. Jh. mit solch immensen Schwierigkeiten verbunden, dass die Philosophen ihren Blick nach rückwärts richteten. Im Frühwerk von Hegel, Hölderlin oder Schelling drückt sich die Sehnsucht nach der Einheit des Individuums mit der Gemeinschaft so aus, wie sie von ihnen in der Antike gesehen wurde. Anders die Philosophen der Aufklärung, die ihren Blick nach vorwärts gerichtet hatten. J. Habermas hat das im 18. Jh. von den Philosophen der Aufklärung begonnene und bis heute »unvollendete Projekt der M.« so beschrieben: Es galt einen Rahmen zu schaffen, in dem die objektivierenden Wissenschaften, die universalistischen Auffassungen von Moral und Recht und schließlich auch die autonome Kunst ihre jeweilige Eigenlogik ungestört weiterverfolgen, aber zugleich für die »vernünftige Gestaltung der Lebensverhältnisse« genutzt werden können. – Doch der Fortschrittserwartung der Aufklärungs-Philosophen, dass moderne Wissenschaft, Kunst, moralischer Fortschritt und die Gerechtigkeit gesellschaftlicher Institutionen das Glück des Menschen befördern würden, wurde bitter enttäuscht. H.-G. Gadamer hat die Stimmung nach dem Ersten Weltkrieg geschildert: »Es war das Ende des uneingeschränkten Fortschrittsglaubens und der unbestrittenen Führung der Wissenschaft im Kulturleben, das in den Materialschlachten des Ersten Weltkriegs unterging.« Was waren die Ursachen für die den Glauben an die fortschrittsfördernde Kraft der ausdifferenzierten Wissenschaften so enttäuschenden Katastrophen? Man war sich von F. Tönnies bis G. Simmel und von M. Weber bis E. Durkheim sehr schnell über folgenden Befund einig: »Mit dem institutionellen Übergang von der traditionalen zur modernen Sozialordnung, so lautet die allgemeine Diagnose, hat das soziale Wertgefüge jene ethische Gestaltungskraft verloren, die es dem Einzelnen bislang erlaubte, sein Leben sinnvoll auf ein gesellschaftliches Ziel hin auszudehnen« (A. Honneth). Mit der Differenzierung der einheitlichen Kultur in die verschiedenen Expertenkulturen habe sich die Einheit der Menschen mit ihrer Gemeinschaft in autonome Individuen und Gesellschaft fragmentiert. Dem zu begegnen, galt bereits Rousseaus Bemühen, das sich in seinem *Contrat Social* auf die Beantwortung der Frage richtete, wie man eine Gesellschaftsform finden könne, in der jeder mit allen vereinigt sei und dennoch nur sich selbst gehorche und so frei bleibe wie vor der gesellschaftlichen Vereinigung. – In philosophischen Entwürfen war ein

Komplex von Problemen der M. benannt, waren Fortschrittshoffnungen und Enttäuschungen geäußert worden. Die Lösungen bewegen sich auch heute noch zwischen Resignation, Zukunftshoffnung und der Dialektik zwischen beiden Polen.

Als unvollendetes Projekt der M. und der Aufklärung bezeichnet Habermas die Gegenwartsgesellschaft, die er in seiner *Theorie des kommunikativen Handelns* zum Gegenstand seiner Erörterungen machte. Habermas will zum einen die Mechanismen ermitteln, die die Weiterentwicklung der Gesellschaft verhindern, und zum anderen das Entwicklungspotential aufzeigen, das zu entfalten sei, soll sich die Gesellschaft zu einer gerechteren entwickeln. Im Hinblick auf den zweiten Aspekt beschreibt Habermas das Konfliktpotential, das an den Nahtstellen von System und Lebenswelt entsteht, wenn sich lebensweltliche Strukturen nicht ohne pathologische Nebenwirkungen auf systemintegrative Mechanismen umstellen lassen. Treten solche Nebenwirkungen auf, können sich gegen die systemische Vereinnahmung der Lebenswelt Protest und eine alternative soziale Praxis entfalten. Die Expertenkulturen, auf die Aufklärer wie Condorcet ihre Hoffnung setzten, entwickelten sich eigenständig, ohne Bezug auf das gesellschaftliche Ganze, das Habermas Lebenswelt nennt. In ihrem Eigenleben produzieren sie aber auch den von Habermas beschriebenen negativen Output. Ob sich dagegen allerdings das Medium der »öffentlichen Kommunikation« und der »Solidarität« wird behaupten können, ist für Habermas weniger eine theoretische als eine »praktisch-politische Frage«, weshalb er sich auch stets in öffentliche Debatten einschaltet. – Im Gegensatz zu solchen Konzepten haben die postmodernen Philosophen die Hoffnung auf die Möglichkeit gesellschaftsverändernder Eingriffe aufgegeben. Nach J. Baudrillards Ansicht gibt es keine gemeinschaftlichen Werte mehr. Wie andere poststrukturalistische, postmoderne oder konstruktivistische Philosophen – etwa M. Foucault oder R. Rorty, beide im Rekurs auf F. Nietzsche – geht er davon aus, dass die großen moralischen Aufklärungsideen obsolet geworden sind; ähnlich auch J.-F. Lyotard, der vom Ende der großen Metaerzählungen der M. spricht. Damit sind die umfassenden Gesellschaftsentwürfe, wie Aufklärung und Sozialismus, gemeint. Diese Diagnose wird nicht mit dem Aufruf versehen, die Ideale der Aufklärung wieder in ihr Recht zu setzen, so wie Habermas das tut, sondern es wird schlicht konstatiert, dass die Welt so ist, wie sie ist. V. a. die Verheißungen der großen Metaerzählungen hätten sich nicht erfüllt. Große soziale Umwälzungen, an deren Realisierung Baudrillard als Mitstreiter der ⌐68er-Mairevolte in Nanterre einst glaubte, seien nicht mehr zu erwarten. Das ⌐Ende der Geschichte ist nach Baudrillards Auffassung längst erreicht, nur anders als wir es uns vorgestellt hätten. Die von utopischen Geschichtsphilosophien prophezeiten Entwicklungen hätten sich umgekehrt. Wir seien längst an dem Punkt angekommen, an dem es kein Zurück, aber auch kein Vorwärts mehr gebe. Lyotard dagegen meinte, das Projekt der M., das auf Verwirklichung von Universalität abgezielt habe, sei in der Gegenwart »nicht aufgegeben, vergessen, sondern zerstört, – liquidiert – worden«. ⌐»Auschwitz« und der »Sieg der kapitalistischen Techno-Wissenschaft« würden »die tragische ›Unvollendetheit‹ der M.« belegen. Die großen Erzählungen seien dadurch so gründlich delegitimiert, dass ein anderer Vernunfttypus konzipiert werden müsse, der sich von jedem Verallgemeinerungszwang befreit habe. Die Anstrengung, die autonomen Teilbereiche kritischer Vernunft zusammenzudenken, zerfällt in der ⌐Postmoderne. Nach Z. Bauman war das Chaos das Schreckbild der M.

und ihr Ziel Ordnung, exakte Definition und logische Klassifikation. Die Vollendung des modernen Projekts der Naturbeherrschung sei die Vernichtung des Fremden und Anderen. Der Holocaust war in Baumans Augen trauriger Höhepunkt der M. und der real existierende Sozialismus ihre letzte Bastion. Die Postmoderne aber sei »eine Chance der M.«, weil sie Ambivalenz aushalte und zu der Einsicht gefunden habe, dass die »Wiederverzauberung der Welt« die richtige Antwort auf die verlorenen Illusionen der M. sei. – Eine Position, die zwischen Verzweiflung und Festhalten am Potential der M. vermittelt, ist die dialektische Kritik der M. von Th. W. Adorno. Seine Kritik ist die eines Philosophen, der zur M. gehört und ihre normativen Intentionen nicht preisgibt, sondern zeigen will, wie sie sich selbst wider Willen preisgeben. Adorno ging es darum, zu begreifen, wie sich die Normativität der M., als liberalistische Ideologie der Warengesellschaft, zu Tode siegt oder ihren eigenen Untergang einleitet, noch ehe sie sich umfassend und nachhaltig an der sozialen Realität erproben konnte. Die Frage, ob und wie man nach Auschwitz noch philosophieren könne, hat Adorno bis zuletzt bewegt. Seine Antwort darauf: Wenn, dann nur als Beitrag dazu, dass »Auschwitz sich nicht wiederhole, nichts Ähnliches geschehe«. Adorno vertraute weder, wie Habermas, auf die Vernunft, noch verabschiedete er die normativen Ideen der Aufklärung wie gesellschaftliche Freiheit und Selbstbestimmung zugunsten postmoderner Rationalitätsskepsis. Sein Programm war die kritische Selbstreflexion der modernen Rationalität als erneuter Versuch, sie doch noch zur Geltung zu bringen. In der Philosophie der M. geht es nach Adorno nicht wie in der Kunst um das Konzept des Neuen, sondern um radikale Selbstreflexivität, in der sich das Denken aus heteronomen Traditionsvorgaben befreien will. Damit knüpfte Adorno an Hegel an, der die Philosophie der M. bereits als kritische Selbstbegründung ihrer normativen Maßstäbe begriffen hat. Subjektivität, Freiheit und Autonomie wurden von Hegel als dialektische Errungenschaften rekonstruiert; seine Theorie der M. war, wie die Adornos, zugleich Kritik der M.

Lit.: J. Habermas, Der philosophische Diskurs der Moderne (1985). – H. Brunkhorst, Th. W. Adorno. Dialektik der Moderne (1990). – W. Welsch (Hg.), Unsere postmoderne Moderne (⁴1993).

D. H./G. Sch.

Modernisierung, ein Netz von verschränkten und interagierenden Wandlungsprozessen der neuzeitlichen Gesellschaft in sozialer, psychischer und kultureller Hinsicht, wobei insbes. industrielles und wirtschaftliches Wachstum, Demokratie, Urbanität und Informationstechnologie als treibende Kräfte wirken. M. verweist zugleich auf eine fortschreitende Zweckrationalität des Denkens und Handelns, auf zunehmende Individualisierung sowie auf eine Reihe weiterer funktionaler Entwicklungen. Allerdings ist der Begriff – wie auch der der ↗Moderne – weitgehend offengeblieben. M. lässt sich als Epochenwandel, als ein ›Projekt‹ im Sinne der Aufklärung oder als soziale Evolution verstehen. Damit stellt sich zugleich das Problem der Trägerschaft moderner Entwicklungsprozesse, für die verschiedene Anwärter – vom neuzeitlichen Subjekt bzw. dem ›Menschen‹ über soziale Bewegungen bis zu hochkomplexen Funktionssystemen – diskutiert worden sind. Das 19. Jh. bringt M.s-Theorien hervor, die v. a. einem monokausalen und -linearen Fortschrittsdenken folgen, dessen positive Ausrichtung (z. B. Comte, Saint-Simon) sich unter den M.s-Folgen jedoch bald in eine kritische wandelt. Dabei werden bes. polare Typologien bevorzugt, die etwa Modernität und Traditionalität, ›Gemeinschaft‹ und ›Gesellschaft‹ (F. Tönnies) oder ›Individuum‹ und ›Gesellschaft‹ (G. Simmel, M. Weber) in Spannung sehen. Die Kritik an diesen Ansätzen führt zu aktuellen Erklärungen, die vielschichtige und widersprüchliche Ursachen und Wirkungen und eine Gleichzeitigkeit des Ungleichzeitigen berücksichtigen. Loo und Reijen (1992) haben ein Modell vorgeschlagen, das die M.s-Kräfte Differenzierung, Rationalisierung, Domestizierung und Individualisierung in eine Struktur paradoxer Wechselwirkung bringt. *Differenzierung* in relativ selbständige, jedoch vernetzte Bereiche sozialer Aktivität und Funktion verlangt eine Integration in immer größere Einheiten – längst denken wir Gesellschaft nur noch als Weltgesellschaft. *Rationalisierung* als beschleunigte Erweiterung, Systematisierung und Spezialisierung des Wissens erzeugt immer größere Bereiche des Nichtwissens, wobei Technisierung und kulturelle Symbolisierung (*Domestizierung*) nicht nur erweiterte Handlungs- und Kommunikationsmöglichkeiten, sondern auch ganz neue Abhängigkeiten schaffen. *Individualisierung* sorgt einerseits für relative Unabhängigkeit des Einzelnen gegenüber bestimmten Gruppierungen, andererseits für Vereinzelung im Kollektiv und für Abhängigkeit von immer komplexeren und entfernteren Zusammenhängen (↗Globalisierung).

Historisch lassen sich drei große M.s-Schübe festhalten: Im 18. Jh. vollzieht sich der Wandel von der ständisch bzw. hierarchisch geordneten Gesellschaft zu relativ autonomen Funktionssystemen (N. Luhmann), der die genannten Paradoxien mit sich bringt. Kulturell wird versucht, diese im idealistischen Konzept des Subjekts zu kompensieren. Das gelingt spätestens mit der letzten Jahrhundertwende nicht mehr. Die M.s-Folgen werden der Öffentlichkeit bewusst und führen – zweitens – in eine komplexe Dauerkrise, die alle bisherigen Werte bürgerlicher Orientierung wie

›Wirklichkeit‹, ›Vernunft‹, ›Sinn‹, ›Zeit‹ usw. in Frage stellt (exemplarisch im berühmten Chandos-Brief von H. v. Hofmannsthal). Drittens zeigt sich mit den sozialen, politischen und kulturellen Unruhen der 60er Jahre (↗68er) diese Entwicklung derart radikalisiert, dass ein fundamentaler Bruch mit den Leitlinien der Moderne eintritt, der auf den Begriff der ↗Postmoderne gebracht wird. Das bürgerliche Subjekt als Fluchtpunkt einer ganzheitlich, in ›großen Erzählungen‹ (J. F. Lyotard) zu beschreibenden Wahrheit, allgemein gültiger Moral oder emanzipatorischer Politik wird endgültig für tot erklärt. An seine Stelle treten individuelle oder kollektive Beobachter, die v. a. mit ihren Beobachtungsbedingungen umgehen, d. h. die Erfahrung von Differenz, Kontingenz, Pluralität, Konstruktivität als Voraussetzung und Möglichkeit eigener und anderer Aktivität akzeptieren. Beobachterprobleme werden verschärft durch die Unübersichtlichkeit globaler, v. a. wirtschaftlicher Strukturen einerseits, zahlreicher partikularer Entwicklungen wie neuer sozialer ↗Bewegungen oder Gruppierungen andererseits. Eine besondere Rolle spielt hierbei die sich beschleunigende Differenzierung der Kommunikationstechnologie. ↗Massenmedien gelten nicht mehr nur als Mittel, sondern auch als Metapher (»die Welt als Benutzeroberfläche«, N.Bolz) für Erfahrungen in einer an sich unbeobachtbaren Welt aus immer detaillierteren Beobachtungen.

Lit.: H. v. d Loo/W. v. Reijen, Modernisierung. Projekt und Paradox (1992). – P. V. Zima, Moderne/Postmoderne. Gesellschaft, Philosophie, Literatur (1997).   F.Bl.

Multikulturalität. Seit den 80er Jahren gibt es im europäischen politischen Diskurs die Rede von der »multikulturellen Gesellschaft«. Grüne und Alternativbewegungen (↗Alternative Kultur) benutzen sie als positives Leitbild (»offene Grenzen«), Konservative als Angstformel (»Überfremdung«). Nach dem Kollaps des Ostblocks machte das Schlagwort »Multikulturalismus« eine steile Karriere. »Multikulti« wurde zum postmodernen Label einer »Vielvölkergesellschaft« (C. Leggewie). Für die Politikwissenschaft hat A. Söllner festgestellt, dass im Begriff der multikulturellen Gesellschaft »Romantik und soziologische Aufklärung« changieren. Auch aus philosophischer Sicht hat der Ausdruck M. ein Doppelgesicht: Er oszilliert zwischen Deskriptivität und Normativität. Das Schwanken hat freilich seinen Grund in der Sache. Im Zuge der modernen Aufweichung tradierter Lebensformen, der Liquidierung von Grenzen und der Migrationen kommt es weniger darauf an, ob eine multikulturelle Gesellschaft gewünscht oder abgelehnt wird, denn sie ist bereits Wirklichkeit. Aber was ist diese Wirklichkeit? Die Vielfalt von Kulturen im Rahmen einer neuen »Weltgesellschaft« (N. Luhmann)? Oder die Liquidierung der Differenzen, M. als Deckname für die Herstellung einer Einheitskultur? Führt das Votum für M. zu einem relativistischen Standpunkt, oder lässt sich auch eine Position formulieren, die den aufklärerischen Begriff der menschheitlichen Kultur in kritischer Absicht aufbewahren kann, als normative Zielvorstellung oder als regulative Idee?

Im Begriff der M. steckt zweierlei: die modische Werbung für einen Trend und der Verweis auf etwas, das zum Potential der Humanität gehört. Was sich heute als M. etabliert, erscheint aber zugleich als Negation dessen, was in der reflektierten Vorstellung der multikulturellen Gesellschaft steckt. Die Einheitskultur der warenproduzierenden Gesellschaft tritt als warenästhetischer Eklektizismus auf. Was untergeht, ist die Vorstellung einer Pluralität eigen-sinniger und selbstbestimmter kultureller Formen des Zusammenlebens (J.-F. Lyotard). Nachdem »das Vertrauen der westlichen

Kultur in sich selbst« (J. Habermas) in die Krise geraten ist, wird M. zum Gegenstand ohnmächtiger Beschwörung; aber Kultur als aufklärerische regulative Idee scheint diskreditiert. Die Neutralisierung des Kulturbegriffs, der alles gleich gilt, und die »globale Kulturindustrie« (S. Lash) ebnen tendenziell die Differenz ein, die Kultur vom entfremdeten Reproduktionsprozess der Gesellschaft traditionell trennte. Von der kontingenten bestehenden Form der M., die immer auch etwas Fremdbestimmtes ist, wäre das Konzept sozialer M. als Utopie abzugrenzen. Diese Utopie speist sich aus Kants aufklärerischer Idee der Weltgesellschaft. Die bürgerliche Gesellschaft westlicher Prägung schreibt individuelle Menschenrechte fest. Ihre Basis ist der Nationalstaat. Sie ist ein wichtiger Schritt auf dem Weg zur Weltbürgergesellschaft – aber eben auch nur ein Schritt: nicht ein vernünftig begründbarer Endzustand menschlicher Zivilisiertheit und Kultur, sondern eine Etappe. Das wäre eine normative Basis, auf der Kritik an prämodernen Angriffen auf die westliche Liberalität in bestehenden »multikulturellen« Gesellschaften ansetzen könnte. Eine Toleranz, die der Illusion Vorschub leistet, die verschiedenen Lebensstile würden friedlich miteinander auskommen, ist der Herausforderung durch vor-aufklärerische Religions- und Rechtsformen, durch traditionalistische Weltbilder oder durch inhumane Sitten und Gebräuche kaum gewachsen. Ein Plädoyer für »mehr Buntheit« (O. Marquard) dürfte hier kaum ausreichen. Wenn aus Gründen der ↗ *political correctness* darauf verzichtet wird, Kulturen kritisch zu prüfen und zu bewerten, gerät man rasch in die Falle des Kulturrelativismus. Als normativer Maßstab für kulturelle Unterscheidungen, die ein philosophischer Beobachter treffen könnte, würde sich das Maß an Humanität anbieten, das Individuen in Kulturen und durch sie verwirklichen kön-

nen. Selbstbestimmte, kritische Praxis braucht die Zielvorstellung kultureller Differenz in einer solidarischen Gesellschaft. Das klingt z.B. in Ch. Taylors hermeneutischer Theorie einer Kultur der multikulturellen partikularen Gemeinschaften an. ↗ Migration

Lit.: Ch. Taylor, Multikulturalismus und die Politik der Anerkennung (1993). – A. Söllner, Von der »multikulturellen Gesellschaft« zur »Republik« – und wieder zurück? Eine Diskussion neuerer Literatur. In: M.Th. Greven u.a. (Hg.), Politikwissenschaft als Kritische Theorie. Fs. für Kurt Lenk (1994). – A. Gutman, Das Problem des Multikulturalismus in der politischen Ethik. In: Deutsche Zeitschrift für Philosophie, 43. Jg., Heft 2 (1995).

G. Sch.

Multimedia, Idee der Nutzung unterschiedlicher Darstellungen von Informationen, wie Schrift, Bilder, Filme und Töne, durch ein einziges Medium. Dabei geht es nicht nur um den unmittelbaren Zugriff auf unterschiedliche Informationstypen, sondern v.a. um die Möglichkeit ihrer Kombination und des aktiven Eingriffs in den Informationsablauf, wobei der Nutzer, nicht der Autor, den Ablauf des Informationsprozesses bestimmt, der lineare Informationsaneignungsprozess also zugunsten eines kombinatorischen weitgehend abgelöst wird. – Wiewohl die Idee von M. nicht neu ist und in R. Wagners Konzept des Gesamtkunstwerks, in dem Elemente verschiedener Künste (Dichtung, Malerei und Musik) miteinander verschmelzen, bereits im 19. Jh. einen Ausdruck gefunden hat, ist der Begriff an digitale und vernetzte elektronische Medien gebunden. M. stellt eine sinnliche Erweiterung der Idee des ↗ Hypertextes dar, in dem verschiedene Textdokumente über sog. Hyperlinks miteinander verknüpft sind. Mitte der 90er Jahre entwickelt sich der Begriff zu einem Modewort in Ökonomie, Politik und

Bildung. – In der normalen Nutzung von M. werden nur der visuelle und der auditive Sinn angesprochen; durch die Verwendung der Techniken der ↗ Virtuellen Realität kann mit entsprechenden mechanischen Vorrichtungen (Exoskelett, Greifarm etc.) auch der taktile Sinn einbezogen werden; die Nutzung des olfaktorischen Vermögens ist noch im Experimentierstadium. – Der Gebrauch von M. wird meist mit der Nutzung sog. M.-↗ CD-ROMs identifiziert, was das Informationsangebot prinzipiell begrenzt. In einem erweiterten Sinn lässt sich die Idee auch auf die Nutzung des Internets anwenden, in der unterschiedliche Informationstypen in einem Informationsaneignungsprozess miteinander verknüpft werden können. Zuletzt verbindet sich mit M. die Idee einer universalen Verknüpfungs-, Speicherungs- und Kommunikationsmaschine, in der sämtliche Übertragungs- und Speichermedien (Telefon, Radio, Fernsehen, Fax, Videorekorder, CD-Spieler etc.) zusammengeschaltet und über eine einzige Bildschirmoberfläche zugänglich sind. – Der massenwirksame Anwendungsbereich von M. liegt v. a. in den Bereichen Spielen und Lernen, wobei beide Bereiche häufig unter den Stichworten Info- und Edutainment miteinander verknüpft werden. Weitere massenwirksame Anwendungsbereiche von M. liegen in Marketing und Werbung, z. B. im Angebot multimedialer Kataloge, und in der Entwicklung multimedialer Nachschlagewerke. Speziellere Anwendung finden M. in der medizinischen Ausbildung, in der Entwicklung von Flugsimulatoren zur Pilotenausbildung, in der architektonischen Planung und der wissenschaftlichen Modellentwicklung. – Zunehmend wird der Begriff mit ideologischen und mythischen Konnotationen belastet. V. a. in der Wirtschafts- und Bildungspolitik ist der Begriff zum Zauberwort geworden, mit dessen Hilfe man glaubt, die Widerständigkeit des Wissens beseitigen und

die ökonomischen und sozialen Probleme der Gegenwart und der Zukunft meistern zu können. Das multimediale Klassenzimmer, in dem die sog. Computer Literacy, die Fähigkeit sich mit Hilfe des ↗ Computers die Welt des Wissens erschließen zu können, oberste Priorität hat, gilt als Lösung gegenwärtiger Bildungsprobleme. Augenfällig ist dabei die zunehmende Vermischung von Trainings- mit Bildungskategorien und eine Verwechslung von notwendigen Erweiterungen und Transformationen von Kulturtechniken mit deren Substitution. Die Fähigkeit des Navigierens ersetzt aber nicht die des Lesens, sondern erweitert sie. Texthermeneutische Verfahren und symbolbildende Verdichtungs- und Verknüpfungsleistungen sind nicht durch Visualisierungstechniken zu substituieren. – Die Erforschung der Rezeption von M. steckt noch in den Anfängen. I. Petit legt eine Analyse vor, in der betont wird, dass bei der M.-Rezeption nicht wie beim Lesen starren Regeln Folge geleistet wird, sondern Regeln vielmehr aus dem jeweiligen Kontext erzeugt werden. Die Vorteile der M.-Rezeption sieht sie darin, dass der Rezipient in realen Situationen spontaner und angemessener als der Leser zu reagieren vermag, da viele Informationen im Gegensatz zur Schrift bereits in analoge Zeichen, also Bilder und Töne transformiert sind und auf langwierige Auslegungs- und Übertragungsleistungen verzichten werden kann. Allerdings bleibt ungeklärt, ob die lineare und symbolentziffernde Schriftrezeption in weniger vertrauten, abstrakteren Situationen nicht Vorteile mit sich bringt. Prinzipiell bleibt aber die M.-Rezeption auf die Beherrschung der traditionellen Rezeptionsmuster und Codes von Schrift, Bild etc. angewiesen. Neue Anforderungen stellt nur die Verknüpfung dieser Codes. – Multimediale Techniken haben in der Kunst bereits Anwendung gefunden und erfahren auch eine erste theoretische Aufarbeitung. Die Ars Elektronica in Linz und die vom Zentrum für Kunst und Medientechnologie (ZKM) in Karlsruhe veranstaltete ›Multimediale‹ haben sich ganz einer Kunst verschrieben, die aus der Anwendung und Einbettung multimedialer Technologien entstanden ist. Auch in der Literatur hat es erste Versuche gegeben, M. zu nutzen (Literarische Internet-Zeitschriften und -Workshops/Multimediale Literatur-CD-ROMs). Die gewünschten synästhetischen, multimedialen Literaturformen sind bisher aber kaum mehr als eine Art Akkumulation unterschiedlicher medialer Ausdrucksformen und ohne Einfluss auf die Literaturentwicklung.

Lit.: P. Ludes/A. Werner (Hg.), Multimedia-Kommunikation: Theorie, Trends und Praxis (1997). – I. Petit, La consultation interactive: une nouvelle logique cognitive. In: Degrés, Revue de synthèse à orientation semiologique, Nr. 92/93 (1997). – F. Lehner (Hg.), Multimedia in Lehre und Forschung (1998).

K. W.

Nation (lat. nascere = geboren werden). Im Mittelalter verstand man unter N. noch eine Bevölkerungsgruppe gleicher Abstammung, aber schon Anfang des 18. Jh. die Bewohner des gleichen Staates oder Landes, die Gesetze, Sitten und Sprache miteinander teilen. Seit dem 19. Jh. häufen sich die Definitionsversuche (z. B. B. Disraeli, *The spirit of Wigghism* [1836], E. Renan, *Qu est-ce une nation?* [1882]) und auch die Nationalstaatsgründungen. Über die Entstehungszeit des Nationalgefühls selbst bestehen unter Historikern die unterschiedlichsten Meinungen. Dies mag damit zusammenhängen, dass die Historiker diesen Prozess nicht nur erforschen, sondern auch aktiv an seiner Ausarbeitung beteiligt sind. B. Anderson folgend, versteht G. Engel denn auch unter N. im modernen Sinne »keine natürlich gegebene, sondern eine dis-

kursiv konstruierte und unter sich ändernden historischen Bedingungen jeweils rekonstruierte Vorstellung von Gemeinschaft« (Engel, S. 15). N. ist demnach ein Gemeinschaftsprodukt im Wortsinn, an dem ganz unterschiedliche Instanzen mit ebenso unterschiedlichen Interessen arbeiten. Intellektuelle, Politiker, Institutionen und nicht zuletzt die ↗ Massenmedien sind in verschiedenen Phasen des nationalen Projekts aktiv. Ein Staatsgebiet, dem eine ideologische Kohärenz zu verleihen ist, oder die Forderung nach einem Territorium für ein nationales Projekt mögen am Anfang stehen, die Reihenfolge der Errungenschaften mag unterschiedlich und ihre tatsächliche Realisierung ungewiss sein. Sicher ist, dass sich seit Beginn des 19. Jh. eine Art ›Checkliste‹ herauskristallisiert hat, an der sich seither jegliche Suche nach nationaler Identität orientiert. Der Soziologe O. Löfgren hat diese Produktionsweise in Anlehnung an das bekannte Möbelhaus auf die provokante Formel ›Ikea-System‹ oder ›Do-it-yourself-Kit‹ gebracht. Allerdings soll das nicht heißen, dass Teile diese Kits immer schon zur Verfügung ständen und einfach nur nach einer bestimmten Anleitung zusammengesetzt werden müssten, sondern vielmehr, dass nationale Identität seit Beginn des 19. Jh. international nach ähnlichen Formeln gebildet wird, darunter v. a. die Suche nach einer eigenen Saga, die als Ursprungsmythus der N. gelten konnte. Je nach Bedeutung für das nationale Identitätsgebilde führ(t)en Zweifel an der Authentizität der Funde entweder zur Aufgabe oder zur Aufrechterhaltung nationaler Gründungsmythen, z. T. wider besseres Wissen. Alle nationalen Projekte sind auf der Suche nach einer vollständigen Repräsentation ihrer nationalen Identität. D. h., es reicht nicht, die Sitten der angenommenen Ursprungsbevölkerung zu beschreiben, sondern es müssen auch die entsprechenden Kostüme, Liedgut etc. und authentischen, oftmals dem Untergang geweihten Nachkommen gefunden werden, die zu einer Art imaginären ›Reinform‹ stilisiert werden.

Aber es sind nicht nur Sitten und Lebensstile, sondern es ist v. a. die Sprache, die das Interesse vieler nationaler Identitätssucher weckt. Bes. für das über Jahrhunderte zersplitterte Deutschland stand das sprachliche Band im Zentrum der Diskussion und begründete die Forderung nach einem einheitlichen Staatsgebiet. Dass die Frage der N. in der Geschichte tatsächlich jedoch kaum nach dem Sprachkriterium entschieden wird, zeigte beispielhaft die kleindeutsche Lösung von 1871. Mit ihr wird deutlich, dass ein nationaler Identitätsanspruch zu seiner Realisierung mehr braucht als eine ›imagined community‹, die sich auf die Suche nach verlorenen Traditionen begibt und in diesen die Berechtigung einer nationalen Identität sieht. J. G. Fichte betonte deshalb nach den napoleonischen Befreiungskriegen: »Auch im Kriege und durch gemeinschaftliches Durchkämpfen wird ein Volk zum Volk.« So vergessen die heutigen Beobachter gewalttätiger Auseinandersetzungen um nationale Ansprüche und Exzesse nationaler Säuberungen häufig, dass die bestehenden europäischen Nationalstaaten weder friedlich entstanden sind noch sich während des ausgehenden 20. Jh. mit friedlicher Koexistenz begnügt haben. Nationale Identität stellt vielmehr immer auch die Frage nach dem Verhältnis von Inklusion und Exklusion. Es existiert keine N. ohne nationale Minderheiten. Entweder können diese in das große nationale Projekt integriert werden oder ihrerseits so stark werden, dass der Ruf nach einer eigenen N. ertönt. Selbst E. Renan, von dem das geflügelte Wort des ›täglichen Plebiszits‹ zur N. stammt, traute diesem nicht so recht über den Weg. Zumindest kann es sich bei dem Plebiszit nicht um eine Entscheidung handeln, die das Für und

Wider nationaler Zugehörigkeit nach rein rationalen Kriterien abwägen würde. Die N. muss vielmehr auf eine innere und relativ unangefochtene Zusammengehörigkeit zurückgreifen können und unter bestimmten Umständen auch mit militärischen Mitteln gesichert werden.

Allerdings stellt sich im Zeitalter der ↗ Globalisierung die Frage, inwieweit die Idee der N. nicht überholt ist. Die Situation in Deutschland, der ›verspäteten N.‹ (Plessner) und dem neuformierten Nationalstaat, gibt genügend Anhaltspunkte, um die Widersprüchlichkeit dieser Fragestellung zu erfassen. Einerseits wies die umstrittene Einführung des Euro auf eine starke Bindung zwischen Währung und Nationalgefühl hin. Nicht umsonst stand die Währungsreform am Anfang der Bonner und die Währungsunion am Anfang der Berliner Republik. Andererseits weckten gestärktes nationales und politisches Selbstbewusstsein sowie neonazistische Übergriffe nach der Wiedervereinigung im Ausland Erinnerungen an alte Wunden und Angst vor einem neuen deutschen Nationalismus. Selbst wenn sich die Idee der N. in einem Legitimationsvakuum befindet und das gemeinsame Band der Gesellschaft sich immer stärker auf einen generalisierten Konsumismus beschränkt, für den gerade nationale Grenzen hinderlich sind, berechtigt das Aufkommen nationalistischer Bewegungen auch in den Hochburgen des Kapitalismus zu dem Rückschluss, dass die Funktionalität der westlichen Gesellschaften die Suche nach mythischen Heilserwartungen beileibe nicht verdrängt hat. Der nationale Selbstschutz gegen den inneren und äußeren Feind besitzt weiterhin ein starkes Mobilisierungspotential, zumal die mit der Globalisierung einhergehenden Verluste gewaltiger scheinen als die zu erhoffenden Gewinne.

Lit.: B. Anderson, Imagined Communities (1983; dt. Die Erfindung der Nation, 1988). – O. Löfgren, The Nationalization of Culture (1989). In: National Culture as Process. – U. Bielefeld/G. Engel (Hg.), Bilder der Nation (1998).

M. R.

Neue Medien, Schlagwort zur Bezeichnung computergestützter digitaler und vernetzter elektronischer Medien, das zunehmend abgelöst wird vom weitgehend synonym gebrauchten Begriff ↗Multimedia. Der Begriff wurde v. a. in den 80er und frühen 90er Jahren zur Abgrenzung von herkömmlichen Druck-, Film- und Rundfunkmedien, von analogen akustischen Informationsträgersystemen und von der herkömmlichen Telekommunikation gebraucht. Das Neue dieser Medien geht zu einem erheblichen Teil aus graduellen Entwicklungen elektronischer Medien hervor. Qualitativ neu ist die Digitalität dieser Medien und deren zunehmende Vernetzung (↗Digitalisierung). Mit der Vernetzung einher gehen neue Formen der Dezentralisierung, was die Informationsspeicherung anbetrifft. Die Telematik als Synthese aus Telekommunikation und Informatik nimmt bei der Entwicklung der N.n M. eine Schlüsselposition ein. Immer bedeutender wird angesichts der Dominanz des Visuellen die Rolle von Simulationen und simulativen Verfahren nicht nur im Bereich von Wissenschaft und Kunst, sondern auch im Bereich der privaten Nutzung. N. M. verändern damit auch das menschliche Verhältnis zur Außenwelt. Mit der Vernetzung entsteht ein neuartiger medialer Raum, der sich vom öffentlich-politischen Raum herkömmlicher Prägung unterscheidet, der sog. ↗Cyberspace. Kommunikationsmöglichkeiten erfahren eine apparative Erweiterung. Es gibt nicht nur neuartige Formen der Mensch-Maschine-Kommunikation, sondern auch eine intermaschinelle Kommunikation, die wichtige Steuerungs- und Kontrollfunktionen übernehmen kann. – Die Nutzung

N.r M. schwankt zwischen öffentlichem, beruflichem und privatem Gebrauch. Weder Theorien der Massenmedien noch Theorien individueller Kommunikations- und Informationsmedien können dem Bereich N.r M. gerecht werden. Entscheidend ist, dass N. M. individuelle und massenmediale Nutzung ermöglichen und dass sie – so die Idee und Entwicklungstendenz – in einer einzigen Apparatur, an einer einzigen Schnittstelle visuelle, auditive und textbasierte Informationen anbieten können. – Während der anfängliche Gebrauch noch wenig differenziert war, Unterscheidungen wie Massen- und Individualmedium, Übertragungs- und Speichermedium weitgehend unberücksichtigt ließ und von Formen der Telekommunikation bis zu Videoaufnahme und Bildschirmtext alles umfasste, stellte sich in den 90er Jahren eine starke Verengung des Begriffsinhalts auf vernetzte Medien bzw. das zwischen Oralität und Schriftlichkeit und zwischen Individual- und Massenmedium stehende Hybridmedium Internet ein. – Gesellschaftlich ist mit der Verbreitung N.r M. in der Ersten Welt eine zunehmende Durchdringung des beruflichen, privaten und öffentlichen Alltags verbunden. N. M. bieten durch die Vernetzung aber nicht nur schnellere und verbesserte Kommunikations- und Informationsmöglichkeiten, sondern auch neuartige Kontrollmöglichkeiten. Die Abhängigkeit unserer beruflichen und privaten Alltagsgeschäfte von einem funktionierenden Verbund N.r M. wächst. – Die rasante Entwicklung N.r M. in der Ersten Welt hat der Dritten Welt neue Anschlussprobleme beschert. Nicht nur die Erstellung einer angemessenen Infrastruktur und die Beschaffung der N.n M. (Hard- und Software) stellt ein Problem dar, sondern auch die nahezu vollkommene Eliminierung kleiner ethnischer Kulturen und Sprachen aus den Angeboten der N.n M. – Die Tendenz in der Entwicklung N.r M. lässt sich so beschreiben: zunehmende Miniaturisierung und Beschleunigung, zunehmende Vernetzung, Verbesserung des Kosten-Leistungs-Verhältnisses, zunehmende Bedeutung der Software für die Nutzung, zunehmende Ökonomisierung von Information und Kommunikation und damit unter den Stichworten ↗ Globalisierung und Markthomogenisierung zunehmende Monokulturalität und Monolingualität. – Eine wichtige Rolle spielen N. M. sowohl thematisch als auch produktionstechnisch in der Experimentellen Literatur der 80er und 90er Jahre, ohne allerdings die Literatur und den literarischen Geschmack zu beherrschen (L. Gustafsson, P. Glaser, Th. Kling, D. M. Gräf, H. G. Hahs, Th. Meineke, Th. Hettche, M. Bayer, u. a.). Im ausgehenden 20. Jh. ist eher wieder eine Abkehr von mediennutzender und -reflektierender Literatur zu konstatieren. Die Literatur im Internet spielt nach wie vor eine marginale Rolle, die Hoffnung auf durch N. M. inspirierte und konzipierte literarische Textformen hat sich bisher, mit einigen Ausnahmen in der Lyrik, nicht erfüllt. Obwohl die ökonomische und politische Bedeutung des Begriffs über seine theoretische dominiert, ist es insbes. auf dem Gebiet der Kultur-, Literatur- und Kunsttheorie zu einigen fruchtbaren Auseinandersetzungen gekommen. So beschäftigt sich die Literaturtheorie beispielsweise mit der Rolle von modernen Textverarbeitungssystemen für die literarische Produktion, mit der Rolle der Urheberschaft bzw. des Autors in vernetzten Medien oder mit der Möglichkeit der Einbeziehung nichttextbasierter Informationen in die literarische Produktion. Die Ästhetik wird wieder verstärkt auf ihre Ursprünge als Theorie der Wahrnehmung geführt (R. Schnell, G. Großklaus, D. Kamper u. a.). – Mit der Reflexion N.r M. ist die Medientheorie zu einer Grundlagentheorie des ausgehenden 20. Jh. geworden (M. McLuhan, P. Virilio, R. Barthes, F. Kittler, J. Baudrillard, J.-F. Lyotard, N. Bolz, V. Flusser, S. J. Schmidt u. a.). Die großenteils essayistische Form dieser Theorien erschwert einerseits die wissenschaftliche Anwendung und Konkretisierung, erleichtert andererseits aber die öffentliche Rezeption. ↗ Medien; ↗ Massenmedien

Lit.: N. Bolz, Theorie der neuen Medien (1990). – Literatur und Neue Medien/Technologien; Konzepte, Nr. 10 (1991). – S. Bollmann (Hg.), Kursbuch neue Medien (1995).

K. W.

Neue Technologien. Der Begriff N. T. wird seit einer Reihe von Jahren für jeweils unterschiedliche Inhalte benutzt, v. a., um Modernität im Sinne systematischer Anwendung und Neuentwicklung von Technik zu signalisieren. Die Begriffsbildung ist unscharf und unterscheidet sich von der Definition der Technik. Trotz nachweisbarer Verwendung des Begriffs Technologie im Gegensatz zu Technik im Deutschland des 19. Jh. ist die Begriffsbildung wohl auf eine Rückübersetzung des angloamerikan. ›technology‹ zurückzuführen. ›Technology‹ bezeichnet nicht nur die im Deutschen überwiegend durch das Begriffsfeld der Ingenieurwissenschaften abgedeckte Anwendung wissenschaftlicher Erkenntnisse zur Herstellung von Produkten, sondern darüber hinaus auch die Verknüpfung, Systematisierung und theoretische Weiterentwicklung der verschiedenen Technologien sowie die Wechselwirkungen der verschiedenen Techniken.

In der derzeitigen Diskussion werden mit N. T. v. a. die digitalen Informations- und Kommunikationstechnologien bezeichnet. Dabei wechseln die diskutierten Anwendungsfelder in teilweise rascher Abfolge und sind scheinbar zyklischen Schwankungen unterworfen. Betrachtet man nur die Entwicklungen der letzten zehn Jahre, so sind Diskussionen um die Hypermedien (↗Hypertext), das ›interaktive Fernsehen‹, zu dem eine Reihe von Feldversuchen und Pilotprojekten ohne erkennbare Auswirkungen durchgeführt wurden, Multimedia als ›Gütesiegel‹ für verschiedenste Anwendungsfelder, das ↗Internet und das World Wide Web (WWW) sowie die verschiedenen technischen Ausprägungen der Kommunikationstechnologien insgesamt als Schwerpunkte der Diskussion zu verzeichnen. Neben der rhetorischen Funktion der Begriffszuordnung im Rahmen von politischen Diskussionszusammenhängen kann v. a. die Vermittlung von Informationen und Informationszugängen auf einer einheitlichen ›digitalen Plattform‹ als gemeinsamer Nenner der diskutierten Anwendungen angesehen werden. Auch wenn sich noch nicht in allen Bereichen eine einheitliche digitale Norm durchgesetzt hat, existieren doch mittlerweile in allen Bereichen der Kommunikation und der Vermittlung von Informationen Technologien, die auf der ↗Digitalisierung der Informationen beruhen. Die Ausprägung der jeweils angebotenen Informationsdienste reicht dabei von der Ausstrahlung digitaler Fernsehbilder bis hin zum digitalen Telefonieren. Unterscheidendes Kriterium für die Zuordnung der Dienste auf der ›digitalen Skala‹ ist der Grad potentieller Interaktivität. Im mittleren Bereich der Skala und im Zentrum des Interesses der derzeitigen Diskussionen stehen die verschiedenen Dienste, die auf der Basis des Internets und der diesem zugrunde liegenden Technologien angeboten werden. – Besondere Brisanz erhält diese Diskussion dadurch, dass es sich bei diesen Diensten und technischen Entwicklungen um die Träger der derzeitigen wirtschaftlichen Konjunktur handelt und die Informations- und Kommunikationstechnologien als die Nachfolger des ›alten‹ Leitmediums Fernsehen angesehen werden. Stichworte wie Informationsgesellschaft und

↗Globalisierung werden in einen Zusammenhang mit den N. n T. gebracht. Dabei weisen die sich derzeit abzeichnenden Entwicklungen in unterschiedliche Richtungen: Auf der einen Seite versuchen die Industrienationen mit ihren hochspezialisierten Technologien ihren Vorsprung vor der Dritten Welt und v. a. vor den sog. ›Schwellenländern‹ zu bewahren. Hochtechnologie setzt in der Regel eine differenzierte Infrastruktur voraus. Gleichzeitig stellen diese Technologien aber auch die Mittel bereit, mit denen die Entfernungen in räumlicher und zeitlicher Hinsicht überwunden werden können. Kommunikation über Satelliten macht dabei auch in weiten Teilen unabhängig von einer breit ausgebauten Infrastruktur. Damit sind die Auswirkungen der Globalisierung der Wirtschafts- und Arbeitsmärkte nicht nur auf die industrialisierten Staaten und deren Informations- und Warenfluss untereinander begrenzt. Sind kontinuierliche Arbeitsprozesse, bei denen die Arbeit an einem Projekt auf den ›Datenautobahnen‹ entsprechend den unterschiedlichen Zeitzonen von einem Team zum nächsten 24 Stunden rund um den Globus wandert, derzeit in bestimmten Branchen keine Seltenheit mehr, so stellen die gleichen Technologien die Basis für das sog. ›Out-sourcing‹ (Auslagerung) bestimmter Dienstleistungen dar.

Der besondere Reiz der Begriffsbildung ist aber auch darin begründet, dass nicht nur bereits eingeführte oder für die Öffentlichkeit zumindest in Teilen zur Verfügung stehende Technologien damit bezeichnet werden. Die Weiterentwicklung und Erfindung je neuer Anwendungen und Verfahren, die derzeit ›neue‹ Technologien rasch wieder zu ›alten‹ werden lassen, findet neben den Forschungslaboratorien involvierter Firmen v. a. auch in sog. ›think tanks‹ statt. Bekannteste Institution, die sich schon einen legendären Ruf erworben hat, ist das Massachusetts Institut of

Technology (MIT). Aus der Zusammensetzung der dort arbeitenden Forscher und der vertretenen Wissenschaftsrichtungen lässt sich leicht ableiten, dass es keineswegs nur um Informationstechnologien geht, sondern auch Bereiche betroffen sind, deren praktische Anwendbarkeit keineswegs immer schon absehbar sein muss. Aus den bearbeiteten Bereichen seien hier aber noch das Forschungsgebiet der ↗ ›Künstlichen Intelligenz‹ (KI) – engl. ›artficial intelligence‹ (AI) – und der Bereich der Biotechnologie hervorgehoben. Auf dem Feld der KI wird in besonderer Weise der unterschiedliche Umgang mit dieser scheinbaren Konkurrenz zum menschlichen Geist deutlich: Während in Deutschland mit Heftigkeit eine Debatte über die Möglichkeit resp. Unmöglichkeit der Intelligenz von Maschinen entbrannte, wurde im anglo-amerikan. Raum ohne weitere Aufgeregtheiten die Implementierung von Expertenwissen in maschinellen Systemen erforscht und entwickelt. Die gerade auch für das Internet und Informationssysteme insgesamt immer mehr Bedeutung findenden Anwendungen der ›Agenten-Theorie‹ haben ihren Ausgangspunkt nicht zuletzt in Arbeiten am MIT und hier insbes. in den Arbeiten von M. Minsky. – Von vielen Experten als zukunftsweisend angesehen werden aber v. a. auch die Biotechnologien, die im pflanzlichen Bereich ihre Effizienz teilweise unter Beweis gestellt haben, aber auch schon Widerstände produzieren. Bei der Anwendung gentechnologischer Verfahren auch im menschlichen Bereich wird die ethische Relevanz derartiger technologischer Entwicklungen in besonderer Weise deutlich (↗ Gentechnologie).

Lit.: M. Minsky, Mentopolis (1990).
M. K.

New Age (engl. = neues Zeitalter; auch: age of aquarius = Wassermannzeitalter; vgl. den Song »Aquarius« in dem Musical »Hair« aus dem Jahr 1967, in dem sich der Lebensstil und die Vorstellungen der Hippie-Bewegung in den USA widerspiegeln), in den 60er Jahren in den USA entstandene weltanschauliche und religiöse Strömung, deren antimodernistische Botschaft und das damit verbundene Lebensgefühl (›feeling‹). Die Begriffe N. A. bzw. ›age of aquarius‹ verweisen auf Wurzeln des Phänomens in der astrologischen Annahme einer schicksalhaften Beeinflussung von Mensch und Kosmos durch Tierkreiszeichen. Dem in der Antike entwickelten und heute noch in modifizierter Form für die Sterndeutung und Horoskop-Erstellung genutzten astrologischen Modell zufolge trat bzw. tritt die Menschheit zu einem nicht eindeutig fixierten Zeitpunkt (unterschiedliche Berechnungen bieten ein zeitliches Spektrum von 1950 über 1968 und 2012 bis 2154) vom Zeitalter der Fische in das neue Zeitalter des Wassermanns ein. Während die Astrologie das sog. Fischezeitalter mit negativen Vorstellungsinhalten wie Unruhe, Destruktion, Gewalt in Verbindung bringt und als rationalistisch-verkopft ansieht, nimmt man an, das heraufziehende Wassermannzeitalter werde – freigesetzt durch entsprechende kosmische Kräfte – Harmonie, Frieden, Idealismus und Reifung der Persönlichkeit durch Spiritualität mit sich bringen, welche das irdische Leben heilen werden. Die beschriebenen Wurzeln weisen auf den stark irrational geprägten, antimodernistischen und esoterischen Charakter von N. A. hin. Seinen Ansatzpunkt bildet eine Fundamentalkritik am neuzeitlichen, naturwissenschaftlich geprägten Weltbild, das als rationalistisch sowie materialistisch-mechanistisch interpretiert wird. Im Zentrum von N. A. steht die Postulierung eines aus einer Bewusstseinsrevolution resultierenden neuen Denkens als Basis für die Bewältigung der sich wechselseitig bedingenden gesellschaftlichen, wirtschaftlichen, technologischen und ökologischen Probleme der modernen Zivilisation durch eine Synthese von Mensch und Natur, Mensch und Gott, Geist und Materie, männlichem und weiblichem Prinzip. Die angedeuteten, zum Teil schwer fassbaren, weil diffus und vage bleibenden Vorstellungen esoterischer Systeme verbinden sich mit Elementen östlicher Religionen (Buddhismus, Hinduismus, Taoismus) und integrieren gleichzeitig holistische, vom naturwissenschaftlichen ›Mainstream‹ teilweise nicht anerkannte Theorieansätze z. B. der Atomphysiker F. Capra, D. Bohm, R. Sheldrake und G. Bateson. Diese beruhen auf den philosophischen Implikationen der Quantentheorie von der Aufhebung der klassischen erkenntnistheoretischen Unterscheidung zwischen Erkenntnissubjekt und Erkenntnisobjekt, an deren Stelle die referierten ganzheitlichen Ansätze einer Synthese von physischer und geistiger Wirklichkeit treten. Auf dem Hintergrund dieser Tendenzen kann man von dem Versuch einer Verbindung religiös-mythischer und naturwissenschaftlicher Welterklärung sprechen, durch die die Krise des ›Projekts der Moderne‹ bewältigt werden soll. ↗ Alternative Kultur; ↗ Gegenkultur

Lit.: F. Capra, Das neue Denken (1992). – C. Bochinger, »New Age« und moderne Religion (1995).

A. H. N.

New Historicism, seit den frühen 1980er Jahren von Berkeley aus verbreitete Methodik kulturhistorisch ausgerichteter Literaturwissenschaft, die auf der doppelten Prämisse der »Geschichtlichkeit von Texten und der Textualität von Geschichte« (L. Montrose) basiert. Um den in der ↗ Postmoderne suspekt gewordenen »großen Erzählungen« (J. Lyotard) in der literaturgeschichtlichen Darstellung zu entgehen, stellt der N. H. den zu analysierenden Text in ein Geflecht synchroner Texte und arbeitet diskursive und formale Verbindungen zwischen diesen heraus. Die Texte können allen Bereichen der Kultur entnommen werden. Der weite Textbegriff umfasst auch Kleidungsstücke, Bilder, Denkmäler, Filme, Rituale etc. Ergebnis ist eine intertextuelle Vernetzung von kulturellen Zeugnissen einer Epoche, wovon man sich die Wiedergewinnung jener »kulturellen Energie« (S. Greenblatt) verspricht, mit der jeder Text zu seiner Zeit aufgeladen war. Die für akademische Verhältnisse meist gut lesbaren N.-H.-Arbeiten – stilbildend waren v. a. Greenblatts ›Verhandlungen mit Shakespeare‹ – verbinden eine materialnahe, oft anekdotische Darstellung mit der Reflexion auf die tropologischen Implikationen sowohl der dargestellten kulturellen Bezüge als auch des eigenen Textes. Mikrologische rhetorische Figurationen ersetzen die obsoleten Kausalverbindungen überkommener Geschichtsschreibung. Greenblatt spricht daher bevorzugt von einer »Poetik der Kultur«. – Der N. H. verbindet das marxistische Interesse an der gesellschaftlichen Einbettung von Kunstwerken (R. Williams) mit poststrukturalistischer Text- und Diskurstheorie (P. de Man, M. Foucault) und dem ethnologischen Konzept einer »dichten Beschreibung« von kulturellen Objekten (C. Geertz) und ist im Ergebnis der europäischen Kultursemiotik (U. Eco, C. Ginzburg) nah verwandt. Es gibt enge Verbindungen zu marxistischen, feministischen, postkolonialen, Gender- und anderen Studien. Im Gegensatz zu diesen Spielarten engagierter Cultural Studies bleibt der N. H. jedoch eine akademische Praxis textgebundener Lektüre mit vorwiegend historischer Ausrichtung. Das Zentrum liegt in der anglistischen Renaissance-Forschung. – In der Theoriediskussion ist der N. H. Vorreiter des sog. *cultural turn*, der auch in Deutschland zu Modellen von ›Kultur als Text‹ und zur Debatte um eine kulturwissenschaftliche Ausrichtung der Geisteswissenschaften geführt hat.

Lit.: S. Greenblatt: Shakespearean Negotiations. The Circulation of Social Energy in Renaissance England (1988) [dt. Verhandlungen mit Shakespeare, 1990]. – H.A. Veeser (Hg.), The New Historicism (1989). – M. Baßler (Hg.), New Historicism. Literaturgeschichte als Poetik der Kultur (1995) [mit Bibliographie].

M. Ba.

Oralität, Kommunikationsmedium, das die Stimme bzw. die gesprochene Sprache funktionalisiert und auf den Rezeptionsmodus der auditiven Wahrnehmung hin ausgerichtet ist. Wie sich Kulturen durch historisch spezifische Formen von Kommunikation stabilisieren und zugleich differenzieren, untersucht eine gesellschaftliche ›Evolutionstheorie‹, die auf Ergebnisse einer strukturalistischen Ethnologie und historischen Medienforschung (M. McLuhan, H. Innis, E. Havelock) zurückgreift, an die auch ⁊ Dekonstruktion und ⁊ Systemtheorie anknüpfen. Gemeinsam ist diesen terminologisch unterschiedlich gefassten Konzepten ihre kommunikationstheoretische Perspektivierung und die Beschreibung von Kultur als »historisch variiertes Funktionsgefüge von Medientechnologien« (S. Loos). Verschiedentlich ist mittels einer Merkmalmatrix der Versuch unternommen worden, orale und literale Differenzqualitäten auch als solche von Denkstrukturen und Mentalitäten zu typologisieren, so von P. Zumthor und W.J. Ong. Der Schrifttheoretiker Ong unterscheidet zwischen einer ›primären O.‹ schriftloser Kulturen, die er u.a. als ›homöostatisch‹, ›konservativ‹, ›partizipatorisch‹ und ›redundant‹ klassifiziert, einer ›sekundären O.‹ im Zeitalter der elektronischen Medien sowie einer ›Rest-O.‹ (›residual orality‹) als Kategorie von Mündlichkeitsresten in überwiegend schriftbasierten Kulturen.

I. Primäre O. schriftloser Kulturen. Demnach fehlt oralen Kulturen als Kulturen ohne Schrift ein Medium, um Wissen extern, d.h. außerhalb kognitiver Operationen zu speichern. Sie entwickeln spezifische Denk-, Verarbeitungs- und Speicherprozesse wie z.B. eine redundante Gesprächskultur und die Ausbildung eines kulturellen Gedächtnisses auch mit Hilfe bestimmter Mnemotechniken wie sprachrhythmisierte Formeln, Reim, Metrum und litaneihafte Wiederholung als primäre Strukturprinzipien von rezitierter Mündlichkeit bzw. stimmlicher Aktualisierung memorierter Sprache. Zudem wird in oralen Kulturen wesentlich mehr Information durch Mimik und Gestik weitervermittelt als bei der Nutzung eines ›indirekten Mediums‹. Den Ergebnissen der im Zuge des Strukturalismus entwickelten Ethnologie zufolge, die sich systematisch mit O. beschäftigt (neben Ong u.a. C. Lévi-Strauss, J. Goody), fehlen in oralen Kulturen darüber hinaus abstrakte Kategorien, formallogische Denkprozesse und Selbstanalyse; Mythos und Logos fallen zusammen, Geschichte findet nur als jüngere Vergangenheit (3–4 Generationen) statt, die als ›Vorher‹ nur den zeitlosen Mythos kennt. Durch die Erfindung des Buchdrucks (Gutenberg) wird die orale Gesellschaft in eine literale transformiert. Die »strukturelle Amnesie« (Barnes/Goody) der oralen Gesellschaften – alles zu vergessen, was v.a. aktuell nicht gebraucht wird – wird mit Schrift in ein immer wieder zu durchquerendes Medium der externen Speicherung transformiert. Die Polarität ›Mündlichkeit‹ (O.) und ›Schriftlichkeit‹ (Literarität), d.h. die Frage nach der Bedeutung der Differenz von Schrift und gesprochener Sprache bzw. der binären Oppositionen Sprechen/Hören – Schreiben/Lesen ist jedoch mit jeder Medieninnovation (wie z.B. E-Mail) neu zu bestimmen. Sie ist also keine anthropologische Konstante. – *II. Sekundäre O. im Zeitalter der elektronischen Medien.* Gleichwohl kann in der

Entwicklung der Schriftkultur nicht von einem Verdrängen der Mündlichkeit die Rede sein. Rein formal spräche schon die Einführung einer ›sekundären O.‹ mittels der Medien Grammophon, Telefon oder Fernsehen dagegen. Schriftliche Kommunikation nimmt vielmehr mündliche Formen auf, wie z. B. den Dialog. Diese oralen Formen und Formeln finden zunächst Eingang in die Literatur, die sich jedoch mit zunehmender Ausdifferenzierung von diesen wieder löst – hin zu komplexen Strategien der Textgenerierung und Fiktionalisierung. Mithin ist von einer Verschränkung und Rückkopplung von mündlichen und schriftlichen Ausformungen der Sprache und des damit einhergehenden Bewusstseins zu sprechen – insbes. in der CMC (Computer Mediated Communication). Das neue Medium ↗ Computer als »Integrator aller vorherigen Medien« (W. Coy) und semiotische Universalmaschine, die alle technisch vermittelten Kommunikationsmedien wie z. B. Schreibmaschine, Radio, CD-Player, Fernsehen, Telefon oder Faxgerät tragen kann und neuartige Kommunikationsformen wie E-Mail, ↗ Hypertext und ↗ Internet zur Verfügung stellt, bewirkt die Integration vormals getrennter Zeichen- und Kommunikationssysteme. Die von Rundfunk und Fernsehen begründete ›sekundäre O.‹, d. h. die (geplant) spontane, die klassische Vervielfältigungsmechanik überspringende, telematische Direktkommunikation, ist im Fall der elektronisch-interaktiven, textorientierten Kommunikationsforen der Netzkultur wie Gästebücher, Newsgroups und Internet-Relay-Chat eine schriftliche mit präliterarischen Charakteristika. Die Funktionalisierung von Sprache in der CMC ist eine Art Reden durch die Tastatur, wobei die traditionelle Auszeichnung der gesprochenen Sprache in der interfacelosen direkten Kommunikation als Medium der Präsenz »durch die ›appräsente Präsenz‹ der Teilnehmer

im geschriebenen Gespräch des Online-Chat unterlaufen wird« (M. Sandbothe). In der CMC verflechten sich demnach Merkmale, die bisher als Differenzkriterien zur Unterscheidung von Sprache und Schrift dienten. Abzuwarten bleibt, inwieweit die Kommunikationsformen der elektronischen Kultur rhetorische Strategien (grundlegend) verändern werden. Die von Theoretikern wie Ong vertretene ontologische Starrheit der binären Opposition zweier Kulturtypen ohne Übergangs- und Mischungsformen ist ebenso kritisiert worden wie der diesen Konzepten oftmals immanente technologische Determinismus und die eurozentrische Perspektivierung. Nicht zuletzt ästhetische Konzepte einer ›Oraliteralität‹ des Hypertexts oder der an J. Derridas Terminologie ausgerichteten »Graphophonie der akustischen Kunst« (P. M. Meyer) mit ihrer appostrophierten Gleichursprünglichkeit von Stimme und Schrift (phoné und gramma), das paradigmatisch auch auf das Lautgedicht übertragen werden kann, zeigen, dass seit M. McLuhans Vorstellung eines ›Global Village‹ als Folge der elektronischen Medienentwicklungen stereotype Unterscheidungen zwischen neuzeitlicher Schriftkultur und oralen Traditionskulturen fragwürdig und die Grenzen zwischen O. und Literalität fließend geworden sind.

Lit.: W. J. Ong, Oralität und Literalität. Die Technologisierung des Wortes (1987). – J. Goody/I. Watt/K. Gough, Entstehung und Folgen der Schriftkultur (1986). – P. Zumthor, Einführung in die mündliche Dichtung (1990).

M. Le.

Orthographie. Rechtschreibung ist die in vielen Sprachgemeinschaften durch staatliche Erlasse oder durch Akademien festgelegte Schreibung der Sprache. Aufgrund der »aristotelischen Tradition« gilt in der öffentlichen Meinung die Schreibung durch viele Jahrhunderte als von der gesprochenen Sprache abhängiges graphisches Notationssystem, um dem flüchtigen Laut, der Silbe oder dem ganzen Sprachzeichen Dauer zu verleihen. In der neueren Linguistik unterscheidet man eine mediale von einer konzeptionellen Schriftlichkeit, die in Lexik, Syntax und Schriftsystem eine relative Autonomie gegenüber den mündlichen Ausdrucksmitteln haben. Die O. hat einerseits eine Aufzeichnungsfunktion, die flüssiges Vorlesen ermöglicht, andererseits eine Erfassungsfunktion, die eine rasche und eindeutige Sinnentnahme auch bei stummem Lesen garantiert. – Die O. ist über ihre sprachliche Funktion hinaus ein gesellschaftliches, kulturelles und politisches Phänomen. Neben den Fachsprachen ist sie der einzige Bereich, in den der Staat regulierend eingreift (Verordnungen 1902, 1996). Von 1955–1996 war der »Duden« mit der Kodifikation und Weiterentwicklung der amtlichen Norm betraut, ab 1996 ist es eine zwischenstaatliche Kommission der deutschsprachigen Länder. – Die O. wird im Gegensatz zur gesprochenen Sprache weitestgehend in der Schule systematisch gelernt. Die verschiedenen Methoden und das Phänomen der Legasthenie bzw. des Analphabetismus sind auch Gegenstand öffentlicher Debatten. Die Leistung in O. hat den größten Vorhersagewert für die Schulkarriere und damit für die gesellschaftlichen Chancen, z. B. im Beruf. Die Öffentlichkeit, v. a. die Ausbilder setzen eine gute O. mit Fleiß, Ordnung und Intelligenz gleich. Seit vielen Jahrzehnten gilt das wissenschaftlich nicht beweisbare Vorurteil, dass die O.-Leistung immer schlechter wird. Der Umstand, dass die O. prototypisch für die Grammatik und für die Schriftsprache generell steht, hat dazu geführt, dass die Kultur des Wörterbuchs sich in den deutschsprachigen Staaten bisher auf den Rechtschreibduden eingeengt hat. – Trotz der Rigidität der Norm gibt es in der O. einen, wenn

auch sehr behutsamen Wandel, nicht zuletzt durch den Einfluss des Englischen (z. B. *Uschi s Shop*), und v. a. gibt es gesellschaftliche Bereiche, denen eine Freiheit von und ein Spiel mit der O.-Norm zugestanden wird, so in der Werbung (»*Merken Sie sich diesen Naamen – Baan*« [FAZ 23. 11. 99]), in der Produktbenennung (»*BahnCard*«) sowie sehr ausgiebig im Internet mit der Hinwendung zur medialen Schriftlichkeit. Bes. Schriftsteller haben zu allen Zeiten mit der Normerwartung gespielt (z. B. in unserem Jahrhundert St. George, A. Schmidt, Zé do Rock oder die Konkrete Poesie). – Ältere poetische Texte werden in populären Ausgaben (meist ohne weiteren Kommentar) der jeweils neusten O. angepasst. Das kann zu Problemen bei der Sinnerschließung führen, z. B. durch die eigenwillige Kommasetzung bei Kleist oder Kafka. Umgekehrt wird es durch den Transformationsprozess vom Manuskript zur Drucklegung und den Nachdrucken oft schwer, den authentischen Text des Dichters wiederherzustellen (z. B. Heines *Buch der Lieder*). – Sehr emotional diskutiert wird in der Öffentlichkeit zu allen Zeiten das Vorhaben einer O.-Reform. Die Reformer gehen meist von der schweren Erlernbarkeit und der fehlerhaften Handhabbarkeit durch wenig schreibende Erwachsene aus, v. a. in einer demokratisch verfassten Gesellschaft. Die Reformgegner, oft professionell Schreibende, bezweifeln meist die Nützlichkeit oder Angemessenheit der einen oder anderen Veränderung und sehen in der (vorgeblichen) Entlastung für den Schreiber eine zusätzliche Belastung für den Leser. Außerdem befürchten sie einen Kulturbruch, da bei (radikalen) Reformen die alten Texte schwerer lesbar und emotional fremd werden. – Die Gesellschaft gesteht den Schriftstellern auch eine besondere Kompetenz in Fragen der O.-Reform zu. So haben die emotional aufgeladenen Stellungnahmen von Th. Mann, F. Dürrenmatt u. a. den Reformversuch der Stuttgarter Empfehlungen von 1954 zu Fall gebracht. Die Leidenschaftlichkeit der jüngsten Auseinandersetzung zeigt das Titelblatt des ›Spiegels‹ (14. 10. 1996) mit der Überschrift »Schwachsinn Rechtschreibreform. Rettet die deutsche Sprache! Der Aufstand der Dichter«. Die postulierte ständige Abnahme der O.-Fähigkeit ist das bes. gängige ›Beweisstück‹ für den Topos vom Sprachverfall. Die Schriftstellerin I. Drewitz attestierte 1972 den Schriftstellern eine »Gralshütergebärde der Verantwortung für Sprache und Schrift« und sprach damit ein gesellschaftliches Spannungsverhältnis der Zuständigkeit für Sprache und Schrift an: Ist die letztinstanzliche Autorität die Sprachwissenschaft, oder sind es die Schriftsteller?

Lit.: D. Nerius, Deutsche Orthographie (1987). – K. Müller, »Schreibe, wie du sprichst!« Eine Maxime im Spannungsfeld von Mündlichkeit und Schriftlichkeit (1989). – G. Augst u. a. (Hg.), Zur Neuregelung der deutschen Orthographie (1997). – P. Eisenberg (Hg.), Niemand hat das letzte Wort (2006).

G. A.

Performance (engl. = Vorführung, Darstellung), eine seit den 60er Jahren sich etablierende Kunstform, welche die Grenzen zwischen verschiedenen Medien überschreitet und an einer Vereinigung der Künste interessiert ist. Wesentliche Einflüsse verdankt die P. der Concept Art sowie der Pop Art. P. fungiert häufig als Oberbegriff für die spezifischen Ausformungen des ↗ Happenings, des ↗ Event und der ↗ Aktionskunst, wodurch die begriffliche Schärfe jedoch aufgegeben wird. – P.s lehnen, wie die sog. *work-in-progress*-Ästhetik auch, generell einen Werkbegriff ab, der das Kunstwerk als abgeschlossen begreift. Künstler (Produzent) und Rezipient stehen vielmehr gleichberechtigt nebeneinander. Im Zentrum der P. steht eine veränderte Auffassung der Kategorien von Raum und Zeit. Zu ihrem wesentlichen Merkmal wird folglich das Thema der Bewegung. Der Rezipient soll in Bewegung gesetzt und aus seiner ästhetischen Distanz gerissen werden. Raum und Zeit dienen nicht als Hülle für ein Darzustellendes, sondern entfalten eine Eigenmacht und machen so die Wahrnehmung selbst im umfassenden Sinne erfahrbar. Damit kann das Theater als »performative Kunst par excellence« (E. Fischer-Lichte) begriffen werden, wobei dieses als »postdramatisch« (H.-Th. Lehmann) definiert wird. Es versteht sich mittels der Ablehnung des Sprechtheaters als eine performative Theaterkunst, für die Elemente des Films, der Musik, der Bildenden Kunst und des Tanzes konstitutiv sind. Installationen, Kunstobjekte, Lesungen oder musikalische Darbietungen werden somit ihrerseits zu ›theatralen Akten‹. Der P. geht es allg. weder um eine psychologische noch um eine illusionsbildende Entfaltung von Handlung, Charakteren und/oder Atmosphären, sondern darum, den Raum- und Zeitprozess der Bildwerdung als ›theatralen‹ zu gestalten. Die Präsentation der Prozessualität steht damit im Mittelpunkt. Die P. will nicht etwas (einen Vorgang, eine Idee, eine Figur etc.) repräsentieren, sondern im Status der Präsenz (Vorgänge, Ideen, Figuren etc.) präsentieren und infolgedessen den Rezipienten aktivieren. Insofern wandelt sich der Darsteller zum Performer, der nicht mehr für etwas steht, sondern allein seine Präsenz zeigt. Die Institutionen des Textes, des Zuschauers und des Künstlers sind gegenüber traditionellen Kunstformen damit grundlegend verändert. Die P. sucht die Grenzen von Kunst und Leben, Kunst und Politik, Kunst und Natur aufzusprengen und als Grenzen in Erfahrung zu bringen. Solcherart Grenz- und Übergangserfahrungen, die mit dem Begriff der *Liminalität* belegt wurden, sind strukturbildendes Moment aller P.s. Der darin enthaltene rituelle bzw. mythische Aspekt spielt eine bedeutende Rolle, da die P. als ein Reformversuch der wirkungsästhetischen Potenzen von Kunst zu begreifen ist und auf die Reaktivierung existentieller Erfahrungen zielt. Allg. will die P. auf die veränderten Rezeptionsbedingungen im sog. Medienzeitalter reagieren und innerhalb dieser die Möglichkeiten der Kunst erproben.

Lit.: H.-Th. Lehmann, Postdramatisches Theater (1999). – E. Fischer-Lichte/F. Kreuder/I. Pflug (Hg.), Theater seit den 60er Jahren (1998).

D. P.

Political Correctness, nicht-diskriminierender Sprachgebrauch und Eintreten für die gezielte Förderung von benachteiligten Minderheiten. Der Begriff entstammt der US-amerikan. Debatte um ⁊ Feminismus, ⁊ Dekonstruktion, Quoten und die Politik der Gleichberechtigung, wie sie dort in den 60er Jahren entwickelt worden ist. Da Sprache ⁊ Ideologie transportiert und nach Überzeugung mancher auch verfestigt, wird der Sprachgebrauch und werden Begriffe kritisch untersucht und gelegentlich als diskriminierend oder stigmatisierend abgelehnt und durch andere ersetzt. Der Gebrauch von negativ konnotierten Begriffen wie »Neger«, »Schwachsinniger« oder auch männlicher Wortformen statt geschlechtsneutraler Begriffe (Studenten statt Studierende) ist im Kontext der P.C. daher abzulehnen. An manchen Universitäten wurden auch Sprachregelungen eingeführt, die verbale sexuelle Belästigungen oder rassistische Diskriminierung verhindern sollten. P.C. nimmt auch Einfluss auf Curricula und beispielsweise die Auswahl von Literatur für Seminare, die dann auch von Geschlecht, Herkunft oder Zugehörigkeit der Autorin bzw. des Autors zu einer Minderheit abhängt. Der P.C. wird deswegen der Vorwurf gemacht, Zensur auszuüben.

Anhängerinnen und Anhänger von P.C.-Konzepten halten den Kritikern entgegen, sie würden sich mit den theoretischen Grundlagen der sprach- und sozialkritischen Praxis der P.C. nicht auseinandersetzen, sondern einer populistischen Stimmungsmache zuliebe einzelne Effekte und Worte aus dem Zusammenhang reißen, um sie dann als Absurdität der P.C. präsentieren zu können. Die Anti-P.C.-Stimmung sei Teil des konservativen Backlash, der, um die Diskriminierungspolitik fortschreiben zu können, das Sichtbarmachen von Ausgrenzung und Herabwürdigung verhindern müsse. – In der Bundesrepublik wird seit Anfang der 90er Jahre von P.C. gesprochen. Der Begriff wurde von Anfang an pejorativ verwendet. Da in der Bundesrepublik auch keine Bürgerrechts- und Anti-Diskriminierungspolitik existiert, die eine der Situation in den USA vergleichbare materielle Basis für eine P.C. hätte abgeben können, ferner Konzepte, die als P.C. bewertet werden könnten, praktisch nicht erprobt sind und auch keine gesellschaftliche Basis für sie existiert, erweist sich die Auseinandersetzung um P.C. hier v. a. als kulturkonservative Polemik, die eine bestimmte Form der Sprachkritik bekämpft.

Lit.: A. Haller-Wolf/R. Osterwinter, *Political Correctness in der Lexikographie.* In: Sprachspiegel 6 (1997) (URL: http://www.duden.de/zum–thema/political–correctness.html). – J.Williams (Hg.), PC Wars (1995).

O. T.

Politische Kultur (engl. political culture), politikwissenschaftlicher Begriff zur Definition und Erschließung des Schnittbereichs bzw. des Zusammenspiels zwischen dem politischen System und seiner sozialen und kulturellen Umwelt. Ähnlich wie der Begriff ›Reeducation‹ entsteht der Begriff p. K. als Antwort der aufblühenden amerikan. Sozialwissenschaften auf die politischen und sozialen Fragen, die die Geschichte Europas zwischen 1914 und 1945 aufgeworfen hatte. Wollte man die Ursachen politischer Destabilisierung begreifbar und zugleich beeinflussbar machen, so reichte es offenbar nicht aus, das Augenmerk auf makropolitische Strukturen und Prozesse (Verfassungen, Parteiensysteme, außenpolitische Bündnisse und Entwicklungen) zu beschränken. Begünstigt durch die wissenschaftliche Konjunktur des Behaviorismus, richtete sich das Interesse nun zunehmend auf die mikropolitische Dimension individueller politischer Einstellungen und Verhaltensweisen. Die nach 1945 rasch sich fortentwickelnden Verfahren der Demoskopie und der Datenverarbeitung bergen das Versprechen in sich, die klassische Frage nach der psychisch-sozialen Dimension einer gegebenen politischen Ordnung (Aristoteles, Montesquieu, Marx/Engels, M. Weber) auf eine empirisch-deskriptive Basis zu stellen und sie so auch pragmatisch, nämlich im Hinblick auf die Kalkulierbarkeit und Steuerbarkeit komplexer politischer Systeme (D. Easton, K. W. Deutsch) nutzbar zu machen. Dennoch gewinnt die angelsächsische Konzeption der p.n K. eine unübersehbar normative Tendenz, wenn ihre Begründer (G. Almond, S. Verba, L. Pye) den grundlegenden psychisch-sozialen Orientierungen (parochiale, Untertanen-, partizipative und rational-aktivistische Kultur) wiederum eine politisch-geographische Makro-Typologie überordnen. Die ›anglo-amerikan.‹ p. K. ist demzufolge nicht nur der ›vorindustrialistischen‹ und der ›totalitären‹, sondern auch der ›kontinentaleuropäischen‹ überlegen, weil in ihr durch die Vorherrschaft einer rational-aktivistischen ›civic culture‹ (Bürgerkultur) eine optimale Aufhebung traditionaler und moderner Elemente realisiert ist. Politik besteht hier in der Regulierung gradueller Differenzen nach den Modellen des Marktes (Verhandlung), des Labors

(Experiment) und des Spiels bzw. Sports (›fun‹ bzw. ›fairness‹), während die kontinentaleuropäische p. K. wegen der im 19. Jh. versäumten Säkularisierung ihrer traditionellen Milieus immer noch durch qualitative (›ideologische‹) Differenzen nach den Modellen der Kirche bzw. Sekte (Glauben) und des Schlachtfeldes (Kampf) organisiert ist.

Folgerichtig musste das angelsächsische Konzept der p.n K. insbes. aus deutscher Sicht zunächst als Unbegriff erscheinen, bildeten doch Politik und Kultur von der deutschen Klassik bis zu Th. Manns *Betrachtungen eines Unpolitischen* (1918) einen Gegensatz, in dem die prinzipienlose, auf kurzfristige Vorteile abgestellte Politik der Kultur als dem Bereich langfristiger Werte und Normen diametral gegenübersteht. Die deutsche Karriere der p.n K. setzte daher auch erst in den 70er Jahren ein, als die Nachwirkungen der Studentenbewegung und der APO (↗68er), das Aufkommen der neuen sozialen Bewegungen sowie die Diagnose einer umfassenden Wertkrise des kapitalistischen Wachstums- und Wohlfahrtsstaates (›silent revolution‹; R. Inglehart) die Integrationsfähigkeit und Steuerbarkeit (›Regierbarkeit‹) der westlichen Demokratien in Frage stellten. Unter den Bedingungen dieser ›neuen Unübersichtlichkeit‹ (J. Habermas) im Schnittfeld von Politik und Gesellschaft gewann der Begriff der p.n K. wiederum eine deutliche, diesmal innenpolitisch gewendete normative Tendenz. Er postuliert die Anerkennung einer vernunftbegründeten, auf Zweckmäßigkeit, Kompromiss und Konsens ausgerichteten politischen Kommunikationsform als Voraussetzung für die Teilhabe an politischer Macht. Tendenziell ausgeschlossen wurden damit die ›ideologischen‹, d. h. v. a. dogmatischen Positionen der marxistischen Linken ebenso wie die ›chaotischen‹ basisdemokratischen Ansätze der ↗Alternativen Kultur. In den 80er Jahren entstand eine Reihe von Ansätzen, die Norm der optimalen Kommunikation durch die der optimalen Partizipation zu ersetzen, um so die theoretische Offenheit der p.n K. auch in der politischen Praxis wirksam werden zu lassen. Als Negativmodell diente den westdeutschen Theoretikern der p.n K. bis 1989 die DDR. Die parteioffiziell verordnete, auf eine ›sozialistische Lebensweise‹ und die Entwicklung der ›allseitig entwickelten sozialistischen Persönlichkeit‹ gerichtete »Zielkultur« (K. Sontheimer) verlangte Identifikation statt Partizipation und bewirkte so gerade das vollständige Auseinandertreten von Staat und Gesellschaft, den Rückzug des Einzelnen in das Privatidyll, die »Nischengesellschaft« (G. Gaus).

Schon in den 80er Jahren war die p. K. der Bundesrepublik wie der westlichen Länder insgesamt vom zunehmenden Profilverlust der traditionellen Parteiprogramme und damit der Gleichgültigkeit der Wahloptionen bedroht. Einsetzende Debatten über die »Entropie«-Tendenz des politischen Systems (H. M. Enzensberger) bzw. über seine »Simularität« (J. Baudrillard) traten durch den Zusammenbruch des osteuropäischen Staatssozialismus wegen des nun zu bedienenden ›Nachholbedarfs‹ an p.r K. kurzfristig in den Hintergrund. Seither hat es den Anschein, als hätte eine auf ›Infotainment‹ und ›Fun-Kultur‹ basierende »Mediopolitik« (J. Link) *beide* begrifflichen Bestandteile des Konzepts der p.n K. so weit ausgehöhlt, dass das Konzept insgesamt seine analytische Kraft verloren hat. Die urspr. Frage der p.n K. nach den mikropolitischen Bedingungen politischer Stabilität verfehlt, zumindest in der bislang verwendeten politologischen und soziologischen Begrifflichkeit, die Funktionsweise einer Politik, die in Lobby-Moderation auf der einen und mediale Quotenoptimierung auf der anderen Seite zerfällt, ohne vorerst größere Anzeichen von sozialer Desintegration auszulösen. Unter diesen Bedingungen wäre p. K., zumindest in der wissenschaftlich-deskriptiven Verwendung, zu den bereits abgestorbenen, nur noch routinemäßig verwendeten Begriffen zu zählen.

Lit.: P. Reichel, Politische Kultur in der Bundesrepublik (1981). – K. Sontheimer, Deutschlands politische Kultur (1990). – B. Wagner, Im Dickicht der politischen Kultur. Parlamentarismus, Alternativen und Mediensymbolik vom »Deutschen Herbst« bis zur »Wende« (1992).

B. Wa.

Popkultur, ästhetisch, sozial, politisch und ökonomisch vielschichtiger Komplex innerhalb der Gegenwartskultur, der um die summarisch als ↗Pop- bzw. Rockmusik bezeichneten Formen der Musik nach 1950 herum organisiert ist. Die Geschichte der P. ist ein unablässiger Prozess von Aneignung und Abstoßung anderer Musikstile, Gesellschaftsgruppen und Kunstformen. Der Rock'n'Roll entstand in den USA der 50er Jahre aus der Vermischung von schwarzem Rhythm'n'Blues mit weißem Country und Balladen; der britische Beat bzw. Mersey Beat der 60er Jahre war eine Adaption der amerikan. Rockmusik; seit den 70er Jahren sind durch die Übernahme von Elementen beispielsweise aus dem Jazz (Jazzrock), der klassischen Musik (Classic Rock, Progressive Rock), dem Funk (Funkrock, Funkmetal) oder dem Techno (Big Beats) zahlreiche stilistische Varianten entstanden. Die jugendlichen Rock'n' Roller rebellierten gegen ihre bürgerlichen Eltern; die Rock'n'Roll hörenden britischen ›Teds‹ waren mit den Mersey-Beat-begeisterten ›Mods‹ verfeindet; die Punks verachteten die adretten Popper; linksalternative Hardcore-Hörer gerieten in Auseinandersetzungen mit Naziskins. Aus der Wechselbeziehung zum Film entstehen Musikfilme (*Saturday Night Fever* 1976, *The Wall* 1982), ↗Videoclips und Filmmusik; der Austausch zwischen Literatur und P. bringt einerseits literarisch anspruchsvolle *lyrics* (P. Smith, Public Enemy, Blumfeld) und andererseits ↗ Popliteratur (R. D. Brinkmann, N. Hornby, Th. Meinecke) hervor; Malerei, Fotografie, Graphik- und Modedesign der Nachkriegszeit prägen das Erscheinungsbild der P. und werden ihrerseits von den Musik- und ↗ Jugendkulturen beeinflusst. Die verschiedenen Ebenen, auf denen die Konturierung der P. stattfindet, sind nicht streng voneinander zu trennen, sondern musikalisch-ästhetischer Ausdruck, sozialer Status und politische Gesinnung sind in ein (u. U. von außen sehr vage erscheinendes) Gesamtkonzept eingebunden. P. fungiert als ein symbolisch generalisierendes Kommunikationsmedium (N. Luhmann), das zugleich universell und esoterisch, d. h. potentiell allen zugänglich, jedoch nur Eingeweihten verständlich ist. Die globale massenmediale Verbreitung über sprachliche und kulturelle Grenzen hinweg geht einher mit produktiven Missverständnissen (D. Diederichsen), bei denen Differenzen zugleich erkannt und ignoriert werden, so dass Andersartiges sowohl integriert als auch ausgegrenzt ist. Essentialistische Bestätigung identitätsstiftender Parameter wie ↗ Generation, Klasse, Rasse, Gender und Nationalität ist dabei ebenso möglich wie ihre strategische Dekonstruktion. Die Bewertungsfrage nach dem Verhältnis der P. zur Gesamtkultur und zur Kulturindustrie wurde durch die verschiedenen kulturtheoretischen Ansätze der Nachkriegszeit sehr unterschiedlich beantwortet: Marxistisch geprägte Kritik stellt den Warencharakter der P. stark in den Vordergrund, während differenziertere neomarxistische Positionen in Abgrenzung von postmodernen Betrachtungsweisen historische, soziologische und materialistische Aspekte berücksichtigen. Aus der Kritischen Theorie wird einerseits vielfach Th. W. Adornos Vorwurf des affirmativen und regressiven Wesens der Unter-

haltungsmusik herangezogen und die lediglich vorgetäuschte Scheinfreiheit bemängelt, andererseits wird das revolutionäre Potential, das H. Marcuse gesellschaftlichen Randgruppen zuschreibt, von Rockanhängern und für sie in Anspruch genommen. Dem *Camp*-Konzept (S. Sontag) zufolge ist die Kultivierung des schlechten, d. h. nonkonformen Geschmacks, wie sie auch in der P. stattfindet, ein Privileg der ästhetischen Avantgarde. Die von der Kritischen Theorie ebenso wie von Semiotik und Diskursanalyse beeinflusste sog. Birminghamer Schule der Kulturwissenschaft (S. Hall, D. Hebdige) betont den Widerstand gegen hegemoniale Kultur, der vom subkulturellen Ausdruck der arbeiterklassebasierten P. ausgeht. Für den Poptheoretiker D. Diederichsen schließlich ist die P. im bisherigen Sinn aufgrund politischer und ökonomischer Veränderungen zu einem Ende gekommen, da sie nicht mehr selbstverständlich antiimperialistische, antirassistische und antisexistische Ziele verfolge (*The Kids Are Not Alright*, 1992).

Lit.: D. Diederichsen, Freiheit macht arm (1993). – G. Marcus, Lipstick traces (1989). – R. Meltzer, The Aesthetics of Rock (1970). – H. Salzinger, Rock Power (1972). – Spezialzeitschriften, v. a. Spex.

Ch. G.

Popliteratur, urspr. vom Begriff Pop Art abgeleitete Bezeichnung von literarischen Schreibweisen, die seit den 60er Jahren von meist jungen Schriftstellern verwendet werden. Obwohl es inzwischen eine längere Tradition der schriftlichen Fixierung von Bezügen zur Popkultur im Medium der Literatur gibt, ist der Begriff nach wie vor mehrdeutig und missverständlich. Meist bezeichnet P. in einem recht vagen Sinne literarische Veröffentlichungen aus einer popkulturell geprägten Subkultur. Daneben werden auch die literarischen Veröffentlichungen von Popmusikern

(L. Cohen, P. Smith, N. Cave, H. Rollins, B. Bargeld) häufig unter diese Rubrik subsumiert. Sinnvoller erscheint es, von P. dann zu sprechen, wenn die Literatur entweder als Kommunikationsmedium einen Platz im breiten Spektrum der ↗ Pop-/Rockkultur einnimmt, oder die Autoren sich (wie in der Pop Art) auf einer Meta-Ebene mit den Signifikanten der populären Kultur auseinandersetzen. Insofern ist die P. eng mit der Entwicklung der populären Kultur, insbes. der Pop- und Jugendkultur, verbunden. Für Pop-Autoren werden die Signifikanten aus Popmusik und den vielschichtigen, um diese herum organisierten ästhetischen Ausdrucksformen zum Ausgangsmaterial des literarischen Schreibens. In diesem Sinne entsteht P., wenn die Pop-Signifikanten im literarischen Text neu kodiert werden. – Die Pop-Rezeption in der deutschen Literatur setzte mit den von R. D. Brinkmann herausgegebenen Anthologien *Acid* (mit R.-R. Rygulla) und *Silverscreen* (beide 1969), Brinkmanns Gedichtbänden *Die Piloten* und *Godzilla* (beide 1968) sowie Texten von P. G. Hübsch, E. Jelinek, U. Brandner, W. Wondratschek u. a. ein. Entscheidenden Einfluss hatten Brinkmanns Essays, in denen er nach dem Vorbild von US-Autoren wie W. S. Burroughs, J. Kerouac, F. O'Hara und E. Sanders sowie frühen theoretischen Begründungen der Postmoderne (L. A. Fiedler, S. Sontag) eine literarische Pop-Ästhetik entwickelte, die den Bruch mit literarischen Traditionen über ein affirmatives Verhältnis zum alltäglichen Material zu erreichen versuchte. Nach einem kurzzeitigen Boom ließ das Interesse in den 70er Jahren nach. Pop-Einflüsse fanden sich nur noch bei wenigen Autoren (Ch. Derschau, J. Fauser, U. Becker). In den 80er und verstärkt noch in den 90er Jahren finden sich in den Texten von Autoren wie R. Goetz, P. Glaser, B. Morshäuser, A. Neumeister, T. Meinecke, A. Ostermaier, C. Kracht, B. v. Stuckrad-Barre, M. Politicky, A. Mand und M. Beyer Referenzen zu Pop, Punk, New Wave, Disco, Techno oder HipHop. Auch Texte von Autorinnen wie K. Duve, J. Hermann, J. Franck und B. Vanderbeke belegen die Annäherung von Pop und Literatur. Eine neue Entwicklung sind die in den USA entstandenen ›Poetry Slams‹, die eine neue Mündlichkeit in der Literatur popularisieren. – Dass unterschiedliche Pop-Referenzen inzwischen zu einem selbstverständlichen Moment des literarischen Schreibens geworden sind, belegt auch der Blick in die amerikan. (K. Acker, D. Coupland) und britische (N. Hornby, H. Kureishi) Literatur der letzten Jahre.

Lit.: M. Baßler, Der deutsche Pop-Roman (2002). – J. Schäfer, Pop-Literatur (1998). – H. Schmiedt, Ringo in Weimar (1996). – J. Hermand, Pop International (1971).   J.Sch.

Popmusik, mehrdeutige begriffliche Zusammenfassung einer Vielzahl meist massenmedial verbreiteter musikalischer Formen mit heterogenen ästhetischen Ansprüchen, (jugend)kulturellen Umfeldern und geographischen Ursprüngen (↗ Popkultur). Obwohl sich »pop« von engl. *popular* (populär) ableitet, ist P. nicht per se synonym mit dem Begriff der populären Musik, der in Abgrenzung zur sog. ernsten Musik die unterschiedlichsten Formen bürgerlich-volkstümlicher Musik (Marschmusik, Operette, Musical, Schlager, Swing u. v. a.) umfasst. Definiert man populäre Musik funktional als »diskursives Instrument kultureller Auseinandersetzungsprozesse auf dem durch die kommerzielle Musikproduktion abgesteckten Territorium« (P. Wicke), so lässt sich P. darunter subsumieren. Wird hingegen das ↗ subkulturelle und subversive Moment betont, das durch De- und Rekontextualisierung von Konsumgütern diesen andersartige Bedeutungen zuschreibt (D. Hebdige), löst sich die P. damit zwar nicht aus der Dialektik der gesellschaftlichen, wirtschaftlichen und politischen Prozesse, doch kann sie als Widerstand gegen hegemoniale Mechanismen gelten. Die sprachliche Angleichung an das engl. *to pop* (knallen) und seine onomatopoetische Qualität weckt Assoziationen zu Schockeffekten, Protest, Inszenierung, Glamour und anderen zugleich irritierenden wie erhellenden Wirkungen, die die P. oder auch die Pop Art für sich beanspruchen. Ebenso problematisch wie die terminologische Abgrenzung von der populären Musik ist die Unterscheidung von P. und Rockmusik: Wurde die bereits vor 1945 gebräuchliche Abkürzung »Pop« zunächst für Musikstile (Swing, Country) und Interpreten (F. Sinatra, B. Crosby) verwandt, die primär eine erwachsene Hörerschaft ansprachen, so trat die P. seit den 50er Jahren als Ausdruck der Jugendlichen in Konkurrenz zum neuaufkommenden Rock'n'Roll (urspr. ein Slangbegriff für Geschlechtsverkehr). Der Antagonismus zwischen Pop und Rock manifestierte sich in den 60er Jahren in der paradigmatischen Gegenüberstellung der Beatles und der Rolling Stones. Die polarisierten Eigenschaftszuschreibungen prägen auch in den kommenden Jahrzehnten vielfach das Verständnis von Pop bzw. Rock: intellektuell oder sinnlich, elitär oder *working-class*, stilisiert oder authentisch, verwurzelt in der europäischen oder der (afro-)amerikan. Musiktradition. In den 70er Jahren, die von einer weitreichenden Ausdifferenzierung der musikalischen und ↗ jugendkulturellen Stile gekennzeichnet waren, stand P. v.a. für Tanzmusik (Abba, Sly and the Family Stone, D. Summer, Bee Gees), die einerseits durch die ↗ Black Music und die Schwulenszene beeinflusst, andererseits durch den Einsatz von Studiotechnik geprägt war. Die programmatische Entgegensetzung von hedonistischem, seichtem Pop und politisch engagiertem, künstlerisch anspruchsvollem Rock sollte in den frühen 80er Jahren,

von Großbritannien ausgehend, durch die Verknüpfung ästhetizistischer Konzepte mit linkssubversiven Theorien zugunsten eines redefinierten Popbegriffs aufgelöst werden (Scritti Politti, ABC, Heaven 17). Doch im Verlauf des Jahrzehnts stand P. genauso wie Rockmusik letztlich für Superstars (Madonna, M. Jackson, B. Springsteen, U2), Massenmedien (v. a. Musikfernsehsender wie MTV seit 1981), Hitparadenerfolg, Stadionkonzerte und Unterhaltungsindustrie. Kennzeichnend war die Einbindung der Musik in umfassende Vermarktungskonzepte, die vom *image* des Stars über die Gestaltung der ↗ Videoclips bis hin zum Design der Fanartikel (↗ Fankultur) reichten. Von der kommerziellen P. setzten sich die ästhetisch wie politisch anspruchsvollen Veröffentlichungen kleiner unabhängiger Plattenfirmen ab (Rough Trade, Mute, 4AD, SST); jedoch hat sich auch diese Grenzziehung in den 90er Jahren durch den Verkauf der kleinen Firmen und die Vermengung der alternativen Musikszene (HipHop, Grunge, ↗ Techno) mit dem *mainstream* weitgehend aufgelöst. Die sich ständig wandelnden Abgrenzungen und Annäherungen von P. und ernster Musik, Volksmusik, Rockmusik oder alternativer Untergrundmusik benennen lediglich eine Differenz. Die Musik kann sowohl Kreativität, Urbanität, Mobilität und Toleranz als auch Oberflächlichkeit, Kommerzialität und Affirmation ausdrücken – die fehlende Essenz macht den Begriff der P. in seiner schillernden Mehrdeutigkeit ebenso attraktiv wie angreifbar.

Lit.: N. Cohn, Pop from the Beginning/A WopBopaLooBopALopBamBoom (1969). – T. Holert/M. Terkessidis (Hg.), Mainstream der Minderheiten (1996). – H. Kureishi/J. Savage (Hg.), The Faber Book of Pop (1995).

Ch. G.

Postkolonialismus, Bezeichnung der diskursiv zum Ausdruck kommenden, v. a. kritisch Distanz schaffenden Reaktion auf den Kolonialismus in einer noch nicht abgeschlossenen Periode, die weltweit auf die endgültige Emanzipation vom Kolonialerbe zielt. Das Präfix ›post‹ kennzeichnet unterschiedlich markierte nachkoloniale, ausgeprägt antikoloniale und einem Zustand jenseits des Kolonialismus geltende Tendenzen, die zugleich nicht immer frei von Anpassungszwängen sind. Die impliziten Mehrdeutigkeiten haben P. zu einem umstrittenen Grundbegriff der Postkolonialen Literaturtheorie gemacht. Im weitesten Sinn bestimmt als »all the culture affected by the imperial process from the moment of colonization to the present day« (Ashcroft u. a. 1989, S. 2), bezieht P. prinzipiell beide Seiten des Wechselverhältnisses zwischen (ehemaligem) Kolonisator und (ehemaligem) Kolonisiertem ein und bezeichnet mit dem ›post‹ einen schon in der Frühzeit des Kolonialismus einsetzenden Prozess fortwährender Auseinandersetzung mit der kolonialen Konstellation, der eine (bezweifelbare) historische Linearität hypostasiert. Im engeren Sinn bezieht sich P. auf die Zeit nach der Unabhängigkeit der Kolonien, die meist nicht einfach chronologisch aufgefasst, sondern mit der Verarbeitung des nachwirkenden oder wiederbelebten Kolonialismus assoziiert wird. – Zur Problematik des Begriffs gehört, dass er unterscheidbare oder sich überlagernde Zustände und Vorgänge erfasst. Schon nach dem geläufigen Modell des Spannungsverhältnisses zwischen metropolitanem Zentrum und kolonialer Peripherie ergeben sich komplexe Verschiebungen und Verschränkungen. Das gilt für das ambivalente Kolonialerbe der Verbreitung europäischer Sprachen, Denkweisen, Wissenssysteme und Kunstformen in nicht-europäischen Regionen der Welt, mit denen sich die unabhängig werdenden Kolonien in der Bemühung um kulturelle Eigenständigkeit kontrovers auseinandersetzen. Geschieht dies verstärkt in nachkolonialer Zeit, so gibt es andererseits neokoloniale Zwänge, wie sie von den USA ausgeübt werden, die selbst einmal aus einer Siedlerkolonie hervorgegangen sind, aber mit der Entwicklung zur führenden Industrienation die imperiale Rolle Europas übernommen haben, wenn sie weltweit politisch intervenieren, wirtschaftlich dominieren und kulturell Einfluss nehmen. Andererseits gibt es globale Migrationsbewegungen, zumal der Diasporas aus der ›Dritten Welt‹, die als unübersehbare ethnische Minoritäten etwas von dem kolonialen Konfliktpotential an die imperialen Zentren zurückgegeben und diese multikulturell zu verändern begonnen haben. Ein Beispiel für solche Entwicklungen bietet Kanada, dessen Literatur und Kultur nur sehr allmählich Abstand zu den brit. Vorbildern gewann, ohne sich dem zunehmenden Einfluss des übermächtigen Nachbarn USA entziehen zu können. Außerdem ist die Nation durch die kulturelle Kluft zwischen Anglokanadiern und Frankokanadiern, Nachkommen der einst auf amerikan. Boden rivalisierenden Kolonialmächte Europas, immer wieder Zerreißproben ausgesetzt. Schließlich hat man erst seit der Anerkennung der multikulturellen Zusammensetzung der kanadischen Bevölkerung auch der Literatur und Kultur der kolonialistisch marginalisierten Eingeborenenvölker und der diskriminierten Einwanderer aus der ›Dritten Welt‹ mehr Aufmerksamkeit gewidmet. Generell spielen kosmopolitische Repräsentanten der Diasporas aus der ›Dritten Welt‹ in einer sich wandelnden Weltliteratur als Literaturtheoretiker wie Schriftsteller eine maßgebliche Rolle. Nicht von ungefähr hat S. Rushdie mit dem Bonmot ›The Empire Writes Back‹ die Devise von der Gegenbewegung einer Literatur ausgegeben, die von der anderen Seite des

Planeten her dem bislang dominanten europäischen ⁊ Kanon den Rang streitig macht.

Lit.: B. Ashcroft u. a., The Empire Writes Back. Theory and Practice in Post-Colonial Literatures (1989). – P. Childs/P. Williams, An Introduction to Post-Colonial Theory (1997). – A. Loomba, Colonialism, Postcolonialism (1998).

E. Kr.

Postmoderne. Der schillernde und kaum definierbare Begriff wird seit den 80er Jahren in den Kunst- und Kulturwissenschaften diskutiert, hat aber eine Geschichte, die bis zum Beginn des 20. Jh. zurückreicht (Wellmer 1998). Zu Beginn des 21. Jh. scheint er seine Konjunktur allerdings hinter sich zu haben. – »P.« wird programmatisch erstmals in einem später häufig nachgedruckten Essay von L. Fiedler verwendet, der 1969 im *Playboy* unter dem Titel *Cross the border – Close that gap* erschien. Fiedler plädierte hier für eine Überwindung des Gegensatzes zwischen Elite- und ⁊ Massenkultur sowie zwischen anspruchsvoller und populärer Kunst. Er reagierte damit auf aktuelle Tendenzen in der US-amerikan. Kunst der 60er Jahre, die von Pop Art und ⁊ Aktionskunst geprägt war. I. Hassan hat die Idee 1971 aufgenommen und Kategorien zusammengestellt, die bis heute zu den zentralen Merkmalen der P. zählen: Auflösung des Kanons, Fragmentarisierung, Pluralisierung, Ironie, Karnevalisierung, Verlust von ›Ich‹ und ›Tiefe‹. – Die Idee der P. ist in den 70er Jahren v. a. in der Architektur auf fruchtbaren Boden gefallen und durch sie in Europa bekannt geworden. Zur wichtigsten Programmschrift wurde Ch. Jencks' Buch *The Language of Post-modern Architecture* (1977, dt. 1980). Die postmoderne Architektur richtete sich gegen den Reduktionismus und den Funktionalismus des Bauhauses sowie dessen Weiterentwicklung im International Style. An die Stelle von weißen Kuben und glatten Fassaden traten Ornamentik, der Bezug auf historische Baustile und deren Vermischung zu einer spannungsvollen Einheit. Jencks spricht von einer »Mehrfachkodierung«, die unterschiedliche Benutzer eines Gebäudes ansprechen soll. Der Bezug auf die Tradition ist hier jedoch nicht als Dogma gedacht, sondern soll spielerisch, parodistisch oder ironisch erfolgen. Das Zitat und die ⁊ Collage sind deshalb Grundprinzipien der postmodernen Architektur. Als wichtigstes Beispiel für die Architektur der P. in Europa gilt der Neubau der Stuttgarter Staatsgalerie von James Sterling (1984), bei dem neobarocke, klassizistische und funktionalistische Bauelemente miteinander verbunden werden. – Wie in der Architektur ist der Bezug auf die Vergangenheit und die Vermischung von Stilen auch Kennzeichen der postmodernen Kunst, Musik und Literatur. In diesen Künsten werden Darstellungsweisen erneuert, die die Vertreter der ⁊ Moderne seit 1910 überwinden wollten: die Gegenständlichkeit in Malerei und Plastik, die Tonalität in der Musik und das auktoriale Erzählen in der Literatur. Der Geschichtsroman und der Kriminalroman haben in der P. neue Bedeutung bekommen. Beide werden im bekanntesten Werk der literarischen P., U. Ecos *Der Name der Rose* (1980, dt. 1982), miteinander verbunden. Zugleich hat Eco in verschiedenen Schriften wie der sog. *Nachschrift zum ›Namen der Rose‹* (1983, dt. 1986) die Idee der P. theoretisch erläutert. Neben einigen erfolgreichen Romanen US-amerikan. Autoren wie S. Bellow, N. Mailer und J. Updike hat v. a. die Aneignung der lateinamerikan. Literatur in Europa zur Konzeption der literarischen P. beigetragen. Ein herausragendes Beispiel ist J. Cortázars Roman *Rayuela* (1963; dt. *Himmel und Hölle*, 1981). Hier werden die Kapitel so arrangiert, dass der Leser sie selbständig kombinieren und damit in den Verlauf der

Handlung eingreifen kann. Für die deutsche Literatur gelten Werke von R. D. Brinkmann, P. Handke, W. Hildesheimer und B. Strauß als Beispiele der literarischen P., da die Autoren die Wirklichkeit nicht beschreiben, sondern Vorstellungen von ihr durch sprachliche Experimente vergegenwärtigen. In T. Pynchons Roman *Gravitys Rainbow* (1973; dt. *Die Enden der Parabel*, 1981) hat die Sprachartistik der P. einen Grad von Komplexität angenommen, der den großen Werken der literarischen Moderne (Dos Passos, Döblin, Musil u. a.) nicht nachsteht. Deshalb ist mehrfach die These vertreten worden, dass die P. keine eigene Epoche darstellt, sondern Ideen der Moderne aufnimmt und weiterführt (W. Welsch). Die Werke von F. Nietzsche, auf die sich einige Vertreter und Interpreten der P. berufen, wären damit nicht nur der Beginn der Moderne, sondern auch der Beginn der P., da der Systemgedanke hier bereits durch eine kombinatorische Aphoristik und der Ernst der Philosophie durch ein Plädoyer für die Heiterkeit der Kunst überwunden sei. – In J.-F. Lyotards Buch *La condition postmoderne* (1979; dt. *Das postmoderne Wissen*, 1980) hat die Idee der P. ein philosophisches Fundament bekommen. Wirksam war v. a. Lyotards These vom »Ende der großen Erzählungen«, mit denen die gedanklichen Konstruktionen des historischen Fortschritts bei Hegel und Marx gemeint sind. Der Zerfall des kommunistischen Blocks seit 1989 hat dieser These in politischer Hinsicht große Plausibilität gegeben. Die Vertreter der P. neigen darüber hinaus zu der Auffassung, dass Realität nicht durch Sprache repräsentiert werden könne, da Sprache ein freies Spiel von Bedeutungszuweisungen sei (J. Derrida). Die Differenz sei deshalb wichtiger als die Identität, das Fragmentarische angemessener als die Suche nach Zusammenhang. Diese Auffassung verbindet die philosophischen Theorien der P. mit dem Dekonstruktivismus (J. Derrida, P. de Man; ↗ Dekonstruktion) und dem Poststrukturalismus (M. Foucault). Doch führen die Programme dieser philosophischen Strömungen weit über die Kunst- und Vergangenheitsorientierung der P. hinaus.

Lit.: A. Huyssen/K. Scherpe (Hg.), Postmoderne (1986). – W. Welsch (Hg.), Wege aus der Moderne (1988). – K. H. Bohrer/K. Scheel (Hg.), Postmoderne, eine Bilanz. In: Merkur 594/95 (1998).

D. Sch.

Protest (lat. = für etwas einstehen), elementare, gewaltfreie Form öffentlich vorgetragener Kritik, meist von einer Minderheit artikuliert. Diese greift i. Allg. ein vernachlässigtes gesellschaftliches oder politisches Thema auf, dem sie öffentliche Resonanz verschaffen will, um die Öffentlichkeit auf einen tatsächlichen oder vermeintlichen Missstand aufmerksam zu machen und auf diese Weise zu dessen Beseitigung beizutragen. Protestierende Minderheiten verstehen sich dabei als soziale Alternative oder als politische ↗ Avantgarde, die Wahrnehmungs- und Interventionsschwächen der institutionalisierten Politik, einschließlich der jeweiligen politischen Opposition, korrigieren will. – In demokratischen Gesellschaften ist der P. – wie kritische Meinungsäußerungen generell – verfassungsrechtlich geschützt (z. B. Art. 8, Grundgesetz der Bundesrepublik Deutschland). Die Äußerung eines P.s durch eine Minderheit ist insoweit als Realisierung eines grundlegenden Informations- und Kommunikationsrechts zu verstehen. Schwierigkeiten bei der Auslegung des Begriffs P. ergeben sich jedoch regelmäßig beim Versuch seiner Abgrenzung von Formen des Widerstandes und des zivilen Ungehorsams, insbes. unter dem Aspekt der Gewaltfreiheit. So wird beispielsweise in der anglo-amerikan. Tradition des P.s ziviler Ungehorsam, der sich auch in Gesetzesübertretungen äußern kann, als ein demokratisches Korrektiv angesichts möglicher schwerwiegender politisch-sozialer oder juristischer Missstände verstanden (M. Schleker). In der BRD hingegen wurde schon die Praxis der begrenzten ›symbolischen Regelverletzung‹ während der ↗68er-Bewegung strafrechtlich sanktioniert, weil man hier das Rechtsetzungs- und Gewaltmonopol des demokratischen Staates in Frage gestellt sah. – Die Themen und Inhalte, die zur Entstehung von Protestbewegungen führen, können unterschiedlichster Art sein. Ihre Geschichte reicht von den christlich-ethischen Traditionen der Bibel und den in ihrem Zusammenhang entstehenden religiösen, theologischen und kirchlichen Auseinandersetzungen bis zu den sozialen Konflikten der historischen Arbeiterbewegung und den Artikulationsformen von Friedens-, Bürgerrechts- oder Ökologiebewegungen unserer Tage. Weltweit zählen zu den aktuellen P.-Themen beispielsweise Bürgerrechtsfragen, Rassismus, politische Unterdrückung und soziale Probleme. Die nach 1945 wichtigsten Stichworte in Deutschland sind atomare Bewaffnung, Dritte Welt, Kriege, Situation der Frauen, regionalspezifische Themen und Umweltfragen. Die gegenwärtig bevorzugte Form des Protests ist die öffentliche Demonstration in Form von Versammlungen und Märschen, die von Spruchbändern, Parolen, Slogans und Songs begleitet werden. – Ein grundsätzliches Problem jeder Art von P. ist die Durchsetzungsmöglichkeit der jeweils vorgetragenen Forderungen. Moderne soziale Systeme zeichnen sich durch ein hohes Maß an Flexibilität aus. Diese erlaubt es ihnen, unterschiedliche Inhalte und Formen des P.s aufzunehmen und zu realisieren, aber auch zu kanalisieren und möglicherweise zu neutralisieren. Auf diese Weise geht regelmäßig ein Teil der jeweils vorhandenen P.-Energien durch soziale Resorp-

tion verloren. Bisweilen hat diese Tatsache in der Geschichte sozialer Bewegungen zur Ausbildung ›harter‹ P.-Kerne mit einer deutlichen Neigung zur Militanz geführt, so etwa in der Folge der 68er-Bewegung zur Entstehung der ›Rote-Armee-Fraktion‹ (U. Meinhof, G. Ensslin, A. Baader) oder zur aktiven Beteiligung deutscher Sympathisanten an bewaffneten Befreiungskämpfen in Ländern der Dritten Welt (z. B. im Krieg der Kurden gegen die Türkei). Andererseits hat die Flexibilität der modernen Gesellschaft aber auch zur Differenzierung und Flexibilisierung des P.s in Form von alternativen Bewegungen geführt, die sich in parteipolitischen Organisationen konkretisiert haben, so beispielsweise die Bürgerrechtsbewegung der DDR und die ökologische Bewegung der BRD im ›Bündnis 90/Die Grünen‹. – Ein wesentliches Forum der Artikulation von P. bilden hinsichtlich des zu erzielenden Aufmerksamkeitswerts die ↗Massenmedien, ohne die eine nennenswerte Öffentlichkeit heute nicht zu erreichen und die Vermittlung von P.-Themen dementsprechend erfolgreich nicht zu leisten ist. Diese Einsicht hat z. B. bei Organisatoren ökologischer P.-Veranstaltungen wie ›Green Peace‹ oder ›Robin Wood‹ zu spektakulären Formen symbolischer Regelverletzung geführt, die sogar das Risiko einer körperlichen Gefährdung der Beteiligten einschließen. Dass solche Gefährdungen auf Seiten der Akteure in Kauf genommen werden, macht deutlich, wie sehr das soziale Teil- oder Subsystem P. auch heute noch von utopischen Idealen getragen wird.

Lit.: W. v. Bredow/R. H. Brocke, Krise und Protest. Ursprünge und Elemente der Friedensbewegung in Westeuropa (1987). – N. Luhmann, Protest. Systemtheorie und soziale Bewegungen (1996). – M. Schleker (Hg.), Widerstand – Protest – Ziviler Ungehorsam (1988).

R.Sch.

Psychoanalyse, Verfahren zur Untersuchung des Unbewussten und seiner Effekte. Der Begründer der P., S. Freud, beginnt mit der Entwicklung seiner Methode Ende des 19. Jh. Sie entsteht einerseits im Kontext von Freuds Forschungen zur Hysterie, andererseits im Dialog mit den Arztkollegen Breuer und Fließ. Dabei arbeitet Freud an einer theoretischen Fiktion, die in ihrem Kern um die Annahme des Unbewussten (nicht: Unterbewussten) kreist. Freud versteht darunter ein System verdrängter Strebungen und Motivierungen, das sich im Umweg über Symptome, Witze, Fehlleistungen etc. Geltung verschafft. Als Königsweg zum Unbewußten bezeichnet Freud den Traum, dessen Inhalt er in der *Traumdeutung* (1900) mit einer Bilderschrift (Rebus) vergleicht. Diese gilt es für den Psychoanalytiker zu lesen, ohne sie dabei bis ins Detail in Realitätsraster übertragen zu wollen. Denn das Unbewusste ist für Freud nicht eindeutig. Die P. erkennt darin einen *anderen Schauplatz*, der sich treffend durch das Freudsche Wort, dass das »Ich« nicht »Herr« im »eigenen Haus« ist, illustrieren lässt. So etabliert sich ein Denksystem, das auf drei Ebenen wirkt: Die P. ist Spurensuche, Behandlungsmethode und Theoriebildung, wobei Letztere auf in der psychoanalytischen Praxis gewonnenen Erkenntnissen basiert. Auf diese Weise versucht die P., die Markierungen der psychischen Realität nicht im Raum der Klinik zu isolieren, sondern sie auch dort aufzusuchen, wo sie entstehen und zirkulieren. Darin erweitert sich die P. zu einer Kulturtheorie, die nun ihrerseits auf die klinische Praxis einwirkt. Die Subjekte verspüren ein *Unbehagen in der Kultur* (Freud 1930), weil ihre Ansprüche mit denen ihrer Nebenmenschen unvereinbar sind (Lustprinzip vs. Realitätsprinzip). Hier sind sie zur Verdrängung gesellschaftlich nicht sanktionierter Strebungen genötigt, um einem Verlust des Sozialen vorzubeugen. Im Durchgang durch die ödipale Rivalität bzw. mit der Errichtung des Über-Ichs kanalisieren die Individuen ihren Sexualgenuss sowie die damit verbundenen Aggressionen: Sie verinnerlichen die elterlichen Gebote und Forderungen. Die damit gegebene Gewissensangst kann sich nun in der Form unbewusster Schuldgefühle zu Symptomen verdichten. Darin entdeckt die P. zwar ein Skandalon der Sexualität, doch ist sie gleichzeitig weit entfernt von jeglichem ›Pansexualismus‹. Vielmehr akzentuiert sie in den Schädigungen des Sexuallebens ein *Jenseits des Lustprinzips* (Freud 1920), mit dem den menschlichen Triebregungen ein traumatisches und unheimliches Merkmal (Todestrieb) eignet, welches sich jeglicher »Allmacht der Gedanken« (Freud) entzieht. Der Urgrund sexueller Identität findet sich also nicht im Unbewussten, sondern wird dort in seinen Zuschreibungen permanent in Frage gestellt und unterlaufen. Dabei geht Freud in seinem Bemühen, die Wirksamkeit des Unbewussten zu erweisen, auch auf Werke der Bildenden Kunst und Literatur zurück (u. a. Goethe, Hoffmann, Leonardo, Michelangelo). Diese Arbeiten haben dann nicht nur Psychoanalytiker, sondern auch Kunst- und Literaturwissenschaftler wiederholt dazu angeregt, mit Hilfe des freudschen Verfahrens eine Produktivität zu interpretieren, die im Rahmen der P. einer *Sublimierung* der o. g. Konflikte entspricht. Doch konzentrieren sich die Fortschritte der P. keineswegs allein in der Person Freuds. So gehen etwa A. Adler (Individualpsychologie), C. G. Jung (Archetypen), W. Reich (Verbindung von P. und Marxismus) erst inner- und dann außerhalb der P. eigene Wege. Während des Dritten Reichs zerfällt die P. im deutschsprachigen Raum. Freud und andere Vordenker emigrieren, die in Deutschland verbleibenden Analytiker unterliegen der Gleichschaltung. Nach dem Zweiten Weltkrieg dominiert in den USA die sog. *Ego Psychology*, in der die P. auf eine Ich-Stärkung und möglichst nahtlose Anpassung des Subjekts an sein soziales Umfeld zentriert wird. Im europäischen Raum ist die Diskussion zu dieser Zeit durch die Kluft zwischen den Denkschulen um A. Freud einerseits und M. Klein andererseits geprägt, die wesentlich um divergierende Lesarten der zweiten Topik Freuds (Es, Ich, Über-Ich) entbrennt. Ebenfalls zu dieser Zeit gewinnt auch der frz. Psychoanalytiker J. Lacan an Einfluss, dessen Relektüre des freudschen Werks als die originellste nach 1945 bezeichnet werden kann. Er wird v. a. durch sein Konzept des *Spiegelstadiums* bekannt, in dem es – so Lacan – dem Kleinkind durch die ›Adoption‹ eines Anderen – seines Spiegelbildes – gelingt, seine physische Ohnmacht als Wahrnehmung eines zerstückelten Körpers imaginär zu überbrücken. Diese spiegelbildliche Ganzheit übersetzt der Säugling zudem in eine künftige Machtfülle. Doch betrifft der Aspekt des Imaginären nur ein Drittel der Denkmatrix des lacanschen Werks. In ihr treten dem Imaginären in unauflöslicher Verknüpfung die Register des Symbolischen und Realen zur Seite. Dabei gibt die Grundregel der P., die sie an eine *Sprechkur* koppelt, sowie Freuds Einsicht, dass sich das Unbewusste gemäß den Mechanismen von Verdichtung und Verschiebung organisiert, Lacan Gelegenheit, dies in seinen Konsequenzen weiter zuzuspitzen. Indem er sich u. a. auf Erkenntnisse der zeitgenössischen Linguistik stützt, erarbeitet Lacan eine Theorie des Signifikanten, in der das Unbewusste »gleich einer Sprache gebaut« ist. Stärker als bei Freud wird das Unbewusste darin zu einem *Medium*, das, als Begehren des Anderen, ein Subjekt in seinen Realitätsvermessungen sowohl trägt und erhält als ihm auch Grenzen setzt. Denn das Subjekt erscheint in dieser symbolischen Ordnung nicht als Identität, sondern als gespalten gemäß dieser

Ordnung, d. h. repräsentiert und motiviert durch den Signifikanten eines Begehrens, welches in seiner Struktur mangelhaft ist: Das eigentliche Objekt als Ursache des Begehrens ist nicht auffindbar. Für Lacan ist jenes ›Objekt‹ real in der Hinsicht, dass es nicht mit der Realität des Subjekts zusammenfällt, dessen dauerhafte Befriedigung also unmöglich ist. Insofern sich Realität für die Menschen erst im Zusammenspiel der drei Register des Imaginären, Symbolischen und Realen aufspannt, bezeichnet sie zugleich die Unmöglichkeit einer urspr. Substanz sowie unumstößlicher Sinnstiftung. Sie erscheint als die offene Frage, welche als solche das Begehren anstachelt, da der strukturelle Mangel des absoluten Objekts jene Phantasien und Vorstellungen ermöglicht, mit deren Hilfe die Subjekte ihre Weltsicht organisieren. – Im Gegensatz zu Freud öffnet sich die P. mit Lacan explizit auch philosophischen und strukturalistischen Denkanstößen, ohne darin jedoch auf ihre Eigenlogik zu verzichten. Dagegen beharrt Lacan in seiner Arbeit auf einer »Rückkehr zu Freud«, die diesem gerade in der Radikalität ihres Denkens verpflichtet ist. Doch bleibt seine Lesart der P. keineswegs unumstritten, und Lacan ist schließlich (1964) gezwungen, eine eigene Schule zu gründen. Sein Werk – *Écrits* (1966) und *Le séminaire de J. Lacan* (1973 ff.) – ist bis heute Gegenstand oftmals polemischer Auseinandersetzungen. Dennoch erlebt die P. mit Lacan v. a. im Bereich der ↗ Kultur- und Geisteswissenschaften einen Aufschwung. Sowohl in der feministischen Theoriebildung als auch in der Medien- und Ideologieforschung (Theorie des Politischen) sowie auf dem Feld der Philosophie und Literaturwissenschaft erweist sich Lacans P. als Reflexionsangebot, das nicht nur die ungebrochene Relevanz des psychoanalytischen Denkens unterstreicht. Darüber hinaus sensibilisiert sie für den Einbruch eines

Medialen, mit dem sich Freuds Einsichten nochmals verschärfen. Doch lässt die P. die Subjekte dort nicht allein, wenn sie konsequent betont, dass es darauf ankomme, ein spezifisches Unbehagen in der Kultur ernst zu nehmen, also die Individuen nach ihrem Begehren zu befragen. Darin steht die P. einerseits für ein Recht der Subjekte ein, als Produzenten ihrer selbst mangelhaft und dennoch sozial kompetent zu sein. Andererseits besteht sie in der für sie eigentümlichen Form, den Zwiespältigkeiten der Realität nicht auszuweichen, auf einem beunruhigenden ›Wissen‹, welches sie nicht in einen abstrakten Raum verlegt, sondern stattdessen im Zentrum der Gesellschaft *unbewusst* am Werk sieht.

Lit.: S. Freud, Vorlesungen zur Einführung in die Psychoanalyse (1991). – J. Laplanche/J.-B. Pontalis, Das Vokabular der Psychoanalyse (1992). – E. Roudinesco, Jacques Lacan. Bericht über ein Leben, Geschichte eines Denksystems (1996).

G.Schw.

Rassismus. Die Grundlagen der pejorativ mit R. bezeichneten Haltung bestehen in den Annahmen, dass eine anthropologische Klassifizierung der Menschheit nach ›reinen‹ Rassen möglich ist und dass von einer Superiorität bzw. Inferiorität bestimmter Rassen ausgegangen werden kann, und zwar aufgrund von naturgegebenen (angeborenen und vererbbaren) physischen und damit verbundenen geistigen und kulturellen Differenzen zwischen den Menschenrassen. – Die historischen Wurzeln des R. lassen sich auf die Zeit der kolonialistischen Expansion der Europäer zurückführen (R. als Instrument zur Rechtfertigung von Sklaverei und Unterdrückung). Mit Anwachsen des ethnologischen Materials unternahmen Naturforscher zahlreiche Versuche einer (zumeist hierarchisierenden) Unterteilung der Menschheit nach Rassen. Auch die Sprachwissenschaft trug zur Legitimation des R. bei, etwa indem sie die Kategorien des »Arischen« und des »Semitischen« entwickelte. Populär wurde der R. durch den *Essai sur l inégalité des races humaines* (1853–55) von A. de Gobineau, einer geschichtsphilosophischen Begründung des Rassenkampfes, verbunden mit dem Interpretationsschema der Degeneration, das von einer Reinheit der Rassen im Ursprung und von einem Niedergang durch fortschreitende und zwangsläufige Vermischung der Rassen ausgeht. Die Möglichkeit einer Regeneration von Rassen betonend, situierte H. S. Chamberlain (*Die Grundlagen des 19. Jahrhunderts*, 1899) unter Einfluss des (Sozial-)Darwinismus die Reinheit der Rassen nicht am Ursprung, sondern am Ziel, das mit den Mitteln der Zuchtwahl zu erreichen sei. Zusammen mit A. Rosenberg (*Der Mythus des 20. Jahrhunderts*, 1930) hatte er erheblichen Einfluss auf den R. der Nationalsozialisten, der v. a. als Antisemitismus wütete (↗ Auschwitz). Neben einer sozialistischen Variante des R. gab es zu Beginn des 20. Jh. auch in den meisten europäischen Ländern und in den USA Maßnahmen zu ›Rassenhygiene‹ und Eugenik. – 1957 schlug die UNESCO vor, den Begriff Rasse, der wissenschaftlich nicht zu definieren sei, durch den Begriff »ethnische Gruppe« zu ersetzen. Allerdings lässt sich der R. als Haltung wissenschaftlich weder beweisen noch widerlegen. Entstanden als Projektion von Standesunterschieden auf die Natur (in Zeiten der Abschaffung der Aristokratie), grassiert der R. in heutiger Zeit als eine Projektion von Klassenunterschieden auf die Natur – wenngleich weder die (von Gottes Gnaden kommende) Aristokratie noch die bürgerliche Klassengesellschaft eine natürliche Legitimation benötigen. Gerade die bürgerliche Ökonomie ist auf eine programmatische Überschreitung geographischer, nationaler, sozialer, ethnischer oder ›rassischer‹ Grenzen hin angelegt sowie auf eine Mobilität zwischen den Klassen, wie sie zwischen ›reinen‹ Rassen nicht vorgesehen ist. Entsprechend tritt R. nach wie vor im Zusammenhang mit ökonomischen und sozialen Abgrenzungsversuchen auf, so in Form von Marginalisierung und Diskriminierung ethnischer Minderheiten in Europa und in den USA, aber auch in Form von ›ethnischen Säuberungen‹ in Südosteuropa oder Afrika. In den USA wird seit den 80er Jahren mit den Mitteln von Affirmative Action und Political Correctness ein politischer Ausgleich angestrebt.

Lit.: C. Lévi-Strauss, Rasse und Geschichte (1972). – H. Arendt, Elemente und Ursprünge totaler Herrschaft (1986). – L. Poliakov u. a. (Hg.), Über den Rassismus. Sechzehn Kapitel zur Anatomie, Geschichte und Deutung des Rassenwahns (1979).

B. K.

Regietheater. Der Begriff stammt aus der polemischen Diskussion über Möglichkeiten und Grenzen der Regie (gemessen an dem der Inszenierung zugrundeliegenden Stück), die sich seit den 70er Jahren, v. a. in Deutschland, entfaltet; der Gegenbegriff ist der eines ›werktreuen‹ Theaters, das sich an einem (in der Retrospektive deutlich verzerrten und verklärten) Bild des Theaters der 50er und 60er Jahre orientiert, an Regisseuren wie B. Barlog, G. Gründgens, F. Kortner, G. R. Sellner, K. H. Stroux, deren sparsamer Einsatz inszenatorischer Mittel – Konzentration auf den Schauspieler (›Schauspielertheater‹) und das ›dichterische Wort‹ (›Worttheater‹), klare Herausarbeitung der Grundstrukturen der Handlung – mit Abstinenz gegenüber ›willkürlichen interpretatorischen Eingriffen‹ in das Stück und seine Substanz gleichgesetzt wird. Jenseits aller Polemik kann als R. eine Form des Theaters bzw. der Inszenierung bezeichnet werden, die sich seit den 70er Jahren v. a. im deutschsprachigen Raum durchgesetzt hat und bei der, im Schauspiel wie in der Oper, v. a. das klassische Repertoire einer permanenten kritischen Überprüfung und Re-Interpretation unterzogen wird. Die Inszenierungen werden dabei durchaus nicht immer vom Regisseur allein bestimmt; im Idealfall entstehen sie in enger Zusammenarbeit von Regie, Dramaturgie und Szenographie (exemplarisch hierfür sind die Frankfurter Inszenierungen von Wagners *Parsifal* und *Ring des Nibelungen*, 1982 und 1985–87, durch R. Berghaus in Zusammenarbeit mit dem Dramaturgen K. Zehelein, dem Bühnenbildner A. Manthey und dem Dirigenten – und damaligen Intendanten der Frankfurter Oper – M. Gielen und die Inszenierungen des Mülheimer Theaters an der Ruhr, an denen außer dem Regisseur und Theaterleiter R. Ciulli der Dramaturg H. Schäfer und der Bühnenbildner G. E. Habben beteiligt sind; in letzterem Falle kommt die intensive Einbindung des Ensembles in die Inszenierungsarbeit hinzu); einige der Vertreter des R.s sind von Haus aus Bühnenbildner (so A. Freyer, K.-E. Herrmann, A. Manthey, H. Wernicke). Das R. greift v. a. auf die ›verfremdenden‹ Mittel des brechtschen Epischen Theaters zurück. Zu seinen Strategien gehören die diegetische Transposition mit ihrer Verschiebung des raum-zeitlichen Kontinuums (die Handlung eines Stückes wird in dessen Entstehungszeit oder in die Gegenwart verlegt), die damit meist verbundene pragmatische Transformation (Pistolen und Gewehre statt Schwertern und Lanzen; Don Giovanni stirbt am Herzinfarkt oder an Aids), Eingriffe in den Motivationszusammenhang der Stücke, die Neubewertung einzelner Figuren, die Perspektivierung des Geschehens (Beethovens *Fidelio* aus der Perspektive Roccos) und die ›Verrätselung‹ des Geschehens (Extremfall ist die Auflösung der Handlung); hinzu kommen intertextuelle, interästhetische und intermediale Prak-

tiken (Regiezitate, tänzerische Stilisierung der Bewegungsabläufe, Orientierung am Film). Wesentliche Anregun-
gen bezieht das R. aus Psychoanalyse,
marxistischer Gesellschaftstheorie und
Postmodernismus/Poststrukturalismus.
Als Vorläufer des R.s gelten – zu ihrer
Zeit höchst umstritten, in der Retrospektive nostalgisch verklärt – W. Fel-
senstein, dessen Konzept eines realistischen Musiktheaters an die Tradition
des Naturalismus anknüpft (Komische
Oper Berlin, seit 1947), und W. Wagner,
der die Tradition des expressionisti-
schen Theaters fortsetzt (szenische Abstraktion, Stilbühne).

                                    J. K.

Selbsterfahrungskultur, Gesamtheit
von psychologisch-therapeutischen Diskursen, Praktiken und Gruppen, die auf
lebenspraktische Umsetzungen der Idee
der individuellen ›Selbstverwirklichung‹
zielen. Im Mittelpunkt der S. stehen
relativ unstrukturierte Kleingruppen,
die ein humanistisches Ethos und einen
entsprechenden Habitus voraussetzen.
Diese sog. Selbsterfahrungsgruppen, die
von im weitesten Sinne psychologischen
Experten geleitet werden, ähneln in ihren Bedingungen, Strukturen und
Funktionen Gruppentherapien. Es geht
ihnen im Unterschied zu diesen jedoch
nicht um die mehr oder weniger langfristige Behandlung von Krankheiten im
engeren Sinne. Vielmehr sollen innerhalb relativ kurzer Zusammenkünfte
(z. B. während eines Wochenendsemi-
nars) auf der Basis methodisch strukturierter ›gruppendynamischer‹ Prozesse (z. B. durch Rollenspiele) Hindernisse
der Bedürfnisbefriedigung und ›Selbst-
findung‹ beseitigt werden. Im Rahmen
eines Ensembles von Techniken und
Deutungsmustern, das einen sozialen
Schon- und Experimentierraum erzeugt, soll in Selbsterfahrungsgruppen
Individualität allseitig thematisiert, an-
erkannt und gefördert werden. Zugrunde gelegt wird dabei die Idealvorstellung

vom Individuum als einem ›emanzipierten‹ (autonomen, selbstbestimm-
ten, authentischen usw.) Subjekt, die
auch die Selbsterfahrungsliteratur charakterisiert. Diese Vorstellung wurzelt
historisch in der christlich-jüdischen
Religion. – Die Formulierung des modernen Individualitätskonzepts, das in
der S. geradezu zum Programm wird,
kann insbes. an die von Luther etablierten religiösen Ideen anknüpfen.
Von dem Individuum Luthers, das ein-
sam mit sich selbst und seinem geistlichen Heil beschäftigt Gott in sich
sucht, zu dem Individuum, das sich
selbst zum Universum erklärt und statt
nach jenseitigem Heil nach diesseitiger
›Selbstverwirklichung‹ strebt, führt allerdings keine Entwicklungsautomatik.
Wie schon Luther das Ideengut der
christlich-jüdischen Tradition variierte
und mit neuen Bedeutungen versah, so
wird im letzten Drittel des 18. Jh. altes
religiöses Ideengut umgedeutet und neu
eingesetzt. Erstmals wird in der Sturm-
und-Drang-Periode die Idee des selbst-
bestimmten Individuums entworfen,
das seine Individualität selbst hervorbringt. Auf das Individuum werden explizit all die Attribute übertragen, die in
der religiösen Tradition Gott allein vorbehalten waren: Es ist frei, autonom
und schöpferisch. Kunst und Liebe werden als seine Korrespondenzräume konzipiert. Sie sollen nun gestatten, was
ehemals allein Projektion der Religion
war: die Begegnung mit dem Göttlichen; diese Begegnung bedeutet aber
jetzt: Begegnung mit dem eigenen
Selbst. Offen bleibt dabei jedoch die
Frage, wie dieses Selbst in Kommunikation überführt, wie es soziale Realität
gewinnen soll. – Diese Problemsitua-
tion ist der Resonanzboden und begründet die Funktionsstelle von Institutionen der biographischen Selbstthematisierung, in deren Entwicklungslogik
die S. liegt. Das moderne Individuum
lässt sich nicht mehr gesamtgesellschaft-
lich integrieren und nur noch in Spezial-

institutionen wie der Beichte, der ↗ Psychoanalyse, Tagebüchern oder poetischen Texten als einzelnes in seiner biographischen Totalität thematisieren. Diese Institutionen reagieren in latenter Weise kompensativ auf Defizite, die mit der sozialen Differenzierung zusammenhängen. Die Psychoanalyse spielt dabei eine historische Schlüsselrolle. Sie setzt die Idee des ›eigentlichen individuellen Selbst‹, die durch die Umdeutung religiöser Schemata formuliert wurde, voraus und kontinuiert sie in Reflexionsprozessen, die durch Deutungsmuster und Verfahrensregeln strukturiert sind. Damit entsteht nicht nur eine reguläre Sphäre der freien Selbstthematisierung, sondern auch ein das Selbst *inhaltlich* bestimmender Erzeugungskontext. Das Individuum, das in der Gesellschaft und durch die Gesellschaft keine Identität mehr gewinnen kann, erhält in dem Prozess, in dem sein ›Inneres‹ artikuliert und erkannt werden soll, Identität und Orientierung. – Mittlerweile aber verliert auch die Psychoanalyse an sozialer Attraktivität und Funktionalität. Ihre stark einschränkende (z. B. den Körper auf der ›Couch‹ fixierende) Technik und ihre verbindlichen und bindenden Sinngebungen und biographischen Identitätsstiftungen passen offenbar immer weniger zur Struktur und Kultur der fortgeschrittenen Moderne. Was statt dessen mehr und mehr zählt, ist zum einen eine gesellschaftsstrukturelle Zwänge (›Entfremdungen‹) kompensierende allseitige ›Selbstverwirklichung‹ in ausdifferenzierten Sozialräumen und zum anderen eine Flexibilisierung des Selbst, die eine erneute ›Emanzipation‹ impliziert, nämlich die von der Idee einer ausdefinierten und ein für alle Mal stimmigen Identität. In der psychologisch-therapeutischen Kultur der Gegenwart sind es v. a. die Selbsterfahrungsgruppen und die Gruppentherapien, die in diese Richtung weisen. Das Selbst, das sie entwerfen und das ihre

Verfahrensbedingungen vorzeichnen, bedient sich seiner Biographie und erzeugt sie als Ressource einer pragmatischen Sinnstiftung, die als Selektionskriterium für zu berücksichtigende Vergangenheit gegenwärtigen Sinnbedarf verwendet. Statt zu beabsichtigen, eine ein für alle Mal stimmige Biographie zu erzeugen, geht es nun eher um die permanente Neudefinition der Biographie durch immer neue Bekenntnisse und Selbstbeschreibungen, wenn nicht überhaupt auf Selbstreflexion zugunsten direkter Selbsterlebnisse (z. B. im Tanz oder in Atemtechniken) verzichtet wird. Zunehmend steht die S. im Dienst einer Flexibilisierung des Selbst, die nicht nur das Bewusstsein, sondern auch den Körper umfasst.

Lit.: A. Hahn/V. Kapp (Hg.), Selbstthematisierung und Selbstzeugnis: Bekenntnis und Geständnis (1987). – H.-G. Soeffner, Zum Verhältnis von Kunst und Religion in der »Spätmoderne«. In: D. Fritz-Assmus (Hg.), Wirtschaftsgesellschaft und Kultur (1998). – H. Willems, Institutionelle Selbstthematisierungen und Identitätsbildungen im Modernisierungsprozess. In: Ders./ A. Hahn (Hg.), Identität und Moderne (1999).

H.Wi.

Soziale Marktwirtschaft, ordnungspolitische Konzeption, die in der Bundesrepublik Deutschland nach dem Zweiten Weltkrieg unter maßgeblichem Einfluss von L. Erhard (Wirtschaftsminister von 1949–63) und A. Müller-Armack (Staatssekretär im Bundeswirtschaftsministerium) entwickelt wurde. Der Begriff »S. M.« stammt von Müller-Armack. Der rasche Erfolg dieser ordnungspolitischen Konzeption basierte auf der Währungsreform von 1948, der Einführung der DM. Bereits 1946 hatte die amerikan. Besatzungsmacht einen Währungsschnitt in Deutschland geplant (Colm-Dogde-Goldsmith-Plan); verwirklicht wurde er von Erhard in leicht abgewandelter Form. Das nachfolgende »Wirtschaftswunder«, die marktwirtschaftliche Reorganisation Westdeutschlands und der rasch einsetzende Wachstumsprozess mit hohen Wachstumsraten in den 50er und 60er Jahren, gilt immer noch als Musterbeispiel für erfolgreiche marktwirtschaftliche Wirtschaftspolitik.

Das ordnungspolitische *Konzept* der S. n M. lässt mehrere Einflüsse erkennen und unterlag selbst einem erheblichen Wandel. Die wichtigste Quelle ist der Neoliberalismus, wie er von W. Eucken, W. Röpke, F. A. Hayek und anderen entwickelt wurde, eine Konzeption der freien Marktwirtschaft, die wirtschaftliche *Rahmenbedingungen* neben dem ↗ Markt als wesentliches Element der Marktwirtschaft ansah. Die Betonung dieser Rahmenbedingungen (Wirtschaftsordnung und Geldpolitik) führte auch zur Bezeichnung »Ordo-Liberalismus«. In ihrer politischen Form, als Wirtschaftsprogramm der CDU, ist die katholische Soziallehre als weiterer Einfluss auf die S. M. erkennbar. Hier wird v. a. das *Subsidiaritätsprinzip* für die Wirtschaftsverwaltung betont: der Vorrang dezentraler Entscheidungen vor einer Zentrale. Die politische Zielrichtung dieses Prinzips gegen die Planwirtschaft ist unverkennbar. Wenn man Märkte durch das Verfolgen *dezentraler Pläne* charakterisiert, dann wird die Übereinstimmung mit dem Subsidiaritätsprinzip deutlich. Die Vertreter des Ordo-Liberalismus betonen neben der Bedeutung einer strikten Stabilitätsorientierung in der Geldpolitik (Primat der Preisstabilität) auch die Notwendigkeit einer strengen Wettbewerbspolitik. In marktbeherrschenden Unternehmen sahen die frühen Verfechter der S. n M. eine ebenso große Gefahr wie in der Zentralisierung staatlicher Macht. Ergänzt wurde dieses Konzept der S. n M. durch das Prinzip der Fürsorge für jene, die unverschuldet in soziale Not geraten, während für die übrige Wirtschaft das Leistungsprinzip Vorrang haben soll. – Eine erhebliche Modifikation erlebte das Konzept der S. n M. durch die Übernahme des *Keynesianismus* in der Wirtschaftspolitik; ein Wechsel, der parteiübergreifend erfolgte, nachdem der Keynesianismus in den USA während der Präsidentschaft Kennedys zum zentralen wirtschaftspolitischen Leitbild wurde. Ein wichtiger Markstein ist die Verabschiedung des »Stabilitätsgesetzes« (1967) in Deutschland, das bei Störungen des gesamtwirtschaftlichen Gleichgewichts Eingriffe des Staates befürwortet und hierzu auch geldpolitische Instrumente oder staatliche Verschuldung einbezieht. Keynes betonte in seiner *General Theory* (1936) im Unterschied zu den Anhängern des Liberalismus, dass der Markt aus sich selbst keineswegs immer zu einem Gleichgewicht führt, sondern vielmehr zu Arbeitslosigkeit und Unterbeschäftigung der Produktionskapazitäten neigt. Als zentraler Befürworter dieser gewandelten Bedeutung von S. r M. im Sinn konjptureller Globalsteuerung trat Karl Schiller (Wirtschaftsminister 1966–72, zusätzlich Bundesfinanzminister 1971–72) hervor, der federführend für das Stabilitätsgesetz war. Durch die Übernahme des Keynesianismus wurde der Begriff der S. n M. gegen die urspr. Intention des Ordo-Liberalismus erheblich modifiziert und fast in eine Leerformel verwandelt, die nun unterschiedlichste politische Konzeptionen abzudecken erlaubte und die Marktwirtschaft auch für den demokratischen Sozialismus der SPD akzeptabel machte.

Mit dem weltweiten Zurückdrängen des Keynesianismus, dem Sieg des Monetarismus (Rückkehr zur Priorität der Preisstabilität in der Geldpolitik) und der fast ausnahmslosen Übernahme des aus den USA reimportierten Neoliberalismus hat das Konzept der S. n M. an Bedeutung verloren. Die ↗ Globalisierung der Märkte macht außerdem eine wirksame Wettbewerbspolitik und eine nationale Geldpolitik – Herzstück des urspr. Konzepts der S.n M. – faktisch unmöglich. Ferner fehlt der S.n M. vollständig die ökologische Dimension, was inzwischen zur Entwicklung modifizierter Konzepte wie der »öko-sozialen« Marktwirtschaft geführt hat. Die Verwendung nationaler Instrumente in der Umweltpolitik steht jedoch wie die Erhaltung wettbewerbspolitischer und sozialer Standards in direktem Gegensatz zur wachsenden Internationalisierung der Wirtschaftsprozesse. Zudem hat die S. M. ihre Attraktivität als Gegenmodell zum zentralistischen Sozialismus nach dem Zusammenbruch des Sowjetreiches verloren. Die Arbeitslosigkeit in Europa hat der S.n M. zudem die urspr. Überzeugungskraft genommen und sie so zur Konzeption einer vergangenen Epoche werden lassen. Sie wird weitgehend beerbt durch den Neoliberalismus und dessen Betonung der absoluten Priorität des globalen Marktes.

Lit.: A. Müller-Armack, Soziale Marktwirtschaft. In: Handwörterbuch der Sozialwissenschaften Bd. 9 (1956). – O. von Nell-Breuning, Wirtschaft und Gesellschaft heute (1956). – K. H. Herchenröder (Hg.), Soziale Marktwirtschaft (1973).

K. H. B.

Sponsoring, eine Leistungs-Gegenleistungs-Beziehung zwischen Kultureinrichtungen und Wirtschaftsunternehmen. Unternehmen unterstützen die Kultureinrichtungen materiell, um eigene Marketing- und Kommunikationsziele zu verfolgen, während die Kultureinrichtungen eigene Rechte gegen Geld, Sachmittel und Dienstleistungen veräußern, um ihre kulturellen Ziele zu verwirklichen. Damit stellt S. eine strukturelle Kopplung eines nicht-wirtschaftlichen Teilsystems mit dem Wirtschaftssystem dar. Langfristig muss es dem Unternehmen um eine Bestandssicherung, um Umsatzsteigerung bzw.

-stabilisierung gehen und damit um Gewinnmaximierung oder zumindest Gewinnsicherung. Die Besonderheiten des S. bedingen, dass es kurzfristig nur in seltenen Fällen als Instrument der Umsatzsteigerung eingesetzt werden kann. Vielmehr geht es um die Verwirklichung kognitiver Ziele, die sich erst auf lange Sicht umsatzsteigernd bzw. -stabilisierend auswirken können. In diesem Sinn existieren verschiedene Teilziele, die Wirtschaftsunternehmen mit dem S. verbinden: (1) Steigerung des Bekanntheitsgrades, (2) Imageveränderung des Produkts oder des Unternehmens, (3) Schaffung eines komparativen Wettbewerbsvorteils, (4) Kontaktpflege bzw. Kunden- und Mitarbeiterbindung, (5) »indirekte« Produktinformation. Der S.-Markt in Deutschland wird bis zum Jahr 2000 auf etwa 3,42 Mrd. DM anwachsen (1994: 2, 2 Mrd. DM). Der größte Teil fließt in das Sport-S. (1, 90 Mrd. DM). Der Kultur-S.-↗Markt besitzt eine Größenordnung von 650 Mio. DM. Öko- und Sozial-S. umfassen 520 bzw. 350 Mio. DM. Auffallend ist, dass Kultur-, Öko- und Sozial-S. in den letzten fünf Jahren weitaus höhere Wachstumsraten aufweisen als das ↗ Sport-S. Die weitere Entwicklung wird nicht unwesentlich davon abhängen, inwieweit es dem Sportsystem gelingt, seine systemimmanenten, imageschädigenden Probleme (v. a. Doping, Korruptionsvorwürfe gegenüber dem IOC) zu lösen. Ist das Sportsystem nicht zu einer Lösung dieser Probleme fähig, dürften sich S.-Aktivitäten noch stärker in den Bereich des Kultur-, Öko- und Sozial-S. verlagern. Gleichzeitig hängt der Umfang des Öko-S.-Engagements wesentlich von der gesellschaftlichen Wahrnehmung und Einstufung der ökologischen Zerstörung ab. Internationale Vergleiche zeigen, dass eine zentrale Grundvoraussetzung für einen wachsenden S.-Markt ein positives Wirtschaftswachstum darstellt. So nahmen mit der japanischen Wirtschaftskrise die

S.-Aktivitäten japanischer Unternehmen im eigenen Land signifikant ab.

Lit.: A. Hermanns (Hg.), Sport- und Kultursponsoring (1989). – A. Hermanns, Sponsoring, Grundlagen – Wirkungen – Management – Perspektiven (1997).

Ch. B.

Sport (engl. sport = Zeitvertreib, Vergnügen), spielerische und leistungsorientierte körperliche Betätigung. Zunächst hat sich im 18. Jh. in England der moderne S. entwickelt. Volkstümliche Spiele werden von der gesellschaftlichen Elite in zweckfreie sportive Übungen umgewandelt. Diese schichtenspezifische Absicherung wird jedoch sukzessiv aufgelöst und zugunsten des Massen-S.s. nivelliert. Während des 19. Jh. kristallisiert sich in Deutschland S. aus Traditionen, Institutionen (Turnen, organisierter Arbeitersport) und Neuansätzen heraus. Sehr unterschiedlich wird S. im 20. Jh. in Anspruch genommen. Die verschiedenen S.-Funktionalisierungen ergeben sich aus einem Gemisch von Stoff- und Motivvorgaben, den Eigengesetzlichkeiten der Medien und v. a. aus den aktuellen gesellschaftlichen und sozialen Parametern. Zu Beginn des 20. Jh. entwickelt sich S. in Europa und Amerika zu einem komplexen Massenphänomen. Dieser Fortschritt setzt eine überlastete Kultur voraus, der es nicht mehr gelingt, die Korrelationen zwischen den Subjekten und den traditionellen Wissensbeständen glaubhaft zu vermitteln. Deswegen wird gerade S. zu Beginn des 20. Jh. v. a. in Deutschland als Gegengewicht in Dienst genommen: Er soll die Sinnverluste vitalistisch ausgleichen. Dies gelingt mehr oder weniger erfolgreich in den 20er Jahren. S. tritt seinen Siegeszug an: Hörfunk und Film und die großen S.-Veranstaltungen in den S.-Palästen verhelfen ihm zum Erfolg. Eine neue Weltanschauung tritt so, neben Jazz, Revue, Varieté und Zirkus, in das Bewusstsein der Öffentlich-

keit. S. wird aber, neben seiner Funktion als Freizeitvergnügen, auch als paramilitärische Übung missbraucht. S. als Training und Vorbereitung zum Wehrdienst, das ist ein gängiger Topos. Die Nationalsozialisten haben diese Koinzidenz konsequent ausgenutzt. In diesem Kontext wird S. massiv in allen gesellschaftlichen Bereichen nach dem Modell *Mens sana in corpore sano* angeboten. Dieses Programm – S. als Lebenserhaltung, als paramilitärische Ertüchtigungsübung und als hygienischer Katalysator – wird immer wieder angepriesen und für die sog. Volksgesundheit in Dienst genommen. War S. während der nationalsozialistischen Herrschaft in der festen Umklammerung der faschistischen Öffentlichkeit, so wird in den 50er Jahren eine spezifisch nachkriegsdeutsche Sportideologie offengelegt: mit Unterschieden in Ost und West. (1) Auf der Suche nach einem Instrument zur Loslösung aus der NS-Vergangenheit bot sich S. im Westen als scheinbar politisch wertfreie Sphäre geradezu an. Mit seiner Hilfe war eine Rückkehr auf das internationale Parkett nicht nur denkbar, sondern tatsächlich realisierbar. Dass gerade diese Absicht doch wieder eine höchst politische Angelegenheit war, übersah man dabei nicht selten. S. wurde als Mittel benutzt, um die Kriegsschuld und die individuelle Mittäterschaft zu kaschieren. Fußball etwa boomte als Identitätsangebot, v. a. nach dem Gewinn der Fußballweltmeisterschaft 1954 in Bern (vgl. F. C. Delius, *Der Sonntag, an dem ich Weltmeister wurde*, 1996). Fußball begeisterte außerdem, weil er sich in seiner archaischen Einfachheit der intransparenten Nachkriegszeit widersetzte. So konnte man als Zuschauer oder als Aktiver gesellschaftliche, individuelle und nationale Defizite über den S. kompensieren und ausbalancieren. Außerdem koppelt sich S. vielfach vollständig von der Arbeitswelt ab und bildet eine Eigenwelt, die für einen begrenzten Zeitraum lustvoll – frei von gesellschaftlichen Zwängen – erlebt werden kann. S. zeichnet deswegen eine »Weltausgrenzung auf Zeit« (Krockow) aus. Damit kann S. Aktive wie Publikum von den gesellschaftlichen Systemen abkoppeln. Er ist also nicht nur Abbild der Arbeitswelt. S. wird auch nach dem Zweiten Weltkrieg als Vorbild für den wirtschaftlichen Aufbau in Anspruch genommen, denn er fördert Willenskraft, Durchsetzungsvermögen und Kampfgeist. Dieses Erziehungsprogramm wird in vielen S.-Romanen thematisiert (vgl. H. Breidbach-Bernau, *Der Läufer*, 1955; S. Lenz, *Brot und Spiele*, 1959) – (2) Anders dagegen das S.-Verständnis in der ehemaligen DDR: S. wurde von der Parteipolitik marxistisch-leninistisch gesteuert. Körperkultur und S. sind fest in die Gestaltung der »entwickelten« sozialistischen Gesellschaft eingebettet. Durch den erfolgreichen DDR-S. sollte die Vormachtstellung des Sozialismus symbolisch-sportiv unterstützt werden. Kritisch wird diese eindimensionale Wirklichkeitsdeutung von U. Johnson in dem Roman *Das dritte Buch über Achim* (1961) diskutiert. – Zu Beginn der 70er Jahre differenziert sich S., unterstützt von der weltweiten medialen Präsenz und dem Freizeitüberschuss der westlichen Länder, weiter aus. Leistungs- und Breiten-S. werden immer populärer und subjektfixierter, großangelegte ideologische S.-Instrumentalisierungen verlieren nach dem Ende der sozialistischen Staaten an Attraktivität. Auffällig ist seit den 80er Jahren die Tendenz, dass im S. der einzelne Mensch immer stärker in den Vordergrund tritt. Das hat seine Gründe: Die Suche nach Identität oder Einzigartigkeit wird mit dem Komplexitätsanstieg hochmoderner Gesellschaften immer schwieriger. Die Ungewissheitserfahrungen, die viele Menschen erleben, sollen schnellstmöglich wieder an stabile Sinnvermittler gekoppelt werden. Hier scheint der Körper als letzte Sinninstanz

in Frage zu kommen, »als Fluchtpunkt der Sinnlosigkeit« (N. Luhmann). Die körperlichen Erlebnisse im S. sind vordergründig eindeutig: Ein k. o. im Boxkampf scheint eindeutig zu sein. Allerdings können, darauf hat schon R. Musil 1924 in seinem Roman *Der Mann ohne Eigenschaften* aufmerksam gemacht, über den Körper nur »Modevorbilder« produziert werden. Diese verändern sich jedoch am Ende des 20. Jh. fortwährend. Ein Trendsport löst den anderen ab, Extreme werden fortwährend neu ausgelotet und auf eine neue Spitze getrieben. Allerdings verschleißen die sportiv-individuellen Lebensstile ebenso schnell, denn sie bieten schon nach kurzer Zeit, weil sie von vielen nachgeahmt werden, keine Differenzierungs- und Unterscheidungsmöglichkeiten mehr. Deswegen erhält auch die Ästhetisierung des Körpers einen erheblichen Stellenwert im sog. postmodernen Fun-S. Denn Identitäten können *am* und *mit* dem eigenen Körper über S. ästhetisch produziert werden, wobei die Verfallszeiten sich ebenfalls ständig verkürzen. Der wohlgeformte und durchtrainierte Körper avanciert gleichwohl zum kulturellen Parameter par excellence. Dagegen verlieren nationale und ideologische S.-Funktionalisierungen am Ende des 20. Jh. zunehmend an Bedeutung.

Lit.: Ch. Graf v. Krockow, Sport. Eine Soziologie und Philosophie des Leistungsprinzips (1974). – M. Leis, Sport in der Literatur. Einblicke in das 20. Jh. (2000). – K. L. Pfeiffer, Der spektakuläre und der verschwindende Körper: Sport und Literatur. In: Das Mediale und das Imaginäre: Dimensionen kulturanthropologischer Medientheorie (1999).

M. L.

Starkult, in der Unterhaltungsindustrie zuerst im Film der USA aufgetaucht. Der S. ist ein Phänomen der ⁊Massenmedien. Die Virtuosen des 19. Jh. (Paganini, List) begeisterten ein elitäres Publikum, ähnlich auch die Diven und Stars z. B. der Oper (Maria Callas) oder des Balletts (Sergei Diaghilev) im 20. Jh. Ungleich größere Massenwirkung besitzen die anfangs anonymen Darsteller der kurzen Filme, die bis ca. 1910 nicht namentlich erwähnt, doch vom Publikum in den verschiedenen Rollen schon identifiziert wurden – etwa als »The Biograph Girl« (Florence Lawrence). Als diese 1910 von der Produktionsgesellschaft Biograph zum unabhängigen Produzenten C. Laemmle wechselte, nutzte man dies zu einer Publicity-Kampagne, und der Name der Darstellerin erschien fortan im Filmvorspann. Der S. wurde von den Filmgesellschaften in der Vermarktung der Filme genutzt. Die scheinbare Identität von Star-Imago und Person blieb mindestens öffentlich gewahrt, wobei Affären und Skandale gelegentlich die Popularität eines Stars deutlich beschädigten. M. Pickford, D. Fairbanks, N. Talmadge oder R. Valentino gehörten zu den populärsten Darstellern zwischen 1915 und 1929. Ihre Mitwirkung garantierte den Erfolg der jeweiligen Produktion. Ähnlich den Genre-Vorlieben großer Zuschauergruppen bot der S. eine gewisse Sicherheit für die Produktionsplanung. International fand der S. in vielen Ländern seine Entsprechung, so in Deutschland mit den Stummfilmstars H. Porten und A. Nielsen. Die Einführung des Tonfilms änderte am S. nichts Grundsätzliches, bedeutete jedoch in einigen Fällen das Karriere-Ende für bestimmte Darsteller, deren Stimmen nicht zu ihrem Star-Image passten. Die Identifikation von Rollentypen mit bestimmten Darstellern gehört zur Basis des S.s, die Variationsmöglichkeiten der Schauspieler wurden entsprechend eingeschränkt, ohne selbstironische Wendungen auszuschließen. Mit dem Zerfall des amerikan. Studiosystems in den 50er Jahren, in dem Darsteller mit langfristigen Verträgen an bestimmte Produktionsfir-

men gebunden waren, verlor der Film allmählich seine herausragende Bedeutung für den S. Diese Entwicklung wurde auch durch die Konkurrenz des ↗ Fernsehens und den sich in anderen Bereichen (↗ Popmusik, später auch in populären Sportarten) etablierenden S. bestärkt (↗ Massenkultur). Basis der Idolisierung blieb die Bindung von weitverbreiteten Wünschen und Phantasien an eine bestimmte öffentliche Figur.

Lit.: R. Dyer, Stars (1979). – Th. Koebner (Hg.), Idole des deutschen Films (1997). – S. Lowry/H. Korte, Der Filmstar (2000).

R. R.

Subkultur, sozialwissenschaftliches Konzept, das v. a. Anwendung auf ↗ Jugendkulturen in Abgrenzung zu dominanten Erwachsenenkulturen findet. Der Begriff S. ist jedoch nicht prinzipiell auf den Bereich der Jugendkultur beschränkt, sondern wird häufig dann herangezogen, wenn Ausgrenzungen zu dominant gesetzten Kulturen (bürgerliche Hochkultur vs Bohème; Hochkultur vs. Alltagskultur/Arbeiterkultur/Massenkultur) beschrieben werden sollen. S.en negieren somit jene gesamtgesellschaftlichen Normen, die durch das Establishment und kompakte Majoritäten bestimmt und z. B. durch die Schule vermittelt werden. Auf der gleichen begrifflichen Ebene liegen die Bezeichnungen ›Teilkultur‹, ↗›Alternative Kultur‹ und ↗›Gegenkultur‹. S. wird als Begriff in der amerikan. Jugendforschung der 40er Jahre geprägt (*Street Corner Society*), auch zur Kennzeichnung sozialer Klassenunterschiede. In der Soziologie abweichenden Verhaltens wird jugendliche S. als Sozialisationshindernis und als dysfunktional angesehen, während T. Parsons in seiner strukturell-funktionalen Systemtheorie S. aus theoretischen Überlegungen als Übergangsphase postuliert. Kennzeichnend für viele Ansätze zur jugendlichen

S. sind ihre Stigmatisierungen durch einseitige Bilder jugendlicher Akteure: Jugendliche als psychisch Kranke, als Außenseiter, als Kriminelle (Delinquente) oder als manipulierte Opfer (Unmündige). Erst mit dem Birmingham Centre for Contemporary Cultural Studies (CCCS) finden jugendliche S.en einen öffentlichen Anwalt, der Jugendliche als selbstbestimmte Akteure im kulturellen Prozess begreift und analysiert. Kultur firmiert hier im weitesten Sinne als Ausdrucksweise für den Lebensstil sozialer Gruppen. Das CCCS geht in seinen Analysen von S.en wie z. B. Rockern, Mods, Skinheads, Punks von klassen-, schicht- oder milieuspezifischen Stammkulturen aus, in denen sich S.en als Subsysteme entwickeln. S.en setzen die Entstehung sozialer Gruppen voraus, die sich gegenüber anderen Gruppen abgrenzen und ein eigenes Selbstbewusstsein – gemeinsam geteilte Wertvorstellungen, soziale Beziehungen, gemeinsame Praktiken und Territorien – entwickelt haben. Bei S.en geht es auch um die Lösung kollektiv erfahrener Schwierigkeiten – Ausgrenzung und Stigmatisierung durch Erwachsene, Jugendarbeitslosigkeit, gesellschaftliche Widersprüche, die als jugendspezifisches Generationsproblem erfahren werden. Die Lösung derartiger Probleme wird nicht auf der Basis sozialpolitischen Handelns angegangen, sondern auf einer symbolischen Ebene angestrebt. Dabei spielen subkulturelle Stile eine zentrale Rolle, denn sie fungieren als Ausdruck des Selbstbewusstseins sozialer Gruppen. Mit subkulturellen Stilen verbindet sich eine doppelte Funktion: nach innen als Zeichen der Gruppenzugehörigkeit und nach außen als Zeichen der Abgrenzung. Somit bilden Stile Angriffsflächen für andere subkulturelle Gruppen ebenso wie für Erwachsene. Die Stilschöpfung basiert auf dem Prinzip der *bricolage* (Bastelei), indem Objekte, die bereits in einem kulturellen Zusammenhang stehen, in

S.en neu geordnet und kontextualisiert werden. Es handelt sich um eine Transformation, die auf Opposition – symbolischen Widerstand – abzielt, bei der sich die Gruppe in den symbolischen Objekten zugeschriebenen Bedeutungen wiedererkennen kann. Auch nach der Entstehung eines Stils laufen Stilbildungsprozesse weiter, da Reaktionen der Umwelt und die von den Medien geförderte modische Verbreitung von Mustern auf das Selbstbild der Gruppe und auf die Einstellung zu dem von ihr entwickelten Stil zurückwirken. Nach einer Gewöhnungsphase erfolgt meist die kommerzielle Entschärfung eines Stils, die mit der Ablösung der Bezüge zur Stammkultur seine Auflösung einleitet. Durch die Vermarktung von Stilen zu Moden entsteht in der Öffentlichkeit die Vorstellung einer generationenspezifischen Jugendkultur. Auf diese Weise verwandelt sich der subkulturelle Stil vom Lebensstil in einen Konsumstil. Die auf Freizeit bezogenen S.en lösen sich auch dann auf, wenn die kollektiven Freizeitpraxen nicht mehr aufrechterhalten werden können und andere Bereiche – wie Arbeit und Familie – an Bedeutung gewinnen. In Deutschland wurde der Ansatz des CCCS v. a. von R. Lindner vertreten; R. Schwendter (*Theorie der Subkultur*, 1971) formuliert einen eigenen jugendsoziologischen Ansatz. Aufgrund der Veränderungen im Bereich der Jugendkulturen kann seit den 90er Jahren nicht mehr generell von Jugendkultur als S. gesprochen werden. Einerseits scheinen die notwendigen Voraussetzungen zu fehlen: soziale Gruppen, die ein eigenes Gruppenbewusstsein besitzen, das die Basis für subkulturellen Stil bildet, sind gegenwärtig nicht auszumachen. Jugendkulturen – wie z. B. Rapper und Raver – sind eher durch jugendkulturelle Szenen, soziale Räume und Events gekennzeichnet als durch soziale Herkunft. Andererseits greift auch die für S.en angesetzte Semantik kultureller Opposition nicht mehr, da Vorstellungen von einer Gesamtkultur angesichts der erfolgten kulturellen Ausdifferenzierungen theoretisch kaum noch zu modellieren sind und der Oppositionscharakter narzistischen Formen von Selbstdarstellung gewichen ist. Das Modell multipler Kulturen mit je eigener Spezifik scheint dem Konzept der S. den Rang abzulaufen.

Lit.: W. Helsper, Jugend zwischen Moderne und Postmoderne (1991). – W. Ferchhoff u. a. (Hg.), Jugendkulturen – Faszination und Ambivalenz (1995). – P. Willis, Jugend-Stile. Zur Ästhetik der gemeinsamen Kultur (1991).

A. B.

Systemtheorie, natur- und sozialwissenschaftliche Universaltheorie, welche auch zur Beschreibung kulturwissenschaftlicher Zusammenhänge herangezogen wird. Sie wird im deutschen Diskussionskontext weitgehend mit der von N. Luhmann vorgenommenen Bestimmung identifiziert und als solche in zahlreichen Adaptionen angewandt oder abgewandelt (vgl. etwa den Radikalen Konstruktivismus). In Abgrenzung zu T. Parsons, dem Begründer soziologischer S., führt Luhmann die Gesellschaft nicht mehr auf Interaktionssysteme, sondern auf Kommunikationen zurück (*Soziale Systeme*, 1984). Dabei beschreibt er Kommunikation als einen selbstreferentiellen Prozess, der durch eine Synthese aus drei Selektionen zustande kommt: Mitteilung, Information sowie Verstehen oder Missverstehen. Weder überträgt Kommunikation feststehende Bedeutungseinheiten, da diese vielmehr ein Resultat ihrer Operation sind, noch vermittelt sie zwischen Menschen, Individuen oder Subjekten, die nicht dem sozialen System, sondern seiner Umwelt angehören. Sie kommuniziert ausschließlich Kommunikation, denn ihr Funktionsstatus ist autopoietisch (↗ Autopoiesis) – ein Begriff, den Luhmann den Neurobiologen

Varela und Maturana entlehnt –, d. h. sich selbst herstellend und erhaltend. Mit der System-Umwelt-Differenz ist zugleich der Ausgangspunkt der S. benannt. Luhmann unterscheidet drei Systemtypen: organische, psychische und soziale Systeme. Was ein System ist, wird nicht auf der Ebene von Strukturen, sondern von Operationen entschieden. Dabei gilt, dass alle Systeme sich autopoietisch reproduzieren und operativ geschlossen sind, so dass sie füreinander jeweils nur Umwelt darstellen. Dennoch prozessieren sie immer auch umweltoffen, weil sie strukturell aufeinander angewiesen sind. Während das soziale System mittels Kommunikation operiert, ist die Operation der psychischen Systeme in Bewusstseinsprozessen, z. B. Gedanken oder Wahrnehmungen gegeben. Unter der Prämisse operativer Schließung können soziale Systeme weder denken noch wahrnehmen, und entsprechend können Bewusstseine nicht kommunizieren. Daraus erwächst das grundsätzliche Problem, wie unterschiedliche Systeme, mithin Kommunikationen und Bewusstseine, dennoch miteinander in Kontakt treten können. Die Antwort: immer nur nach Maßgabe der eigenen Operativität. Auch innerhalb des sozialen Systems zieht Luhmann, analog zur Differenzierung der drei Systemtypen, Grenzen zwischen einzelnen Funktionssystemen. Es handelt sich hier um das Wirtschafts-, Rechts-, Wissenschafts- und Kunstsystem, aber auch um Politik, Liebe, Erziehung oder die Massenmedien. Diese Systeme bestehen ›heterarchisch‹ nebeneinander, indem sie jeweils eine spezifische Funktion der modernen Gesellschaft (seit dem 18. Jh.) übernehmen. Sie konstituieren sich durch die Anwendung einer besonderen Leit- bzw. Code-Differenz (↗ Code). Luhmann hat auch das Kunstsystem als funktional ausdifferenziert beschrieben und dem Recht oder der Wirtschaft als gleichwertig zur Seite gestellt. Damit widerspricht er ästhetischen Positionen, welche der Kunst einen die Gesellschaft übergreifenden, ihr enthobenen oder einen kompensatorischen Stellenwert einräumen. In einem frühen Aufsatz (*Ist Kunst codierbar?*, 1976) führt er das Kunstsystem auf die Code-Disjunktion schön/hässlich zurück, was v. a. in der literaturwissenschaftlichen Rezeption alternative Vorschläge nach sich gezogen hat. So optieren z. B. S. J. Schmidt für die Unterscheidung stimmig/unstimmig, G. Plumpe/N. Werber hingegen für interessant/uninteressant. Später (*Weltkunst*, 1990) rückt Luhmann die Medium-Form-Unterscheidung, eine Neubestimmung der Medium-Ding-Unterscheidung von F. Heider, ins Zentrum seiner Kunstanalyse. Hier aber wird nicht mehr das gesamte System auf seine Leitdifferenz, sondern v. a. das einzelne Kunstwerk in Bezug auf seine Beobachtbarkeit befragt. Indes ist es nicht unerheblich, dass mit der Medium-Form-Unterscheidung ein Beobachtungsmodus in die S. Eingang findet, der auch auf materielle und medientechnische Zusammenhänge anwendbar ist und so eine Basis für Anknüpfungen der Medienästhetik bietet. In *Kunst und Gesellschaft* (1995) hebt Luhmann zum einen die Wahrnehmung-Kommunikation-Differenz am Kunstwerk hervor, da dieses im Medium der Wahrnehmung kommuniziere. Andererseits zeichnet er die Evolution des Kunstsystems als dessen Ausdifferenzierung nach, wobei er ihre Vollendung bereits in der Romantik festmacht. – Erwähnenswert ist überdies das Interesse an aktuellen frz. Theorien, v. a. an Derridas ↗ Dekonstruktion. Durch diese Rekurrenz erweitert Luhmann die S. auch um Problemstellungen, die genuin Kontexten der ↗ Kulturwissenschaften entstammen, und begegnet so der immer wieder an die S. herangetragenen Frage nach ihrer literatur- bzw. kunstwissenschaftlichen Kompatibilität und Verwertbarkeit. Neben den Untersuchungen zum Kunstsystem sind v. a. seine Überlegungen zum System der ↗ Massenmedien (*Die Realität der Massenmedien*, 1995) über die Grenzen der Soziologie hinaus rezipiert worden (Blöbaum, Marcinkowski, Spangenberg). Luhmann beschreibt hier eine grundlegende Paradoxie der modernen Gesellschaft, dass sie nämlich ihr Wissen vornehmlich aus Massenmedien bezieht, obwohl diese eine Wirklichkeit konstruieren, welche sich nur aus den selbstreferentiellen Mechanismen des massenmedialen Systems heraus erschließt. Hat sich die S. in den 80er Jahren in erster Linie der Frage zugewandt, welche sozialen Bereiche sich als autopoietische Systeme beschreiben lassen, so verschiebt sich ihre Aufmerksamkeit seit den 90er Jahren zunehmend auf zwischen- oder transsystemische Beobachtungen, aber auch auf Möglichkeiten ihrer theoretischen Selbstbeschreibung (Luhmann, *Die Gesellschaft der Gesellschaft*, 1997).

Lit.: W. Reese-Schäfer, Luhmann zur Einführung (1992). – J. Fohrmann/H. Müller (Hg.), Systemtheorie der Literatur (1996). – N. Binczek, Im Medium der Schrift. Zum dekonstruktiven Anteil in der Systemtheorie Niklas Luhmanns (2000).

N. B.

Techno, stark rhythmische und fast textlose elektronische Tanzmusik mit einem großen, jedoch heterogenen Szeneumfeld. Als musikästhetische Wegbereiter des T. fungierten avantgardistische Strömungen wie die Minimal Music, die Elektronische Musik und die Musique concrète, bei denen sich die typischen Stilelemente des T. wie Repetitivität und Verwendung von Klängen und Geräuschen bereits ebenso vorgeprägt finden wie die grundlegenden Produktionstechniken Schnitt, Montage, Überlagerung und Geschwindigkeitsmanipulation. Diese primär über die elektronische ↗ Popmusik der 70er und frühen 80er Jahre vermittelten Entwicklungen verknüpften die schwarzen Produzenten des sog. Detroit Techno (K. Saunderson, J. Atkins, D. May) und Chicago House (M. Jefferson, DJ Pierre, T. Terry) Mitte der 80er Jahre durch die Konzentration auf die Rhythmik mit der afro-amerikan. Musiktradition (vgl. ↗ Black Music). Während im HipHop Afroamerikaner verbal ↗ Rassismus, Armut und Gewalt im spätkapitalistischen Amerika reflektierten, geschah dies im T. rein musikalisch: »Hard music from a hard city« (Underground Resistance). Befördert durch den rapiden Preisverfall von Musikelektronik und die Vereinfachung der Bedienung explodierte etwa seit Beginn der 90er Jahre die Anzahl der T.-Produktionen. Indikator für den Übergang des T. von einem subkulturellen Phänomen zur Massenbewegung v. a. in Deutschland waren die Profilierung einiger Superstars (Marusha, Westbam, S. Väth), der enorme Teilnehmendenzuwachs bei T.-Veranstaltungen wie der Loveparade (seit 1989) und dem Mayday (seit 1991) und die Herausbildung eines kulturellen Umfelds mit eigener Mode, typischem Graphikdesign, Spezialzeitschriften, Clubs und Lifestyledrogen. Wie bei jeder etablierten Musikrichtung sind zahlreiche Unterformen (Trance, Minimal, Intelligent, Gabber, Jungle, Drum'n'Bass, Big Beats) entstanden, die sich in Parametern wie Tempo, Dynamik, Rhythmik und *sound* sowie in ihrem Rezeptionsumfeld stark unterscheiden. Die Gesamtheit der Ausprägungen umfasst inzwischen ein breites Spektrum ambivalenter Eigenschaften: avantgardistisch und poppig, individualistisch und kollektivistisch, human und technophil, (afro-)amerikanisch und europäisch, hedonistisch und engagiert.

Lit.: P. Anz/P. Walder (Hg.), Techno (1995). – G. Klein, Electronic Vibration (1999). – U. Poschardt, DJ-Culture (1995/1997). – Spezialzeitschriften wie Frontpage, de:Bug, Groove Magazin u. a.

Ch. G.

Tradition (lat. traditio = Übergabe), kulturelles und soziales Überlieferungsgeschehen, Übertragung von Wissen, Normen, Werten, Regeln, Gewohnheiten, Bräuchen, aber auch komplexer Zusammenhänge politischer und religiöser Systeme etc., von einer ↗ Generation zur nächsten. T. bezeichnet keine spezifischen Formen eines besonderen In-der-Welt-Seins, sondern kulturwissenschaftlich und -geschichtlich lediglich einen Prozess der Überlieferung, der bestimmte definitorische Voraussetzungen erfüllt. Damit wird der Begriff zu einem kulturwissenschaftlichen Terminus zweiter Ordnung zur Beschreibung sozialer und kultureller Prozesse. Nach einem Definitionsversuch von E. Shils bildet eine Überlieferung eine T., wenn sie von mehr als zwei Generationen übertragen worden ist (E. Shils, 1981). Dadurch geht die Bindung an die Begründer der Norm etc. verloren und es entsteht die Vorstellung, sie bestehe schon seit sehr langer Zeit oder seit Menschengedenken. In diesem Sinne müssen auch viele Eigenschaften der ↗ Moderne als »traditionell« bezeichnet werden (z. B. Vernunft), insofern sie nicht ständig neu erfunden, sondern überliefert werden (K. R. Popper, *Versuch einer rationalen Theorie der Tradition*, In: Ders., *Vermutungen und Widerlegungen*, 1994). Eine Festlegung des Entstehungsmodus von T.en auf eine bestimmte Zeitspanne (30 oder 50 Jahre) ist nicht sinnvoll, da T.en auch in wenigen Jahren entstehen können, wenn es Generationswechsel in kurzen Zeitläufen gibt (z. B. bei Abschlussklassen an Schulen, die jährlich wechseln und Rituale tradieren können). – Der Begriff der T. enthält im Sinne einer hermeneutischen Auslegung ein reflektives und kritisches Moment. Die jüngere Generation besitzt bei der Annahme von Überliefertem immer die Möglichkeit und die Verantwortung, sich mit Traditionsbeständen kritisch auseinanderzusetzen. Teile einer Tradition können abgelehnt werden und aus dem Tradierungsvorgang ganz herausfallen. Neue Aspekte können hinzukommen, seien es eigene Erfindungen oder entliehene Anteile anderer Kulturen und Traditionen (*cultural borrowing*). So ist es dennoch strenggenommen falsch, von »erfundenen Traditionen« zu sprechen (E. Hobsbawm/T. Ranger (Hg.), *The Invention of Tradition*, 1983), da zwar Bräuche etc. erfunden werden, ihre Tradierung aber in der Hand kommender Generationen liegt (K. Gyekye, 1997). Die Lebendigkeit einer Tradition hängt vermutlich von dieser impliziten Reflexivität ab. In der Diskussion wird dieses kritische Moment sehr unterschiedlich bewertet. So gibt es den Versuch, reflektive und nicht-reflektive T.en zu unterscheiden (J. W. Tate. *Dead or alive? Reflective vs. unreflective traditions*. In: Philosophy & Social Criticism, 1997, no. 4). Die offensichtlichen Unterschiede in der kritischen Handhabe von Tradierungsprozessen liegen zwar auf der Hand, sind aber bisher nur wenig erforscht. ↗ Fundamentalismus ließe sich z.B. als das Erstarren der Reflexivität einer T. beschreiben, was als ein Krisenzeichen lebendiger T.en gewertet werden kann.

In der Moderne ändert sich der Umgang mit T.en. Sie sieht gerade im Reflektivwerden von T.en ein Zeichen ihrer ↗ Krise. Die Moderne versteht sich in diesem Sinne als ein moderner Ersatz »aufgezehrter Traditionsbestände« (J. Habermas) und definiert sich als eine posttraditionale Bewegung. In ihrer Selbstauslegung ist Traditionalität das, wovon sich die Moderne absetzt, da nach ihrer Auffassung T.en *per definitionem* autoritär und geschlossen, also nicht veränderbar sind. Nach diesem Verständnis sind T.en von ihren Teilnehmern nicht kritisch hinterfragbar

oder zu erweitern. Es ließe sich von einer »traditionellen Feindschaft« zwischen Tradition und Moderne sprechen (↗ Avantgarde). Im Sinne dieser essentialistischen Auslegung des Begriffs wird T. zu einer eigenen, differenten Denk- und Daseinsstruktur die oft auch als vormodern bezeichnet wird. So spricht man von »traditionellem« Denken, Lebensweisen etc. Es spricht heute einiges dafür, dieses moderne Bild von T. zu revidieren. Neuerdings wird versucht, T. nicht mehr in Dichotomie zur Moderne zu lesen. Die mit der Dichotomisierung entstehende »gleichzeitige Ungleichzeitigkeit« führt dazu, dass Menschen, Gesellschaften, Regionen als »traditionell« tituliert, nicht mehr als gegenwärtig wahrgenommen werden. Damit geraten sie aus dem Blickfeld und in einen eigenen Diskursraum, in dem sie mit romantisierenden und folkloristischen Metaphern (re)konstruiert werden. Insgesamt scheint der Gebrauch des Adjektives »traditionell« wenig zu bedeuten, außer dass die Lebensweisen so bezeichneter Menschen als nicht modern gekennzeichnet werden. Die Legitimität der impliziten Werturteile ist in ihrer Begründungsstruktur allerdings diffus.

Lit.: K. Gyekye, Tradition and Modernity (1997). – U. Lölke, Kritische Traditionen (2000). – E. Shils, Tradition (1981).

U. L.

Unterhaltung, mehrdimensionaler begrifflicher Komplex, der mit Vergnügen, Genuss, Spaß, Spiel und dem Gegenteil von Langeweile in Verbindung steht. Häufig findet U. in Komposita wie U.s-Branche, U.s-Elektronik, U.s-Industrie, U.s-Medien, U.s-Musik, U.s-Literatur und U.s-Sektor Verwendung. U. entzieht sich einer eindeutigen Definition und kann nur über die jeweilige Funktion definiert werden. Wie der Literaturbegriff ist der U.s-Begriff historisch wandelbar und kulturell geprägt. So lassen die Einführung der ↗Fernseh-Talkshows und die nachfolgende Entwicklung von News Shows, des Reality-TV (mit dem Vorläufer der krimihaft aufbereiteten Fernsehfahndung) und diverser Reportage-Magazine privater Fernsehprogrammanbieter eine Abgrenzung zwischen U. und Bildung bzw. U. und Information kaum noch opportun erscheinen. Die Begriffsprägung ↗›Erlebnisgesellschaft‹ (G. Schulze) verweist sogar auf eine Durchdringung aller sozialen Bereiche mit U.s-Elementen. Generell ist U. in der freien Zeit und im städtischen Raum angesiedelt. Sie lässt sich einerseits strikt gegen Berufsarbeit, Ausbildung, Haus- und Familienarbeit abgrenzen. Auf der anderen Seite prägt U. eine breite Zone der Undeterminiertheit, da ganz verschiedene, heterogene Inhalte mit dem Begriff U. verbunden werden. Die Rezeption von Krimiserien, Gameshows und Sportübertragungen im Kontext häuslicher Medienangebote, der Besuch von Theateraufführungen (nicht nur beschränkt auf Operette und Komödie), Musik-Konzerten, Museumsausstellungen und Festivals gehören ebenso zum U.s-Bereich wie das Aufsuchen von Rummelplätzen, Freizeitparks, Fußballstadien und Tanzvergnügungen (von der Music Hall bis zur Disco). Auch heutiger Werbung sind U.s-Aspekte nicht abzusprechen. Bereits die Wortbedeutung von »sich unterhalten« weist auf einen unbestimmten Phänomenbereich hin, der nicht nur kommunikative Aspekte impliziert, sondern der auch kurzweilige Geselligkeit einschließt, deren private und öffentliche Formen ganz unterschiedlich ausfallen können. Der U.s-Begriff enthält sozialhistorische, sozialpsychologische, kognitiv-emotionale und mediale Dimensionen. Sozialhistorisch ist U. zunächst gebunden an das Amüsement sozialer Eliten, die in Festen jeglicher Art Belustigung suchen. Ein erster Schritt der sozialen Verbreitung von U. zeichnet sich im Zuge der

Entwicklung des modernen Literatursystems in der zweiten Hälfte des 18. Jh. ab, indem U.s-Literatur unter dem Begriff ›Mode-Lektüre‹ reüssiert. U. in einem modernen Sinne ist gebunden an die Erscheinung der ↗Massenkultur Ende des 19. Jh. und deren unmittelbare Verknüpfung mit Freizeitorientierung (↗Freizeitkultur). Der Kulturmarkt dehnt sich koevolutiv mit dem Ansteigen finanzieller und zeitlicher Budgets immer größerer Teile der Bevölkerung aus. Mit der Selbstbestimmung breiter Bevölkerungsschichten über die Gestaltung ihrer Freizeit erweist sich U. bis heute als ein zentrales und bestimmendes Element von Demokratisierungsprozessen der Moderne. Dieser Prozess hat seit dem 18. Jh. unter sozialen Eliten und Intellektuellen Argwohn hervorgerufen und den Ruf nach Kontrolle von U.s-Angeboten und Massenkultur ausgelöst. Vokabeln wie ›Lesesucht‹, ›Schund und Schmutz‹, ›Videopest‹ oder ›Horrorseuche‹ signalisieren vehemente Vorbehalte gegenüber historisch unterschiedlichen U.s-Phänomenen mit breiter Rezeption. Die erste moderne Massenkunst, verbunden mit den Lebensgewohnheiten und Vorlieben der unteren sozialen Schichten, bildet der narrative Film zu Beginn des 20. Jh. Mit dem Film zieht erstmals eine Kunstform in den Alltag von Lohnabhängigen ein. In den 60er Jahren gelingt dem Fernsehen der Durchbruch zum uneingeschränkten Leitmedium. Musik und ↗Popkultur prägen als U.s-Elemente nach 1945 zunächst v. a. den Bereich der ↗Jugendkultur, werden aber nach und nach in der gesamten westlichen Gesellschaft aufgegriffen. Daneben hat U. eine zentrale Bedeutung für die Herausbildung und Stabilisierung kollektiver Identitäten. Eingebettet in spezifische Lebensstile, erlauben verschiedene U.s-Formen soziale Distinktion. Mit gleicher oder gleichgelagerter U.s-Praxis (z. B. Besuch von Opern, Festspielen in Bayreuth und Salzburg) wird eine soziale Identität geschaffen und zugleich eine Abgrenzung gegenüber anderen U.s-Formen erzeugt. U. wird auf unterschiedlichen sozialen Ebenen ganz verschieden geprägt und gehandhabt. Soziologen wie M. Weber, T. Veblen, N. Elias, G. Simmel oder P. Bourdieu haben sich jeweils mit der Lebensführung und dem Lebensstil zur Charakterisierung sozialer Gruppen befasst und dabei auch die verschiedenen Formen der U. berücksichtigt. Für die Literaturwissenschaft hat L. Schücking mit dem Begriff ›Geschmacksträgertypus‹ den Zusammenhang von sozialer Gruppe und Lektürepräferenzen benannt. Dem sozialen Schichtenmodell folgend, kann von einer Hochkultur der U., einer U.s-Kultur der Mittelschichten sowie von einer Popularkultur der U. gesprochen werden. Das Problem dieser Ansätze besteht in ihrer klassen- bzw. schichtspezifischen Orientierung, die einerseits für sozialübergreifende U.s-Phänomene keinen Platz hat, andererseits mit zunehmender Ausdifferenzierung sozialer Schichten zu rechnen hat. In dieser Dimension ist auch die Debatte um U. vs. Kunst anzusiedeln, bei der auf der Basis eines elitären Kunstbegriffs Produkte der Popularkultur als ästhetisch minderwertig ausgegrenzt werden. Die Dichotomisierung in hohe und niedere Kunst folgt diesem vereinfachenden ästhetischen Stufenmodell. U. zeigt darüber hinaus eine kognitiv-emotionale Dimension, in der auch individuelle Funktionen von U.s-Angeboten Berücksichtigung finden. In emotionaler Hinsicht sind z.B. Erregung, Spannung, Spaß, Angstlust, Schauer, Mitleid, Suspense, Entspannung, Ablenkung zu nennen, die durch U. ausgelöst werden. Schon in den sensualistischen Ästhetiken des 18. Jh. (z.B. bei Sulzer) wird U. als Komponente einer humanistischen Persönlichkeitsbildung gesehen. In diesem Zusammenhang ist auf die Volksweisheit »Lachen ist gesund« zu verweisen, die auf einen biologischen Zusammenhang zwischen U. und Körperbefindlichkeit hindeutet. In kognitiver Hinsicht hat U. nicht nur eine hedonistische Funktion, sondern U. wirkt über die Seite der Emotion auch als Verstärker von Einstellungen und Handlungsdispositionen, wenngleich nicht, wie Kulturpessimisten häufig annehmen, als Auslöser von Affekthandlungen oder als Handlungsanweisung. Ergebnisse der empirischen Ästhetik zeigen, dass jede Art von Reiz für den Rezipienten ein gewisses Maß an Komplexität nicht überschreiten darf, um noch als angenehm empfunden zu werden (Berlyne). Da U. auf Ablenkung, Entspannung und insgesamt auf angenehme Empfindungen abzielt und nicht auf kognitive Anstrengung, darf das U.s-Angebot den Rezipienten nicht zu komplex erscheinen. Der Rezeptionsprozess von U.s-Angeboten erweist sich somit als ein Wechselspiel von kognitiver Entlastung und emotionaler Belastung. Schließlich weist U. noch eine mediale, produktbezogene Dimension auf, die in Begriffen wie U.s-Medien und U.s-Elektronik anklingt. Als Kommunikationsform ist U. immer auf Medien und Zeichensysteme, d.h. auf einen materiellen Aspekt angewiesen. Da der jeweilige Handlungszusammenhang und nicht primär das Produkt für den U.s-Aspekt ausschlaggebend ist, können in dieser Dimension nur Erfahrungswerte herangezogen werden. So können z.B. Nutzer ihre Rollenspiele im Internet weniger als U. erfahren denn als ernsthafte Herausforderung einer Problemlösung. In einer groben Einteilung lassen sich der Klatsch der Regenbogenpresse, Gameshows und Talkshows, Musiksendungen und Sportübertragungen zu einer Gruppe nicht-fiktionaler U.s-Angebote zusammenfassen. Daneben finden sich fiktionale U.s-Angebote wie Comics, Romane, Spielfilme, Fernsehserien oder Hörkassetten.

Lit.: A. Barsch (Hg.), Sonderheft SPIEL 1998, H. 1, »Medien und Unterhaltung« (1998). – K. Maase, Grenzenloses Vergnügen. Der Aufstieg der Massenkultur 1850–1970 (1997). – D. Petzold/E. Späth (Hg.), Unterhaltung (1994).

A. B.

Video, im Gegensatz zum Film ein elektronisches Medium, das zur Gruppe der ↗Neuen Medien wie auch zu den ↗Massenmedien gehört. V. dient zum Aufnehmen, Übertragen, Visualisieren und Präsentieren von Informationen, für die Interaktion mit Menschen oder Maschinen, zur ↗Unterhaltung, Beobachtung, Überwachung etc. (J. Welsh). V. existiert seit den Anfängen des ↗Fernsehens und erlebte seit der Einführung des Videorekorders 1977 auf dem europäischen Markt in den 80er Jahren eine weite Verbreitung, v. a. im Privatbereich.

(1) Zur Technik: Bild- und Tonsignale werden elektronisch auf das Magnetband der Videokassette gespeichert, gegebenenfalls per elektronischem Schnitt nachbearbeitet und sind – im Gegensatz zu den fotografischen Aufnahmetechniken verwandter Medien (Film, ↗Fotografie) – sofort nach der Aufnahme abrufbar. Auch die Reproduktionsverfahren sind daher für V. einfacher. Die Verbreitung von V. erfolgt durch Fernsehen oder Videokassetten. Bei der Einführung der Videokassette konkurrierten drei miteinander nicht kompatible Systeme. Das 1976 von der Firma Sony auf den Markt gebrachte, qualitativ höherwertige Halbzoll-Videokassetten-System Beta konnte sich – wie auch das System Video 2000 von Philips/Grundig – nicht gegen das technisch unterlegene Halbzoll-System VHS (= Video Home System) durchsetzen, das 1977 in den USA von der Firma JVC eingeführt wurde und sich durch eine geschickte Vermarktungsstrategie gerade im Privatbereich als Standard etabliert hat. So verschwand Beta in den 80er Jahren vom Markt, wurde jedoch für den professionellen Bereich (v. a. das Fernsehen) weiterentwickelt und wird hier auch weiterhin eingesetzt. Daneben existiert noch U-Matic, ein $\frac{3}{4}$-Zoll-Videosystem (Sony), das seit 1971 für die Videotechnik als Speichermedium verwendet und v. a. im professionellen Bereich benutzt wird. Seit den 70er Jahren wird V. auch auf Videodisc gespeichert, wobei hier ebenfalls verschiedene Systeme miteinander konkurrierten und sich letztendlich nur die Laserdisc (Philips; MCA) durchsetzen konnte, die seit einigen Jahren jedoch zunehmend von DVD (= Digital Versatile Disc) abgelöst wird (↗Digitalisierung). Während auf die VHS-Videokassette beliebig oft neue Bild- und Tondaten aufgenommen werden können, sind die auf der Laserdisc und auf DVD gespeicherten Daten (noch) nicht überschreibbar. (2) V. im Alltag: Neben dem Fernsehen ist der Privatbereich der größte Einsatzbereich für V. gleichzeitig auch der ökonomisch bedeutendste. Zum einen bestimmt der Verkauf und Verleih von bespielten Videokassetten die Freizeitgestaltung und die Sehgewohnheiten. Kinofilme zuhause auf V. zu sehen, ist für viele Menschen die einzige Form der Kinofilmrezeption, weshalb die Vermarktung von Kinofilmen auf Videokassetten ein wichtiger wirtschaftlicher Faktor für die Filmindustrie geworden ist. V. ist somit ein Zusatz zum Fernsehprogramm. Andererseits ist V. eine virtuelle ›Erweiterung‹ des TV-Programms. Durch die Möglichkeit, mit dem Videorekorder Fernsehsendungen aufzuzeichnen, was durch VPS (= Video Programm System) erleichtert wird, ist der Zuschauer nicht mehr an feste Sendezeiten gebunden und kann selbst bestimmen, wann er welche Sendungen anschauen möchte. V. hat somit einen großen Einfluss auf die Freizeitgestaltung (↗Freizeitkultur). Parallel zur Verbreitung von Videorekordern stieg auch die Entwicklung und Verbreitung der Videokamera für den Privatgebrauch

ständig. Das hat zur Folge, dass die sog. ›Amateur‹-V.s die traditionellen Fotos und Dias z. T. ablösen und ›Home‹-V.s ihren Weg in Fernsehsendungen finden. V. wird außerdem im Bildungsbereich eingesetzt (Schule, Medienpädagogik). V. ist heute außerdem bevorzugtes Medium für die Videokunst. Es dient als Medium für junge, unabhängige Filmemacher und wird teilweise zur Produktion von Kinofilmen eingesetzt (z. B. Jean Luc Godards *Numéro deux*, 1975; Peter Greenaways *Prospero s Books*, 1991). Die technischen Möglichkeiten der Bildbearbeitung und Montage des V.-Materials (Mehrfachkadrierung/Split Screen, Bildcollagen, Schreiben auf dem Bild, elektronische Verfremdung etc.) erlauben eine völlig neue Ästhetik des Kinofilms.

Lit.: J. Monaco, Film verstehen. Kunst, Technik, Sprache, Geschichte und Theorie des Films und der Medien (1996). – J. Welsh, Synthese und Konstruktion. Video und das »Sampled Image«. In: Kunstforum International 117 (1992). – J. Baudrillard, Videowelt und fraktales Subjekt. In: K. Barck u. a. (Hg.), Aisthesis (⁶1998).

A. T.

Videoclip, Kurzfilm, der einen Popmusiktitel von einem oder mehreren Interpreten in Verbindung mit unterschiedlichen visuellen Elementen präsentiert. V.s sind, trotz ihrer Funktion als Absatzförderer (›Promos‹), keine Werbespots, sondern analog zur Plattenhülle eine Form visueller Musikverpackung, die aus dem dynamischen Zusammenwirken von avantgardistischer Videokunst und Musikindustrie resultiert. Zwar reichen die ästhetischen Grundlagen ebenso wie die Verkopplungen mit dem Werbesektor in die 20er Jahre (O. Fischinger, W. Ruttmann) zurück, indes liegen die Ursprünge des V.s in den 60er Jahren, in der zunehmenden Stagnation des Tonträgermarktes. Ihr Einsatz im Fernsehen (in Deutschland zuerst im

›Beat Club‹) erfuhr durch die Einführung der Musikspartenkanäle (1981 MTV, 1993 VIVA) eine Radikalisierung, deren doppelte Ökonomie – der Sender liefert zum Nulltarif den Sendeplatz, die Industrie das Programm – absatzsteigernd zu Buche schlug. – Die V.-Ästhetik bedient sich der Darstellungsformen Performance- und Konzept-Clip, in denen verschiedene Subebenen (z. B. live oder computeranimiert, mit oder ohne Interpreten) und Erzählweisen (narrativ, situativ, illustrativ) über V.-spezifische filmsprachliche Mittel (hohe Schnittfrequenz, Spezialeffekte) miteinander kommunizieren. Kritische Wertungen der aus diesen filmsprachlichen und auf Imagebildung zielenden ↗Codes resultierenden Polysemie reichen von der Errichtung popkulturell strukturierter Sinnwelten über die Ausbeutung eines pseudo-bedeutenden kulturellen Steinbruchs bis hin zur vermuteten Gefährdung der Rezipienten durch Konsumanreize und Akzeptanz von Gewalt. Die Selbstreferentialität dieser genuinen Ausdrucksform des Mediums ↗Fernsehen generiert neue Bedeutungen, indem (visuell) Bekanntes anders arrangiert und kontextualisiert wird. Auf die Potenzierung visueller Codes reagieren V.-Analysen meist – und entgegen dem nachgewiesenen Rezeptionsverhalten – mit dem Verzicht auf eine analytische Durchdringung der Musik selbst.

Lit.: V. Body/P. Weibel (Hg.), Clip, Klapp, Bum. Von der visuellen Musik zum Musikvideo (1987). – M. Altrogge/R. Amann, Videoclips – die geheimen Verführer der Jugend? (1991). – K. Neumann-Braun (Hg.), VIVA MTV! Popmusik im Fernsehen (1999).

Th. P.

Virtuelle Realität (engl. virtual reality), Begriff der Computerwissenschaft. Er vereinigt drei Ideen: (1) die Idee der rechnergestützten integralen Repräsentation v. a. physikalischer Phänomene, die sich an das gesamte sinnliche Vermögen des Menschen richtet, (2) die Idee der Interaktion mit der Repräsentation zwischen den repräsentierten Phänomenen untereinander und mit dem erzeugenden und beobachtenden Nutzer, (3) die Idee der medialen Erweiterung unseres raumzeitlichen Auffassungsvermögens, wobei auch unsinnliche Merkmale sinnlich erfahrbar werden. V.R. verbindet die philosophischen Problemtitel der Virtualität (lat. virtus = Kraft, Vermögen) und der Realität (von mlat. realis = sachlich, dinghaft). Eigentlich ist der Begriff ungeeignet zur Unterscheidung zwischen potentieller und physikalischer Realität, da auch in Letzterer Virtualität wirksam ist. Der Gebrauch betont den Aspekt der Substitution und Simulation einer meist physikalischen Realität durch die Isolierung des Repräsentierten aus dem Erfahrungskontinuum und durch seine Reduktion auf endlich viele Daten. Der Aspekt der nur möglichen Gegebenheit schließt ein, dass das Repräsentierte sich an unsere in der raumzeitlichen Außenwelt gemachte Erfahrung anschließt und es zu Rückübertragungen kommt und dass wir mit der Repräsentation so umgehen können, als ob es sich um Gegenstände der leibvermittelten Außenwelt handelt. – Die ersten Versuche einer rechnergestützten Umsetzung dieser Idee entstand 1966, als I. Sutherland im Massachusetts Institute of Technology (MIT) Experimente mit Bildschirmbrillen machte. Der Anwendungsbereich von V.-R-Techniken hat sich seither vielseitig entwickelt. Im Bereich wissenschaftlicher Simulationen lassen sich z.B. chemische Reaktionen sichtbar machen und testen, indem man mit einem mechanischen Manipulationsarm Moleküle verschiebt. Ein weiterer wichtiger Anwendungsbereich sind die ↗ Unterhaltung und die Kunst (Animationstechniken). Der Begriff dringt zunehmend in den bildungs- und populärsprachlichen Gebrauch ein. In der

Computerwissenschaft erfährt er verschiedene Differenzierungen. So werden V.-R.-Techniken im Rahmen der Erforschung möglicher Verwendungen in Arbeitsprozessen zu (1) Real-Reality-Techniken, wenn es um die synchrone Kopplung des Modellierens im Realen mit dem Erstellen virtueller Modelle geht, (2) zu Augmented-Reality-Techniken, wenn es um das ergänzende Arbeiten mit Bildprojektionstechniken geht. Zuletzt zeichnet sich außerhalb der Computerwissenschaft die Tendenz ab, die Begriffsverbindung zugunsten der ausschließlichen Verwendung von Virtualität aufzulösen (J. Baudrillard, R. Hammond u.a.). Man konstatiert dann nur noch eine Wirkung, ohne den Realitätsgehalt dieser Wirkung zu thematisieren. ↗ Cyberspace.

Lit.: H. Wedde (Hg.), Cyberspace – Virtual Reality. Fortschritt und Gefahr einer innovativen Technologie (1996). – C. Cadoz, Virtuelle Realität (1998). – H.D. v. Mutschler (Hg.), Die Virtualisierung der Realität (2000).

K.W.

Weltmusik (engl. = world music) ist ein Begriff jüngeren Ursprungs, der etwa seit den 70er Jahren aufkam. Er bezeichnet die Zusammenführung von Elementen außereuropäischer Musikkulturen mit denen der europäischen und nordamerikan. Musikentwicklung. Dies kann sowohl auf musikstilistischer Ebene, im Bereich ›fremder‹ Instrumente als auch im Zusammenspiel von Musikern unterschiedlicher ethnischer Herkunft hergestellt werden, wobei diese Musiker ihren musikalisch-biographischen Hintergrund mit einbringen, nebeneinander bestehen lassen oder in vielfältige Fusions- und Verschmelzungsgrade zusammenbringen. Die Entwicklung der W. hat neben dem interkulturellen Austausch (Tourismus, ↗ Neue Medien, ↗ Internet) auch einen kulturkritischen Aspekt: wenn sich z.B. Farbige in den USA gegen die Dominanz europäischer Konzertmusik wehren und gleichberechtigt die Rezeption japanischer, afrikanischer, indischer oder arabischer Musik einfordern. Gerade im Jazz seit den 60er Jahren – später dann auch im Ethno-Rock – sind Elemente vieler musikalischer Kulturen (der brasilianischen, indischen, arabischen, balinesischen, afrikanischen, chinesischen z. B.) miteinander in einen musikalischen Dialog getreten, quasi als eine »Hör- und Sehweise durch die Kulturen hindurch« (R. Rudd). Musiker wie der amerikan. Tabla- u. Sitar-Spieler C. Walcott haben sich immer wieder dazu bekannt, im musikalischen Niemandsland, im Grenzbereich der Kulturen zu agieren, ohne der einen oder anderen ganz anzugehören. Zugleich wird durch W. auch ein Versuch unternommen, die disparate Welt musikalisch einzubinden und eine Ganzheitlichkeit herzustellen, die realiter nicht existiert. W. bildet sich in den 60er Jahren in einem additiven Prozess heraus, indem die Jazzmusiker Indisches, Balinesisches, Afrikanisches z. B. den bekannten nordamerikan. und westeuropäischen Standards zitierend hinzufügen. In den 70er Jahren erfolgen Durchdringungs- und Integrationsprozesse, die sich seit den 80er Jahren intensivieren. W. ist stilauflösend, synkretistisch und eklektisch. Sie rüttelt an Unterscheidungen zwischen Stilen, Gattungen, Kategorien. Der ›Weltmusiker‹ erscheint als Prototyp des postmodernen Musikers und als Verkünder der Botschaft, auf der enger gewordenen Welt rücksichtsvoller und humaner miteinander zu leben.

Lit.: J.-E. Behrendt, Das Jazzbuch. Von New Orleans bis in die achtziger Jahre (1991). – S. Broughton u. a., Rough Guide Weltmusik (2000).

J. L.

Werbung. Es handelt sich bei der professionellen W. um ein relativ junges Kulturphänomen. Ende des 19. Jh. verfügt noch kein deutsches Unternehmen über eine eigene Werbeabteilung. Erst zu Beginn des 20. Jh. etabliert sich W. als eigenständig ausdifferenzierte Kommunikation zwischen Produzenten und Konsumenten. Parallel dazu beginnt eine Rezeptionsgeschichte, die in zwei Bereiche zerfällt: einerseits in einen fachlichen Sektor (Fragen der Optimierung von Strukturen, von Werbeträgern, Innovationen im Bereich der Konzeptualisierung von Kampagnen etc.), andererseits in eine kritische Metaebene. Hier dominieren in den 50er und 60er Jahren des 20. Jh. die kulturkritische Theorie Horkheimers/Adornos, welche in der *Dialektik der Aufklärung* (1947) die Reklame als »reine Darstellung der gesellschaftlichen Macht« (FfM 1988, 172) denunziert, sowie ähnlich gelagerte Standpunkte (V. Packard, *Die geheimen Verführer*, 1957). W. wird hier im Rahmen antiaufklärerischer Tendenzen begriffen: Eine profitorientierte Kulturindustrie bedient sich ihrer zur Erzeugung *falscher Bedürfnisse*, die das Begehren der Konsumenten in Abhängigkeit halten, um so die Fest- und Fortschreibung gesellschaftlicher Hegemonien zu ermöglichen. Diese Kritik spitzt H. Marcuse 1964 in seiner Studie *Der eindimensionale Mensch* mit der These zu, dass erst die Abwesenheit werbewirksamer Bilder in den ↗ Massenmedien eine wirkliche (emanzipative) Reflexion des Individuums über seine sozialen Umstände zulasse. In diesem Sinne erfolgt der kritische Einspruch gegen die W. im Namen eines einseitigen Sender-Empfänger-Verhältnisses. Doch indem u. a. die Vertreter der Frankfurter Schule von einem geschlossenen Medienverbund ausgehen – Warenproduzenten und -konsumenten agieren auf einer manifesten Stimulus-Response-Basis –, verlieren sie das produktive Potential der W. aus dem Blick. Letzteres hatte W. Benjamin in seinem *Passagen-Werk* als die »List« erkannt, mit der »der Traum sich der Industrie aufdrängt« (FfM

1983, 172). Indem diese These der W. ein traumhaftes Element zuschreibt, bezieht sie jene auf eine nicht mehr eindeutig reziproke Struktur. Ausweis wachsender Akzeptanz dieser Annahme einer strukturellen Unschärfe im Gefüge der »Bewusstseinsindustrie« (H. M. Enzensberger) ist eine Umorientierung des Werbediskurses in den 70er Jahren. In ihr erfährt der mediale Status der Konsumenten eine generelle Aufwertung. Statt diese zum Opfer ökonomischer Machtentfaltung zu stilisieren, rückt jetzt das Potential der Verbraucher, bestimmte Werbebotschaften zu ignorieren, andere zu privilegieren, in den Vordergrund. Diesem Konzept eines Zuwachses an »Konsumentensouveränität« (S. J. Schmidt/B. Spieß) entspricht die sich weiter steigernde Präsenz, Finesse und Subtilität der W. (Product Placement, Sponsoring, Merchandising etc.). Sie wird fortan als kommunikative Schnittstelle innerhalb gesellschaftlich-massenmedialer Wandlungen gedacht und gehandhabt, die als »Bildkommunikation« (W. Kroeber-Riel) weniger Überzeugungsarbeit leistet als vielmehr *Identifikationsangebote* bereitstellt: Durch Identifikation verwandeln die Rezipienten die anfängliche Kontingenz der Werbebotschaften in eine Praxis der Geschmacksurteile (›Lifestyle‹). W. referiert so nicht länger auf ein tatsächliches Warensortiment, sondern markiert primär die Repräsentation eines Produktimages in Differenz zu anderen Produktimages; Slogans reagieren nur mehr mit und auf Slogans. Diese Idee eines *Marketings* des Imaginären ermöglicht nun eine doppelte Überlegung: Zum einen wird W. als »Imagerystrategie« (W. Kroeber-Riel) kenntlich, die als solche immer auch Verführung zu einem Markenbewusstsein ist. Zum anderen bezieht sie sich auf ein dynamisches Moment der Unterscheidungskompetenz, das nicht in einer Struktur der Überredung aufgeht. Insofern verbindet sich die W. in ihrer

Medialität einem irreduziblen Risiko, das in ihr selbst als einer im Grunde asymmetrischen Kommunikationsstruktur liegt. W. wird auf diese Weise nicht mehr nur linear, d. h. als Merkmal und Vehikel eines Konsumzwangs oder der Versklavung des Unbewussten zum Zwecke ökonomischer Machtentfaltung, sondern differenzierter, d. h. im Kontext einer Mythologie des Alltagslebens (R. Barthes) lesbar. Ähnliches hatte auch M. McLuhan bereits in *Die magischen Kanäle* (1964) thematisiert mit der Hypothese, dass die »Historiker und Archäologen« eines Tages entdecken werden, dass »die Werbung unserer Zeit die einfallsreichsten und tiefsten täglichen Betrachtungen darstellt, die eine Kultur je über ihr ganzes Tun und Lassen angestellt hat« (dt. Basel 1994, 355).

Lit.: W. Kroeber-Riel, Bildkommunikation. Imagerystrategien für die Werbung (1996). – D. Reinhardt, Von der Reklame zum Marketing. Geschichte der Wirtschaftswerbung in Deutschland (1993). – S. J. Schmidt/B. Spieß, Werbung, Medien und Kultur (1995).

G.Schw.

Wohnkultur, ästhetische wie gesellschaftliche Auseinandersetzung mit dem Wohnumfeld. Der Begriff W. geht über gestalterische Einzelaspekte wie Ambiente, Dekor oder Interieur hinaus. Im Vordergrund stehen übergreifende Stilentwicklungen (Lebensstil) unter Einbeziehung traditioneller, landschaftlicher oder landestypischer Formelemente. Im Sozialismus wurde W. konsequent als Bindeglied zwischen Kultur- und Persönlichkeitsentwicklung verstanden und als Sicherung ausreichenden Wohnraums interpretiert, ohne dass damit die Wohnungsfrage als soziales Problem gelöst worden wäre. – W. ist eng mit der allgemeinen Stil-Geschichte und der Entwicklung von Kunst und Technik verknüpft. Während sich die Stilgeschichte bis zum frühen

19. Jh. vorrangig als handwerkliche Tradition mit starker sozialer Differenzierung ausbildet, setzt mit dem Übergang zur industriellen Massenfertigung und der damit ermöglichten Konsumierbarkeit von Einrichtungsgegenständen eine immer schnellere Abfolge von Moden ein, die schließlich im 20. Jh. kaum mehr nach Dezennien zu messen sind. Zur Jahrhundertwende versucht man noch vielerorts in Anlehnung an die engl. Arts-and-Crafts-Bewegung von W. Morris die Trennung zwischen Kunst und Technik durch eine neue ↗ Ethik und Ästhetik der Gegenstände zu überwinden. Dieser idealistische Ansatz zerbricht in den industriell geführten Massenschlachten des Ersten Weltkriegs. Der europäische Jugendstil (Art nouveau, Liberty, Modernismo) und seine deutschsprachigen Ableger (Vereinigte Werkstätten für Kunst und Handwerk 1898, Wiener Werkstätte 1903 sowie Werkbund 1907) lehnen als organisch-sinnliches Gesamtkunstwerk direkte Bezüge zum Vergangenen ab. W. erhält in der Folgezeit durch das industriell, rational und funktionalistisch ausgerichtete ↗ Design von Gegenständen ein neues Gepräge und zugleich Anschluss an den allgemeinen Aufbruch der künstlerischen ↗ Avantgarde. Eine neue, nüchterne Architektur bietet freie Grundrisslösungen und neue Wohnkonzepte. Mit M. Schütte-Lihotzkys berühmter »Frankfurter Küche« von 1925 sollten Klarheit, Hygiene und Effektivität auf kleinstem Raum Eingang in die Arbeiterwohnung finden. Zeitgleich feiert das Art déco mit Le Corbusiers gleichnamigem Pariser Pavillon erste Triumphe und löst durch seine betont reduzierte Einrichtung und neue, offene Raumaufteilung hitzige Debatten aus. Rationalismus und Ergonomie finden in der Weimarer Republik ihren avanciertesten Ausdruck im Staatlichen Bauhaus Dessau unter den Direktoren W. Gropius, H. Meyer und M. v. d. Rohe, bis die Nationalsozialisten 1932 die Ein-

richtung schließen. Parallel zur Emigration ihrer Protagonisten in die USA und zum Aufstieg des Architekten F. L. Wright als Gestalter kommt es im New Yorker Museum of Modern Art zur bahnbrechenden Ausstellung »The International Style« von 1932, die zum Namensgeber einer weltumspannenden Architektur- und Designauffassung von 1920 bis 1950 wird.

Eine Zäsur bildet der Zweite Weltkrieg mit seinen Verwüstungen. Erneut kann sich die versprengte Avantgarde formieren, wenngleich der dominierende ›International Style‹ durch eine Rückwendung zu Tradition, durch Regionalismus (›Bay Region Style‹ in Kalifornien, skandinavischer ›New Empirism‹ und engl. ›New Brutalism‹ seit den frühen 1960er Jahren) sowie Eklektizismus in Frage gestellt wird und um 1970 schließlich in die ↗ Postmoderne mündet. Inbegriff der gesellschaftlich restaurativen 50er Jahre wird expressives, organisches und in Pastelltönen gehaltenes Design. Nierentisch, perforierte Sitzschalen und auffallende Tapetenmuster sind die Zeichen der Zeit. Längst haben neue Werkstoffe (Kunststoffe) die Szene erobert und werden mit großem Erfolg zur Massenfertigung eingesetzt. 1954 findet das Bauhaus mit der Hochschule für Gestaltung Ulm unter M. Bill eine Fortsetzung. Weltbekannt werden H. Gugelots Produktentwürfe. Nachdem die als ›links‹ gebrandmarkte Designschmiede 1968 geschlossen wurde, propagiert beispielsweise die Firma Rowenta ›sympathische Geräte‹ statt ›kaltem Funktionalismus‹. Bunte Kunststoff-Möbel, stark farbige Tapeten-Designs und Pril-Blumen umspielen eine aus den Fugen geratene Republik, die durch Sit-ins und Wohngemeinschaften neue Formen des Zusammenlebens probt. Am Ende stehen die 80er Jahre als Zeit der Yuppies. Design dominiert, und selbst profane Küchengeräte werden in den Rang von Kultobjekten erhoben (Alessi).

Gleichzeitig folgen neue Wohnideen zumeist den alten: Re-Design und Retro-Look prägen den Ausgang des Jahrtausends, das per ⟋ Internet längst die ganze Welt in die heimischen vier Wände holt.

Lit.: M. Bayer (Hg.), Wohndesign … made in Germany (1997). – R. Montenegro, Enzyklopädie der Wohnkultur (1997). – A. Morand (Hg.), Stilkunde der Wohnkultur (1980).

O. H.

Yuppie (abgeleitet von engl. Young Urban Professional), Bezeichnung für eine karrierebewusste, prestige- und statusorientierte Person meist männlichen Geschlechts in jugendlichem Alter, von urbanem Lebenszuschnitt und mit guter Ausbildung. Es handelt sich um einen in den 80er Jahren von Trendforschern produzierten und propagierten Sozialtypus von internationalen Dimensionen, dem zahlreiche Klischees anhaften: flotter Lebensstil, schicke Kleidung, modische Frisur, schnelle(s) Auto(s), saloppe Verkehrsformen, überdurchschnittlich hohes Einkommen. Diesen Klischees zufolge ist der Y. ein Genussmensch, ein exemplarischer Hedonist, der jedoch hart arbeiten muss, um seinen aufwendigen Lebenszuschnitt finanzieren zu können. Seine Individualität bestimmt sich über Markenartikel, Fitness, Design, erlesene Getränke und exklusive Restaurants. An die Stelle eines Denkens in Kategorien des Kalten Kriegs oder politischen Lagern, in konfrontativen Weltbildern oder sozialen Dichotomien treten bei ihm Persönlichkeitsmerkmale wie Dynamik, Geschwindigkeit, Körperkultur, Stil- und Modebewusstsein. Gesellschaftlich sollte der Y. die Abkehr von der politisierten ⟋ 68er-Generation repräsentieren. Experten aus dem Bereich der Trend- und Zukunftsforschung schätzen jedoch, dass diesem Idealbild des Y.s selbst in den Vereinigten Staaten kaum ein Prozent der Bevölkerung entsprochen haben dürfte. Man muss deshalb von einer geschickten Werbungs- und Medienstrategie ausgehen, deren Trendsetting sich selber mit Leben erfüllt hat. Das 1987 erschienene *Yuppie-Handbuch* bietet dementsprechend eher eine Ironisierung dieses Sozialtypus als seine Bestätigung

Lit.: M. Piesman/M. Hartley, Das Yuppie-Handbuch (1987).

R.Sch.

Zensur (lat. censura = Prüfung, Beurteilung). Der Begriff Z. stammt aus der römischen Steuerpraxis, in der Z. die Einschätzung des Vermögens durch den Zensor meint. Damit ist bereits im urspr. Wortgebrauch ein enger Zusammenhang von Z. und Wertung gegeben. Wertung heißt, dass ein Subjekt einem Objekt (Gegenstand, Sachverhalt oder Person) die Eigenschaft zuordnet, in Bezug auf einen bestimmten Maßstab positiv oder negativ zu sein. Ein Objekt ist demnach nicht an sich wertvoll oder wertlos, sondern wird dies erst in Hinblick auf einen Wertmaßstab. Z. ist ein kulturelles Phänomen, der Maßstab der mit der Z. einhergehenden Bewertung demzufolge ein kultureller. Z. dient der Ausübung semantischer Herrschaft. Meinungsäußerungen, die die kulturelle Ordnung (sexualmoralische, religiöse und/oder politische Normen) gefährden könnten, werden kanalisiert, behindert oder unterdrückt. Zu unterscheiden von der inneren Selbst-Z., die als sog. ›Schere im Kopf‹ bewusst oder – wie Freuds ›Traumzensur‹ – unbewusst wirken kann, ist die präventive oder nachholende äußere Z., die gesellschaftlich sanktioniert und damit legal oder auch illegal erfolgen kann. Das Instrumentarium der äußeren Z. umfasst juristische, politische, ökonomische, soziale und andere Sanktionsmaßnahmen; diese können sich auf die Produktion und die Distribution von verbalen oder visuellen Äußerungsformen beziehen. Darüber hinaus ist davon auszugehen,

dass die disziplinierenden Sanktionsmaßnahmen der präventiven oder
nachholenden äußeren Z. indirekt auch
auf die innere Selbst-Z. zurückwirken.
Müssen Autoren und Verleger mit Re-
pressionen rechnen, dann wird dies
nicht ohne Einfluss auf ihr Denken und
Handeln bleiben.

Z. im engeren Sinne meint die literarische Z., über deren Notwendigkeit
die Urteile von Anfang an höchst diver-
gierend sind. Goethe hält sie für unent-
behrlich, Chamisso lobt sie als ein Er-
ziehungsinstrument, Heine attackiert
sie als Gegenpart des freien Denkens.
Die literarische Z. ist ein Gegenstand
interdisziplinärer Forschung, die sich –
im Schnittbereich von Jurisprudenz, Soziologie und Literaturwissenschaft –
durch eine außerordentliche Definiti-
ons- und Terminologievielfalt auszeichnet. A. u. J. Assmann unterscheiden 1.
Z. gegen subversive Angriffe zum
Machterhalt; 2. Z. zur Durchsetzung
eines ↗Kanons; 3. Z. zum Sinnerhalt. A.
Hahn spricht analog zu Parsons Norm-
begriff von 1. ›kognitiver‹, den Wahr-
heitsgehalt des Zensierten in Abrede
stellender, 2. ›kathektischer‹, seine Attraktivität leugnender und 3. ›moralischer‹, seine Daseinsberechtigung be-
streitender Z. Systemtheoretiker wiederum operieren mit einem funktional
ausdifferenzierten Z.-Begriff (↗System-
theorie). Hier wird – im Anschluss an
den auf M. Foucault zurückgehenden
Begriff der ›Diskurskontrolle‹ (↗Dis-
kurs) – Z. als Kontrolle der literarischen
Produktion, Distribution und Diffusion
verstanden. Der von R. Aulich eingeführte Begriff der Diffusion ist allerdings nicht unumstritten: Diffusion
meint Z.-Maßnahmen, die eine bereits
eingetretene Wirkung von literarischen
Texten im Nachhinein durch diffamato-
rische Maßnahmen abzuschwächen
versuchen.

Die Geschichte der Z. im deutschen
Sprachraum beginnt im Mittelalter als
literarische Z. der katholischen Kirche.

Im 16. Jh. finden die Z.-Aktivitäten der
katholischen Kirche dann einen ersten
Höhepunkt im *Index librorum prohibi-
torum* (1559), der alle verbotenen
Schriften aufführt. Zehn Jahre später,
1569, wird erstmals staatliche Z. ausgeübt: Eine kaiserliche Bücherkommissi-
on soll für die Einhaltung der Z.-Be-
stimmungen auf der Frankfurter Buch-
messe sorgen. – England stellt die Prä-
ventiv-Z. nach Miltons *Aeropagitica*, der
Rede für die Freiheit unzensierten Drucks
(1644), bereits 1694 ein. Mehr als hun-
dert Jahre später, im Jahr 1830, wird sie
dann in Frankreich und 1848 – nach F.
Grillparzers Memorandum *Über die
Aufhebung der Zensur* (1844) – auch in
Österreich abgeschafft. Die deutschen
Teilstaaten praktizieren die Z. noch bis
zur Reichsgründung, und auch nach
1871 gibt es zahlreiche Belege für staatliche Z.-Maßnahmen. So erfolgen z.B.
im Jahr 1892 polizeiliche Disziplinie-
rungsschritte gegen G. Hauptmanns Re-
volutionsdrama *Die Weber*. Aufgeklärte
und liberale Obrigkeiten handhaben die
Z. in der Regel mit Zurückhaltung,
während autoritäre Politiker wie Met-
ternich und diktatorische sowie totalitäre Regime wie Nationalsozialismus
und ›real existierender‹ Sozialismus zur
exzessiven Ausübung der Z. neigen. Die
Palette der Maßnahmen gegen unlieb-
sames Schrifttum reicht vom Verbot des
Bücherverkaufs über die Bücherver-
brennung bis hin zur Verhaftung und
Ausweisung von Autoren und Verlegern.
Die brutalste Form der Z. ist die Auto-
rentötung, die bis ins 20. Jh. praktiziert
wird: 1921 wird mit Lenins Zustimmung der Dichter Nikolaj Gumilev von
Staats wegen ermordet, in den 30er Jahren fallen Hunderte von Autoren den
politischen Verfolgungen in der UdSSR
zum Opfer. Auch während der Hitler-
Diktatur bedeutet Nichtkonformität
mit dem Nationalsozialismus für viele
Schriftsteller, dass sie ihre Haltung mit
dem Tod in Konzentrationslagern oder
Ghettos bezahlen müssen. Unter den

Lebensbedingungen fundamentalistischer Regime ist die Z. noch am Ende des 20. Jh. in der Regel mit Todesdrohungen verbunden, so in der ›fatwa‹, dem vom Ayatollah Khomeini nach Erscheinen der *Satanic Verses* im Jahr 1989 gegen Salman Rushdie verhängten Todesurteil.

In Artikel 5 des Grundgesetzes der Bundesrepublik Deutschland heißt es: »Eine Zensur findet nicht statt.« Gleichwohl gibt es auch in der Bundesrepublik Z. Die 1954 eingerichtete ›Bundesprüfstelle für jugendgefährdende Schriften‹ indiziert zunächst vorzugsweise Schriften mit ›sexuell-unzüchtigem‹ Inhalt. Seit den 70er Jahren, ausgelöst durch Terrorismus und Sympathisantenverfolgung, konzentriert sich die Arbeit dieser Prüfstelle auf die Indizierung gewaltverherrlichender Darstellungen. Indizierte Schriften dürfen Jugendlichen nicht angeboten werden. Dabei steht, da mit der Indizierung eine Reklamewirkung einhergeht, auch die Liste der verbotenen Schriften selbst auf dem Index. Im Bereich des Films übernehmen Institutionen wie die ›Freiwillige Selbstkontrolle der Filmwirtschaft‹ oder die ›Filmbewertungsstelle Wiesbaden‹ Z.-Funktionen. In jüngster Zeit wird das Bedürfnis nach Z. v. a. im Zusammenhang mit elektronischen Medien – z. B. ↗Internet – diskutiert. Darüber hinaus bleibt zu erwähnen, dass in den westlichen Kulturen gegenwärtig eine neue, überaus wirkungsvolle Form der Z. stattfindet: Sie wird ausgeübt von den Wächtern der ↗›Political Correctness‹. Mit dem Diskurs der ›Political Correctness‹ wird die im Verlauf der historischen Entwicklung beobachtbare Verlagerung von der äußeren zur inneren Z. rückgängig gemacht.

Lit.: A. Assmann/J. Assmann (Hg.), Kanon und Zensur. Archäologie der literarischen Kommunikation II (1987). – R. Aulich, Elemente einer funktionalen Differenzierung der literarischen Zensur. In: H. Göpfert/E. Weyrauch (Hg.), ›Unmoralisch an sich ...‹ Zensur im 18. und 19. Jh. (1988). – S. Buschmann, Literarische Zensur in der BRD nach 1945 (1997).

W. W.

Die Artikel dieses Bandes sind eine Auswahl
aus dem »Metzler Lexikon Kultur der Gegenwart«, herausgegeben von Ralf Schnell
(Stuttgart 2000). In diesem Lexikon finden
Sie weitere 500 Artikel zum Thema.

Bibliografische Information
Der Deutschen Bibliothek
Die Deutsche Bibliothek verzeichnet diese
Publikation in der Deutschen National-
bibliografie; detaillierte bibliografische
Daten sind im Internet über
<http://dnb.ddb.de> abrufbar.

ISBN-13: 978-3-476-02170-0
ISBN 978-3-476-00210-5 (eBook)
DOI 10.1007/978-3-476-00210-5

© 2006 Springer-Verlag GmbH Deutschland
Ursprünglich erschienen bei J. B. Metzler'sche
Verlagsbuchhandlung und Carl Ernst Poeschel
Verlag GmbH in Stuttgart 2006
www.metzlerverlag.de
info@metzlerverlag.de

Faktenvergnügen

Je Band
▶ € 12,95/€(A) 13,40/CHF 20,–
▶ ca. 250 bis 300 Seiten

metzler kompakt

Printed in the United States
By Bookmasters